清川祥恵
南郷晃子
植　朗子――編

Kiyokawa Sachie
Nango Koko
Ue Akiko

人はなぜ神話《ミュトス》を語るのか

拡大する世界と〈地〉の物語

文学通信
Bungaku-Report.com

野谷啓二
上月翔太
田口武史
里中俊介
山下久夫
斎藤英喜
藤巻和宏
鈴木正崇
平藤喜久子
横道　誠
庄子大亮
José Luis Escalona Victoria
鋤柄史子

◉目次

はじめに――「人はなぜ神話〈ミュトス〉を語るのか」総論……◆清川祥恵　9
一　神話をめぐる眼差し　二　本書の目的　三　本書の構成

Ｉ　ヨーロッパ社会における「知」の体系化――言葉で紡ぐ〈地〉

第1章　真理は西へと向かう
――古典古代とキリスト教世界の結節点に立つウェルギリウス……◆野谷啓二　23
一　はじめに　二　神話――「大きな物語」の喪失？　三　「大きな物語」としてのキリスト教
四　Westward Ho!――「西行き」の正統性
五　異教徒であるウェルギリウスがなぜ評価されるのか　六　おわりに

第2章　統合される複数の伝統
――聖書叙事詩の成立と展開……◆上月翔太　43
一　「賢者の言葉」としての叙事詩　二　聖書叙事詩の成立

三　聖書叙事詩の展開　　四　終わりに

第3章　近代市民の身体をめぐる神話
――J・C・F・グーツムーツの「体育」におけるゲルマンとギリシア……65
◆田口武史
一　はじめに　　二　人類の共通項としてのスポーツ　　三　近代の産物としてのスポーツ
四　汎愛学校における身体活動　　五　ゲルマンに対する警戒――身体の啓蒙
六　理想としての古代ギリシア――体育を／が生み出すユートピア　　七　結語

第4章　近代植物学に生きつづける神話・伝承文学
――二〇世紀ドイツの植物学者ハインリッヒ・マルツェルを中心に……85
◆植朗子
一　はじめに　　二　植物研究の観点と植物をめぐる神話的物語・迷信の記録
三　近代植物学と植物民俗学　　四　植物民俗学における植物伝承記述の問題点
五　植物にまつわる神話伝承に対するマルツェルの視点
六　植物にまつわる神話的物語の事例「オオバコ」
七　科学的な植物書の神話的記述に対する懸念　　八　おわりに

第5章　木村鷹太郎とプラトンの神話
――「日本主義者プラトン」の発見と翻訳……◆里中俊介　99
一　はじめに　二　木村鷹太郎と日本主義　三　日本主義と古代ギリシア
四　『プラトーン全集』と日本主義　五　おわりに

Ⅱ　日本における「神話」の拡大――〈地〉の物語を編む

第6章　平田篤胤の「神話の眼」……◆山下久夫　121
一　はじめに　二「神話の眼」を鍛える　三　神話空間の幻出
四「地域神話」創造の可能性　五「幽冥界」への入り口を重視　六　おわりに

第7章　近代異端神道と『古事記』
――本田親徳を起点として……◆斎藤英喜　141
一　はじめに　二　本田親徳とはだれか　三「神懸」の神法を求めて
四『難古事記』と「帰神ノ法」　五　アメノミナカヌシをめぐる神学の系譜から
六　産土神――明治神社体制のなかで　七　おわりに

第8章 児島高徳の蓑姿
——「近代」津山における歴史／物語の葛藤……◆南郷晃子 161
一 はじめに 二 祀られる児島高徳 三 『院庄作楽香』
四 児島高徳の姿 五 蓑と児島高徳 六 おわりに

第9章 紀元二六〇〇年の神武天皇
——橿原の〈地の記憶〉と聖地の変貌……◆藤巻和宏 185
一 はじめに 二 神武天皇と始祖意識 三 紀元二六〇〇年の橿原神宮
四 宮司菟田茂丸の構想——『古語拾遺』と三種の神器 五 菟田構想の波及
六 おわりに

第10章 「近代神話」と総力戦体制……◆鈴木正崇 207
一 「近代神話」とは何か 二 神話研究の展開 三 日本型ファシズムの時代へ
四 皇統神話（一八六七〜一九四五） 五 南朝神話（一八七二〜一九四五）
六 民族神話（一九三七〜一九四五） 七 「民族神話」の実践 八 「民族神話」と南進
九 「稲作神話」（一九四二〜戦後） 一〇 大嘗祭と「稲作神話」

一一　大嘗祭と「もう一つの稲作神話」　一二　「稲作神話」の戦後　一三　結論

第11章　近代日本の神話学と植民地へのまなざし……◆平藤 喜久子　233
一　はじめに　二　日本神話に内在する国意識　三　日本における神話学のはじまりと植民地主義
四　神話学と植民地へのまなざし　五　おわりに

Ⅲ　「新」世界とせめぎあう近代知――〈地〉の記憶をまとう

第12章　それぞれの神話を生きること
――ゲオルク・フォルスター、アレクサンダー・フォン・フンボルト、エルンスト・ヘッケルの「統一と多様性」の思想……◆横道 誠　251
一　はじめに　二　ゲオルク・フォルスター　三　アレクサンダー・フォン・フンボルト
四　エルンスト・ヘッケル　五　おわりに

第13章　世界認識の拡大と「失われた大陸」
――アトランティスからレムリア、ムー大陸へ……◆庄子 大亮　271
一　はじめに　二　「失われた大陸」の浮上　三　神話と事実

四　近代的な起源神話　五　おわりに

第14章　マヤ神話を仕立てる
——一九世紀における新大陸文明の断片と認識論的転回……291
◆ホセ・ルイス・エスカロナ・ビクトリア［訳　清川祥恵／翻訳協力　鋤柄史子］
一　イントロダクション　二　熱帯雨林からの像と言葉　三　偶像から神話へ　四　結論

第15章　翻訳が生んだ『ポポル・ヴフ』
——近代的解釈と日本におけるその変容……317
◆鋤柄史子
一　はじめに　二　写本と活字——限定された語りの空間
三　口承からテクストへ——ナラティヴの変容　四　近代日本における解釈　五　おわりに

第16章　夜を生きるパンサーの子ら
——映画『ブラックパンサー』における「神話」と「黒人の生《ブラック・ライヴズ》」……339
◆清川祥恵
一　序　二　ブラックパンサーの誕生　三　「起源」の神話——「アフリカ」の表象
四　「変身」の神話——祖先との合流？　五　「故郷」の神話——夢想のジレンマ
六　二一世紀の神話における黒人性　七　結論

あとがき　360
執筆者一覧　365

はじめに
——「人はなぜ神話〈ミュトス〉を語るのか」総論

◆清川祥恵

一　神話をめぐる眼差し

私たちは、「神話」とはなにか漠然と、しかし格別な意味を持つ話であるという感覚を知らぬ間に身につけているかもしれない。近代以降多くの好事家たち、のちには「専門家」たちが、ある集団や土地に長らく伝承されてきた話を収集し、それを社会構造を支える精神の「本質」とみなすことで、固有の文化・慣習の拠り所として紹介してきた。人は、自らや先祖が生まれた〈地〉のイメージを神話となんらかの形で関連付け、故郷の姿をより明確にしようとする。ここでいう〈地〉とは、ひとつには実際に居住した場所や祖国の領土といった、実在の空間である。他方で同時に、祖先の語りの中に構築される場／概念、すなわちトポスでもありうる。言語を通じ、記憶として、あるいは記憶の姿を借りて、具体的な空間が立ちあらわれるのである。私たちはこのように想起された〈地〉のイメージを古層まで掘り起こし、自らの起点を——あるいは他者との相違点を探求することで、自己の存在そのものを確立しようと試みてきたのだった。

しかしこのような好奇心は、「世界」が拡大し、私たちが多くの「異文化」との邂逅を繰り返すに従って、とりわけ彼我の集団に「優劣」を見いだす社会進化論の展開に応じて、新たな段階への移行を余儀なくされた。「私たちの」ないし「ある集団の」神話は、集団の内と外を区別するのみならず、その径庭《けいてい》を本質的なものとして決する根拠となった。風土の「本質」と文化を結びつける見方においては、神話――すなわち自身あるいは祖先が生まれた土地の堆積層を丹念に発掘することで取り出された石は、他よりも洗練された文化の礎石でなければならなくなった。

この動きは、私たちが今日議論の土台として用いている西洋の知的体系の成立過程においても見いだされる。たとえば、西欧の価値観の素地をなすものとして知られる「聖書」（The Bible）は、人々に「神話」という形でキリスト教の教義を伝えてきたのだが、周知のとおり、最初から一冊の本（a bible）にまとまってはいなかった。聖書とは、神と人間の旧い契約と新しい契約の真正な連続性を顕示するため、キリスト教世界が「教会」という体制を打ち立てるなかで磨きあげてきた言説の最高峰に他ならず、そのヘブライ的・ギリシア的起源はいずれもキリスト教の正統性を示すために主張され、長い時間をかけて確立されたものである。[1]

ギザのスフィンクスの巨像が砂の中から姿を現してから、その用途がいまだ議論され続けているように、「神話」は複数の意味を――個人的な記憶、「愛国的」「民族的」プロパガンダから、秘術的な権威まで――引き受ける基盤ともなっている。一九世紀には神話は「科学」に取って代わられる前の「前近代的」な説明原理と見なされたが、一転して二〇世紀には、科学的思考と神話的思考を全く別個のアプローチとしたレヴィ＝ストロースのように[2]、「私（たち）」の物語としてだけではなく、民族の枠を超えた「人間の物語」の軌跡の一部として注目されることもあった。自らの記憶が根ざす〈地〉そのものを語るための神話があるのと同時に、人の動きとともに〈地〉から持ち出された石は、磨かれ、さまざまな角度から「観賞」される玉《ぎょく》となり、遠い地の神話もまた自らにつながるものだとする眼差しが現れたのであった。

近代学問としての「神話学」は、このように「自民族の起源」を探るという動機によって推進され、同時に、近代世界の拡大に伴う苛烈な競争原理によって、雑然とした物語伝承を高度な知的文明の根拠として占有・排除・包摂することを繰り返してきた。そして国民国家体制の確立後、先鋭化した民族意識が世界規模の綻びを生んだ二〇世紀半ばの反省を踏まえつつも、今日までさまざまなアプローチをとりながら発展してきている。複数の文明圏・文化圏に見られる神話の共通性や相関関係の探究は、グローバル化の流れと共に加速しており、二一世紀初頭には、「世界神話学（world mythology）」に基づいた議論が本格的・国際的に展開されるに至り、言説分析に留まらず、遺伝学や考古学といった多様な専門領域から、世界各地の神話をひとつの大きな流れのうちに捉え直す検証も行なわれている。

こうした巨視的な分析は、過去のあやまち——加熱するナショナリズムが熱狂的な愛国主義（jingoism）として世界的破局を引き起こしたという結果、さらには今日の各国における極右勢力の台頭がしばしば「ナチス」のそれになぞらえられるという危惧——を考えれば、ある種ニュートラルな神話学のアプローチであると言うことができる。一方で「人はなぜ神話を語る（語ってきた）のか」という、神話の持つ意義をめぐる根源的な問いからは、やや離れた位置にある。しかし、こうした「私（たち）の物語」としての神話が、二度の世界大戦を経てより賢明になったはずの二一世紀の世界でも、容易に人を分断し、排除する口実となりうることを、二〇二二年二月二四日、私たちは眼前につきつけられた[3]。多くが虚を衝かれたのちに、それが二〇世紀の亡霊ではなく、まさにいま現在の、現実の問題であるということを、改めて認識することを強いられたのである。

二　本書の目的

本書は、こうした「あやうさ」も含めて、人々と神話の関係が、とりわけ近代を中心にどのように変化してきたのかというダイナミズムを考察するものである。日本語の「神話」という語は、古代ギリシア語の「ミュトス」（mûthos）概念の訳語であるが、「ミュトス」は単なる「物語」を意味する語であり、「〈神〉の話」という含意は本来ない。しかし日本では、西洋文明における〈物語〉の主要な源泉のひとつが古代ギリシアの神々についての語りであったため、同概念を明治期に輸入するにあたって〈神〉という一字を冠して訳出し、西洋の神々に匹敵する自分たちの〈神〉の物語の体系化と、「記紀」の「国家神話」への格上げが急がれたのであった。一方で、西欧におけるミュトスは、近代国家の成立にともなって「聖」と「俗」の権力が拮抗するにつれ、自文明の正統性を語るための叙事詩の伝統に加え、キリスト教国の矜持、民族のルーツなど、多様な自己像が刻まれたものとなっており、国民国家の創設という領土・民族・言語による線引きは、ミュトスの「編集」を加速させた。

このように、原義に立ち返れば、「神」という名で呼ばれずとも特別である存在を語る、人々の願意が織り込まれた物語として、ミュトスは発展してきた。そして、近代に至る直線的な「進展」――西洋近代がさまざまな「神話」言説を体系化し、用いてきた過程――は、つねに「新世界」と邂逅することで、大きなパラダイムの転換を迎えている。本書の編者および執筆者が参加する神戸神話・神話学研究会は、二〇一九年十一月に、白鹿記念酒造博物館にて国際シンポジウム「「マヤ文明」と「日本神話」――近代知が紡ぐ地の「記憶」」を開催し、西洋にとっての「新世界」たるマヤや、日本の〈地〉に根づいた物語が、西洋近代から〈発見〉されて以後、近代化の動きの中でいかに成形され、語られることとなるのかを明らかにしようとした。西洋からの〈発見〉は同時に、「新世界」側による西洋の〈発見〉でもあることは自明であり、「新世界」側の語りには、西洋近代とは異なる知的営為が介在している。「新世界」側は、西洋文明そのものが多様な地域的伝承を汲み入れながら確立していった言説に対抗すべく、西洋の手法を通じて自己の〈地〉の物語を権威化しつつ、西洋とは異なるアイデンティティを追求しようとした。そしていまや世界は、「西洋」も含め、国境という枠組を超えて、あるいはこの枠組から外れて、利用されうる「神話」を探求し続けている。グローバライゼーション、国際化が盛んに唱えられた世紀転換期を経験した人々が、新たな世界のなかに自己を位置づける必要に迫られながらも、同時にいまだ、〈地〉や既存の階層や属性との結びつきから解放されないジレンマに直面するなか、思考枠組の変化・生成を促すものとして「神話」言説が果たす役割を明らかにすることは、喫緊の要請であろう。

今日、人は生まれた〈地〉のみに生きる存在ではない。わずか半日後には、地球の裏側にいることも可能だ。にもかかわらず――どれほど経済圏が地球規模のものとなり、民間交流が拡大しても――依然として為政者のとなえる「私（たち）」の物語ひとつで、一瞬のうちに世界が分断されうることもまた事実であることを否定できない。そのような時代に生きるとき、いままで語られてきた「神話」は何を伝えうるのか。あるいは、新たにどのような「神話」が求められるのか。権威化と相対化を繰り返しながら変化をつづける、「神話」の実相をたどる。

三　本書の構成

本書は、同じ編者によって二〇一八年に刊行された『「神話」を近現代に問う』（勉誠出版）とゆるやかに連続しつつ、グローバル化の一方で再び意識されるようになった「ローカル」なもの――その〈地〉の神話の語りに、より焦点を合わせる形で編むことをめざした。収録された十六章はいずれも、取り扱う時代や地域、筆者の専門領域は多様でありつつも、神話が境界を超えるものであると同時に境界で隔てるものとして人々の社会や心裡に影響を及ぼしていることを、きわめて意欲的にそれぞれの視角から論じているという点で共通している。構成は左記の通りの全三部となる。

第Ⅰ部　ヨーロッパ社会における「知」の体系化――言葉で紡ぐ〈地〉

野谷啓二の「真理は西へと向かう――古典古代とキリスト教世界の結節点に立つウェルギリウス」は、人文知という西欧の学問枠組のなかで「神話」を論じるうえでは避けて通れない、「ヨーロッパ」における「知」の伝統を、キリスト教を軸にひろく見晴るかすものとなっている。英文学にも底流することになるキリスト教の思想と古典古代の文化文芸は、ウェルギリウスにおいていかに接合しえたのか――「近代学問」としての神話学の発生以前に、神話が

「伝統」として過去と現在を貫き、果たしてきた役割を論じている。また、本書の最後に置かれた清川論とは「日没」のモティーフを扱っているという共通点があり、時代や地域の枠を超え、今日まで継続しているミュトスの語りの引力を示唆した第1章となっている。

つづく第2章、上月翔太「統合される複数の伝統――聖書叙事詩の成立と展開」では、古典文学そのものの一ジャンルについて、先述の野谷論より微視的に論じることで、西欧における「神話」文学が「聖書」を補強するものとして体系化され、継承されていく実態を明らかにしている。ギリシア・ローマ古典という、現代の視点からは一体のものとして扱われがちな「神話」もまた、意図的に創成・再話されたものであるということを論証するものである。野谷論で見られたようなウェルギリウスへの評価が、唐突に現れたものではなく、じっくりと、また多様な形で統合されてきたのだということが理解できるだろう。

田口武史による第3章は、「近代市民の身体をめぐる神話――J・C・F・グーツムーツの「体育」」と題し、前の二篇とはすこし異なる視点から、「体育」の実践というきわめて近代的な「市民教育」における「神話」の効用について論じている。読者にとっても、二〇二一年にコロナ禍に翻弄されながらオリンピック・パラリンピック東京大会が開催され、実施そのものの是非や功罪にまつわる激論が交わされたことは記憶に新しいだろうが、「神話的」イベントが近代的な国民包摂原理として読み替えられていく論理の出現を明らかにする論となっている。この論考とは直接的に関連するわけではないが、ロシアのウクライナにたいする侵攻が二〇二二年のパラリンピック冬季大会の期間中に重なったことは、象徴的にこの近代的イベントの虚構性を際立たせる出来事であり、この章と地続きなものとしても解せよう。

民衆と神話との関わりという観点についてはさらに、つづく第4章、植朗子の「近代植物学に生きつづける神話・伝承文学――二〇世紀ドイツの植物学者ハインリッヒ・マルツェルを中心に」が、民衆が親しんでいる植物がどのように学術的に記録されるのかに焦点を当てている。神話・伝承文学が近代学問によって体系化されるときに捨象される要素を通して、「科学」と「神話」のあわいにあるものを浮かび上がらせている。田口論と併せ、狭義の「文学」にとどまらない形で「神話」が「近代」という枠組を構築するのを助けた過程を見て取ることができるだろう。

そして第Ⅰ部の最終章となるのが、里中俊介による第5章「木村鷹太郎とプラトンの神話――「日本主義者プラトン」の発見と翻訳」である。次の第Ⅱ部でも、近代日本においていかに「神話」が西欧への対抗手段として整備されてゆくのかの諸事例を見ることになるが、ギリシア哲学を西洋知識人にとっての重要性ごと輸入した近代日本に対し、もたらされた思想的影響の一例を示す論考である。プラトンの真の理想は日本において実現したのだという鷹太郎の見方は、目の前に開けた広大な世界の中に日本を位置づけようとするきわめて近代的なナショナリズムの帰結なのであるが、野谷論、田口論で既に見たように、ヨーロッパそのものが、他文化の神話を知的伝統に組み込み、整備することで確立した枠組を利用してきたのであり、「神話」の「翻訳」（＝再解釈）は地域的にも時代的にも加速し、さらなる越境をつづけてゆくことになる。

第Ⅱ部　日本における「神話」の拡大――〈地〉の物語を編む

西洋的な知の滲入と日本独自の「神話」の創出のせめぎあい、あるいは、急速かつ中央集権的に進められる神話化の動きとそこから取りこぼされた周縁的なもの／異端の抵抗が、六つの観点から分析されている。まずは第6章の山下久夫「平田篤胤の「神話の眼」」で、本居宣長にたいする平田の批判を出発点とする、「真の古伝」を求める動きについての検証である。記紀神話のみならず、祝詞に立ち戻ろうとしたり、ときには偽書も参照するという姿勢は、本邦においても「神話」の体系化が多様な角度から試みられていたことを示している。「正典」が成立してはじめて、それにたいする疑義が生じる――まさに近代学問の営為が日本の神話成立にむけて行なわれたと言える。神話の「今日性」と向き合う眼を通して、実際の〈地〉と古伝が接続された過程を明らかにする章である。

つづく第7章、斎藤英喜「近代異端神道と『古事記』――本田親徳を起点として」は、直接的に山下論以降の時代の、

「異端」の立場からの神話の創造について、視線を廻らそうとするものである。信仰や儀礼、神社という組織、縁起などの伝承とそれに基づく文学が、渾然となったまま、それぞれ一方が「正統」「正典」へと整えられ、他方が異端として傍流へと分かれていく経緯をたどりつつ、社会が全体主義時代という未来へと突き進む道筋を明らかにしている。第Ⅰ部において田口論や植論が示していたように、神話はつねに、テクストの形でのみ人々に伝えられるのではなく、儀礼の実践等の要素と絡み合いながら権威化されていくのであり、山下論と併せて、日本独自の神話ができるまでのさまざまなフェーズで見られた動静を写し取った考察となっている。

南郷晃子の第8章「児島高徳の蓑姿――「近代」津山における歴史／物語の葛藤」は、一転、国家の神話としての記紀にまつわる地点ではなく、地域誌における英雄像から、近代日本の「神話」形成の複層性を描き出す。「私たち」の英雄がどのように記憶され、同時にいかにして「国民の英雄」となっていくのか。中央の思惑と地域の「真実」の拮抗の過程が、「歴史」のなかに「私たち」のアイデンティティを埋もれさせずに語り継ごうとする民衆の声として響いてくる。神話における表象（高徳の服装）の変遷は、第Ⅲ部の鋤柄論、清川論の内容とも通奏する形で、神話のキャラクターの「（再）解釈」の実態に光を当て、そこに込められた思いを、声なき者の立場に寄り添って汲みあげようとするものである。

第9章では、藤巻和宏が「紀元二六〇〇年の神武天皇――橿原の〈地の記憶〉と聖地の変貌」とし、〈地〉そのものが神話の語りの場＝聖地へと変貌していく過程を詳述している。物語はそれを裏付ける「証拠」なしには広範には伝播せず、ゆえに聖地は国家的求心力を裏打ちするものとして演出された。この章では、そうして創出された伝統がさらに神話を補強するものとして機能していくという点について、国家事業における橿原宮《かしはらのみや》の利用構想をとりあげつつ、その他の神社への影響についてもまた指摘している。斎藤論で見たように、日本における国家神話の創出に当たって寺社縁起をひとつの強力な体系へと練り上げていくために、さまざまなアクターが演出を担ったのである。

つづく第10章は鈴木正崇「「近代神話」と総力戦体制」として、第Ⅱ部のここまでの論考で予示されてきた、総力戦体制にむかう日本における「神話」の諸相を、ヨーロッパとの比較を用いながら改めて精査している。帝国主義――この章で論じられているように、「ファシズム」という言葉の内実もまた、日本とヨーロッパでは異なる面がある点は留意する必要があるが――の社会において、そして戦後も未だ、日本の「稲作神話」がまことしやかに民族的同質性を示唆するものとして利用されている実態を看破する視点は、次章の平藤論とも連携するものである。また現代においても「近代神話」の名残がマスコミによって再生産されていることは、第Ⅲ部のいくつかの論考の論点とも共鳴している。

平藤喜久子「近代日本の神話学と植民地へのまなざし」では、帝国主義日本の「植民地」観と神話の関係性が論じられている。拡大する世界との／からの接触のなかで、独自かつ優れた「私たちの神話」の模索を行ないつつ、他文化との「類似性」を他文化の「未発達さ」へと読み替えていく。西欧の「神話学」受容から始まり、高山樗牛《ちょぎゅう》らの理論化を経て植民地支配を正当化するための神話体系を確立していった流れは、第Ⅰ部の里中論と表裏を成しており、併せて見ることでより多角的な理解が可能になる。そして次の部では、こうした帝国主義の態度に対峙する「新」世界の側のジレンマに目を向ける。

第Ⅲ部　「新」世界とせめぎあう近代知――〈地〉の記憶をまとう

この部に含まれる五つの章では、新たな世界との出会いがもたらす「神話」の(再)解釈や変容、展開について論じている。この部の始まりとなる第12章は、横道誠「それぞれの神話を生きること――ゲオルク・フォルスター、アレクサンダー・フォン・フンボルト、エルンスト・ヘッケルの「統一と多様性」の思想」である。本章はあとにつづくエスカロナ・ビクトリア論にも言及される、探検家による冒険や博物学的探究の一事例を紹介するものであり、標題の思想家たちが「多様性」や「無秩序」を統一的神話体系へと組み込むとともに、そこに新たなユートピア世界を見いだしているという意味では、第Ⅱ部の平藤論に引かれたゴーギャンの絵画に込められたある種の期待と同質のものを読み取ることができるかもしれない。キリスト教世界の秩序より国民国家の秩序が優先されるというナショナリズムの行く先を知る読者にとっても、改めてその過程を省みることは有用であろう。

第13章の庄子大亮「世界認識の拡大と「失われた大陸」――アトランティスからレムリア、ムー大陸へ」は、荒唐無稽なミステリーやオカルト趣味の文脈で耳にすることが多い、実在が必ずしも証明されていない大陸が、人々を惹きつけてやまないのはなぜなのかという問いに、関連する言説の展開を審らかにすることで向き合おうとしている。今日ではもっぱら「ナショナル・ジオグラフィック」の特集等で目にすることが多い「失われた文明」だが、フランシス・ベーコンの『ニュー・アトランティス』でソロモンの館が特徴的に描かれたように、近代知の思考実験の場としてこれらの神話世界に注目が向けられてきたという事実は、我々が「神話」を語る動機の一つとして看過できないであろう。

ホセ・ルイス・エスカロナ・ビクトリアは、前述した国際シンポジウムの内容に基づき、第14章「マヤ神話を仕立てる――一九世紀における新大陸文明の断片と認識論的転回」として、マヤ神話がいかに「発見」され、再解釈されることになったのかを、人類学の見地から明らかにしている。欧米の冒険家たちの好奇心が見いだしたこの古代文明の痕跡は、唐突に美的なものとして解釈されるようになったわけだが、このまったき植民地主義の視線をどのように乗り越えるのか――日本と同様、ヨーロッパの眼を通して見いだされた「神話」を、メキシコないしマヤの人々が自らの「神話」として取り戻しうるのかという葛藤が、随所に感じられる論考となっている。

第15章、鋤柄史子「翻訳が生んだ『ポポル・ヴフ』――近代的解釈と日本におけるその変容」は、エスカロナ・ビクトリア論において出版の経緯が明らかにされたマヤ神話の聖典が、日本語に翻訳されるにあたってどのように変更されたのかを通し、口承文学のテクスト化とその翻訳という様々なフェーズにおいて失われたもの／加わったものを明らかにしようと試みている。書かれたものとしてのテクストを知的・文化的営為の絶対化とみなす西欧文化中心主義の問題点についても提起しており、「新」世界が既存の枠組のなかに押し込められることでこぼれ落ちるものの問題がほのめかされている。

最後となる第16章の清川祥恵「夜を生きるパンサーの子ら――映画『ブラックパンサー』における「神話」と「黒人の生《ブラック・ライヴズ》」」もまた、こうした西欧中心主義との対峙と、蹂躙された「暗黒のアフリカ大陸」の姿を今日どのように語りうるのかというアイデンティティの相克について検討するものである。二一世紀のポップ・カルチャー作品に描かれる「神話」であっても、そこで行なわれるのは一貫して自らに対する誰何なのであり、商業主義のパッケージという限界があったとしても、新たな神話を紡ぎつづけてゆくことで、人は自らを、そして同時に他者を、よりよく理解するための橋頭堡《きょうとうほ》を築くことができるのではないだろうか。

以上、扱う地域も分野も異なる十六本の論考が、各々で「人はなぜ神話〈ミュトス〉を語るのか」という問いへの応答を試みた。ミュトスは、必ずしも神の業や英雄の活躍を正典という形で語るものではなくとも、社会に生きる一人一人が記憶を承け、また継ぐために、異なる層／相で紡がれ続けている。二〇世紀の知識人がウェルギリウスを読むことと、二一世紀の子どもたちがマーベル映画を観ることに、直接的な関連性を見いだすのは牽強附会だと感じる声もあるかもしれない。しかし、生まれた時代、ジェンダー、ナショナリティ、「人種」、政治的立場が異なっても、人は自らの現在の生と、自らの揺籃としての〈地〉を、それぞれの「神話」を通して記憶のなかで結び合わせている。そして、ゆえに、画一的な唯一のミュトスは、人々自身が語り続けるかぎりは、決して存在しえない。人々は無数の語りを通して、語られなかったことの背後に、語る力を持たない者、語りを奪われた者の言葉をも聞くことができるのである。本書が「神話」に投じた光が、そのプロパガンダとしての側面を改めて照らし出すと同時に、抵抗の言説としての側面もまた反照していることを祈りたい。

注

[1] 加藤隆が『『旧約聖書』の誕生』（ちくま学芸文庫、二〇一一年）と『『新約聖書』の誕生』（講談社学術文庫、二〇一六年）の二冊で詳細に検討しているとおり、「聖書」という言葉が指すテクストの範囲は、実は今日でも一様に確定的なものではない。紀元前五~四世紀ごろに整備されたモーセ五書を核としつつ、それより前に記録された文書やもっと後に作成された記述がまとめられて旧約聖書という体系が成立したのは紀元後一世紀後半だが、これらのヘブライ語文献の古代ギリシア語への「翻訳」（『七十人訳聖書《セプトゥアギンタ》』）を経て、ようやく「聖書」という書物の枠組が一応の成立をみる。さらに「新約聖書」の文書が「正典」として公認される動きは三二五年のニカイア公会議などに見られるが、近代でもプロテスタントとカトリックで「正典」の範囲が異なるし、福音書の序列にも複数のパターンがある。

[2]『神話と意味』大橋保夫訳、みすず書房、二〇一六〔一九九六〕年、三二頁。

[3] 二〇二二年二月二四日は、「ロシアのウクライナ侵攻が始まった日」として歴史に刻まれたが、国際社会を先導する国々がそれまで享受してきた秩序が事実上崩壊したことを思い知らされた日でもある。すぐに、ウラジーミル・プーチンの大ロシア主義や「非ナチ化（denazify/denazification）」の用法をめぐる議論がさまざまなメディアで展開されたが、過去に葬ったと信じていた覇権主義が二一世紀にも通用してしまったという見方（https://www.nytimes.com/2022/02/25/opinion/putin-war-russia-military.html 二〇二二年四月三〇日閲覧）に立てば、国際社会という枠組そのものが薄氷の上に立たされている。また、確定的ではない情報に基づいたウクライナ守備隊の「全滅」報道など、過去の「英雄」言説の形成過程に近しい事例も見られる。

I

ヨーロッパ社会における「知」の体系化——言葉で紡ぐ〈地〉

第1章

真理は西へと向かう

――古典古代とキリスト教世界の結節点に立つウェルギリウス

◆野谷啓二

一　はじめに

本章はヨーロッパ文化に存在する「世界理解の構図[1]」がどのように形成されたのか、具体的には、ローマ帝国の版図に取り込まれた弱小民族にルーツを持つ宗教信仰が、ギリシアから受け継がれた強大な文明をもつローマの国教になり、それ以降連綿として継続してきた思考の枠組みについて考察する。二千年にわたる長大な歴史を対象にするわけであるから、考察というよりはその論点整理のための基礎作業といった方がよいだろう。安土桃山時代から数えて五百年、開国後本格的に交流し始めて百五十年、キリスト教文化圏と交渉してきた日本であるが、西欧の歴史観にみられる「神話」作用を整理してみることは、地球が一つ（グローバル）の社会となり、彼らと離れて生存することが不可能になっている現実に鑑みて意義があると信じる。

本書全体にかかわる「人はなぜ神話を語るのか」という問いに対しては、人は「物語」によるほか自身と自分が属する集団の生を意義づけることができないから、と答えるほかないであろう。問題となるのは、民族、国家で共有される物語――ここから帝国形成の原理も導き出される――であり、歴史的に受け継がれ、伝統、文化、共同体を成立させ、またそうしたものによって支えられてきた物語自体である。人間は共同体の中で生きる。物語なしには共同体は成立し得ない。ある物語が、混沌《カオス》に秩序《コスモス》をもたらすような意義を持つとき、それは神話として機能する。ベネディクト・アンダーソンの議論を持ち出す必要もなく、「想像の共同体」は真偽を超えて共有される物語を必要とするものであり、国家による国民の義務教育の意義もこの点に求めることができる。民族であれ国家であれ、集団が形成され維持されるには、自分たちの存在に意味を与えてくれる神話が不可欠なのである。

このような考察から、ナショナリズムと神話が不可分の関係にあることに気づかされる。本論では西欧キリスト教世界が、その「世界理解の構図」に神話的機能を持つものとして、ウェルギリウスの作品をどのように組み込んだのか、この異教の詩人がキリスト教世界にどのような影響をいかなる理由で持ち続けることになったのか、主に二十世紀のカトリック作家の言説を中心に見ていく。ウェルギリウスのラテン語原典を読み込み、何か新しい知見を得たという意味でのオリジナリティのあるテキスト研究では決してない。ただ、西洋思想史に見られるある一つのきわめて重要なパターンをスケッチし、神話が着実に果たした文化創造の機能に着目してみたいのである。

二　神話――「大きな物語」の喪失？

リデル・スコットの『希英辞典』で「ミュトス」(mythos)を引くと、「口から出た言葉で語られるもの、言葉、発話」と定義されている。またホメーロス以後はラテン語の「ファブラ」(fabula)と同様、「物語」、「伝説」、「神話」を意味し、実体ある「歴史物語」の「ロゴス」の反対、という記載がある。『オックスフォード英語辞典(ＯＥＤ)』を見ると、「超自然的人物、行為、出来事を含む純粋に虚構の物語であり、自然、歴史的現象に関する民衆の考えを表す」。さらに、一般的定義としては「本当ではない、通俗の話、噂」という語義もあり、「神話」には基本的特性として「虚偽」性が認められることになる。だが古代ギリシアでは、ソフィストは道徳的真理を表すアレゴリーとして、プラトンは一つの知の形式、人間が世界を認知する方法として、神話が有する「真理性」を認めていたようである。ギリシア語の「ミュトス」と「ロゴス」はともに「言葉」を意味するが、「ミュトス」は「超自然的な」ものであり、「ロゴス」は「理性的な」ものと区別される。「神話」が虚偽であるかどうか、その真偽の問題が鋭敏に意識化されるのは十八世紀の啓蒙思想以降のことなのである。

その思想運動としての啓蒙であるが、十七世紀の宗教戦争を背景に、理性による「科学的」思考を優先した。Enlightenment（まさに人間理性の「光」を当てて「蒙《くら》きを啓《ひら》く」）という知のあり方は、当然キリスト教信仰にも影響を及ぼさないはずはない。繰り返し語られてきた神の子による救済物語が「神話化」、さらには「虚偽化」すらされてしまう。その動きは合理化の一環であるので、知識人にとっては抵抗するのが難しい。信仰内容が「虚偽」性を帯びる神話となる。信仰が神話となる、これを世俗化の一つの動きであると考えてもよいだろう。信仰が本来持っていたパワーは減衰し、発揮されなくなるのも当然である。二〇二〇年に亡くなった人文知の巨人ジョージ・スタイナーは、時の中で不安を生きる人間に「すべてを説明してくれ」、「正しいと保証された予言」を与える神話の性質に触れ、人間にとって「超越的なものに対する切望」が不可欠であることを指摘している。[2] スタイナーは、近代以降の世界で「虚偽」として否定されるか、そうならないまでも「たんなる物語」として否定的に捉えられることになった、キリスト教救済物語の失われた「絶対」に対する「ノスタルジア」として生まれてきたのがマルクス主義、フロイト精神分析、レヴィ＝ストロース人類学だという。

哲学史をひもとくまでもなく、古典古代に最初に花を開かせた「生の糾明の学」としての愛知《フィロソフィア》の最高善は「己を知ること」であり、己のすべてを外在的諸力の権威に委ねるのではなく自分で決する「自律《オートノミー》」の確立にあった。ところがキリスト教会の成立と発展に伴い、神の代理者としての教皇を頂点とするヒエラルキーの底辺に位置する一般信者は、教会の教えに従順に、他律的に生きるのが一番良い生き方（教会の秘跡を生きることでいずれは「至福直観」（beatific vision）を得る救済に至る。Extra Ecclesiam nulla salus「教会の外に救いなし」）とされ、ギリシア的理想は消散する。しかしルネサンス、宗教改革を経て十七世紀後半以降、なかんずく十八世紀の啓蒙思想によって再び「自律」の価値が説かれるようになる。もちろんこうした西洋思想史の見取り図は、理性による人間個人の尊厳の追求を旨とする近代知が、中世キリスト教を敵視して作り上げた言説に過ぎない可能性もある。さらに状況を複雑にするのは、スタイナーは救済物語に対するノスタルジーを語ったが、その「失われた物語に対するノスタルジーそのものが、もはや多くの人々にとっては失われたものになっている[3]」という指摘もあるのだ。

ジャン＝フランソワ・リオタールはポストモダン社会の特徴として、国家、民族、歴史的伝統がかつて持っていた誘因力を喪失し、しかもそれに代わるものが必要と感じられない状況をあげている。ライプニッツふうにいえば、個人は窓がないモナドであり、しかも「予定調和」(harmonia praestabilita)もなく互いにつながりなく「離れ小島」然と点在していても、別段問題とは意識されない。ポストモダン社会では「生活の目標は個人それぞれに委ねられている。誰もが自己へと送り返されている[4]」。「社会関係の直接的な、誰にでも分有される成分[5]」である物語は求められず、近代の啓蒙主義が求めた個人の完全なる自律的世界の構築という言説自体が、「大きな物語《マクロ・ミュトス》」になってしまうのだ。ポストモダンの知は、「資本のシステムを支える《技術としての知》となり、《効率》の判断基準に決定的に従属することになる[6]」。人間が超越的存在の支配から解放されるために手にしたはずの科学知自体が、歪なものに変質せざるを得ない状況となってしまった。

三　「大きな物語」としてのキリスト教

リオタールが観察したポストモダン状況は確かに科学知までもが効率に支配される、という点は首肯できるのだが、人間は物語からは本当には離れていないように思われるのである。ふたたびスタイナーの発言を引用しよう。相対主義の荒波に揉まれ、これまで純粋に信じられてきたヨーロッパ文明、文化の絶対的価値が低下したことは否めない。

それでもスタイナーはヨーロッパが生み出した「文化《カルチャー》」の意義に揺るぎない信頼を置き続けている。意味というものを無意味化するポストモダンに抗するかのように、彼は「意味に招き入れる」[7]文化について熱く語る。「文化とは招待にほかなりません。精神をより高貴なものにするために耕そうという招きです…　人間が高貴になり、そうあり続ける唯一の機会はカルチャー、教養教育《リベラル・エデュケーション》によって与えられるのです[8]」。

人間の意味を求め続ける実存としての性質はそう簡単には消え去らないのである。スタイナーは先に触れた『ノスタルジア』でもそうであるが、「大きな物語」の現代における存在意義を依然として認めているようである。歴史的にどれほど脱宗教化してもヨーロッパ文化の根底にはキリスト教が存在していることは否定しようがないからであろう。「ヨーロッパ」という語はギリシア神話の「エウロペ」に由来するが、この女性の名が地域としての「ヨーロッパ」に当てはめられたのは近代になってからのことである。それは「キリスト教世界」(Christendom)に代わって使われ始めたのだ。その時期はまさに啓蒙の時代の一七〇〇年頃のことで、理由はすでに国民国家体制になっており、キリスト教を共通アイデンティティとして意識化させる名称は都合が悪かったのである[9]。ところが、キリスト教世界が政治的に崩壊していたにもかかわらず、ヨーロッパ文化圏とキリスト教信仰の結びつきは残ったのである。

スタイナーは「ヨーロッパの観念は、事実『二都物語』である[10]」とディケンズの小説をもじって断言している。二都とはアテネとエルサレムのことである。本章はこの二つの都市が代表する古典古代とキリスト教世界がいかに接続するかを考えるわけだが、なかなか終わらない大きな物語の典型ともいうべきキリスト教について、図に従ってその要諦をまとめておこう。まず一神教の根本は、時間も含めて存在するもののすべてが神の創造物であり、その創造の初めはA《アルファ》であり、被造物全体は創造の完成である「Ω《オメガ》ポイント」を目指している(ティヤール・ド・シャルダン)。そもそも輪廻転生などという観念はない。キリスト教の母体となったユダヤ教では、神の呼びかける声に正しく応答することが信仰の真髄である。民族の父祖であるアブラハムも、多神教世界から抜け出て約束の土地カナンへと向かい、モーセもエジプトで奴隷状態に置かれていた民族を再び約束の地へ戻す役目を神の声に応えることで果たした。一神教の神は常に言葉《ロゴス》として自己を啓示する存在である。そして人間は呼びかける神の声 calling――それはまた「召命」「天職」という意味でもあるが――に応答する者となる。神の言葉に応える能力――response+ability=responsibility――「応答能力」としての「責任」が神を信じる者に求められ、この声に応えていない状態が罪と認識されるわけである。

このように神と特別な関係にあるユダヤ民族は、神との契約関係を守るために、実に細部にまでわたる律法を生きることとなったが、人間の不完全さを思い知らされる。結局のところ、律法は罪を作り出すだけだからである。こうした理解はすでにキリスト教的解釈といってよいが、アダムの原罪以後を生きる者は絶対的救済を待ち望むほかなくなったのである。バビロン捕囚など選民であることと矛盾するような経験をしたユダヤ人の中に、民族を決定的に救済する「救い主《メシア》」（Messiah ギリシア語では Xristos ＝ Christ）の登場を待ち望む信仰が育まれることになった。この「救世主待望」を背景に派生したのがキリスト教である。すなわち、ナザレのイエスこそが救世主＝キリストである（Jesus is the Christ → Jesus Christ!）と主張する「ユダヤ教ナザレ派」ともいうべき集団が最初のクリスチャンとなったわけである。神による一人子イエスの時間への派遣、すなわち神の歴史への決定的介入をキリスト教は「受肉」（Incarnation 語源的には「神が肉をまとうこと」、カトリック教会では「托身」）と理解する。これで時間（一回限りの歴史）を表す横軸に、神の愛の表れであるキリストの降誕を表象する縦軸で構成される、十字架形をしたキリスト教最大のドラマの図が完成する。創造主である神が歴史の一部となるという、他の宗教には見られない事態が現出した。縦軸で表される神の呼びかけに耳を傾け、それに正しく応答する横軸の時間を生きる

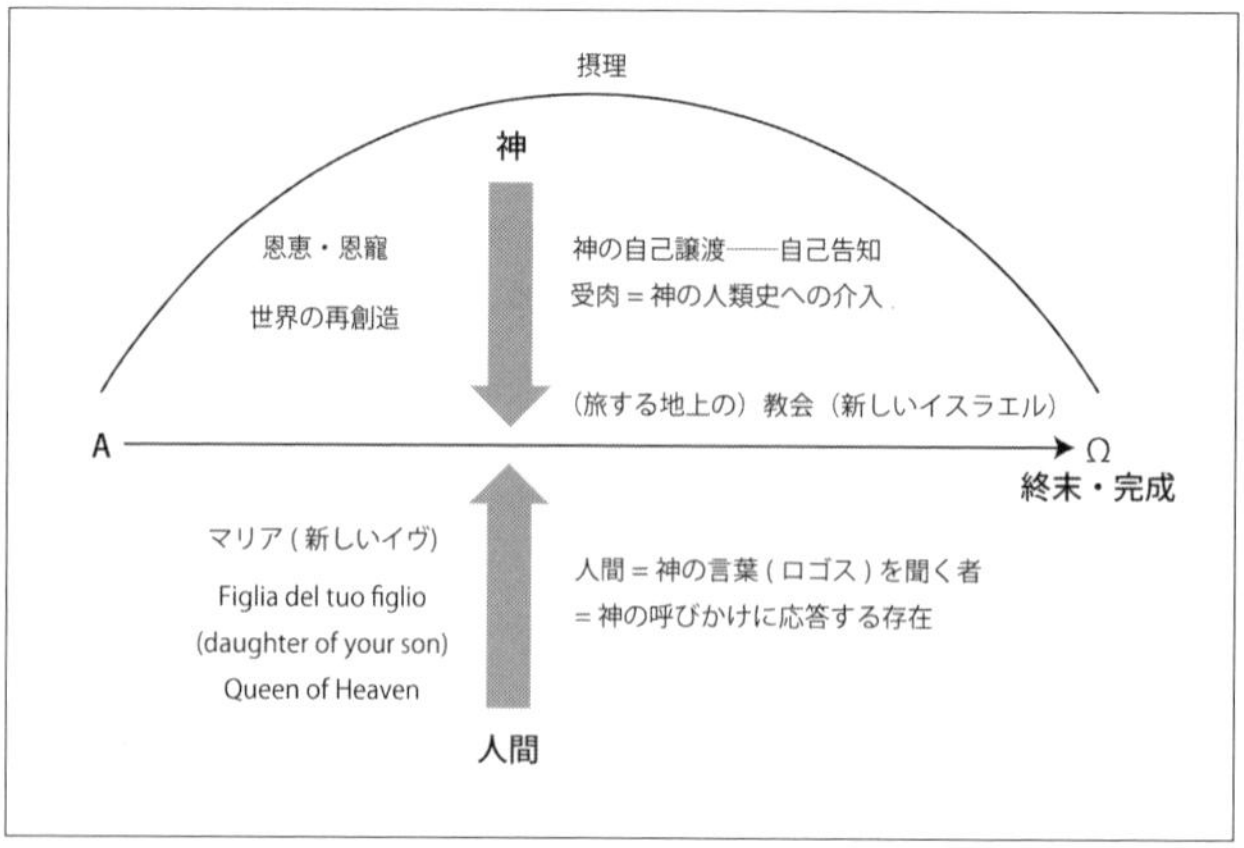

受肉 Incarnation のモデル

人間。縦軸のモーメント、すなわち神の働きかけは恩恵（grace）であり、罪の状態から人間を徹底的に開放する、その意味で世界を再創造する技なのである。神の一人子であるイエスを、神に捧げられる贖罪の子羊 Agnus Dei として奉献する受難とその三日後の復活は、原罪によって導入された死を克服するものであり、神の愛の物語が成立する。神は一人子を子羊として派遣する「自己譲渡」によって「神は愛である」という自己告知を行ったのである。[11] キリスト教会は「新しいイスラエル」として民族性の枠から自らを解放し、世の終末、時の完成、imperium sine fine「終わりなき帝国」（ウェルギリウスの言葉）としての神の国の樹立まで、聖霊に導かれて地上を旅する。こうして歴史は神による救済史となる。処女でありながら神の子を聖霊によって懐胎し世に送ったマリアは、新しいイブまた「天の元后」、ダンテの『神曲』「天国篇」三十三歌では figlia del tuo figlio「わが子の娘」として崇敬（崇拝ではない）される。

以上がキリストによる神の人間救済物語であるが、これがエルサレムを出て（ユダヤの民族性を超えて）、ローマ帝国内に広がり、大航海時代以降、真の意味での世界宗教となった。それが可能となったのはどのような観念の作用によるものだったのか、つぎに考えてみたい。

四　Westward Ho![12]——「西行き」の正統性

日本では西方浄土という信仰がある。信仰を意識しなくても、テレビ番組の最後にさほどの意味もなく夕日が映し出されるのはまれではない。日本の精神性に落日は大きな意味を持ち、美意識にも影響を及ぼしている。西洋のテクノロジーを問題なく使いこなし、科学主義の教育を受け入れている日本ではあるが、西洋近代に見られるような世俗化現象は一般的になっていないように思われる。むしろ伝統的日本の精神性は科学と対立することなく、場合に応じてうまく使い分けられ、見事に共存しているといってよいだろう。

ところが他国ないし他文化に比べて自身が優位に立つという意識、つまりナショナリズムが現われると、太陽はにわかに政治性を帯びる。日本では聖徳太子が隋の煬帝に送った国書の「日出づる処の天子、書を日没する処の天子に致す」が、それを受け取った中国皇帝を実際に怒らせたかどうかはともかく、仏教文化、文明を学び始めたばかりの小国が、たんに太陽の出る側に位置する事実をもって、自身の誇りを意識しているものと、本邦では随分と誇らしげに解釈されているのではなかろうか。天平の時代はいざ知らず、明治以降の国家主義的雰囲気の中で、国民意識を高揚させるのに一役買ったのだろうと推測される。

地球の自転による太陽の「動き」と民族・国家意識が関連する事例、すなわち東と西を区別することによる優位性の問題はもちろん欧米にも存在する。オリエンスとオクシデンスの区別であり、歴史的事実としては圧倒的にオクシデンスの価値が高い。なるほど教会を建築する際に祭壇の場所として、入り口から見て正面の「東に向けて」(いわゆる「オリエンテーション」。日本語のオリエンテーションも元来は新しい環境に素早く適応できるように「正しい方向に向ける」ということである)建築するというルールがありオリエントが重視される場合があるが、他方で「真理は西に向かって移動する」という根強い考えがあり、こちらの方がはるかに優勢なのである。その発端は旧約聖書の「創世記」十一章以降にあるアブラハムの召命(calling)である。先述したとおり、彼はメソポタミアの一族のもとを離れ、約束の土地であるカナンへ、つまりは西へと向かう。神の選民、ユダヤ民族の父であるアブラハムの西方移住は範型となり、「アナロジー」(類似性)が認められる歴史的事象に真理性が受け渡されるメカニズムができあがる。まずキリスト教についてみれば、エルサレムからローマへと中心が移動する。この際、東ローマ帝国のビザンツ教会が問題となるが、地中海世界の西方に位置するローマ・カトリック教会の方が、ギリシア・ローマ文化の伝統を正しく継承していると断じたのだった。[13] 新しいローマを自称したコンスタンティノポリスに対して古い、元来のローマの正統性を主張したわけである。ローマ教皇は(現代では偽書であると認められているにせよ)「コンスタンティヌス帝の寄進」[14]によって西方世界の領主権を所有し、西ローマ帝国を継承するカール大帝の統治権はローマ教皇の委任による。ナポレオンが自ら皇帝冠をかぶるまで、世俗領主権に対する神の国の権能の上位性が当然視されていたといえよう。

キリストの降誕（受肉）とともにまったく新しい時代が始まるが、これを予言していたとされたのが、ローマ帝国アウグストゥス時代の詩人ウェルギリウスである。『牧歌』第四歌でウェルギリウスはつぎのように記している。

今やクマエの予言が告げる、最後の時代がやってきた。偉大なる世紀の連なりが、新たに生まれつつある。今や乙女なる女神も帰りきて、サトゥルスの王国はもどってくる…あの子はやがて、神々と生を分かち合い、英雄たちが神々と交わるさまを見て、みずからも彼らの眼差しを浴びながら、父親ゆずりの武勇の徳で、世界を平和に統治するだろう…　蛇は死に絶え、人を欺く毒草も消え失せ、あちこちにアッシュリアの香木が生えてこよう。[15]

紀元前七〇年に生まれ、前十九年に世を去ったウェルギリウスが、この詩を書いたのは紀元前四〇年ごろと推定されているので、ナポリで東方の神秘思想に触れていたとはいえ、彼がキリストの降誕を予見していたとは到底考えられない。しかしウェルギリウスが創造した『アエネーイス』の物語とその主人公であるアエネーアースがキリスト教的に解釈され始めると、ウェルギリウスとキリスト教精神との親和性は疑いのない確信になっていく。ギリシア連合軍の「トロイの木馬」の奸計により滅亡したトロイアの英雄アエネーアースが艱難辛苦の後、ローマ近郊に入植、帝国の礎を築くというのがこの叙事詩のテーマだが、古代ギリシアに敗れはしたものの、トロイアがギリシア的価値を担いつつ新しいトロイアであるローマを建国するために西進するわけである。そのローマが自らの意思でキリスト教を国教にし、西洋古典世界とキリスト教世界が合体する。ウェルギリウスはまさにその結節点に立つ人物なのである。ギリシア・ローマ文明を包摂するようになるキリスト教世界にとって不可欠の存在となる。そして真理、正統性は西に進む、という神話も彼の文学的達成によって強化されるのだ。

そもそも異教の作家、さらに唯一神ではなく「神々」を扱う作家を、キリスト教世界で読むことは、アンビヴァレントなものにならざるを得ない。中世にもルネサンスがあった、と二〇世紀前半の知的世界を大いに驚かせたハスキンズは、「ラテン語の能力は、聖職者に欠かせぬ資質として要求された」ものの、古典は異教の本であるから、厳格なキリスト者にいわせれば「ラテン語の学習は実際の役に立つだけの基本的な文法に限るべきで、それ以上の古典作家の勉強は、せいぜいよくても時間のむだ、悪くすると霊魂に危険を招く」[16]と述べる一方で、ソールズベリーのヨハネスが「古典はたんに神学研究のためのトレーニングとして役立つだけではなく、それ自体研究の価値があり、道徳的にもプラスになる」、「ローマとキリスト教の間に対立するところなどまったくなくて、両者は渾然と融合してキリスト教的ヒューマニズムを形作っている」と主張したとも書いている。[17]〈巨人の肩に乗る小人〉という観念も作り出され、古典古代文化の偉大さを認め継承した上で進歩を意識する知的な成熟が、十二世紀ルネサンスの人文主義に見られるようになった。中世に知られていた個々のラテン作家の中で、筆頭に位置するのは言うまでもなくウェルギリウスであり、「永遠のローマの栄光と偉大さをみごとに歌いあげるローマ帝国精神の詩人」[18]とされたのだ。見事なラテン語を書けるということが政治的権力を手に入れる道であった社会で、ウェルギリウスはラテン語（文法とレトリック、モラル）の手鏡として尊崇の対象となった。[19]

ローマ帝国はカロリング帝国から神聖ローマ帝国へ、さらにはもっと西に進み、十二世紀のモンマスのジェフリーが著した『ブリタニア列王史』は、ブリテンの建国をアエネーアースの曾孫ブルートゥスによるとし、近代の国民国家体制になると、チューダー朝の処女王エリザベスがウェルギリウスの「乙女なる女神」に擬せられ、イングランドは黄金の「サトゥルスの王国」の到来を告げるものと考えれられた。エリザベスの宗教政策は十分に反カトリック的なものだったが、宗教改革を徹底させたいピューリタンたちはつぎの時代に「巡礼父祖《ピルグリム・ファーザーズ》」と認識されることになる集団を組織して「メイフラワー号」で大西洋を西進する。今や神に見捨てられた古いイングランドを去り、約束の土地である新しいイングランドに、丘の町エルサレムを建設するためだ。十八世紀啓蒙思想の申し子たちによってアメリカ合衆国が建国されたとき、建国の父たちは巡礼父祖の航海をモーセによる紅海渡りに擬した。選民を隷属状態から解放し、約束の土地に戻すために「出エジプト」と大西洋横断とを神の導きの観点で結びつけるタイポロジーの思考法が作用した。[20] 新しい紅海渡りとしてのメイフラワー号の西進は、新しいトロイアをイタリアに建設するための旅路ともみなされ得る。実際、「トロイ」という名を持つ町が全米二十二州にも及んでいるという。[21] 一七八二年に建国の父たちによってデザインされた国璽には、アエネーアースの子アスカニウスのユピテルへの祈りの中の言葉である Annuit coeptis「神は我々の取り組みを支持する」（『アエネーイス』九巻六二五行）と『牧歌』第四歌五行目の Novs ordo seclorum「時代の新秩序」が引かれ、後者は現行一ドル紙幣の裏面にも記載されている。

建国後のアメリカは神の定めた「明白な運命」（Manifest Destiny）によりアパラチア山脈、ミシシッピ川、ロッキー山脈、そして太平洋までも越えて日本に到達する。[22] アメリカの南北戦争とその後の状況について付言しておけば、南部人の中にはウェルギリウスの『農耕詩』からくみ取った、土地を耕し、国を豊かにするという考え方を、自分たち南部の農本主義と共鳴させる意識が働いていた。詩人アレン・テイトら農本主義の論理的主柱であった知識人には、個人利益を求めて狂奔し、汚れ退化した西洋文明を体現する成り上がりの北部人と対比し、名誉ある紳士の南部人はトロイア戦士と価値を共有している、とする姿勢がみられたのである。[23] ウェルギリウスがトロイアの滅亡にローマの建国を望見したように、テイトは「南部連合国」（Confederacy）の敗北にもかかわらず、南部の価値の保存を農本主義に見いだそうとした。

五　異教徒であるウェルギリウスがなぜ評価されるのか

以上みてきたように、キリスト教世界は古典古代の高度な文明と文化を取り込もうとし、その正統性を真理は西進するという論理に見出そうとした。十五、十六世紀のルネサンスも、古典古代の文芸が中世キリスト教の圧迫から離れて復興したという単純なものではなく、そもそもはキリスト教と古典文化の総合と考えられていたのである。[24] そうでなければ、ルネサンス時代の教皇たちが今日のヴァティカン博物館に詰め込んだ異教の芸術作品はまったく説明のつかないものとなろう。

羊皮紙を削り上書きされた写本である「パリンプセスト」のように歴史を上書きすること――キリスト教が古典古代の肩に乗るために異教のものであってもその文化を包摂すること――を可能にする原理は、アナロジーとタイポロジーである。前者はパターンの類似性を認識することであり、後者は「予型論」であり、前節で確認したとおり、旧約聖書のうちにキリスト教の予型（前表）を見いだす思考法だ。しかし、どれほど説得力のある接続方法があるにしても、肝心のウェルギリウスの人間性と彼が創作した文学の性格が、キリスト教と相容れない、ローマ帝国の継承者としてのカトリック教会の目にかなわない類のものであれば、当然、接ぎ木することは不可能であったはずである。このような困難を克服するのに最も有効だったのは、彼が Anima naturaliter Christiana（'naturally Christian soul'）であるという主張であった。ウェルギリウスがキリスト降誕以前に亡くなっていた事実は動かせないにせよ、彼が「本性的にキリスト教的な霊魂」だと断ずることにより、古典との接続が可能となり、古典古代の文明がキリスト教世界の歴史の中に移し替えられる（Translation）。Anima naturaliter Christiana という概念は、もともとはラテン教父の一人であるテルトゥリアヌス（c. 155-220）が『霊魂の証言について』で表明した、「たとえ異教徒であっても、その人が生きる世界で（キリスト教の）神を認識できるというものである。人は洗礼を受けていなくても本性的にキリスト教徒のような魂を持てるという考えは[25]、中世においてウェルギリウスに適用されることになった。異教にも窓を開くという姿勢は、ルネサンス期の思想家マルシリオ・フィチーノ（1433 -99）の prisca theologia「古代神学」にもみられる。すなわちキリスト教以前にも賢者によって示された真理があり、それはキリスト教神学と一致するというのである。キリストの受肉を予言したとみなされるようになったウェルギリウスは、旧約の大預言者と同じ扱いを受けることになった。イザヤ書の七章十四節の「私の主が御自らあなたたちにしるしを与えられる。見よ、おとめが身ごもって、男の子を産みその名をインマヌエルと呼ぶ」や、五二章十三節から五三章十二節の「主の僕の苦難と死」のような預言に劣らない意味を持つとされたのである。[26]

アウグストゥス帝の平和、ローマの平和（Pax Romana）がウェルギリウスを媒介にしてキリスト教世界と接続される。そして先述した「コンスタンティヌス帝の寄進」がローマ教皇に与えた領主権によって、世俗の皇帝、帝国が受け継がれて変遷していくtranslatio imperii「帝権移譲論」[27]。これには付随してtranslatio studii「学問移転論」がある。これらはともに旧約のダニエル書二章に端を発する。十七世紀イングランドのピューリタン詩人ジョン・ミルトンがウェルギリウスに心を寄せて現実に目にしたものは、失われた真理を復活させるイングランドの使命であり、その達成には「勤勉」（studiousness）はローマから移転し（これがtranslatio studiiの意）、腐敗したカトリック教会のように教父の文献や初代教会の記録を読み漁るのではなく、神の言葉が記された聖書の研究に向けられるべきなのであった。[28]

それではウェルギリウスが「本性的にキリスト教的霊魂」の持ち主とされた根拠を具体的に見ていくことにしよう。十九世紀にはギリシアの古典が、特にロマン派によってホメーロスが称揚されていたが、二〇世紀に、特に戦間期（interbellum）に、ウェルギリウスがヨーロッパで大きな復活を見た。一九三〇年は詩人の生誕二千年祭であったから各地で記念の行事が営まれたこと、第一次世界大戦、ロシアの社会主義革命によってキリスト教ヨーロッパの統一性が大きく揺らいだこと、さらにドイツ語圏でナチズムが台頭したことなど、危機の時代という認識の中で、ローマの平和を招来したウェルギリウスが再評価された。[29] 以下、ナチズムと闘ったドイツのカトリック改宗者テオドール・ヘッカー（1879-1945）[30]、彼の影響を受けたアングロ・カトリックの詩人で英国ヴァージル協会初代会長を務めたT・S・エリオット（1888-1965）の残した文章を参照しながらまとめてみよう。彼らはキリスト者として、当然のことながら、縦軸を、神の摂理の働きを意識化しており、その意識を持ちながら横軸の生を生きた。

二〇世紀の危機を認識し、キリスト教の観点からウェルギリウスに「西欧の父」[31]としての像を見いだした人々に共通するのは、「額に汗して働く」労働の積極的評価である。肉体を動かす労働は、本来奴隷が行うものとされていた古代において、こうした発想をすることはグレコ・ローマンの伝統からの明確な逸脱であった。『農耕詩』一歌一四五―四六行の Labor vincit omnia, labor improbus（Toil overcomes all, toil in the sweat of the brow.）[32]が注目され、苦しい労働はかえって祝福と豊饒の条件となり神聖視されたのである。土を耕す労働はあらゆる労働の範型《パラダイム》となり、ヘッカーに言わせれば、人間がその実存としての otium「閑暇」を正当化できるのは、negotium「仕事」をしっかりとこなすことによってのみなのである。よく知られているように「カルチャー（文化）」は「アグリカルチャー（耕作）」に由来するが、興味深いことに、この語はギリシア語ではなくラテン語起源である。[33]ギリシアは閑暇の尊さを発見し、最高次の生が観想生活にあることを私たちに教えているが、ウェルギリウスは農業が文明にとって根源的なものだと認識している。この古典古代の相反するように見える二つの善を統合的に引き継いだのがキリスト教の出家者集団の修道会なのである。彼らは信仰と地中海文明を異教世界に伝える文明化組織であった。キリスト教化は文明化と同義であったのである。ヘッカーは聖ベネディクトの戒律に生きる修道士たち、ora et labora「祈りかつ働け」という規則に生きる人々が、ウェルギリウスの『農耕詩』も携えていた可能性に触れている。[34]修道士たちはベネディクト会士であると同時にウェルギリウス信奉者でもあったのだ。

　労働は人間性の維持と回復に不可欠であるとする思想は、ヨーロッパの形成期にとどまらず、二〇世紀に至っても極めて重要な意味を持ち続けている。『農耕詩』を英訳した詩人C・デイ・ルイス（1904-72）は、「自分が住まう土地の霊」に深く触れ、『農耕詩』のウェルギリウスが「根無し草のような近代人」に語りかけてくる戦時中の神秘体験を告白している。[35]さらにカトリック小説家のイーヴリン・ウォー（1903-66）は、第二次世界大戦後の「荒地」を再生する象徴として、『名誉の剣』の主人公に畑を耕す者としての平安を与えてこの三部作を終わらせていることにも注意を向ける必要があろう。[36]

　歴史に先んじて肉体労働にキリスト教的価値を与えたことに続く重要な点は、ウェルギリウスが造型したアエネーアースの性格である。つらい航海と先住民との戦いという艱難辛苦に耐え、滅ぼされたとはいえ愛すべきトロイアを去るのは、運命に従ってのことである。ヘッカーは、神々の意向に従いトロイア再興のためにイタリアへ向かう英雄の姿に、たんに帰郷するオデュッセイアと違い、アエネーアースには果たすべき使命《ミッション》があること、しかもそれを彼自身が自覚していることを指摘している。ヘッカーはアエネーアースにホメーロスの叙事詩に登場するような人物よりむしろ、信仰の父であるアブラハムとの類縁性を見いだすのである。[37]彼らは共に計り知れない存在である神の声に従って故郷を離れその宿命を受け入れる。重要なのは神の声（calling）に謙遜であることである。ウェルギリウスのヒュミリタース（humilitas=humility）の背景にはピエタース（pietas=piety）がある。普通「敬虔のこころ」と解されるピエタースは、トロイア脱出の際に父親のアンキーセースを背負っていく事実、さらにクーマエの巫女に導かれ地下世界へ向かった理由も、ディードと再会するためでなく父親に会うためだったことに明らかなように、「父母に対する恭敬の心情」を表す。ジオルコウスキーによれば、それは「愛情をもって義務を果たすこと」であり、対象は先祖、組織、国家、神々へと拡大し、義務を果たすための宗教行事までをも意味する。[38]ピエタースはキリスト教国家の秩序維持にきわめて重要な機能を果たすことは言うまでもないだろう。

さらにエリオットは、アエネーアースのディードとの関係について、キリスト教詩人らしい心の機微を穿つ洞察を加えている。彼はまず第六歌の、アエネーアースがトロイア再興の使命を果たすためにディードを棄て去り自死に追いやった、その彼女の霊との出会いを最も civilized（「文明化した」すなわち「キリスト教的な」）描写であるという。彼女が彼を完全に無視するのはアエネーアースの「良心の投影」であり、彼女が彼を許していないことではなく、彼自身が彼のことを許していないことを示唆するのだと読むのである。使命の遂行を選択しつつも、それでもなお一人の女性を裏切り破滅させる結果となったことを潔しとしない点に、キリスト教的良心の呵責のドラマを読み込むのである。アエネーアースの良心のような資質はローマ人の理想となり、キリスト教信仰者の人格に組み込まれる。と同時に、古典古代世界の「運命」（fatum）はキリスト教のもとで「摂理」（Providence）となる。謙遜という美徳によって、自由意志でもって、神の意向を承諾するのである。黙示的終末の完成の時点から救済史である歴史全体を展望するとき、運命は摂理となるのである。

六　おわりに

アエネーアースが果たすべき使命とは、ユピテルがウェヌスに語る imperium sine fine dedi「私は際限のない支配権をローマ人に与えた」という言葉を実現させることであった。地上のローマ帝国はカロリング帝国、神聖ローマ帝国、そしてハプスブルク帝国の最終形態であったオーストリア＝ハンガリー帝国へ――もちろん近代においては大英帝国、ナポレオン帝国、さらにはドイツ第三帝国をも含める必要があるかもしれない――と推移していった。ローマ帝国は長く生き延びたとも言えるし、所詮は一詩人が自身の擁護者の皇帝に贈ったリップサービスであり、それこそ「神話」にすぎないとも言えよう。しかしエリオットは真面目に「時はまだウェルギリウスが誤っていたと証明してはいない[39]」と述べている。エリオットは現実世界の帝国というより縦軸を意識してのキリスト教帝国、すなわちカトリック教会（彼の場合はイングランド教会内のアングロ・カトリックであるが）のことを指していたように思われる。彼は洗礼を受ける前から自分が「古いタイプの保守《トーリー》」であり、一国のナショナリズムとそれと同じく誤っている国際主義（マルクス主義と資本主義コスモポリタニズム）に反対し、「普遍性」(catholicity/universality) に価値を置くと宣言していた。[40]一九四四年の英国ヴァージル協会設立にあたり、初代会長として行った講演『古典とは何か』で、エリオットは古典の特質として「成熟」(maturity) をあげ、文明、言語、文学、そして作者の精神の成熟をその誕生の要件としている。古典成立の背景には伝統と普遍性が必須なのであり、一国の文化伝統すらも「地方性」(provinciality) として斥けられる。地方性はキリスト教世界の崩壊と共通の信仰、文化の衰微を示すものなのである。[41]ヨーロッパの統一性が揺らいでいる状況下に、ウェルギリウスを使ってきわめて独りよがりなカトリック的洞察を加えたにすぎないと看過するのではなく、エリオットの論理で明白になっている中央の価値による地方の包摂、さらには近代の国民国家の文化伝統ですらも、中央であるラテン、ローマに対して地方主義的なものとなる、という帝国秩序の定式、そしてそれが古典と不可分の関係にあることに注目すべきであろう。「ヨーロッパは一つの体であり… 各国文学はその体全体をめぐる血液なしには栄えることができない。その血流とはギリシア・ローマの古典であり、われわれの古典、全ヨーロッパの古典はウェルギリウスなのである[42]」とエリオットは断言する。彼の場合、横軸と縦軸の観点でウェルギリウスを読んだわけだが、地上のローマ帝国と天上のローマ帝国としての神の国をはっきり分けた。ローマ帝国はキリスト教帝国として縦軸を昇華しなければならないのである。エリオットは『神曲』のダンテの判断に従ってウェルギリウスを天国には入れなかった。神の愛アモールを構想するヴィジョンがなかったからだ[43]。

ローマ帝国とキリスト教世界はその共通テキストのウェルギリウスによって支えられてきた。いまや「大きな物語」を信じるのが困難な時代を迎え、古典もそれが内包する帝国イデオロギーによって解体されてしまったのかもしれない。帝国と古典の衰微は同時なのだろう。ポストモダンと呼ぶか否かは別にして、根無し草的に浮遊する現代人は混沌の中で生きるほかなく、共有される大きな物語がないとすれば、いかに自分の小さな物語を紡いで生きるか、そのことが問われていると思うのである。

注

[1] 高柳俊一は『精神史のなかの英文学：批評と非神話化』（南窓社、一九七七年）の「まえがき」で、批評が「十六世紀の人文主義によって始められ」、「実証主義的で、特殊性に照準をあわせて釈義を行なう行為から、精神的な全体像を再建するための読みへと向かう」性質を持っていると指摘している。本章によってキリスト教文化の「世界理解の構図」の一端が理解できれば幸いである。
[2] George Steiner, *Nostalgia for the Absolute*. Anansi, 2004. (CBC Massey Lectures Series, 1974), 6.
[3] ジャン＝フランソワ・リオタール『ポスト・モダンの条件』小林康夫訳、（書肆風の薔薇、一九八六年）、一〇五頁。
[4] 同書、四三頁。
[5] 同書、六八頁。
[6] 同書、訳者による「あとがき」、二二四頁。
[7] "To invite others into meaning" in George Steiner, *The Idea of Europe: An Essay* (Overlook Duckworth, 2015), 19. Rob Riemen による「序論」の中の言葉。

[8] Ibid., 27. スタイナーがこのように語るとき、ホロコーストの記憶が脳裏にある。人間とは一体何かという根源的な問いに対峙して、彼はヒューマニズムに対する希望を捨てていないように思われる。

[9] Norman Davies, *Europe: A History* (Oxford University Press, 1996), 7.

[10] Steiner, *The Idea of Europe*, 51.

[11] 無条件に行われる「神の自己譲渡」という観念は、二〇世紀最大のカトリック神学者といってよいカール・ラーナー（1904-84）のものである。高柳俊一『カール・ラーナー研究』（南窓社、一九九三年）参照。

[12] チャールズ・キングズレー（1819-75）はこのタイトルの小説（1855）を書いている。元々はテムズの水上タクシーの呼び声だった。

[13] 高柳、「ヨーロッパ」（『精神史のなかの英文学』所収）、八頁。

[14] 四世紀のシルヴェステル一世教皇宛。中世においては真正なものと見なされていた。

[15] 小川正廣訳『牧歌／農耕詩』（京都大学学術出版会、二〇〇四年）。

[16] C・H・ハスキンズ『十二世紀ルネサンス』別宮貞徳・朝倉文市訳（みすず書房、一九八九年）、七四頁。

[17] 同書、七八－七九頁。

[18] 同書、八三頁。

[19] Christopher Baswell, *Virgil in Medieval England: Figuring the Aeneid from the Twelfth Century to Chaucer* (Cambridge University Press, 1995), 4.

[20] タイポロジー「予型論」とは聖書を解釈するに際して、救済史の統一性及び神の摂理の観点から、旧約の事象が新約の事象をあらかじめ指し示していると発想することをいう。新約が旧約を成就完成させるのである。アメリカ建国の精神史では聖書解釈学をも超え、歴史解釈に及んでいることになる。大西直樹『ピルグリム・ファーザーズという神話』（講談社、一九九八年）参照。

[21] Theodore Ziolkowski, *Virgil and the Moderns* (Princeton University Press, 1993), 19.

[22] このような歴史観は当前のことだが白人のもの。歴史の解釈であって、そのことの当否とは無関係である。

[23] Ziolkowski, op. cit., 173.

[24] 高柳、「神話と都市像」（『精神史のなかの英文学』所収）、六一頁。

[25] カール・ラーナーの「無名のキリスト者」が思い起こされる。

[26] ウェルギリウスは、「伝説の源であるとともにまた伝説の題材」ともなる。十二世紀に「ウェルギリウスは魔術師である」という考えが現われた。ハスキンズ前掲書、八四頁。また Sortes Vergilianae（ウェルギリウスの本をランダムに開き、そこに書かれてある言葉から啓示を得る）書物占い《ビブリオマンシー》も行われた。

[27] Frank Kermode, *The Classic* (Faber and Faber, 1975), 52.

[28] Ibid., 55.

[29] Philip Hardie, *The Last Trojan Hero: A Cultural History of Virgil's Aeneid* (I.B. Tauris, 2014), 143.

[30] Theodor Haecker, *Virgil: Father of the West* (Sheed & Ward, 1934). 原題は *Vergil. Vater des Abedlandes.* 英訳は著名な文化史家クリストファー・ドーソンと編集企画者T.F. Burnsが編集したEssays in Orderシリーズの第一四巻として刊行された。ドーソンとバーンズはG.K.チェスタトンとH.ベロックの論争の世代に続く、プロテスタントからも信頼を寄せられたカトリック知識人の代表であり、世俗的で伝統的価値観を軽視するポスト・キリスト教社会の進展に抗してキリスト教の価値を主張した。

[31] ヘッカーの著書の標題 *Virgil: Father of the West.*

[32] ヘッカーの著書を英訳したA.W. Wheenによる訳、Haecker, 30.

[33] Ibid., 46-48.

[34] エリオットも同様の考えを示している。"Virgil and the Christian World" in *On Poetry and Poets* (Faber and Faber, 1957), 125.

[35] C. Day Lewis, *The Buried Day* (Chatto & Windus, 1960), 97-98.

[36] 詳しくは拙著『オックスフォード運動と英文学』（開文社、二〇一八年）所収「中世主義者としてのイーヴリン・ウォー」を参照されたい。

[37] Haecker, 73.

[38] Ziolkowski, 111.

[39] "Time has not proved Virgil wrong." "Virgil and the Christian World" , 130.

[40] *The Transatlantic Review*, 1 (Jan 1924) 95-96.

[41] T.S. Eliot, "What is a Classic?" in *On Poetry and Poets* (Faber and Faber, 1957), 61.

[42] Ibid., 70.

[43] "Virgil and the Christian World," 131.

主要参考文献

ウェルギリウス『アエネーイス』杉本正俊訳（新評論、二〇一三年）

ウェルギリウス『牧歌／農耕詩』小川正廣訳（京都大学学術出版会、二〇〇四年）

小川正廣『ウェルギリウス「アエネーイス」――神話が語るヨーロッパ世界の原点』（岩波書店、二〇〇九年）

高柳俊一ａ『精神史のなかの英文学：批評と非神話化』（南窓社、一九七七年）

高柳俊一ｂ『カール・ラーナー研究』（南窓社、一九九三年）

ハスキンズ、C・H・『十二世紀ルネサンス』別宮貞徳・朝倉文市訳（みすず書房、一九八九年）

リオタール、ジャン＝フランソワ『ポスト・モダンの条件』小林康夫訳、（書肆風の薔薇、一九八六年）

Baswell, Christopher, *Virgil in Medieval England: Figuring the Aeneid from the Twelfth Century to Chaucer*. Cambridge University Press, 1995.

Davies, Norman, *Europe: A History*. Oxford University Press, 1996.
Eliot, T.S., "What is a Classic?" in *On Poetry and Poets*. Faber and Faber, 1957.
"Virgil and the Christian World" in *On Poetry and Poets*. Faber and Faber, 1957.
Haecker, Theodor, *Virgil: Father of the West*. Sheed & Ward, 1934.
Hardie, Philip, *The Last Trojan Hero: A Cultural History of Virgil's* Aeneid. I.B. Tauris, 2014.
Kermode, Frank, *The Classic*. Faber and Faber, 1975.
Lewis, C. Day, *The Buried Day*. Chatto & Windus, 1960.
Reeves, Gareth, *T.S. Eliot: A Virgilian Poet*. Macmillan, 1989.
Steiner, George, a. *Nostalgia for the Absolute*. Anansi, 2004.
Steiner, George, b. *The Idea of Europe: An Essay*. Overlook Duckworth, 2015.
Ziolkowski, Theodore, *Virgil and the Moderns*. Princeton University Press, 1993.

第2章

統合される複数の伝統
——聖書叙事詩の成立と展開

◆上月 翔太

一 「賢者の言葉」としての叙事詩

聖書叙事詩(Biblical Epic)と称される作品群が四世紀中ごろから制作されるようになった。ホメロス以来の韻律であるヘクサメテルによって聖書の内容を物語る叙事詩である。古代ギリシア語、ラテン語という二つの古典語によって書かれ、中世、近代とその命脈は確かに続いていたといえる。本章ではラテン語聖書叙事詩の成立と展開を示す。

その前に西洋古典文学で叙事詩といわれるジャンルについて簡単に確認をしておきたい。叙事詩という文学ジャンルを規定するのはヘクサメテルという韻律である。「六歩格」などと訳されるこの韻律は、古代ギリシアの『イリアス』『オデュッセイア』において採用され、以後、英雄の業績を扱う詩において用いられることになる。また、それだけに限らず、ヘシオドス『仕事と日』といった、ある知識体系を教授する種類の詩——いわゆる教訓詩——においてもこの韻律は用いられている。ほかにもテオクリトスに代表される牧歌も——一般的に叙事詩とは区別されるが——この韻律を採用している。このようにヘクサメテルは多彩な種類の文学で共通して用いられている韻律である。

古代人がヘクサメテルによって語られる言葉に何らかの権威を感じていたことは推察される。それはこの韻律がいわゆる文学以外においても用いられていることからうかがえる。たとえば古代ギリシアの多くの神託はこの韻律によって与えられたと考えられており、また古代ギリシアの哲学者にはこの韻律でもって自説を提示した者もいた。ヘクサメテルで与えられた言葉はいわば「賢者の言葉」であった。この韻律によって語られた言葉には単なる情報の伝達以上の役割が与えられていた。これを用いた文学は娯楽以上のものとして、たとえば教育の手段として機能したり、共同体の社会慣習を保存したりもした。

ヘクサメテルは本来、古代ギリシア語の韻律であったが、その後ラテン文学においても取り入れられることになる。ラテン文学においてはまず前三世紀から二世紀にかけて活躍した詩人エンニウスによる『年代記』という叙事詩で採用された。以後、ラテン文学においても主要な韻律として用いられることになる。ラテン文学におけるヘクサメテルの到達点が、ウェルギリウスの諸作品である。『牧歌』『農耕詩』『アエネイス』はいずれもこの韻律によって書かれ、その後の同ジャンルの作品の模範となる。聖書叙事詩の成立と展開においてもウェルギリウスの影響は決して看過することができない。

本章では聖書叙事詩を作成した二人の詩人を取り扱う。聖書叙事詩人の最初に位置づけられるユウェンクスと聖書叙事詩の到達点とも評されるセドゥリウスである。いずれも新約聖書の福音書に基づいた作品を著した詩人である。もちろん旧約聖書や新約聖書の他の文書を題材に叙事詩を制作した詩人も存在するが、紙幅の都合上それらの詩人らは扱わない[1]。

ユウェンクスとセドゥリウスという、生きた時代の異なる両詩人を扱うことで、聖書叙事詩の性質についていくらか明らかにできるものと期待される。以下ではそれぞれの作品の序にあたる部分に特に注目しながら、議論を進めていくことにしたい。

二　聖書叙事詩の成立

ユウェンクスと『福音書四巻』について

ユウェンクス（Gaius Vettius Aquilinus Juvencus）はヒスパニアの聖職者と伝えられる。古代の詩人なので詳しく正確な情報は十分ではないが、ヒエロニムスが『著名人伝』の中で彼について伝えている。[2]「ユウェンクスはヒスパニアのとても高貴な家の出身の司祭である。四つの福音書をヘクサメテルの詩行でほぼ逐語的に置きなおし、四巻の作品とし、そして同じ韻律でもって、儀礼の次第にかかわる多くのことも扱った。コンスタンティヌス皇帝の時期に活躍した」（『著名人伝』八四章）。

『福音書四巻 *Evangeliorum libri quattuor*』と題される彼の作品の創作時期については、作品の第四巻でコンスタンティヌス帝へ献呈する旨が書かれていることから、コンスタンティヌス帝の在位期間（三〇六―三三七）と考えられている。マックギルはおおよそ三二九年頃としている。[3]

『福音書四巻』の主たる素材はマタイ福音書であるといわれているが、他の福音書についても扱われている。使われたと想定される聖書は、ヒエロニムスによるウルガタ版に先立って存在していた「古ラテン語版」である。ただこの点について正確なことは十分に分かっていない。全体に聖書の文言についての釈義的なコメントは行われず、いわゆる「歴史 historia」として聖書の物語を語ることに焦点が当てられている。[4] その点、後に登場するセドゥリウスとは性質を異にする。ただ、先立つ聖書解釈についてはある程度踏まえているようで、いくらかの表現においてその影響を指摘することも行われている。[5]

ユウェンクスの作品はヒエロニムスが証言しているように、聖書の「ほぼ逐語的」な置き換えであるとともに、それがラテン語という古典語で書かれた叙事詩であることも重要である。ユウェンクスはこの点においても卓越していたとされる。すなわち、ユウェンクスは先行作家による詩行を深く理解し、自作に効果的に援用していた。参照された先行作家は幅広い。オウィディウスやスタティウス、ルーカーヌスなど古代ローマの叙事詩人である。なかでもウェルギリウスの詩行は大いに参考にされている。一例を示すと、ウェルギリウス『アエネイス』におけるスポンデー（長母音を二つ連ねた詩脚）の使用に倣っている箇所があることが指摘されている。[6]

『福音書四巻』の目的

『福音書四巻』はなぜ叙事詩の韻律でイエス・キリストの事績を歌うことを試みたのだろうか。マックギルによると、その理由は「イエスの物語を後世の人々も含めた聴衆に伝え知らせること」にあったとされる。[7]というのもこの当時、聖書の物語は教養ある人々にはあまり関心をもたれていなかった。その主な理由はユウェンクスに先立ち、ラクタンティウスがこのように言っている。「当代の賢人、博学な人々、指導者らに聖書が信じられていない第一の理由は、預言者らがまるで大衆を前にしているかのように、日常的な平易な語りでもって語っていることだ」[8]。教養のある人々に対し、内容の信憑性を高めるには表現の技巧が求められ、平易な言葉では不十分であるという認識が一般的であった。平易な表現はキリスト教が幅広い層の人々の信仰を得るのに有効に機能したが、国家的に展開する中で、かえって教養ある人々の無関心をも引き起こしていた。そこで叙事詩という伝統的な形式が重要な意味をもったのである。技巧を凝らした表現であるだけでなく、古い伝統をもつ権威ある形式を使うことで、これまで訴求できなかった層へのアピールを図ったのである。

『福音書四巻』序

聖書叙事詩の成立を象徴しているのが、『福音書四巻』の序である。まずは日本語訳でその内容を紹介しよう（以下、訳文中の［　］は筆者による）。

世界においていかなるものも、終わりなきものは何もない。地も、人間たちの国々も、黄金のローマも、海も陸も天に輝く星々も。というのも事物の創造者は終末の熱き炎が全世界を焼き払ってしまうまで、時を呼び戻すことが出来ぬものと定めたから。だがしかし、貴い行いや卓越した行いが長い間、多くの人々に行われており、彼らの名声や称賛を詩人たちが高めている。スミュルナの泉からの高き流れ［ホメロス］がある者らを、そしてまたある者らを、甘きミンキウスのマロ［ウェルギリウス］がたたえている。そしてかの詩人らの栄光は劣ることなく広まり、時代がめぐり、命じられたように天が回転し、大地や海や星空を巡らす限り、半ば永遠に続いていく。しかしもし、古人の業績に偽りを織り込んでいる歌がこれほど長きにわたる名声に相応しいならば、確かな信仰は、幾世にわたって、永遠の誉れという不滅の栄光を私に授け、その報酬を返すであろう。というのも我が歌はキリストの命もたらす業績であり、神から人々への虚偽の罪のない贈り物であるから。そして私は世界の大火がこの作品を奪い去ってしまうことを恐れない。というのも、光り輝く審判者、高き座にある父の栄光であるキリストが、火を吹く雲によって降り来たその時に、この作品が私をきっと炎から引き上げるであろうから。歌の聖なる保証人である聖霊は、私のもとに来たれ。そして甘きヨルダンの清らかな流れによって、歌うものの精神を濡らせ。キリストにふさわしきことを私が歌うように。

（『福音書四巻』I, 1-27）[9]

最初の聖書叙事詩として『福音書四巻』は過去の叙事詩伝統との連続性を強調している。この連続性を象徴しているのはホメロスとウェルギリウスへの明確な言及である。ユウェンクスの試みはこの両詩人の仕事を継承したものとされている。

ここで主として想定されているのは英雄の業績を歌った種類の叙事詩であると考えられる。ウェルギリウスは『牧歌』や『農耕詩』といった種類の叙事詩も歌っているが、ホメロスと並置されていることから、ローマ建国の英雄アエネアスの業績を歌った『アエネイス』の詩人として言及されているのだろう。また「キリストの業績 gesta Christi」

という表現が見られることから、イエスを英雄とおいた叙事詩として『福音書四巻』が構想されているといえる。

またこの序では伝統的な叙事詩にみられるインヴォケーションがキリスト教的なものに置き換えられていることがわかる[10]。先の引用では「歌の聖なる保証人である聖霊は、私のもとに来たれ。そして甘きヨルダンの清らかな流れによって、歌うものの精神を濡らせ。キリストにふさわしきことを私が歌うように」がインヴォケーションにあたる。伝統的なインヴォケーションが詩神の霊感を求めて歌われるものであるのに対し、この序では「聖霊 Spiritus」が詩神の役割を担っている。また先行する文学ではしばしば詩作の源泉として泉のイメージが伝統的に用いられることがある[11]が、ここではヨルダン川が用いられている。これにより詩人は自分が「キリストの業績」を歌う資格があることを示している。これにより本作はホメロス以来の伝統を受け継ぎつつ、キリスト教文学としての性質を明確にしている。

以上のように『福音書四巻』の序は伝統的な叙事詩との連続性を明瞭に示している。詩の題材は確かにキリスト教のものであるが、詩人や読み手のほとんどがキリスト教以前の文学作品によって教育を受け、その教養をもっていたことを反映していると考えられる。

キリスト教ローマの叙事詩

さらに序において注意したいのはキリスト教の詩人であるユウェンクスは必ずしもホメロスやウェルギリウスの作品を否定しきっていないことである。序においてはいずれの詩人についても「半ば永遠」の「栄光」があると語られている。留保がついているとはいえ、栄光の対象ではある。なお、伝統的な詩人たちが劣っているのは、その歌に「偽り」が織り込まれているからであるとされている。つまり過去の詩人たちは内容において劣っているも、その表現において優れているとされているのである。

『福音書四巻』は実際先行する叙事詩――特にウェルギリウスの作品――の表現を活用している。その活用方法は詩行を借用するようなものにとどまらず、先行する叙事詩に対する読者の理解をある程度前提としているような試みも行われている。たとえばウェルギリウスの叙事詩『アエネイス』では一般に戦における武勇を意味する言葉であったvirtusが、『福音書四巻』において——モデルと考えられる古ラテン語聖書では用いられていないにもかかわらず——しばしば使われていることが指摘されている。[12]もちろん意味内容の変化はいくらかあるものの、あえて伝統的な英雄を想起させる語彙を用いているところに、伝統の全面的な否定とは異なる態度を見出すことができる。

こうした点に関して、『福音書四巻』という作品を読むうえで本作があくまでキリスト教ローマで歌われたものであることは忘れてはならないだろう。確かに主題はキリスト教のものであり、多神教的な古代世界とは一線を画す。しかしながらローマ文学の伝統の上にあることも本作は意識している。ウェルギリウス、あるいはその模範であるホメロスとの関係を断つこともあえて行わないのである。なお、キリスト教の側としてもユウェンクスが詩作を行っていた時代は、まだ正統的な教義が十分に浸透しきっていなかったとして、伝統的な叙事詩との衝突がそれほど意識されなかった可能性も示唆されている。[13]ホメロス、ウェルギリウス以来の継承すべき文学遺産である叙事詩という文学ジャンルを、内容の宗教的真実性によってさらに高みに導いた、というのがユウェンクスの態度であったものと考えられる。

三　聖書叙事詩の展開

セドゥリウスと『復活祭の歌』について

セドゥリウス（Sedulius）についても多くのことがわかっていない。写本の記載にも揺れがあり、正確な氏名が伝わっていない。ある時期には九世紀の同名著作家（Sedulius Scotus）と混同されていることからも、この詩人の素性について多くを知ることは難しい。[14]

セドゥリウスの基本的な研究を行ったスプリンガーによると、あるパリの写本においてセドゥリウスについてこのように記載されている。[15]「詩人セドゥリウスの仕事はまず彼がイタリアで法律家として哲学を教えていたときにはじまった。そののち、コンスルであるマケドニウスに他の詩行と併せて英雄詩の詩行を教授した。アルカディウスの息子、小テオドシウス［テオドシウス二世］とコンスタンティウスの息子、ウァレンティニアヌス［三世］の治世下、アカイアで自身の書を書いた」。

以上の言及から彼の作品である『復活祭の歌 *Paschale carmen*』の創作時期は、紀元後四二五年から四五〇年頃とされる。古代末期の聖書叙事詩人としては四世紀前半のユウェンクスと、使徒に関する叙事詩を著した六世紀の詩人アラトルの間に位置している。

ユウェンクスが『福音書四巻』を著した時期はコンスタンティヌス帝の治世であり、キリスト教がローマ帝国に展開していく中で、創作活動が行われた。先にも示した通り、彼が叙事詩の韻律を使ったのは、ラテン文学の教養をもつ異教の読者を想定していたからと考えられる。ただし、彼の試みはそのすぐ後に後継を見出すことはなく、セドゥリウスの登場まで百年近く経つことになる。[16]

この百年近くの間で聖書叙事詩にとって大きな出来事が「背教者」ユリアヌスによる三六二年の勅令である。伝統的な宗教への反動的な改革の中で、皇帝はキリスト教の教師が異教の文学について子弟に教育することを禁じた。これを機に、ラテン語の文学を教育するためのキリスト教詩文学の需要が高まり、聖書のパラフレーズが多く行われるようになった。[17]

さて、セドゥリウスによる聖書叙事詩『復活祭の歌』は全五巻で、これも福音書の物語、特にイエスによる奇跡について語った作品である。ただし、第一巻のみ旧約聖書の諸エピソードを扱っている。これは第二巻以降に描かれるイエスの奇跡の予告としての旧約聖書という位置づけによるものである。

本作の最大の特徴はこの作品が聖書解釈の伝統に強くかかわっているところにある。というのも、本作は聖書の物語を語るだけでなく、その物語の意味について説明することをたびたび行うからである。[18] この点については後述する。

こうした特徴から本作は、聖書解釈の文脈においても語られることとなる。[19] 後世の受容を見てみても、教義的、神学的な関心から読まれていた可能性はうかがえる。読者層としてはキリスト教の教えにある程度通じた人々であったと推定される。

『復活祭の歌』は長く読まれ続け、千年近く関心をもたれていたことが確認される。[20] その中心は教育用の文学作品としての受容であった。『復活祭の歌』はラテン語の詩文学として高い完成度を誇っているのに加えて、内容が聖書のそれであることから、異教的古代の文学作品を教育に用いるのに躊躇していた教師にとって利用しやすい作品であった。このことはユウェンクスを含む古代末期の聖書叙事詩一般にいえることである。たとえば、やや時代は下るものの、セビリアのイシドルスの詩では異教的古代の詩人たちと対比する形でセドゥリウスを含むキリスト教詩人たちが推薦されている。[21] 古代末期のキリスト教詩人たちは表現において異教の詩人たちと同等であり、それでいて宗教的に望ましい内容を歌うものたちとして評価されていた。その中でもセドゥリウスの人気は高く、ヨーロッパ各地で写本が確認されている他、著名な作家や文人たちがこの詩人に言及していたり、『復活祭の歌』の写本を所有していたりしたといわれている。たとえば、尊者ベーダやアルクィヌスなどである。時代が下ってマルティン・ルターはセドゥリウスの賛歌を翻訳し、彼のことを「最もキリスト教的な詩人 poeta Christianissimus」と呼んでいる。[22]

『復活祭の歌』序

セドゥリウスの『復活祭の歌』についてもその序にあたる部分から、どのような叙事詩であるかを示す特徴をいくらか見出すことができる。冒頭を以下に示そう。

本作にはヘクサメテルによる本編に先立って、エレギーアと呼ばれる別の韻律で書かれた序が付されている。まずはこの部分から示すことにする。

復活祭の食事を求め、共に食卓につくものよ、あなたが誰であれ、もし私を友と認めるのならば嘲ることなく、ここに手の込んだ書物を求めないでほしい。慎ましい食卓の儀式に臨むことで満足してほしい。食事によって満ちるよりも、心において満ちることを喜びとして。あるいはもし、偉大な事績の美味を選び、豊富なものをより快く愛するのならば、博学な者たちの壮麗な食事につくがよい。彼らの富は数えきれないほどに多いのだから。そこでは海が養うあらゆるものが、大地が産みだすあらゆるものが、天に飛ぶあらゆるものが、食されるものであることをあなたは知るだろう。宝石をちりばめたかごになめらかな蜜が輝き、黄金色の容れ物はミツバチの巣の色に光を放つ。他方、私はささやかな園からわずかな野菜を摘み、それを赤い土の器に盛って供するのだ。

（『復活祭の歌』序 1.1-16）[23]

詩人は、読者を復活祭の食事に招いた主人としてふるまっている。これから始まる詩が食事と喩えられているが、ここで詩人は「偉大な事績の美味を選び、豊富なものをより快く愛するのならば、博学な者たちの壮麗な食事につくがよい。彼らの富は数えきれないほどに多いのだから」と語り、自分の詩を「偉大な事績」を歌う「博学な者たち」の作品と対置している。スプリンガーはここで言及されている「偉大な事績の美味 rerum magnarum dulcedo」にユウェンクス『福音書四巻』の序にある「マロ［ウェルギリウス］の甘さ」の反映をみている。[24] ユウェンクスの聖書叙事詩が英雄の事績を歌う叙事詩をモデルにしていたのに対し、セドゥリウスはそうした「偉大な事績」を扱うのとは異なる態度をとろうとしていることがここからうかがわれる。

しかし、そのセドゥリウスも続く本編ではユウェンクスと同様、ヘクサメテルを用いてイエスの物語を語るのである。続いて本編の冒頭についても見ていくことにする。ここもまた詩人の態度を明示している箇所である。

――異教徒の詩人らが自らの作り事を、荘重な調子や、悲劇の叫び、ゲタ［テレンティウスの喜劇に登場する奴隷の名前」のあざけりや他のあらゆる歌のわざで、ひけらかすことを学び、忌まわしいことどもの醜い汚れを何度も拵え、非道の記念を歌って、師のやり方でナイルの書［パピルス］にますます多くの偽りを伝えているにもかかわらず、どうしてダヴィデの歌で十の弦を響かせ、聖なる合唱に敬虔に居合わせ、心地よい言葉で天上のことどもを弾き語ることに通じた私が、救いをもたらすキリストの輝く奇跡について黙っていることがあろうか。

（『復活祭の歌』1.17-26）

セドゥリウスもユウェンクスと同様、先行する詩人たちとの対比に言及している。ただし、ユウェンクスが挙げた詩人がホメロスとウェルギリウスだけであったのに対し、セドゥリウスは古代のあらゆる文学ジャンル、とりわけ喜劇や悲劇といった劇詩を名指しにしつつ対立項として取り上げている。これらの詩はユウェンクスの序に見たのと同様に、偽りを歌うものとされている。

さらに、そうした異教的古代の文学に対して、詩人が自身を「ダヴィデの歌…に通じた私」としていることから、異教的古代文学全体に優越する「ダヴィデの歌」という関係が明示されている。ユウェンクスは、ホメロス、ウェルギリウスに方法的に直結する詩人として自らを定めていたが、セドゥリウスは自らを聖書の詩文学に通じた詩人として、異教的古代の詩人たちと分け隔てている。

解釈の聖書叙事詩

エレギーア、ヘクサメテルそれぞれの韻律における序から、セドゥリウスが先行する古代ギリシア・ローマの詩人たちと自身を分けていたことがわかる。その態度は譲歩つきでそれら古代の詩人を認めていたユウェンクスよりも厳格なものであった。セドゥリウスのこうした態度はその聖書叙事詩にどのように反映されているのか。

まず指摘できるのは、先にも言及した通り、セドゥリウスの作品はイエスの奇跡を物語ることと併せて、説き明かすことに一層の重点をおいていることである。セドゥリウスの聖書叙事詩の最も顕著な特徴は聖書解釈を示しているところである。先行するユウェンクスが聖書の「ほぼ逐語的」な言い換えを試み、解説めいた内容が比較的少なめであったことと対比できる。たとえば以下のような例があげられる。イエス生誕時の東方三博士からの捧げものについての記述である。

壮麗な品々をキリストに示すべく、恭しく宝物庫が開かれた。彼らは黄金の贈り物を生まれてきたばかりの王にささげ、乳香を神に与え、没薬を墓に与えた。だがなぜ贈り物が三つなのか。というのも、生きることにおける最大の希望は、この数を認める信仰であるから。最高なる神は現在、過去、未来のすべての時を識別し、自身の三つの力において、常にいるし、常にいたし、常にいるであろう。

（『復活祭の歌』2, 93-101）

「なぜ贈り物が三つなのか」と問いを示し、その解釈を続けている。このように物語の随所でその内容についての説き明かしが行われる。ユウェンクスにもこのような解釈が皆無というわけではないが、明確に論点を示して行われるのはセドゥリウスの聖書叙事詩の特徴であるといえる。

こうした解釈を提示することが可能になった背景にはいくつかのことが指摘できるが、その主たるものは聖書そのものの一般的な理解がユウェンクスの頃よりも進んでいたことであろう。その結果として、聖書の理解の方法をめぐる議論が展開した。聖書は歴史的に正しいだけではなく、その言葉にはさらに深い真理が秘められており、それを見出だす解釈が求められると考えられるようになった。セドゥリウスがいわゆる字義どおりに読むだけでなくその解釈についても想定していたことは別の資料からも推測できる[25]。

もちろん聖書そのものだけでなく、その解釈を詩の中に取り入れる試みはユウェンクス以来徐々に展開してきたものである。セドゥリウスに先立って、解釈を作中に埋め込んだ詩としては、ノラのパウリヌスが聖書の詩編に対して行ったパラフレーズがある。[26] セドゥリウス以降、この傾向はより強まり、セドゥリウスに続く聖書叙事詩人であるアラトルにおいて解釈にかかわる比重がより高まるようになる。[27]

叙事詩概念の拡大

自らを「ダヴィデの歌」に通じた詩人と称し、聖書の説き明かしを意識的に行ったセドゥリウスはなぜ叙事詩という文学形式を選んだのであろうか。ユウェンクスにおいては、その序から先行するホメロスやウェルギリウスの伝統への接続が意識されていたことがうかがわれる。しかし、セドゥリウスに叙事詩の韻律を用いる積極的な意義は見出しがたい。もちろん伝統的な文学ジャンルの権威はまだ機能しており、それを活用しているとも考えらえる。ここではセドゥリウスの言葉によってこの問いについてひとつの可能性を提示したい。

セドゥリウスはユウェンクス以上にヘクサメテルによる詩が多様な内容を伝えうることを認識していた。先に見たエレギーアの序では、英雄詩が語るような「偉大な事績」を拒む態度を見せたセドゥリウスであるが、その後の本編ではたとえばこのように歌っている。

石や青銅、穢された聖域を敬うこと、物言わぬ金属で精神を損なうことに何の利益があるというのか。砂塵舞う戦場の荒れ果てた場所や不毛の地に留まるのはよせ。そこでは土地は乾き、実りを産むことを知らない。お前たちは血に濡れた大地から、タルタロスにふさわしい食物たる、死をもたらす汁を含んだ青黒い毒草を摘んではならない。

（『復活祭の歌』1, 47-53）

この箇所は戦争を思わせる語（石や青銅、戦場など）ではなく、「実り」へと関心を移行させている。「実りを産むこと」への関心はウェルギリウスの『農耕詩』とも通じるところがある。実際、グリーンはセドゥリウスの詩行とウェルギリウス『農耕詩』の表現の対応を指摘している。[28]『農耕詩』という教訓的な詩を想起させる表現は、イエスの奇跡を歌いながら、その解釈を説き明かす叙事詩である『復活祭の歌』の性質を象徴しているといえるだろう。
農耕を想起させる表現と併せて指摘しておくべきは、牧歌的情景描写も詩の構想を象徴するモチーフとして用いられていることである。たとえば、以下のような表現である。

常に花の咲く森の中の心地よい緑地、幸福な座へ、敬虔な流れを通じて入れ。そこでは生命の種が神聖な水で活気づけられ、天の泉から喜びもたらす実りが茨を除いて清められる。

（『復活祭の歌』1, 53-57）

この表現は『アエネイス』第六巻を下敷きにしていると考えられる。

これをなし終え、女神への捧げ物を果たして、ようやく辿り着いたのが、喜ばしき場所、心地よい緑が満ちた浄福の森、幸福な住まいであった。

（『アエネイス』6, 637-639）[29]

『復活祭の歌』第一巻の他の箇所では、語句レベルでより直接的な『牧歌』の参照も確認される。

これ以上語り、あるいは聖なる歌において長々と不敬を責めるのは控えようだ。柔らかな百合を茨の茂みで傷めないように、あるいは紫の野における菫《すみれ》の園の間に薊《あざみ》や茨が鋭い刺をもって伸びないように。

（『復活祭の歌』1, 276-279）

これにはウェルギリウス『牧歌』第五歌が対応している。「繊細な菫の代わりに、色鮮やかな水仙の代わりに、薊

と、鋭い刺の茨が生い茂る」（『牧歌』5, 38-39）の箇所である。[30] それぞれ同じ植物が表れている。そして『復活祭の歌』の引用箇所の一行が、ウェルギリウスの当該箇所と全く一致していることから、セドゥリウスがウェルギリウスの当該箇所を参照したことは確かであろう。[31]

この牧歌的情景を描くことと併せて、彼は自分の詩を「道」になぞらえる。

これは救いの道、これは復活の贈り物へ確かな歩みを導く。これがわが歌。
（『復活祭の歌』1, 35-37）

牧歌的景観に至る道としての歌である。この道のモチーフにはヨハネ福音書第一四章第六節におけるイエスの言葉「わたしが道であり、真理であり、いのちなのです。わたしを通してでなければ、だれひとり父のみもとに来ることはありません」が反映しているともいえる。[32]

セドゥリウスが先行するユウェンクスの方法をある程度意識していたことは確かである。そしてセドゥリウスがとった方法が、叙事詩の概念をユウェンクスのそれよりも拡大することであった。すなわち、ユウェンクスが叙事詩を英雄詩的なものに限定して捉えていたのに対し、セドゥリウスは教訓詩や牧歌の伝統を、自作に反映させていったのである。もちろんイエスという主要人物を中心に展開される以上、『復活祭の歌』にも英雄詩的な性質はある。しかし、それと同じくらいに過去の叙事詩（ヘクサメテルによる詩）が有していた性質や機能を改めて作品の中に割り当てたのが、セドゥリウスの方法であったのだ。

これは言い換えるとセドゥリウスがユウェンクス以上に、ウェルギリウスというモデルに徹底して従っていたということでもあるだろう。ユウェンクスにとっては『アエネイス』の詩人に過ぎなかったウェルギリウスは、セドゥリウスにとっては『農耕詩』『牧歌』の詩人でもあった。そしてこのようにウェルギリウスを全的に継承することで、セドゥリウスの『復活祭の歌』という聖書叙事詩は成立したのだ。

聖書伝統の統合としてのダヴィデ

最後に改めて『復活祭の歌』の冒頭に戻りたい。詩人は自身を「ダヴィデの歌」に通じた詩人と規定している。一方、ユウェンクスは異教的古代の詩のインヴォケーションをキリスト教的に置き換え、聖霊やヨルダン川の水に鼓舞された者として自身を描いている。この両詩人の自己規定の相違は聖書叙事詩の展開を考えるうえで興味深い。

ここでは文学伝統におけるダヴィデに注目したい。これに関して、ダヴィデの存在に注目しているデアベルグの研究が参照できる。以下ではデアベルグの整理を参考にしながら、キリスト教作家がダヴィデをどのような詩人として位置づけていたのかを概観する。[33] まずヒエロニムスは、キリスト教文学の総決算としてのダヴィデという位置づけを行い、ギリシア・ローマの文学者と並置している。そのうえで、作品の道徳性においてダヴィデの詩は古典古代の詩に優れているとする。ヒエロニムスにおいてダヴィデの詩の卓越性はその道徳的な教化という目的にあるとされる。アウグスティヌスは『神の国』において、詩編の作者であるダヴィデを「卑俗な心地よさによって」ではなく、「信仰への意思によって」「調和した音楽」を奏でる音楽家とする。またその能力によって神に仕え、自身も聖なる存在になっているとする。[34] プルデンティウスは自身の抒情詩的作品の正当性を主張するために「神官たる王」ダヴィデを持ち出し、自身の抒情詩でキリストの仕事をたたえている。このときにプルデンティウスはダヴィデのエピゴーネンを自称している。[35] セドゥリウスへの影響の強いノラのパウリヌスは『ヨハネ賛』という叙事詩の序で、ダヴィデを代表とする詩編の詩人を引き合いに出しながら文学について思索を行っているが、そのなかで聖なる存在やその行いについて述べる試みに価値をおいている。この反対には新奇なこと、卑近なことを歌うことへの拒否も含まれている。[36]

この整理からまずダヴィデがキリスト教文学の伝統の中に常に特別な位置を占めていたことがわかる。伝統の中でダヴィデは宗教性、倫理性、道徳性といったような性質において卓越した詩人としての地位を与えられていた。セドゥリウスがこうしたダヴィデ像を踏まえていることは、異教的古代の文学を「醜い汚れ」にまみれたものと表現していることからうかがい知ることができる。

また本作が単にイエスの奇跡を物語るだけでなく、それに先立って旧約聖書の奇跡のエピソードを提示している構成をとっている点も関係していると考えられる。『復活祭の歌』はいわば旧約聖書と新約聖書を「奇跡」を軸に統合してみせた叙事詩である。第一巻の末尾にはそれまで述べた旧約聖書の諸エピソードを要約して再提示している。

> 自然よ、言え、このようなことのあとにお前の法はどこにあるのかを。幾度もお前に命令をもたらしたのは誰か。誰だったか。タルタロスにやってきたその人を知らずにおくよう命じ、子を産めぬほどの年齢にあって夫に子をもたらし、家畜が自ら聖なる祭壇に行くよう促し、女の四肢を塩の像へと変え、大火を被った枝を燃えぬようにし、杖を蛇に変え、海面に乾いた道を成し、驚くべきマナを雲から降らせ、岩の中から水を流れさせ、四つ足の獣に平明な言葉を語らしめ、諸元素を引き留めて季節の進みを遅らせ、鳥に人を養わせ、輝く馬たちでもって空へ運び、死に瀕した男にさらに一五年を与え、のみ込むもの［魚］の口の中に難破した者に助けを差し出し、燃え盛る炉において敬虔な者たちをしずくのもとに守り、草地で王を毛深い獣のように養い、飢えが煽る中、獅子の口が狂気を知らぬようにと命じたのは。
>
> （『復活祭の歌』1, 220-237）[37]

そしてこのように続ける。

> まずは概略によって古き法の奇跡を私は語ってきた。それらは創造主が聖なる霊の働き、息子の力を伴うことで成してきたものだ。そしてさらに概略によって私は、生じたばかりの法の奇跡を語ろう。それらは創造主が聖なる霊の働き、息子の力を伴うことで成してきたものだ。永遠なる神の形は常に一つのようにあり続け、一つなるものが三重になり、三重なるものが一つである。
>
> （『復活祭の歌』1, 291-298）

こうして旧約聖書の奇跡とこれから語られるイエスの奇跡が同じメカニズムによることを示している。この旧約新約双方の聖書を叙事詩作品として明確に統合したところに『復活祭の歌』の独自性があり、詩人の範たるダヴィデはこの統合の象徴としても機能している。マタイ福音書の冒頭ではイエスは「ダヴィデの子」とされていることから、ダヴィデが旧約聖書の世界とイエスを結びつける人物であることが示されている。[38] また、ダヴィデの作といわれる旧約聖書の詩編はキリスト教の礼拝においても用いられていることから、宗教的な実践においても双方の聖書を取り結ぶ役割がダヴィデには認められる。

さらにルカ福音書では復活したイエスについてこのように証言している。「私についてモーセの律法と預言者の書と詩編に書いてあることは、必ずすべて実現する」[39]。イエスは詩編において自分について書いてあると話している。すなわち、詩編に通じているとすることで、セドゥリウスは自らが旧約聖書に書かれた奇跡とイエスの奇跡を一つの作品において歌う資格があることを示している。

四　終わりに

聖書叙事詩という日本ではまだ十分に認知されていない作品群について、ユウェンクスとセドゥリウスという二人の詩人を通じて紹介した。聖書叙事詩は中世以降にも好んで読まれ、さらには聖人の事績を歌う叙事詩のモデルとして機能した。ルネサンス期に古典古代の叙事詩の研究が進む中で、改めてウェルギリウスを最高の模範とした聖書叙事詩が作られるようになる。[40] 聖書叙事詩の伝統はその後ミルトンを代表とする叙事詩人に継承されていく。

本章が扱ってきた二人の聖書叙事詩人の実践は複数の伝統の交差するところに生じたものだと総括できる。ユウェンクスは、いわゆる異教的古代の英雄叙事詩の伝統とキリスト教主題の接続を試みたものだった。いわゆる異教的モチーフの置き換えに過ぎないようにみられるところもあるが、ユウェンクスの生きたキリスト教ローマを象徴する叙事詩であったといえるのではないだろうか。他方、セドゥリウスの実践はより複雑な様相を見せた。そもそもヘクサメテルという韻律が、英雄詩だけでなく多様な文学伝統を担ってきたことをセドゥリウスは意識している。異教的古代の叙事詩というジャンルの多様性を聖書叙事詩に活用したところに、セドゥリウスの到達を指摘できるだろう。またそれだけでなく、セドゥリウスの実践は、旧約聖書と新約聖書という二つの聖典を叙事詩文学において、統合する試みでもあった。そのために、セドゥリウスが統合の象徴としたのがダヴィデであった。

聖書叙事詩の成立と展開の歴史は、異教的古代とキリスト教の単なる接触ではない。それぞれの内側にある伝統の複数性が認識され、それらの複数性を統合しようとする試みの歴史であるといえるだろう。

注

［1］旧約聖書を題材とした聖書叙事詩をにはたとえば、五世紀初頭のキュプリアヌスによるとされる『七書 *Heptateuchos*』、五世紀後半のウィクトリウス『真理 *Alethia*』、アウィトゥス『霊の物語 *HIstoria spiritalis*』がある。

［2］P. McBrine. *Biblical Epics in Late Antiquity and Anglo-Saxon England*. University of Toronto Press, 2017. 22-24.

［3］S. McGill. *Juvencus' Four Books of the Gospels: Evangeliorum Libri Quattuor*. Routledge, 2016. 3-5.

［4］McBrine: 2017, 27.

［5］McGill: 2017, 18-22.

［6］McBrine: 2017, 25.

［7］McGill: 2017, 22-24.

［8］Lactantius, Divinae institutions, 5.1.15.

［9］特に断らない限り訳は筆者によるものである。なお、紙幅の都合上ラテン語の原文は割愛した。ユウェンクスについては以下のテキストを使用した。Johann Huemer(ed.). *Gai Vetti Aquilini Iuvenci evangeliorum libri quattuor*. CSEL24, 1891.

［10］代表的なインヴォケーションとして、ホメロス『イリアス』の冒頭がある。「怒りを歌え、女神よ」（松平千秋訳『ホメロス　イリアス（上）』（岩波書店、一九九二年）。

［11］たとえば、「カスタリアの泉」。

[12] T. Flatt. Vitalia Verba: Redeeming the Hero in Juvencus. *Vigiliae Christianae*. 2016, vol.70, no.5, 535-564.
[13] M. Paschalis. The 'Profanity' of Jesus' Storm-calming Miracle(Juvencus 2.25-42) and the Flaws of Kontrastimitation. F. Hadjittofi and A. Lefteratou(eds.). *The Genres of Late Antique Christian Poetry*. De Gruyter, 2020, 191-207.
[14] C. P. E. Springer. *The Gospel as Epic in Late Antiquity: The Paschale Carmen of Sedulius*. E.J.Brill, 1988, 28.
[15] Springer: 1988, 23-28.
[16] R. Herzog. *Die Bibelepik der Lateinischen Spätantike 1: Formgeschichte einer erbaulichen Gattung*. Wilhelm Fink Verlag, 1975, 166-167.
[17] R. P. H. Green. *Latin Epics of the New Testament: Juvencus, Sedulius, Arator*. Oxford University Press, 2006, 143-145.
[18] Springer: 1988, 84-90.
[19] A. Faulkner, Paraphrase and Metaphrase. P. M. Blowers and P. W. Martens (eds.). *The Oxford Handbook of Early Christian Biblical Interpretation*. Oxford University Press, 2019, 214-218.
[20] 以下の内容は、Springer: 1988, 128ff. を参照。
[21] *Carmina* 10.
[22] *De divinitate et humanitate Christi* において取り上げている。*Werke. Kritische Gesamtausgabe* 39. 2, 95.
[23]『復活祭の歌』については以下のテキストを使用した。C. P. E. Springer. *Sedulius: The Paschal Song and Hymns*. Society of Biblical Literature, 2013.
[24] Springer: 2013, 23.
[25] 本章では扱っていないが、『復活祭の歌』には *Paschale opus* と呼ばれる散文版が存在している。*Paschale opus*, 2.17 で「文字通り secundum litteram」「道徳的 moraliter」「霊的 Spiritaliter」といった理解の方法について示唆している。
[26] Green: 2006, 146-148.
[27] Green: 2006, 298ff.
[28] Green: 2006, 165.
[29]『アエネイス』は以下の翻訳を使用した。岡道男、高橋宏幸訳『ウェルギリウス　アエネーイス』(京都大学学術出版会、二〇〇一年)。
[30]『牧歌』は以下の翻訳を使用した。小川正廣『ウェルギリウス　牧歌／農耕詩』(京都大学学術出版会、二〇〇四年)。
[31]『復活祭の歌』(1, 279) と『牧歌』(5, 39) が一致している。なお、キリスト教文学とウェルギリウスの牧歌的景観の関係については、以下を参照した。T. Tsartsidis. Vergil as Christian Exegete in the Paradisiac Landscape of Prudentius Cathemerinon5,*Vergilius*, 2020,vol.66, 111-134.
[32] 聖書は聖書協会共同訳（2018）を使用した。
[33] D. Deerberg. *Der Sturz des Judas: Kommentar(5,1-163) und Studien zur poetischen Erbauung bei Sedulius*. Aschendorff Verlag , 2011, 373-376.

[34] アウグスティヌス『神の国』第一七巻第一四節。

[35] プルデンティウス『日々の歌』9, 4.

[36] ノラのパウリヌス第六歌（『ヨハネ賛』）。

[37] この箇所で言及されているエピソードは以下の通りである。　エノク（『創世記』第五章第二一―二四節）、イサクの誕生と燔祭（『創世記』第二一―二二章）、塩の柱になったロトの妻（『創世記』第一九章）、モーセと燃える柴（『出エジプト記』第三章第一―六節）、アロンの杖（『出エジプト記』第七章第八―一三節）、割れる紅海（『出エジプト記』第一四章）、マナ（『出エジプト記』第一六章）、岩から流れる水（『出エジプト記』第一七章第一―六節）、バラムのろば（『民数記』第二二章第二二―三〇節）、ギベオンの太陽（『ヨシュア記』第一〇章第一二―一四節）、からすに養われたエリヤ（『列王記上』第一七章第二―六節）、天に運ばれたエリヤ（『列王記下』第二章第一―一二節）、ヒゼキヤの延命（『列王記下』第二〇章第一―七節）、海の獣に飲み込まれたヨナ（『ヨナ書』第一―二章）、ネブカデネザルによって炉に入れられた三人（『ダニエル書』第三章第八―三〇）、ネブカデネザルの狂気（『ダニエル書』第四章第二八―三三節）、獅子のほら穴におけるダニエル（『ダニエル書』第六章第一―二八節）。

[38] 「マタイ福音書」第一章第一節「アブラハムの子、ダビデの子、イエス・キリストの系図」。

[39] 「ルカ福音書」第二四章第四四節。

[40] たとえばサンナザーロ（一四五八―一五三〇）『処女の出産について *De partu virginis*』やヴィーダ（一四八五頃―一五六六）『キリスト物語 *Christias*』など。

主要参考文献

R. Herzog. *Die Bibelepik der Lateinischen Spätantike 1: Formgeschichte einer erbaulichen Gattung*. Wilhelm Fink Verlag, 1975.

R. P. H. Green. *Latin Epics of the New Testament: Juvencus, Sedulius, Arator*. Oxford University Press, 2006.

P. McBrine. *Biblical Epics in Late Antiquity and Anglo-Saxon England*. University of Toronto Press, 2017.

第3章

近代市民の身体をめぐる神話
――J・C・F・グーツムーツの「体育」におけるゲルマンとギリシア

◆田口 武史

一 はじめに

ロラン・バルトは、対象の持つ固有性や特殊性をメタレベルの意味で覆い、それを自然かつ普遍な意味であるかのように思い込ませる表現様式を「神話」と呼んだ。かかる神話は古代のみならず、現代においてもなお我々の日常に遍在する。その典型として、彼が取り上げるのがプロレスである。「プロレスのよさは、それが過度なスペクタクルであることだ。そこには古代演劇がそうであったに違いないような誇張がある。〔……〕プロレスは陽光の下における偉大なスペクタクル、ギリシア演劇や、闘牛といったものの性質を帯びている。いずれの場合にも、影のない光が、屈折のない感動を作り上げるのだ」[1]。プロレスはあたかも神の秩序を伝える古代演劇の如く、善玉悪玉の、あるいは勝利と敗北の身振りを誇張するスペクタクル（見世物）であるがゆえに、観客を熱狂させるというのである。強すぎる光でハレーションを起こすように、誇張は細部を見えなくする。そうして観客は、あらかじめ準備された一つの物語の中で、安心して感動に身を委ねる。

ならば筋書きも善悪もない真剣勝負のスポーツは、バルトの謂う神話とは全く異なる原理に貫かれていると考えるべきであろうか。おそらくそうではない。オリンピックを頂点とする現代のスポーツは、強い神話性を帯びている。我々は、オリンピック競技を単なる身体活動や勝負として眺めているのではなく、そこに超人的な精神力や倫理観だけが起こしうる奇跡を期待している。選手自身がしばしば口にする「感動を与えたい」という言葉は、この期待に応えんとする決意表明である。オリンピックは、選手にも観覧者にも、完全無欠な人間像を顕現させる神聖なる儀式として体験されるのである。

だが一方で我々の多くは、こうした神々しいアスリート像がマスメディアの提供する誇張されたイメージに過ぎないことを了解している。それでもなお、アスリートたちに力や美の極致だけでなく、常人ならざる高潔な人格までも求めてしまうのは、なぜであろうか。また、偶然性に勝負の面白みがあることを知っているにもかかわらず、なぜそこに因果の物語を読み取ろうとするのであろうか。これはオリンピック選手だけに関わる現象ではない。スポーツパーソンシップが問題になるときは大抵、それが具体的にどのようなあり方を指すのかは不問のまま、まるで自明の理であるかのように扱われる。スポーツに託された期待には、神話と呼んでしかるべき無前提性と絶対性が潜んでいる。

こうした問題意識に基づき、本論は、スポーツおよびアスリートに向けられるこの神話的眼差しが、近代ヨーロッパにおける教育の所産であることを明らかにする。その際特に、一八世紀末ドイツの教育家J・C・Fグーツムーツを取り上げ、彼の始めた「体育」に、スポーツが現代の倫理観を体現するに至った一つの契機を指摘する。

二　人類の共通項としてのスポーツ

「やっぱりこれをやってよかった。これをやらなかったら日本人は病気になる。」東京オリンピック開会式翌日の新聞記事に、三島由紀夫はこう書いた。[2] 太陽と聖火と金管楽器の輝き、緑のフィールド、日本選手団の赤いブレザー、澄み切った青空――光と色彩を強調した三島の表現は、一九六四年一〇月一〇日の国立競技場に漲っていた昂揚感とともに、オリンピックの祭儀的性質を印象深く描き出している。

古代ギリシアの祭祀に起源をもつオリンピックが宗教儀礼に似た聖性を帯びるのは当然とはいえ、近代においてそれはきわめて意図的に演出されてきた。とりわけ聖火を中心として繰り広げられる開会式と閉会式は、大会の崇高なる意義を伝えるメディアとして位置付けられてきた。むろん三島も、このことに自覚的だった。


彼が右手に聖火を高くかかげたとき、その白煙に巻かれた胸の日の丸は、おそらくだれの目にもしみたと思うが、こういう感情は誇張せずに、そのままそっとしておけばいいことだ。日の丸のその色と形が、何かある特別な瞬間に、我々の心に何かを呼び覚ましても、それについて叫びだしたり、演説したりする必要は何もない。

オリンピックはこのうえもなく明快だ。そして右のような民族感情はあまり明快とはいえず、わかりやすいとは言えない。オリンピックがその明快さと光りの原理を高くかかげればかかげるほど、明快ならぬものの美しさも増すだろう。


三島を捉えたのは、日本民族の栄誉というような単純な情動ではない。まして戦後復興を遂げた日本の将来に対する希望などでは決してない。彼が目にしたのは「再び東洋と西洋を結ぶ火」である。民族や国民という枠組みを超越した人類共通の感情、「民族感情」の奥底にある、より原始的で敬虔な心持が、「東洋と西洋の未分の時期に生まれた」聖火の炎に感応したのである。

バルトが皮肉めいた口調でプロレスにおける「屈折のない感動」のからくりを暴いたのとは対照的に、三島はオリンピックの「明快さと光り」に美を見いだす。とはいえ光が「明快ならぬもの」までも美しくするのであれば、そこにはやはり、バルトが問題とする神話作用が働いているのだと洞察されよう。両者の違いは、現代社会の神話が人間本性にとってどれだけ真正なのかという、きわめて重大な問いを投げかけている。

いずれにせよ、オリンピックの持つ圧倒的な訴求力を、式典の疑似宗教的な演出に帰すのは不適切である。式典がいかに支離滅裂で意味不明なものであろうとも、競技が始まるとやはり多くの人々が感動し、結局「やってよかった」と思うのであるから、[3]式典そのものには見かけほど大きな影響力はない。

オリンピック開催に反対する声は、年々強まってきている。ナショナリズムや商業主義、環境破壊や過度な経済負担、勝利至上主義や差別、伝染病拡大の危険性、数々の深刻な問題が指摘され、その多くが依然として未解決である。それにもかかわらず、相変わらずオリンピックは人類最大のイベントとして君臨している。分断し対立する世界から人々が一か所に集まって、共通のルールに則って平和的に競技する、そんな難事業がいかにして定期的・継続的に遂行できるのであろうか。開催国や関連団体が、自分たちの利害に応じてその都度拵える大義のようなものでは――どんなに壮麗な儀式やスピーチで権威づけようとも――到底実現できるものではない。

オリンピックの意義、すなわちその存立基盤は、やはりスポーツそのものにあると考えるほかあるまい。そして、スポーツが世界中の人々が是認する価値観に基づいているからこそ、かくも多くの差異と障壁を乗り越えて、人々はオリンピックに集う。観戦する人々の心が動かされる。オリンピックに比肩しうるイベントが、すべてスポーツ競技の世界大会であることも、スポーツが人類の共通項であることを証している。

現在のオリンピック憲章もまた、「オリンピズムの根本原則」の第一として、次のように謳っている。

> オリンピズムは肉体と意志と精神のすべての資質を高め、バランスよく結合させる生き方の哲学である。オリンピズムはスポーツを文化、教育と融合させ、生き方の創造を探求するものである。その生き方は努力する喜び、良い模範であることの教育的価値、社会的な責任、さらに普遍的で根本的な倫理規範の尊重を基盤とする。[4]

スポーツが「普遍的で根本的な倫理規範の尊重」につながる行為であることを前提として、オリンピズム（オリンピックの主導理念）が説明されている。たしかにオリンピック競技のどれをとっても、根本において人倫に反するような点は見いだされない。国や立場の違いに関わりなく、スポーツの意義が承認される所以がここにある。

三　近代の産物としてのスポーツ

しかしながら、我々の知るスポーツは、かように品行方正であろうか。スポーツが、もっと乱暴で、強引で、倫理規範を逸脱するような要素を併せ持っていることは、否定しがたいと思われる。したがって上記の根本原則は、スポーツを模範的行為として定義するものではなく、そうあるためにスポーツを「文化、教育と融合させ」ねばならないという課題設定と解すべきである。端的に言うと、現在のオリンピック・スポーツは、文化と教育の一分野として構想されている。

N・エリアスとE・ダニングが明らかにしたとおり、ヨーロッパでは一八世紀に至るまで、スポーツにはむき出しの暴力と騒擾が付き物だった[5]。Sport の語源はラテン語 deportare（遊び／気晴らし）である。イギリスで生まれたスポーツは、語源の意味のとおり、そもそも日常の憂さを晴らすあらゆる楽しみを包含していた。ところが文明化の過程は、この多分に血なまぐさく猥雑な娯楽の集合体から次第に暴力性や遊興性をぬぐい取り、ルールを与え、やがてパブリック・スクールのエリートたちが真剣に取り組むアスレチック・スポーツ（競技としてのスポーツ）とアマチュア・スポーツだけが正統として承認されるようになった[6]。

クーベルタン男爵がオリンピズムに取り入れたのは、この浄化された高貴なスポーツ像である。こうして、文明人のための教育プログラムへと変化したスポーツの概念が、一九世紀末以降、オリンピックに媒介され全世界に広められた。

もっとも、第一回近代オリンピックが開催されたのは、最後の古代オリンピックから実に一五〇〇年も後のことである。戦乱や飢饉、疫病に繰り返し見舞われたヨーロッパは、もはやオリンピックを開催できる状況になかった。キリスト教の普及により、ギリシアの神に対する信仰が薄れたという事情もあった。異教の祭典であるとして中止が命ぜられたという説もある。しかしもうひとつ、より深刻な理由があった。精神が人間の本質と考えるキリスト教的人間観において、身体とその運動の持つ価値が否定されたのである。その結果、オリンピックばかりか、スポーツ全般が歴史の表舞台から完全に消えてしまった。古代と近代のスポーツ観の間には、深く長い断絶がある。

この身体軽視の時代が千年も続いた後、ルネサンス期に古代ギリシア文化が再発見され、人間が身体を持つ存在であることが、もう一度意識されるようになった。医学や養生法の発展に伴い、身体も、あるいは身体からも教育しなければならないという意識が徐々に芽生えてゆく。さらに一七世紀になるとヨーロッパ各国で啓蒙思想が伸長し、合理的眼差しで世界を根底から捉え直す動きが本格化する。この思想潮流を先導したJ・ロックは、古代ローマの風刺詩人ユウェナリスの言葉を借りて、「健全な身体に宿る健全な精神」がこの世における最上の幸福だと宣言し、身体活動が健康や躾に有用であると主張した[7]。一方大陸では、J・J・ルソーが人間の本質を自然に見た。自然な成長を邪魔しなければ子供はまっとうに育つという彼の「消極的教育」の方針において、とりわけ重視されるのが身体感覚である。『エミール』（一七六二年）では、感覚を育み、十全に機能させるための手段として、子供の成長段階に応じた身体活動、すなわち遊びやスポーツ、手作業が具体的に提案されている。

こうしてヨーロッパの精神は、何百年もかけてようやく身体を思い出した。スポーツが市民権を得るまでには、さらに百年が必要であった。この歴史的事実をふまえると、スポーツに「生き方の哲学」を見出す現代の感覚は、それほど長い伝統を持っているわけではないと考えられる。スポーツと社会秩序、教育、倫理を繋ぐ回路は、近代人が新しい人間観と社会観にしたがって作り上げた、もしくは古代ギリシア・ローマに倣って再発明したものなのである。

四　汎愛学校における身体活動

以上概観したように、身体と身体活動への関心は、ルネサンス以降ゆっくりと回復していったが、それは一部の知識人たちが言及を始めたという意味に過ぎない。かくも長い間、強く押さえつけられ、蔑まれてきた身体が再び立ち上がるのは、容易なことではなかった。言うまでもなく、身体活動は遊戯や軍事教練、なにより肉体労働として行われてきたわけであるが、貴族の嗜みとしての武術やダンス、わずかな球技を除けば、精神とは関わりのない非文化的な営みとして軽視ないし危険視され続けていた。スポーツの意義が社会的承認を得るには、より広範な啓蒙が必要であった。

たしかにロックやルソーは、身体活動が子供の発育にとって有益であると主張したのではあるが、彼らが想定していたのは、あくまでも父親や家庭教師によってなされる家庭教育であった。すなわち彼らはまだ、スポーツを社会全体にあまねく広げるという発想を、またその必要性や可能性についての明確なヴィジョンを持っていなかったと目される。

近代スポーツの一般普及において、最も重要な役割を果たしたのは学校である。先鞭をつけたのは、一八世紀末ドイツの「汎愛学校（Philanthropinum）」であった。汎愛学校とは、ロックとルソーの新しい教育理念を支持する「汎愛派」の教育者たちが、その実現を目指して設立した私立学校である。実践・実用重視の姿勢、たとえば現代語に力を入れたり（外国語劇をとおして学ぶ試みもあった）、職業体験を提供したりしたことを特徴としている。全寮制で、教師と生徒の共同生活による全人的教育もアピール・ポイントであった。最先端の教授法は、我が子により良い教育を望む貴族たちからも、英仏の進んだ教育思想を知っていた市民階級の人士からも大いに歓迎された。体育は、汎愛学校におけるこうした革新的教育の一環として始められたのである。

汎愛派の主導者であり、一七七四年にデッサウ汎愛学校を開いたJ・B・バゼドウは、汎愛派教育の綱領を示した著書『方法書』（一七七〇年）において、水泳、平均台、ロープ運動、乗馬、跳躍運動、スケート、ボール遊び等を勧奨した。数年後、担当教員の指導で実践されることになったこれらの身体活動は、どれも特別な施設を必要とせず、自然の中で日常的に取り組める。[8] 貴族の子弟も多く学んだデッサウ汎愛学校では、上述のような活動と並んで、剣術やダンスといった「騎士学校」由来の貴族的スポーツも積極的に教育されていただけに、あえてより単純な身体活動を加えたことには、特別な意図が看取される。人間に備わる自然な能力を引き出すという姿勢である。

デッサウ汎愛学校には、J・H・カンペ、E・C・トラップ、C・G・ザルツマン、R・Z・ベッカー等、気鋭の啓蒙教育家たちが招聘されていた。彼らが思い描く教育改革の内実はしかし、同じではなかった。バゼドウの短気で自己顕示欲が強い性格も災いし内部対立が絶えず、学校は二〇年経たずに行き詰まってしまったのであるが、後から見ればそれも良いことであった。次々にデッサウを去った教師たちが、ドイツ各地でこの新しい教育思想を普及させる活動を繰り広げたからである。その中でも最も成功したのはザルツマンだった。彼は一七八四年、ゴータ近郊のシュネップフェンタールに、新しい汎愛学校を設立した。ここは、まもなく先進的教育のメッカとして広く知れ渡ることになる。[9]

グーツムーツ

デッサウで行われていた体育教育は、シュネップフェンタール汎愛学校にも受け継がれたが、一七八六年にJ・C・F・グーツムーツがその任に当たるようになって大きな発展を遂げる。[10] 既にザルツマンのもとで体育の重要性を認識していたグーツムーツは、古今の関連書を渉猟し研究を積み重ねるとともに、さまざまな工夫を凝らした体育授業を実践した。授業は、毎日十一時から十二時の間に、学校近くの丘に整備した運動場（ドイツ最初の学校運動場とされる。写真参照）で行われた。[11] 定期的に専用の学校施設を用いて指導が行われたということは、すなわち体育が教育課程の一角を占めるようになったということであ

シュネップフェンタール汎愛学校の運動場と設備（再建）、著者撮影

る。明確な目的と内容と手段を持つ教科として、身体活動が固有の価値を獲得したのである。

もっとも身体活動は、前述のとおり、まだ一般的には肉体労働か気晴らし程度に捉えられていたため、汎愛学校の外にはなかなか広まってゆかなかった。そこでグーツムーツは著書『青少年の体育　含・身体訓練の実践的指南　身体教育に至要な改善に関する論考』（一七九三年）[12]に、八年の教育経験をふまえた理論と、多種多様な身体活動を実際に行うための手引きをまとめ、世に問うた。この世界初の体育教科書において、彼が――自然に即した教育というルソー的理念に加え――国家社会を担う逞しい市民の育成というコンセプトを前面に押し出し、汎愛主義体育の社会的有用性と正当性を主張したことが、そして本書の教えがドイツ国内のみならず、速やかな翻訳によりヨーロッパ各国にも広まっていったことが、スポーツが近代的意味とその一般的認知を獲得する重要な契機となった。

五　ゲルマンに対する警戒――身体の啓蒙

『青少年の体育』の冒頭において、グーツムーツは体育教育の狙いを次のように示す。

――最高度に洗練された人間が、野蛮に落ち入ることなしに、自然人の身体的完全性に近づくことはできないだろうか――すなわち、我々の市民社会において可能で有益である程度にまで、青少年の身体の堅固さと持久性とを高めることが、我々にとっての問題なのだと私は考えている。（1f.）

第一部理論編の多くを占めるのは、身体を弱化させる現今の育児法に対する批判であり、その弊害と真剣に向き合おうとしないばかりか、運動を野蛮なものととらえ忌避する市民たちに対する啓発である。本書の主たる読者として想定された市民階級は、貴族の瀟洒な生活様式に倣い、子供を自然の影響から遠ざけ、人為的に保護すべきなのだと信じていた。あるいは、教養を武器に社会的上昇を遂げさせるためには、子供じみて無益な運動なぞにかかずらわせてはいけないと考えていた。ルソーの画期的な人間観やこれを実践する汎愛主義教育が評判を呼んでいたとしても、それはまだ「**ごくわずかな**啓蒙された家族にのみ受け入れられていた」[13]（123　太字強調部は原文では大文字で記載されている）にすぎなかった。それゆえグーツムーツは、体育教育の必要性を主張するにあたって、あらためてルソーの提示した文明と野蛮の関係、文化と自然の関係を引き合いに出し、読者の理解を求めた。

教育は**何もできず**、また**多くのことができる**。というのはつまり、芽を創り出すことはできないが、発芽させたり、押さえつけて枯らしたりはできるのだ。自然が我々の身体という機構に今もなお授けてくれる能力を、ありがたく受け止めよう。粗野なゲルマン人に戻るようなことは、断じて避けよう。教育と生活のせいで、我々が彼らよりずっと堕落してしまっているのは認めるにせよ、我々が欲すれば、再び向上して彼らに近づけるのだということを自覚しよう。（66f.）

グーツムーツは、体育の範は古代ゲルマン人にあらずという主張を何度も繰り返している。また、古代人が巨大な体躯をしていたという俗信や、ゲルマン人の途方もない腕力と生命力を語る伝説に対し、かなり詳細な科学的・合理的反証を提示している。彼の目標は単に体育の普及ではなく、迷信と旧弊を払拭してドイツの教育全体を近代化することにあった。換言すれば、近代人を育てる最も有効な手段として、体育教育の普及を目指したのである。その姿勢は、啓蒙主義の進歩思想に貫かれていた。

啓蒙された近代市民としての壮健な身体は、教養や文化と引き換えに得られるものではない。野蛮と自然とを混同せぬよう、グーツムーツは意を尽くすのであるが、この議論において古代ゲルマン人が取り上げられていることは、当時のドイツにおける思想動向に鑑みて、大変興味深い。身体活動には、二つの観点から「野蛮」のレッテルが貼られていた。一つは、これまで指摘してきたとおり、身体を精神の対蹠物として蔑む昔ながらのキリスト教的人間観からである。しかしまた、汎愛主義と同じく一八世紀末になって嵩じてきた古代ゲルマンへの関心もまた、別の次元で運動と野蛮とを結び付けていた。自然人のイメージが、非ヨーロッパ世界の未開人や田舎の民衆だけでなく、古代ゲルマン人とも重ね合わされるようになったのである。しかもロマン主義とフランス革命後のドイツ・ナショナリズムの文脈において、古代ゲルマン人の野蛮さは、勇猛や素朴といった肯定的属性へと読み替えられようとしていた。

体育が野蛮な過去への逆行と懸念されることも、偉大な先祖への回帰と期待されることも、啓蒙家グーツムーツの本意ではなかった。たしかに彼は、古代ゲルマン人の育児法をひとつの模範としている。生まれたばかりの子供を自然にさらし、森や川で自由に遊ばせ、また簡素な衣食住に慣れされることで、「若きゲルマン人たちは、身体の健康と力を、器用さと持久力を、また精神の不屈と古きドイツの忠誠心を、勇気と沈着を」(5)身に付けたのだとして、現代の過保護な育児を批判する。ただし現代人が古代ゲルマン人を見習うには、条件がある。

青少年が真実を探究するように導き、どの点で我々の方が優れ、どの点で彼らより劣っているかを見抜かせなさい。そうすれば彼らは、我々の体力、持久力、健康、勇気、恒常性、男性固有のあらゆる特徴が、ゲルマン人たちよりなぜ減衰しているか、その理由を見つけるだろう。その血統を物語る青い目をもつ男児と若者たちの多くは、これらの事柄を検討することによって、強く心打たれることであろう。軟弱な行いを断って、身体の鍛練強化に関する我々の教えに喜んで従うことであろう。[14]（117f.）

発掘された過去に魅了されるのではなく、それを批判的に検証し、現代人が失った美点を抽出することが必要なのである。グーツムーツは、先祖たる古代ゲルマン人が現代のドイツ男子にとりわけ強い好影響を与えうることを認めつつも、あくまでも比較対象として冷静に受け止めるべきだと注意を促す。流行しつつあった懐古的ゲルマン熱や、衰退史観というかたちをとった祖先崇拝のように、古代ゲルマンにドイツ人のルーツを求めるという発想は、彼にはない。ドイツの現状を憂慮する同時代の知識人たちの多くは、近代化の遅れを逆手に取るように、ゲルマンの古に立ち返って民族が本来持つ力の回復と若返りを図ろうとしたのであるが、グーツムーツは民族としてのゲルマン人にもドイツ人にもさほど関心を示さない。彼が祖先を引き合いに出すのは、古代人の身体と現代人の身体が、同じ自然によって統べられていると考えるからである。

自然は今も我々に、祖先に与えたのと同じものをもたらしてくれている。今の我々に、自然はより劣った性質を授けたりはしない。自然の法則は永遠である。〔……〕君たちの理想は、未開の**ゲルマン人の野蛮さ**ではありえないし、またそうあってはならない。理想は**ゲルマン人の強固な身体と力、勇気と男らしさを、心と精神の陶冶に結びつける**ことにこそあるはずだ。（65f.）

では、どのようにすれば、健全で強固な身体と陶冶された精神とを両立できるというのであろうか。理論編第五章「体育の効能と目的について」において、グーツムーツはそれまでの議論のまとめとして、古今の思想家の言葉や最新の医学生理学的知見を援用しながら全人的教育たる体育の意義を再確認する。例えば、身体活動は血行と新陳代謝を促進し、食欲を増進させ、五体をバランスよく発達させ、もって健康な身体を作り出す、さらに「身体的健康は精神の明朗さに直結している〔……〕若者の精神陶冶、知識の進歩、心の調子、体の成長、これらは明朗さと喜びを基としているのだ――これで十分！」（218f.）と、身体と精神の相互依存、相互影響が示される。自然は本来、精神と身体を同時に育むものであるはずなのに、身体が軽視されているせいで、精神までも虚弱化している。したがって、体育によって身体に備わる自然な能力を覚醒させれば、精神もまた活力を取り戻す。しかも、洗練された頭脳を持つ現代人が体育に取り組めば、壮健な古代ゲルマン人から野蛮さを除去した、完全な心身を獲得できるという主張である。

しかしここで突然、Genug!（十分に了解されるだろう）と説明を止めていることは示唆的である。身体活動が身体的健康に及ぼす好影響については一七頁にわたって事細かに指摘するのに比して、それが精神的健康にもつながるという意見が記された個所はわずか一頁程度である。たしかに当時の知識では、健全な身体と快活な性格や喜びの因果関係を科学的に証明することは無理であったし、それ以前に、直観的にも経験的にも説明の必要がないほど自明であった。詭弁の誹りを受ける懸念はまったくないにもかかわらず、シュネップフェンタール汎愛学校での実例を示して説得力を持たせようとする姿勢には、むしろグーツムーツの誠意が感じられる。とはいえ「健全な肉体に健全な精神」という定式が、ここで合理的・論理的に証明されているとは言えない。そうであるならば逆の現象、すなわち本書が徹底的に指摘した、虚弱な身体が精神にもたらす悪影響もまた、必然的帰結とは認められないであろう。

理論編最終頁で「身体の健康―精神の明朗さ／鍛錬―男らしい感性／強さと巧みさ―平常心と勇気／身体の活動―精神の活動／良き姿―魂の美／感覚の鋭敏―思考力の強さ」（256）と簡潔にまとめられた心身一如の思想が、上記のような論調で力説されるのであるが、いずれの観点でも体育の多方面にわたる効能が、自然と歴史を後ろ盾として楽観的かつ断定的に誇示されるばかりである。自然存在としての人間と人類の進歩を深く信頼する汎愛体育の思想にとって、それ以上の解説は不要であった。青少年の心身衰弱が自然に反した報いである限り、その責任は偏重した人為的教育にある。このように考えたとき、身体活動は近代市民がすべからく取り組むべき道徳的使命となったのである。

六　理想としての古代ギリシア——体育を／が生み出すユートピア

グーツムーツの体育は、個人に対する身体的啓蒙である。それゆえ『青少年の体育』の実践編において指南されているのは、チームスポーツではなく、跳・走・投・登といった基本動作の訓練方法である。競争原理や到達目標は動機付けのための補助手段に留められ、重点はあくまでも各自の漸次的発展に置かれている。この個人主義的特性は、現代スポーツが持つイメージと異なる点として留意しておかねばならない。

しかし、多くの若者たちが身体運動に取り組むには、それが社会的行為として承認されることも不可欠であった。より正確に言えば、身体運動はプライベートな娯楽や健康法というだけでなく、有用な人材の育成手段としても評価されねばならなかった。そうでなければ体育は、職業の世界に生きる市民階級にとっても、教育を司る為政者にとっても積極的意味を持たなかったからである。

体育の社会性を証明するためにグーツムーツが持ち出したのは、身体と精神を高度に結合させた古代ギリシア人と、その理想的人間像を発現する場としてのオリンピックであった。

卓越した民族よ。汝はエリシオンへ昇り入り、まどろんでいるが、身体と精神との結びつきは今もなお生きている。それは**永遠**だ。汝は我々の**精神**を形作ってくれた。それなのに、汝が**身体**の維持と美化のために与えてくれた教えを、我々はなぜ尊重しなかったのだろうか。**体育**は、汝らの青少年教育の要であった。身体の鍛練、強化、巧緻、より美しい形姿、勇気、危機にたじろがぬ精神、そしてこれらを礎とする祖国愛がその目的であった。国家は体育を教える教師を公僕として任用し、またギリシアのあらゆる都市に、時に途方もなく大きく目を見張るほど立派な公共建築を設えた。それは、人々が**体育**に認めた高い価値を明証するものであった。ここにはまた、演

説家たちや哲学者たちが意見交換するために、青少年や成人が学び、身体を訓練するために、競技者が自らを誇示するために、病人や虚弱者が訓練によって強くなるために、そして、老いも若きも富者も貧者も、あらゆる階級の人々が見物し、楽しみ、参加するためにやってきた。心身両面における訓練の成果を公にする祭典、すなわち、いわゆるオリンピア、イストモス、ピューティア、ネメアーの公開競技会は、単なる競技会以上のものであった。それは民族の崇高な志をあがめるものであり、まさに民族の宗教をあがめるものであった。（145f.）

この引用箇所でグーツムーツは四度も「公（öffentlich）」という形容詞を用いている。「啓蒙とは何か」（一七八四年）で、カントは啓蒙を促進するために「理性の公的使用（das öffentliche Gebrauch der Vernunft）」の自由を要求したが、この言い回しで用いられた öffentlich と同じ意味で、グーツムーツは体育とオリンピックという国家事業を語る。[15] 各地に作られた体育施設、すなわち——ソクラテスが若者を相手に議論を繰り返した——ギムナシオンには、競技者だけではなく哲学者や病人も含めあらゆる人が集い、身体のみならず頭脳と精神をも鍛え、自他を高めていた。誰に対してもオープンな（öffentlich）、それゆえに公共性のある（öffentlich）啓蒙的な取り組みが、古代ギリシアの体育だったという見解である。プラトンが『国家』において望ましい教育に不可欠な要素とした、心身両面に作用する「ギュムナスティケー」こそ、グーツムーツが近代ドイツに蘇らせようとした体育、「ギュムナスティク（Gymnastik）」に他ならない。

グーツムーツは続けて、オリンピックがどのような祭典であったかを非常に具体的に叙述した後、「この国民祭典は何か偉大なもの、心を昂揚させるものを有しており、国民精神に強く働き掛け、導き、愛国心を注ぎ込み、彼らの徳と誠実さを高め、ある種の高貴な性向を最下層民にすら広めてゆく。ゆえに私は、これを全国民に対する主要な教育手段と思う次第である。」（159）とその政治的機能を強調する。その上で、いましがた紹介したオリンピックの様子をなぞるように、今度は当時のドイツ、デッサウ近郊のヴェァリッツで行われた競技会に言及する。

九月二四日、ここに領民の大多数が押し寄せてきて、謂わばオリンピック競技会が復活する。すばらしい光景だ。〔……〕
朝が来た。領民たちが次第にこの素朴な広場に詰めかけてくるのが見える。あっちでもこっちでも、四方から響いてくる音楽が楽しげな村人の集団の接近を音楽が四方八方から告げている。首都の住民もこちらへ急ぐ。他所の人々も押寄せ、やさしい侯爵御夫妻も、愛する農民たちの中へと親しくお出ましになる。
年ごとに決められた村から、家長たちの選んだ10人の、勤勉、節操、徳の点で最も優れている少女たちが、高貴なる侯妃様の誕生会に参上する。彼女たちは、侯妃様から賜った花冠と衣装で着飾り、楽しげな食卓に着く。〔……〕
しかし、村々の他の若者たちも忘れられてはいない。人々は丘の回りに走路を開き、多くの観衆がそれを取り囲む。男の子、女の子、若者や娘たちが、かわるがわる勝利を競って走る。〔……〕
かような一日は、何とすばらしいことであろう。地元の青少年はこの日を待ちこがれ、この日のために前々から体を鍛えている。祖国への愛が高まる。祖国は、ただ彼らに勤労と臣従とを要求するのでなく、喜びも与えてくれるからだ。——領主への愛も高まる。領主が善良な民を愛し、宮殿の中でも彼らを忘れていない証拠を、この一日が示すことになるからだ。
統治者たちよ、すべての民を導き、彼らの愛を獲得するのに、何とすばらしい手段であることか。それは何と重要で、推奨に値することか、この革命の時代に。
(160-164)

彼はこの競技会に、体育が生み出すユートピアを見た。しかし、実はこの競技会は、古代オリンピックを再現するという明確なコンセプトで開かれたのではなかった。アンハルト-デッサウ侯爵夫人の誕生日を寿ぐ恒例行事、領民の慰労も兼ねて開かれた秋祭りを、グーツムーツがあえてオリンピックにことよせて語ったのである。[16] 強く朗らかで純朴な勤労青年たちが、愛し愛される祖国のために心身鍛錬に励むという、美しくもどこか不気味な、嫌な予感がする光景である。かつて鍛え上げられた心身をゼウスに奉納したように、一八世紀末の人々は健全な心身を領主と共同体に捧げている。しかもそれは、一部の選手だけではなく、すべての国民の徳業と位置付けられている。「謂わば」と添えてあるのだから虚偽の記述ではないにせよ、この古代オリンピックと国民体育との照応には、国家と社会に関するグーツムーツのイデオロギーが透けて見える。

個人的でありながら公共性も持つという体育の意味づけは、ルソー以来の近代教育が求め続けてきた究極の理想に合致する。しかしグーツムーツの教説に従えば、その理想を実現できるのは、共通の価値観を持つ人々によって構成される、均質で無駄のない社会においてだけである。つまり身体とその活動を、共同体の「根本的な倫理規範」に沿わせ、共同体の利益につなげることが求められるのである。問題は、この倫理規範や利益を誰がどのように定めるかである。グーツムーツは、普遍的な自然がすべてを正しく司るのだと固く信じて、安んじていた。つまり、権力が不当にも自然を騙って、個人の心身を内側から支配する危険性があることを意識していなかったのである。その結果、彼の提唱した国民体育構想は、個人主義に基づいていながら、全体主義的な「国家社会のための体育」へも簡単に転用しうるものとなった。体育とスポーツは、おそらく今もなお、この二面性を抱え続けている。

七　結語

国民国家成立以前の、近代化と政治的動乱の只中にあるドイツで、グーツムーツは体育をとおした理想社会の建設を志した。そこではもはや身分の差も、暴力も、怠惰もなくなるはずであった。身体運動に、そうした社会を実現する手がかりが含まれていることを、彼は正しく捉えていた。実際はそうならなかったにせよ、その後の近代スポーツが辿った歴史をふまえて、彼の抱いた希望を否定するのは不当である。

しかし、世界が均質な空間にはなりえないことを知っている我々は、彼と同じ夢を見るわけにはゆかない。ヴェァリッツの競技会に集う若者たちと、後のヒトラーユーゲントの姿を短絡的に重ねることはできないが、「健全な肉体に健全な精神」という定式、それを自然の理と無邪気に認める姿勢が、全体主義の土壌となった事実を銘記すべきである。スポーツに人類共通の普遍的で根源的な何かがあるとするならば、それが捏造された神話にかすめ取られないよう、用心を怠ってはならない。

注

［1］ロラン・バルト『現代社会の神話　1957』（下澤和義訳、みすず書房、二〇〇五年）九頁。

［2］三島由紀夫「東洋と西洋を結ぶ火――開会式」、佐藤秀明編『三島由紀夫スポーツ論集』（岩波文庫、二〇一九年）一八―二二頁。

［3］東京オリンピック閉会後、開催について肯定的に評価した割合は、読売新聞の世論調査（二〇二一年八月一〇日朝刊）で六四％、同じく朝日新聞（二〇二一年八月九日朝刊）で五六％と、報道各社とも過半数を越えた。

［4］国際オリンピック委員会「オリンピック憲章」一〇頁。https://www.joc.or.jp/olympism/charter/pdf/olympiccharter2020.pdf（最終閲覧日：二〇二一年八月三一日）

［5］N・エリアス／E・ダニング『スポーツと文明化　興奮の探求』（大平章訳、法政大学出版局）一九九五年参照。

［6］寒川恒夫「オリンピックの文明論」（友添秀則責任編集『現代スポーツ評論』第四四号、二〇二一年、一七―二九頁）および池田恵子「ジェントルマン・アマチュアとスポーツ――一九世紀イギリスにおけるアマチュア理念とその実態」（有賀郁敏・村岡健次監修『近代ヨーロッパの探求⑧　スポーツ』ミネルヴァ書房、二〇〇二年、三―三九頁）参照。

［7］ロック『教育に関する考察』（服部知文訳、岩波文庫、二〇一九年）一四頁。

［8］成田十次郎『近代ドイツ・スポーツ史　学校・社会体育の成立過程』（不昧堂出版、一九七七年）五八―六七頁参照。

［9］シュネップフェンタール汎愛学校は一九九一年まで、二〇〇年以上の長きにわたって存続した。その後、外国語に特化したギムナジウム「ザルツマンシューレ」として、現在も創建時と同じ校舎で教育が行われている。論者は資料調査のため学校付属博物館を二度訪れたが、その折に、同校で日本語教師を務める税田真理子氏の多大なるご助力をいただいた。この場を借りて御礼申し上げたい。

［10］グーツムーツ（一七五九―一八三九）は、ドイツの古都クヴェートリンブルクに、皮なめし職人の子として生まれた。当地のリッター家において家庭教師を務めたのち、ハレ大学で神学、物理学、哲学、歴史学、近代語（英・仏・伊）などを学んだ。そのかたわら、

トラップの教育学講座で、汎愛派教育思想と出会う。卒業後、リッター家の三男、カール（後にベルリン大学地理学講座の初代教授となる）に随伴してシュネップフェンタール汎愛学校を訪問した折、ザルツマンにその教育的才覚を見いだされ、一七八五年、同校の教師となった。グーツムーツは体育以外にフランス語や歴史などの授業も担当し、一八〇〇年以降は『教育学叢書』の編者として、ドイツの教育学を牽引する働きをした。成田十次郎、前掲書、一二三―一二四頁参照。

［11］F・L・ヤーンが「テュルネン」、いわゆるドイツ体操の拠点としたハーゼンハイデ運動場（一八一〇年創建）には、グーツムーツの考案した運動設備が多く採用された。ヤーンは、一八〇七年にグーツムーツによる体育の授業と施設を見学し、テュルネンの着想を得たとされる。彼が「体操の父」と称されるのに対し、グーツムーツが「体操の祖父」と呼ばれるのはそれゆえである。なお、テュルネンはフランスによる占領に抵抗する愛国主義的・民族主義的活動として、その後の歴史に長く続く影響を及ぼしたのであるが、グーツムーツがこれとどう関わったかについては、稿を改めて検討したい。小原淳『フォルクと帝国創設　19世紀ドイツにおけるテュルネン運動の史的考察』（彩流社、二〇一一年）参照。

［12］[Johann Christoph Friedrich] GutsMuths: Gymnastik für die Jugend. Praktische Anweisung zu Leibesübungen. Ein Beytrag zur nöthigsten Verbesserung der körperlichen Erziehung. Schnepfenthal 1793. 以後、本書からの引用については、直後の括弧内に引用頁のみを記す。訳文は論者によるが、日本における汎愛体育研究の先駆者である成田十次郎による既訳も参考にした。グーツムーツ『青少年の体育』（成田十次郎訳、明治出版、一九七九年）。

［13］例えば一七六〇年に裕福な市民の家庭に生まれたグスタフ・ディンターという人物は、次のように書き残している。「肉体的運動に関することすべてに対して、父は過度に心配した。私たちの誰一人として高いところによじ登るのは許されなかったし、イスの上に立って窓から体を乗り出して外を見でもしようものなら、すぐさま、『こら、災難にでも会いたいのか！』という声がとんできた。川での水遊びや水泳は、考えるだけでもいけなかった。」イレーネ・ハルダッハ＝ピンケ／ゲルト・ハルダッハ『ドイツ／子どもの社会史　１７００―１９００年の自伝による証言』（木村育代ほか訳、勁草書房、一九九二年）二二四頁。

［14］この引用箇所からも明らかなとおり、グーツムーツの体育はほとんどもっぱら男児教育を念頭に構想されている。女性の体育についてもわずかに言及が見られるものの、彼のジェンダー差別意識は明白である。体育とスポーツは、男性だけのホモソーシャルな活動として、男性原理による社会支配を正当化し、強化する機能を有してきた。紙幅の関係上、ここで立ち入った議論をすることは叶わないが、これもまたスポーツに関わる近代神話としてきわめて重要な問題である。

［15］この点に関しては、拙著『R・Z・ベッカーの民衆啓蒙運動　近代的フォルク像の源流』（鳥影社・ロゴス企画、二〇一四年）五七―七三頁を参照。

［16］Vgl. Erhard Hirsch: Die Wiedererweckung der „Gymnastik“ als Schulsport durch die Philanthropisten im Dessau-Wörlitzer Kulturkreis. Dessaus Anteil an der Sportgeschichte.（Michael Krüger（Hrsg.）: Johann Christoph Friedrich GutsMuths（1759-1839）und philanthropische Bewegung in Deutschland. Hamburg: Feldhaus 2010, S.31-43）W・ベーリンガーは『スポーツの文化史』三二七―三二八頁で、グーツ

ムーツがこの競技会の発案者である可能性を示唆しているが、これは事実誤認である。グーツムーツが体育と関わるのは、他の領邦に属する――ヴェァリッツから二〇〇㎞以上離れた――シュネップフェンタールで働き始めてからである。したがって彼は、記録を基にこの部分を書いたと考えられる。

主要参考文献

［Johann Christoph Friedrich］GutsMuths: Gymnastik für die Jugend. Praktische Anweisung zu Leibesübungen. Ein Beytrag zur nötigen Verbesserung der körperlichen Erziehung. Schnepfenthal: Buchhandlung der Erziehungsanstalt 1793.

Hajo Bernett: Die pädagogische Neugestaltung der bürgerlichen Leibesübungen durch die Philanthropen. Schorndorf: Verlag Karl Hofmann 1960.

成田十次郎『近代ドイツ・スポーツ史　学校・社会体育の成立過程』（不昧堂出版、一九七七年）

岸野雄三ほか編『体育・スポーツ人物思想史』（不昧堂出版、一九七九年）

N・エリアス／E・ダニング『スポーツと文明化　興奮の探求』（大平章訳、法政大学出版局、一九九五年）

多木浩二『スポーツを考える　身体・資本・ナショナリズム』（ちくま新書、一九九五年）

Michael Krüger（Hrsg.）: Johann Christoph Friedrich GutsMuths (1759-1839) und philanthropische Bewegung in Deutschland. Hamburg: Feldhaus 2010.

W・ベーリンガー『スポーツの文化史　古代オリンピックから21世紀まで』（高木葉子訳、法政大学出版会、二〇一九年）

ユヴァル・ノア・ハラリ『21 Lessons　21世紀の人類のための21の思考』（河出書房新社、二〇一九年）

友添秀則責任編集『現代スポーツ評論　第四二号』（創文企画、二〇二〇年）

友添秀則責任編集『現代スポーツ評論　第四四号』（創文企画、二〇二一年）

付記

本章は JSPS 科研費 17K02633 および JSPS 科研費 18K00506 の助成を受けたものです。

第4章

近代植物学に生きつづける神話・伝承文学
――二〇世紀ドイツの植物学者ハインリッヒ・マルツェルを中心に

◆植 朗子

一 はじめに

一九世紀以降、学問は近代的な発展を遂げ、あらゆる分野が専門性を高め、同時に学問の細分化がなされていった。かつて接触しあっていた学問分野が乖離し、それらの個々の研究が邂逅することは限定的になっていく。植物学における神話的・伝承文学的記録もそのひとつであった。植物学は、植物形態学、植物生理学、そして植物分類学が進み、植物地理学、植物生態学など様々な分野に分かれていった。植物図譜も、植物解剖学を基礎とした精緻な写実性が求められるようになっていく。植物事典に添えられていた芸術的だった植物画は、科学的な植物画、やがて写真の活用へと変化していく。

こうした動きの中、二〇世紀のドイツの植物学者ハインリッヒ・マルツェル Heinrich Marzell（一八八五―一九七〇）は、植物にまつわる古の「神話的物語」や「迷信」の記録の重要性を指摘した。彼が残した植物事典には、植物の学術名だけでなく地方固有の呼び名、特定の集団でのみ使用される通り名まで記載された。マルツェルの研究には、新しく獲得されていく「知」だけでなく、消えゆくその土地の記憶として、古い名前とその神話的な物語の両方が示されていった。

——人はなぜ神話を語るのか。なぜ人は消えゆく神話を残そうとするのか。神話をめぐる人々の記憶と思いについて、近代植物学にみられる伝承記録、という観点から論じていきたい。

二　植物研究の観点と植物をめぐる神話的物語・迷信の記録

イギリスの植物学者のアグネス・アーバー Agnes Arber（一八七九―一九六〇）は、植物学の発展史について論じた著書『近代植物学の起源』*Harbals, Their Origin and Evolution*[1]において、「植物の研究」は哲学的・思想的なまなざしと、実用的視点から始まったことを以下のように指摘している。

> 植物の研究は、初めから、大きく隔たった観点から行われてきた——哲学的観点と実用的観点からである。第一の観点から見れば、植物学の真価は自然哲学にとって不可欠の分野である。一方、第二の観点からは、植物学はたんに医学、または農学の副産物である。[2]

アーバーは「哲学的観点」と「実用的観点」について「この二つの方法は幸運な時代には一点で接触したが、残念なことには、別々の道をたどることの方が多かった。[3]」と述べている。それはあらゆる「近代の学問」が、個々の学問領域の専門性を高めるかたちで発展を遂げ、他の研究分野との接触が「過去」よりも限定的になっていった傾向と関連している。

例えば、ドイツ語圏の植物学は一九世紀以降、植物の分類学や生理学の研究分野で目覚ましく進んだ。その影響を受けて、植物に関する書物から植物にまつわる「言い伝え」「習俗」「迷信」など、伝承的な記録の項目が失われるようになっていった。かつての本草書は、専門的な植物事典、農学・医学・薬学・植物学分野の研究書へと姿を変えていく。その動きの中で、植物の神話的物語や迷信に関する記述は、伝承文学、神話学、民俗学、文化人類学、文化学、社会学のための資料になっていき、植物の科学的な実像と、物語的記述は「分けて」考えられることが一般化していった。

しかし、本草書に残されていた古の記録のうちの一部は、一見すると空想的で非科学的であるようにみえるが、医学・薬学・農学といった実用的研究の記録としても無視できない面がある。民間療法で使用されていたかつての薬用植物には、その後科学的に効能が立証され、現代も使用されているものが数多く存在する。

ドイツのヴュルツブルク大学にある医学史研究所 Universität Würzburg, Institut für Geschichte der Medizin[4]では、薬用植物の歴史にまつわる学際的研究が継続的になされており、一九九九年以降、毎年「今年の薬用植物」„Arzneipflanze des Jahres"[5]が発表されている。二〇二一年は「ミルラ Myrrhenbaum」[6]が、二〇二〇年には「ラベンダー Echter Lavendel」[7]が選ばれ、ハイデルベルクのドイツ薬事博物館 Deutsches Apotheken-Museum などの協力のもと、実際の薬効に関する最新の研究とともに、過去、民間療法でこれらの薬用植物がどのように使われたのかを紹介している。民俗学的な記述、伝承文学的記録も関連する内容だ。植物の「神話的な物語」に、実際の薬用効果とイメージ的に重なる部分があり、薬にまつわる神秘は民間医療史のひとつに含まれるのだ。

アーバーは植物学の萌芽として、古代ギリシアの「アリストテレス流の植物学」をその冒頭で紹介している。アリストテレス(紀元前三八四―紀元前三二二)は生物にはプシュケ(魂)が内在すると考え、「植物の魂」は移動・嗜好・感情を伴わないものだと定義した[8]。アリストテレスの弟子であり、植物学者・博物学者のテオフラストス(紀元前三七〇―紀元前二八七)は植物の各器官を分析した人物で、さらに生態学の基礎となる研究も行なっている。アーバーが近代植物学の礎としてテオフラストスの名を挙げているのは、実証不足だと言われていたアリストテレスの植物に関する記述を、彼が科学的な手法によって解明しようとしたからだ。

興味深いことに、テオフラストスの著作『植物誌』*Historia Plantarum* の九巻には、植物採集の際に継承されていた迷信が記録されている。彼自身はそういった迷信に対して、やや嘲笑的ではあったようだが、薬用植物採集には危険が伴い、その危険を伝えるために迷信が機能していたことを知っていた。[9]そして、そのような「迷信の語り継ぎ」が、植物採集という行為にたずさわる者たちに「教訓」を与える効果を持っていると、一定の理解を示していたようである。[10]

植物に薬用効果があり、同時に毒性があり、それが人体に少なからず影響を与えることを考慮すると、植物の危険を伝えるものとして、植物にまつわる神話的物語・迷信の語りが利用されてきたのは不思議なことではない。

三　近代植物学と植物民俗学

ドイツ語圏の植物学の発展とともに、一九世紀以降、より専門的な植物事典、植物図鑑も刊行される動きが活発になっていった。そんな動きの中、ハインリッヒ・マルツェルは、かつて植物事典に掲載されていた植物に関する伝説や迷信、昔の言い伝えに関する文章に注目し、その記録に価値を見出した。

マルツェルが確立した学問体系は、「植物民俗学（Pflanzen in der Volkskunde ,Volksbotanik ,botanische Volkskunde）」と呼ばれる。しかし、その後、学問分野の細分化と専門化が進むにつれて、植物事典からは、植物の伝説、植物の名称に関する方言表記など、これらの「民俗学的」あるいは「伝承文学的」「文化学的」な項目は姿を消していくこととなる。マルツェルの提唱した植物民俗学はその価値を認められつつも、植物学を専門とする研究者が、同時に民俗学的な専門知識を持っているわけではないことから、継承が困難だという問題に直面した。だが、先に述べたアーバーの示したテオフラストスの例、ヴュルツブルク大学の医療史研究の例をみても、植物にまつわる伝承記録が、「実用的観点に基づく植物研究」にとって完全に不要だというわけではないことは明らかである。

さらに、植物にまつわる伝承の記録には医学的な意味合い以外にも価値がある。例えば、植物は園芸品種としての改良、自然界での交雑が繰り返し行われているため、過去の資料と比べると、現在われわれが目にする植物の形態とは異なる場合がある。そのため、「言い伝え」や「昔話」の中で語られている植物の情報には、植物の古の姿、交雑前の野生品種としての特性を伝える内容が含まれている。当然、その記録の正確さについての実証は不可欠であるが、資料となりうることは間違いないだろう。

ここで問題となるのが、伝承記録上に残されている「植物の名称」である。植物の名前は例えばドイツ語圏であればドイツ語の名称があり、さらにそれらには、地方やある集団においてのみ使用されている通称や方言の名称が存在する。これらの呼称が、どの植物を正確に指しているのか確認するための辞書が必要になってくる。マルツェルの『ドイツ植物名辞典』*Wörterbuch der deutschen Pflanzennamen*[11]は、その点において有用な辞書だといえよう。これには、ドイツ語の植物名の表記に、ラテン語で記された学名の表記が付されている。さらに他国ではどのような名称で呼ばれているのかも示され、その際には類似品種との混同を避けるために、学名を見ることで誤用がないか確認できる。また、ドイツ語圏の各地域での固有の呼び名として、①別称、②俗称、③通称、について方言も含めて検討されているのだ。

また、マルツェルは著作の中で、植物の名称に関する記録、その薬用利用の歴史、植物を使用する習俗について、専門的な植物学の記述と併記することを試みていた。『ドイツの薬用植物の歴史と民俗学』*Geschichte und Volkskunde der deutschen Heilpflanzen*[12]には、ドイツ語圏で古くから民間医療に使用されていた代表的な植物が記載されており、ここには関連する神話的物語、迷信、祭祀などでの利用を示す民俗学的な記録が載っている。

四　植物民俗学における植物伝承記述の問題点

メルヒェン、伝説、神話、迷信、民謡などを研究対象とする民間伝承研究者が、植物の外観を見ただけで植物を正確には識別できないように、植物学の専門家が植物の伝承記録を紐解くには、さまざまな困難が待ち受けている。そのため、マルツェルは自身の著書『ドイツの薬用植物の歴史と民俗学』の序文において、民間伝承記録を植物事典に正しく引用するためにと、以下のように述べている。

> われわれが、民族の信仰 Glaube、風習 Gebräuche、慣例 Sitte、言語 Sprache の分野において、身近にある薬草 Heilpflanze の位置付けについて知識を得たいと思うなら、その知識がちょうど知られていた当時の、その古の時代と同じ情報源に手を伸ばさざるをえないだろう。[13]

そして、マルツェルもテオフラストスの名をあげ、同時に古代ローマの博物学者大プリニウス（二三―七九）、「薬学の父」と呼ばれた古代ローマの薬理学者ディオスコリデス（四〇―九〇）らによる、植物の迷信に関する文献を例にとっている。

さらに、ドイツ語圏の植物の名称、とくに地域差（方言も含む）を考慮するためには、ヤーコプ・グリムによるドイツ言語学および彼の民間伝承、神話学等の著作が大いに参考なるとして、植物にまつわるヤーコプの言語学的、伝承研究的な成果を活用すると述べている。[14]

> ヤーコプの古代に対する畏敬の念、そしてヤーコプによる言語学の才能に満ちあふれた叙述は、故郷の習俗に対して、その眼差しを多く傾けることのない研究者たちと比較すると、いかにそれが突出していることかわかる。[15]

他にも、グリム兄弟の研究に関連して、彼らが亡くなるまで編纂にたずさわった『ドイツ語辞典』*Deutsches Wörterbuch* があり、これらもマルツェルの植物民俗学研究を下支えする資料[16]として使用されている。なお『ドイツの薬用植物の歴史と民俗学』に掲載されている植物のうち、伝承引用にグリム兄弟とヤーコプ・グリムの著作が使用されているのは九種類ある。これには、ヤーコプの『ドイツ神話（学）』*Deutsche Mythologie*[17]も使用されている。

他の植物学者たちが引用した植物の迷信には、典拠が示されていないコラム的な内容のものがあるが、マルツェルの著作にはすべて典拠が明示されており、これはマルツェルが伝承記録を正確に引用しようとしていた姿勢のあらわれであると思われる。

五　植物にまつわる神話伝承に対するマルツェルの視点

ここまで述べたように、植物の伝承に関する記載で何よりも重要なのは、その植物の名称を取り違えないことにある。植物にまつわる神話や迷信が、なぜ現代まで消えずに残ってきたのか。紀元前の古代ギリシアの時代から現代に至るまで、植物の薬用効果を語るのに、なぜ古の神話的物語になぞらえて紹介されるのか。それは、「病を治す薬」に対して奇跡的な力を期待する者たちが、夢物語を欲していたのではなく、事実に基づく確かな「顕現」として植物の超自然的な力を欲したからだ。薬を取り違えることがあってはならないように、薬効のイメージと接続される神話的物語において、その植物名も正確に継承される必要がある。言語学者であり、伝承研究者でもあったヤーコプ・グリムの手による植物伝承の記録が、植物学者であるハインリッヒ・マルツェルの植物事典に加えられていることは、ドイツ語圏のメルヒェンや昔話に登場する数々の「不思議な植物」の描写が植物の真の姿を理解するために、必携であったからだといえよう。

しかし、こういったマルツェルの研究が日本国内で取り上げられたのは、伝承研究分野においてではなく、農学分野においてであった。農学生命科学のうち、緑化技術の向上と、自然環境・生態系の保全および回復に関する研究を進める、緑化工学者の倉田益二郎は、「日本林学会誌」一九巻・第八号（一九三四）に、『獨逸植物名彙』（本章では、『ドイツ植物名辞典』と表記している）を紹介[18]している。倉田は、この辞典に掲載されている植物の名称が、古い時代から最新の学術名まで表記されていることを称賛している。植物研究者にとっても、日本国外の植物調査の際に、古い名称の記録がいかに必要であったのかが、この倉田の紹介からも感じることができる。ましてや、ドイツ語圏の伝承研究分野において、このマルツェルの研究が役立たないわけがない。

そして、倉田はこの書を「植物学者、園芸家、農林業家、薬剤師及漢方医にとって大いに参考になる」と述べている。ここで着目すべきは「薬剤師」「漢方医」を挙げていることである。マルツェルのこの事典には、植物の薬用効果が収録されており、民間療法薬、家庭薬としての利用実態についても記載されている。

マルツェルは、ヤーコプが記した、植物にまつわる不思議な伝承、迷信、薬用利用などを「植物のまじないPflanzenbeschwörung」と呼んでいるが、[19] 植物が引き起こす「不思議」とは、植物の奇妙な外観、不思議な生育環境、開花サイクルなどだけではなく、なんといっても薬用効果、すなわち「病気を治す力」「毒性」「幻覚作用などを含む、服用時の効果」などが、それに該当するだろう。そのため、植物奇譚の多くにその植物の薬用効果が関連しており、「科学的な薬効」と「薬効と関連する神話的イメージ」、この両方を見ることができる植物研究書には一定の意義があると思われる。

よって、植物の食用、飲用、吸引、炎症鎮静化のため塗布剤としての使用について、植物事典で確認することができれば、物語性に特化しているがゆえに伝承中ではその科学的根拠を解説することができない「不思議」の内容について、その裏付けを理解することができるだろう。『ドイツ植物名辞典』には、それぞれの植物名称表記の後に続く、「薬用植物としてHeilpflanze」の項目が参照できるようになっている。

なお、マルツェルが植物の資料で重視していたのは、以下の項目である。[20]

---

i　ドイツ語圏の植物のドイツ語名および学名

ii　その植物に関する、現地の人々が使用している別称、俗称、通称

iii　植物の海外（ドイツ語圏以外）での名称
iv　植物の形状、色、分類、繁殖方法
v　植物の生育地、植物の分布状況、植物地理（気候帯、地勢的特徴）
vi　植物の食用利用の有無
vii　植物に対する動物たちの食生との関連
viii　植物の薬用効果、毒性
ix　宗教行事、祭祀への植物の利用
x　植物にまつわる言い伝え、迷信、風習（その植物を使う子どもの遊び方など）

六　植物にまつわる神話的物語の事例「オオバコ」

ここで植物にまつわる神話的物語の事例として「オオバコ」をあげる。オオバコの神話性は、実際のオオバコの薬用効果とどのようなつながりがあるのか。ヤーコプの『ドイツ神話（学）』には、こんな伝承が記録されている。

たったひとつの神話が残されている。その薬草は、かつてひとりの乙女であったそうだ。その乙女は、彼女の最愛の恋人を道端で（am Wege）待っていた。[21]

ある乙女が長い間恋人を待っている間にオオバコ Wegerich に変身してしまったという言い伝えである。ヤーコプはここでパラケルススによるオオバコの指摘を引用し、Wegerich ＝ Wegewarte の花は太陽に属し、この植物の根は七年を経過すると鳥に姿を変えて飛び立つ[22]と述べている。

オオバコは踏まれても枯れにくい丈夫な植物で、ドイツ語圏だけでなく、アジアなど各地で見られる植物である。道路がまだ舗装されていない頃、道路脇に生えていることが多かったことから、「旅と移動」にちなんだ伝承が残されている。「オオバコは恋人の旅からの帰還を待つ乙女の変身譚」というほかにも、薬効にまつわる迷信が残されている。ヤーコプはオオバコにまつわる「疲労回復の効果」の話を以下のように紹介した。

> もし、道中の足元にあるWegerich（オオバコ）に、疲労から守るという作用があるとするならば、その話は遍歴職人らを疲労から守ると言われている、ヨモギ科の植物の古い迷信をまず思い起こさせるだろう。[23]

さらに、ディオスコリデスが、乾燥させたオオバコには止血・鎮痛・防腐など、血管を縮めさせる収斂作用があることを指摘していたことも付記している。現在、分かっているオオバコの薬用効果としてマルツェルが解説しているのは、消化不良、喉の痛み、肺病、外傷、膿瘍への効果である。この薬効は『ドイツの薬用植物の歴史と民俗学』と『ドイツ植物名辞典』の両方に載せられている。

このようにオオバコには実際の薬用効果があり、その機能は人々に「不思議な力」をイメージさせる。植物が持っている「治癒の力」がいったい何に由来するものなのかという人々の関心は、オオバコWegerichの伝承を語り継ぐ原動力へとなっていった。

七　科学的な植物書の神話的記述に対する懸念

ここまで、アグネス・アーバーによる、古典的な本草書から近代植物学への発展史、ならびにハインリッヒ・マルツェルによる植物民俗学の提唱に関する内容を中心に、植物学と民間伝承学の融合点について論じてきた。

アーバーは最初に印刷物として出版された一五世紀の本草書のうち、『ドイツ本草』（別称、『ドイツの本草』*Herbarius zu Teutsch*、『ドイツの健康の園』*German Ortus sanitatis*、『小園』*Smaller Ortus*、『クーベの本草』*Cube's Herbal*）を重視しているが、[24]この本は一五世紀末のフランクフルトの医師ヨハン・フォン・クーベによる編纂だとされている。そこにある医学的見解はアリストテレスが提唱した「四元素および四つの原理または本性の理論に基づいている。」[25]という【図】。ここでアーバーは、この書に書かれている医薬とは「自然の創造主を通して」、四元素の適切な配合を取り戻すために存在し、身体の健康を回復させるものとしたという説明を引用している。

そして一五世紀末にマインツで作成された『健康の庭』*Hortus sanitatis*には、「麻酔性の毒を発する」[26]と信じられていた植物の紹介などがあり、本草書で神話的物語があたかも医学的見解と一致しているかのように述べられてきた過去について記されている。

図『健康の園（Gart der Gesundheit）』、マインツ、ペーター・シェファー、1485年、図2「ベラドンナ」より。

ただし、アーバー自身は「正統な植物学」が魔術、錬金術、占星術と結びつくことには懸念を示しており、「迷信はいつの時代にも薬草の採集に障壁をめぐらしてきたが、このような迷信の問題は民俗学の研究者の領域に属し、本書では詳細に扱うことはできない。」[27]としている。パラケルススが語る植物の薬効を「パラケルススは「古めかしい」信条をあげて展開している」と非難し、一七世紀にイギリスに広がった「占星術的植物学」の代表者であったニコラス・カルペパー（一六一六―一六五四）の本草書も否定している。

アーバーのこれらの批判は当然のものであり、医薬として植物を紹介すべき「研究書」が、著しく「事実」から逸脱したものを根拠とすることは危険である。とはいえ、医薬の効果に、思想的にどういったイメージが希求されてきたかを知るための資料としては必要な部分もある。「植物の薬効に関する神話的物語の記述」はあくまでも、植物学、医学・薬学、そして伝承文学・民俗学の融合点において、その価値を発揮するものであるといえよう。

八　おわりに

本章では、「人はなぜ神話を語るのか」というテーマの元、植物学と伝承文学研究との融合点について論じてきた。近代以降に発刊された植物事典にも、それ以前の本草書にも、実用的な観点から立証されるべき「植物の薬用効果」を軸に、伝承的な記録、神話的物語の関連性がうかがえた。「植物の神話的物語から薬効の実証へ」と向かう傾向と、「経験から学ばれてきた薬効から神話的物語へ」という、相反する二方向の動きがみられた。

マルツェル以降、植物学者が植物民俗学を支えるといった大きな流れが出現することもなく、現在、植物に関する民俗学的な研究は、それこそ伝承文学研究者や、民俗学者、文化人類学者、神話学者の領域の中にある。そして、翻訳の作業や時代の変化のうちに、伝承記録に中に示されてきた「植物の正しい呼称」が簡略化、あるいは別の土地に存在する、似た植物の名前への置き換えとなって、その正確さを失いつつある。今後、植物民俗学の研究意義に再び光を当て、植物学と伝承文学の接点が取り戻されることに必要性を感じる。

薬草がかつて神話的な意味合いを持って語られていたことは、病の治癒を希求する人々の願望の強さのあらわれであった。また同時に、「伝承が含有する事実性」は人々の知的好奇心と相まって記録としての価値を持っている。植物への夢想と科学的実証を示すこれらの「語り」の中には、人々の思想的・社会文化的な背景が描き出されているのだ。

注

［1］アグネス・アーバー著、月川和雄訳『近代植物学の起源』（八坂書房、一九九〇年）

この訳書は、Agnes Arber, *Herbals, Their Origin and Evolution, A Chapter in the History of Botany, 1470-1670*, 2nd rev. ed. Cambridge（一九三八）の全訳である。翻訳した月川は訳者あとがきの中で、「書名をそのまま訳すと「本草書、その起源と発達、植物学史の一章、一四七〇～一六七〇年」となる。」と述べ、さらに「しかしそれを訳書の題名とするのは、本書そのものが本草書とみられる可能性があることを考えて採用しなかった。」としている。この著書は、植物にまつわる学問が「近代植物学」にまで発展する過程を論じたものであり、その内容を最も端的に示すタイトルとして、これが採用された経緯が示されている。

[2] アーバー：一九九〇、八頁。

[3] アーバー：一九九〇、八頁。

[4] Universität Würzburg, Institut für Geschichte der Medizin（ヴュルツブルク大学医学史研究所）https://www.medizingeschichte.uni-wuerzburg.de/index.html（二〇二二年二月一日閲覧）

[5] 旧約聖書、新約聖書にも登場する没薬のこと。聖書の中では、ワインに没薬（ミルラ）を入れて飲む描写がある。

[6] ラベンダーは少なくとも十一世紀には薬用植物として利用されており、修道院の薬草園にも植えられていた。Cornelia Löhne, *Die Grüne Apotheke – vom Hortus Medicus zur Pharmaforschung, Eine Ausstellung des Verbands Botanischer Gärten im Rahmen der Woche der Botanischen Gärten 2018*, Bonn, 2018, S.57.

[7] ここで選ばれる植物は、必ずしもドイツ語圏周辺にだけ分布している植物だけではない。薬草として輸入されてきたヨーロッパ以外の地域からの植物がその対象となることもある。

[8] アーバー：一九九〇、九頁。

[9] アーバー：一九九〇、一三頁。「ペオニーを採ろうとする者は夜間に採取するのがよいとされる。昼間に採取してキツツキに見られると、失明する危険があるからだとされる。」（テオフラストス『植物誌』第九巻第八章第六節）ペオニーとは芍薬のこと。芍薬は胃腸薬、鎮痛剤、抗炎症のための薬として、古くから使われていた。

[10] アーバー：一九九〇、一三頁。

[11] Heinrich Marzell, *Wörterbuch der deutschen Pflanzennamen*, Leipzig, 1979.（以下、Marzell: 1979 とする。）この『ドイツ植物名辞典』は五巻本で、第五巻は索引になっている。

[12] Heinrich Marzell, *Geschichte und Volkskunde der deutschen Heilpflanzen*, Stuttgart, 2002.（以下、Marzell: 2002 とする。）

[13] Marzell: 2002, 27.

[14] Marzell: 2002, 27.

[15] Marzell: 2002, 27.

[16] マルツェルは不思議な植物の特徴に関する記述が、グリム兄弟の既存の出版物だけでなく、彼らの手稿にまだいくつも残されていることを指摘している。Marzell: 2002, 28. を参照。

[17] Jacob Grimm: *Deutsche Mythologie*, Wiesbaden, 2007.
[18] 倉田益二郎「新着紹介　ハインリッヒ・マルツェル、ヴィルヘルム・ヴィスマン共著『獨逸植物名彙』」（『日本林学会誌』第一九巻・第八号、一九三四年）四八頁。
[19] Marzell: 2002, 28.
[20] これらの項目は順不同で、かつ項目としてたてられていない植物もある。薬用利用がなされていない植物には、当然、その項目はない。子どもが「遊び」に使用しない植物の場合は、「子どもの遊びについて Kinderspiel」の項目は当然ない。
[21] Jacob Grimm: 2007, 887.
[22] Jacob Grimm: 2007, 887.Weg は道の意味。Warte は warten ＝待つから派生しており、見守る人といった意味が含まれる。一般の辞書にはオオバコは Wegerich で載っており、その Wegewarte は別称である。
[23] Marzell: 2002, 28。
[24] アーバー：一九九〇、二五頁。
[25] アーバー：一九九〇、二五頁。
[26] アーバー：一九九〇、三三頁。
[27] アーバー：一九九〇、一八五頁。

主要参考文献

アグネス・アーバー著、月川和雄訳『近代植物学の起源』（八坂書房、一九九〇年）
Grimm, Jacob: *Deutsche Mythologie*, Wiesbaden, 2007.
Löhne, Corneli: *Die Grüne Apotheke – vom Hortus Medicus zur Pharmaforschung, Eine Ausstellung des Verbands Botanischer Gärten im Rahmen der Woche der Botanischen Gärten 2018*, Bonn, 2018.
Marzell, Heinrich: *Wörterbuch der deutschen Pflanzennamen*, Leipzig, 1979.
Marzell, Heinrich: *Geschichte und Volkskunde der deutschen Heilpflanzen*, Stuttgart, 2002.

付記

本研究は JSPS 科研費 JP18K00451, JP18K00506 の助成を受けたものである。

第5章

木村鷹太郎とプラトンの神話
――「日本主義者プラトン」の発見と翻訳

◆里中 俊介

一 はじめに

木村鷹太郎《たかたろう》は、現在では半ば忘れられた存在と言っても過言ではないだろう。木村は明治から大正にかけて活躍した評論家・翻訳家であるが、その著作については一部の好事家や研究者を除き、広く一般に知られているとは言い難い。木村の業績において取り上げられるのは、主に以下の三つであろう。まずはバイロンの翻訳である。木村はイギリスの詩人バイロンの作品を数多く翻訳しており、その生涯についても著作をなして日本に紹介したことで知られ、その翻訳が中国の魯迅や梁啓超らに与えた影響などが近年指摘されている。[1] 二つ目は、高山樗牛らと並ぶ日本主義の提唱者として言及される場合である。「明治三十年、彼（木村鷹太郎）は井上哲次郎、高山樗牛らと大日本協会を結成し、機関誌『日本主義』によって日本主義を提唱した。即ちあらゆる宗教を排し、日本神話の精神に基づく、君臣忠孝無二の道徳をば、これに代えようとするものである」[2] などは、その典型であろう。また、木村の『日本主義国教論』は日本主義の思想内容を明らかにした代表的著作とされている。そして、三つ目が独自の歴史認識に基づいた、いわゆる「新史学」の創案者としてである。日本民族を世界最古の民族とみなし、世界の起源に位置付けるその構想は、すでに発表当時から一種の奇説とみなされ、一部の読者から共感を得たようであるが、学会等からは完全に黙殺され、現在では研究対象として取り上げられることはほとんどない。しかし、木村の晩年はこの「新史学」を世に広めるための著作の執筆に費やされたのである。

これらの業績に比してもこれまで十分な研究・考察の対象となってこなかったのが、木村の西洋古典作品の翻訳の業績である。木村はアナクレオンやクセノフォン、アリストテレスなどの古代ギリシアの詩人や歴史家、哲学者に関する作品を翻訳して紹介しているが、その中でも最も大きなものが日本で初めての『プラトン全集』の翻訳業であろう。また、木村は後年『希臘羅馬《ギリシア・ローマ》神話』という著作も世に出しているが、その中でプラトンの神話を取り上げている。当時の日本において、プラトンの著作自体は知識人の間で英語やドイツ語訳で良く読まれていたようであるが、研究そのものは進んでおらず、イデア論や魂の三分説、それに基づく国家体制の在り方や哲人王についての概説的紹介が主な取り上げられ方であった時期に、プラトン著作中の神話を取り上げること自体が特異なことである。この事実に着目し、本章では木村がなぜプラトンの神話に注目したのか、その背景を明らかにしたい。これまでの木村鷹太郎に関する先行研究は数そのものが少なく、また、その多くはバイロンに関する著作か、日本主義に関するものに限られており、木村とプラトン、あるいはプラトンの神話との関係を論じたものはほとんどないに等しいため、木村の業績の中で必ずしも小さくはない『プラトン全集』に関わる問題を論じること自体に一定の意味があると思われる。また、木村鷹太郎とプラトンの神話の関係を明らかにすることで、引いては近代日本の思想的背景の中で、神話が有したその意味の一端が明らかになることを期待する。

二　木村鷹太郎と日本主義

木村鷹太郎は愛媛県に生まれ、大阪で中学校を卒業した後、一八八八年（明治二一年）に東京の明治学院に入学する。

明治学院は宣教のため来日したヘボン夫妻によるヘボン塾を母体として新設されて間もない学校であり、木村は優秀な成績を収めていたようで、「懸賞英語演説」一等賞となり、褒賞金を受けている。[3] 英語をはじめとして、後の多くの翻訳業を支える外国語能力の基礎はこの時期に形成されたものと考えられる。しかし、ヘボン氏との確執もあって明治学院をやめることになり、一八九一年（明治二四年）東京帝国大学選科に入学することになる。最終的には哲学科を卒業することになるが、後に読売新聞において木村自身が語っているところによると、最初は史学科を専攻したようだが、その講義内容に飽き足らず、哲学科へ移ったとのことである。[4] 哲学科では後に共に日本主義を唱えることになる井上哲次郎に師事し、その成果は一八九八年（明治三一年）に『東洋西洋倫理学史』となって発刊されることになる。

木村の『東洋西洋倫理学史』は古代から近代までの思想家の倫理思想を個別にまとめた上で批評を加えたものである。井上哲次郎との連名での出版で、校閲を井上が担当しているが、自序には事実関係のみについて校閲を行ったとされており、[5] 各思想家への批評に関しては木村自身によるものと考えてよいだろう。

本書の西洋倫理学史の章においては、当然ソクラテスやプラトン、アリストテレスといった古代ギリシアの哲学者たちについても論評されているが、その評価は必ずしも高くはなく、むしろ批判的に論じられていると言ってよい。特にプラトンに関しては「プラトンの真善美論は何となく高尚奥妙なる意義あるが如しと雖、これ浅薄なる論たるのみ[6]」「プラトンの愛論は神秘なり、以て吾人の精確なる科學の批評に堪ゆる能はざるなり。[7]」と切って捨てている。プラトンに対してこのような評価を下している木村の評価の基準は明確で、自らが支持する功利主義及び快楽主義に合致するか否かであり、木村自身がそうでないと見なした思想家はおしなべて低い評価を与えられている。当時この『東洋西洋倫理学史』の書評を記した綱島梁川は、「（前略）木村君が其の批評の絶對標準とせらるゝものが、快楽的功利説一てんばりなるには愈ゝ益ゝ驚かざるを得ぬ。謂はゞ、木村君は一部の倫理学史を籍りて一功利説の辯護を試みたかの観がある、（後略）[8]」とし、「之に反して直観論、理想論などは見る影もない継子あしらひ。子思は議論全体誤謬と斥けられ、孟子は詭辯家と見せられ、プラトーンは浅薄と評せられ、アリストテレースは倫理學用語字彙家と罵られ、カントはドンキホーテと伍せられて居る。[9]」と批判的意見を述べている。木村にとっては、プラトンのイデア論やカントを中心としたドイツ観念論哲学は現実世界を無視した空論にすぎないのであり、こうした見方は、後に「新神道」の必要性をうたい、来世や輪廻転生といった考え方を迷信として批判し、既存の宗教、とりわけキリスト教や仏教を排除しようする姿勢と通底していると考えられる。そして、他者への批判として表面化していた木村自身の思想は日本主義へと修練し、『日本主義国教論』として具体化されることとなる。

木村は井上哲次郎、高山林次郎（樗牛）、湯本武比古、竹内楠三、元良勇次郎らと一八九七年（明治三十年）に「大日本協会」を立ち上げ、雑誌『日本主義』において自身の意見を公表しつつ、それらをまとめて翌年『日本主義国教論』を世に問うている。木村たちが日本主義の主張の必要性を感じていた時代背景については、師である井上哲次郎が寄せた以下の「序」の文言に端的にあらわされている。

（前略）我邦人志那を撃破し、頓に高亢の度を加へ、殆んど世界列國を睥睨するの概ありと雖も、如何に西人が我國民を評せるかを見よ、彼等曰く、日本人は模倣的の國民にして創造力を有せず、此事たるや、歴史に徵して餘りありと、（後略）[10]

（前略）今夫れ日本主義は大聲疾呼、獨立思想の要を説き、以て滔々たる世間の迷夢を攪醒せんとするものなり、（後略）[11]

このように、日清戦争後の、世界を視野に入れた日本の立場が模索される中で、その自主独立の精神の必要性を説き、「国家主義の立場から、「建国の精神」を中心に据えて、キリスト教を排撃し、教育勅語を高く評価[12]」する点に木村たちの唱えた日本主義の共通の立場が置かれていた。また、「彼ら（日本主義者ら）は宗教を否定し、科学的認識、合理

的解釈にこだわることで、あくまで世俗主義的な日本主義を展開したが、「建国の精神」を核とする以上、彼らの「日本主義」の根底には神話があり、本来的に神話から自立した議論は不可能であった[13]とされるように、木村の『日本主義国教論』においても、神話への関心の高さは顕著に認められる。

木村は自らの日本主義を構成する「生々主義」や「現世主義」、「清潔」といった価値観や倫理観の根拠をもっぱら日本神話に求めている。それは『日本主義国教論』の全体にわたっているが、一例をあげれば下記のようなものである。

> 日本國民は元来生々的なり、日本主義は生々主義なり。其生々主義たることは、吾人の天祖高皇産霊神及び神皇産霊神の御名に就て之を知るべし、「むすび」とは生産なり、生々なり。[14]

> 實に國民の尊崇する所の神名中には其國民の主義及び理想を反照するものにして、吾人の祖先に皇産霊神有るは、日本國民の生々主義を取れるを示すものに外ならざるなり。[15]

こうした主張の内容そのものは、従来から宗教を迷信であり厭世主義として攻撃してきた論理の裏返しであるが、このように、日本主義に傾倒したこの時期において、自主独立の精神の絶対的根拠としての日本神話への関心が木村の中で大きく高まっていたことが見て取れるのである。

三　日本主義と古代ギリシア

『日本主義国教論』における神話への数多くの言及と共に、もう一点注目すべきは、古代ギリシアの社会とその芸術が高く評価されていることである。木村は『日本主義国教論』第一二章の「日本主義と日本美術」において、「日本美術は日本的なるべし[16]」としながらも、ギリシアの建築を「優美高雅[17]」とし、偉大な芸術家としてホメロスやアイスキュロス、エウリピデス、フェイディアスや古代の復興としてのルネサンスのミケランジェロ、ラファエロらの名を挙げている。[18]そして次のように言い放っている。

此くて美術家は其作に於て、目以て見るべき所の國民理想を示し、文学者は、或は「ドラマ」或は歌に於て國民の主義理想を發表して、隱然國民の信仰箇條を爲すこと、グレシアの昔の如くあれ、(後略[19])

そして、この発言に続いて、古代ギリシアの偉人たちが、いかにしてあるべき国家の理想を表現し、国民を教育したかを述べ立てている。また、木村の古代ギリシアへの傾倒ぶりは一九〇〇年(明治三三年)に公刊された評論集『鳴潮余沫』において一層明らかである。目次だけを見ても「グレシアの光明性」「グレシア人の現世主義」など、日本主義が掲げる価値観と古代ギリシアとの親和性に着目したものが目に付く。木村は古代のギリシアが日本主義的主張と調和するものであることを以下のように強調している。

グレシア人は光明的性質を有して快活なり、(後略[20])

吾人はグレシアの光明性は日本の光明性と相似たる所あるを見て、同氣相喜ぶものなり。[21]

今此思想を以て印度のバラモン教及び佛教等に比較せんに、グレシアは白晝の如く、印度は暗夜の如し。一は活動的にして、他は厭世的なり。印度思想の無常を云ひ、悲観を爲し、涅槃を理想とするが如き、一として厭世的静止的、無活動的に非ざるはなし。印度思想の如きは人をして無氣力ならしめ、社會の活動を止め、國家を弱く

――するものなり。吾人は日本の現世主義の似たる所のグレシアの現世主義を喜ぶ。[22]

ここにおいて、木村は単純に古代のギリシア世界を高く評価するのみならず、日本と古代ギリシアに同様の特質を認め、その類似性を強調するに至っている。木村が日本主義に傾倒していったこの時期において、同時に古代ギリシアがその木村の中で存在感を増していったということがその著作から見て取れるのである。

日本主義を主張する過程において、木村が自らの主義・主張の根拠を神話解釈に求めると同時に古代ギリシアの文化への評価を高めていったことは、この後の木村の活動、とりわけ『プラトーン全集』を中心とした翻訳業とそれに続く「新史学」の提唱にも大きく影響していると考えられる。次節以降では、その影響関係を具体的に見ていくことにする。

四 『プラトーン全集』と日本主義

四―一．日本主義化されるバイロン

木村の日本主義に関する活動そのものは、一九〇一年（明治三四年）の雑誌『日本主義』の廃刊をもって一旦休止され、その後は「翻訳や著述を専らとする書斎の人」[23]としての生活が始まる。その背景には、外部からの批判や内部からの解体の動きが目立ってきたことに加え、日本主義の思想が一定程度認知されるに至ったと参加者の間で意見の一致があったようであるが、一九〇〇年（明治三三年）七月に木村の父が死去し、翌年には長男が生後間もなく死亡するという不幸が重なっており、個人的な事情が影響していた可能性もある。[24]

しかし、翻訳が中心となるこの時期においても、木村の中で従来からの関心が引き継がれていることは翻訳作品の傾向からも読み取ることができる。木村は一九〇一年に『ソクラテス人物養成譚』、続いて、翌年早々に『快楽詩人アナクレオン』を著わし、同じ年の十月には『プラトーン全集』第一巻を富山房から公にしている。約十年の差月をかけて一九一一年（明治四四年）に『プラトーン全集』第五巻を刊行するまでプラトンの翻訳に注力した後、そこから少し時間をおいて一九一七年（大正六年）に『アリストテレス政治哲学』の翻訳を手掛けるに至る。この一連の過程は日本主義的著作に見られた古代ギリシアへの関心が継続的に形を成していったものとまずは考えることができるだろう。『快楽詩人アナクレオン』についてはその題名からも、その詩に表された快楽主義的傾向に木村が共感していたことは明らかである。木村はこの著作の「序」において、次のように述べている。

> 言う勿れ、快樂は卑しきものなり、食色の欲は下等なりと。人は飲食に由りて生き、好色に由りて種族の減絶せざるを得るなり。（中略）アナクレオンは『歓樂し宴飲し、相愛し美を頌せんが爲めに生を享けたり、之れ天の命なり』と歌ひ快樂を以て神聖としたるグレシア太古の詩聖なり。[25]

この著作はトマス・ムーア（Thomas Moore, 1779-1852）の *Odes of Anacreon* を参照して書かれたとされ、木村自身は「余は今ま此處にアナクレオンの快樂歌を叙べんとすと雖只これ一箇の文學として見るに止まり、吾人此主義を取れりと謂ふに非ず、（後略）」[26]としているが、本文の後に「楊子の快楽主義」なる小論を付記していることからも、『東洋西洋倫理学史』以来の快楽主義重視の思想的立場への共感は明確に示されているということができるだろう。このような木村の態度は、この時期に数多く訳出されるバイロンに対しても同様であり、一九〇二年（明治三五年）の『バイロン文界之大魔王』においても第三編に快楽主義の項を設けて、次のように述べる。

> 人生の目的は快樂にあり、これ絶對的純粋の善なり。徳義とは止むを得ざる社會必然の條件にして決して人間終局の目的たるべきものに非ず。[27]

このような木村のバイロンへの共感は、快楽主義のみならず、バイロンの反社会的・反道徳的な側面の多岐にわたるが、日本主義論を提唱して以降の木村のバイロン像は急速に日本主義化されており、それはもはや「日本主義化したバイロニズム」であるという。

木村の著作におけるバイロンの日本主義化の過程を明らかにした菊池の論によれば、「日本主義化したバイロニズムとは、木村の日本主義に適合する面のみ肥大化し、それに適合しない面は切り捨てられたバイロニズム」[28]であるということになる。『バイロン文界之大魔王』において、バイロンを「實に彼は戦争精霊の化身なり」[29]とする木村のバイロン論は、日清戦争後の三国干渉により苦杯をなめた日本を鼓舞するための号令に近い響きを有することとなる。[30]

四─二．日本主義化されるプラトニズム

それでは、日本主義を中心とした自らの主義・思想へと対象を取り込んでいく傾向は、翻訳作品である『プラトーン全集』全五巻においても、同様なのだろうか。木村がプラトンの全集の翻訳を行うに至った経緯自体は定かではないが、第一巻の「序」によれば、最初の構想としては東京帝国大学の心理学者である松本亦太郎《またたろう》と木村の「合訳」による出版ということになっていた。しかし、松本が京都大学に招聘されることとなり、結局翻訳作業そのものは木村一人の手でなされることになったようである。[31]このような事情も手伝ってか、第一巻には木村自身による日本主義的な傾向を示す文章はほとんど見ることができない。ただし、木村はプラトンの翻訳を行う意義について次のように述べている。

蓋國家は外國に隷屬すべからざるものなるが如く、學問（及び國民修學の方法）も亦永久外國語に隷屬すべきものに非ずして、苟も世界に於ける重要なる書籍、有益なるもの等は、盡く之れを我國語に飜譯し、之れを國家國民

のものとなし、以つて研究を外國語より獨立せしめ、以て自國創出の資となさゞる可からず[32]。

ここには、外国との間に生じる言語による隷属状態から自主独立の必要性を説く、日本主義的な使命感を見て取ることができる。しかし、他方で「プラトーンの如きは古典中の最も重要なるものにして、又た最も価値あるものとなす[33]」とし、「哲学史」や「梗概」、「大意」などで満足すべきでないと述べている点は、古典としての価値そのものを率直に評価しているとも考えられる。また、プラトンに関する「世人の誤解」として、「單に高遠にして、難解の哲学のみ、抽象無形の言語のみと想像する[34]」ことと、「其書は空想を逞うし、理想の、夢の如く幻の如く、飃揚たるものあるべしとなす[35]」ことを挙げ、プラトンについて、次のように評している。

プラトーンは決して無味乾燥の哲學者に非ずして、其方法は問答法を用ゐ、著書は大抵演劇の脚本の如く仕組み、或は人物を描き、場所を寫し、具體的の人物を生動せしめて種々の問題に就いて語る。其内快活なるあり、悲壮なるあり、滑稽なるあり、而して其精神や眞面目なり[36]。

このように、プラトンに対して原典に即した理解を促し、プラトンへの一般的な誤解を改めようとすることが、全集完訳を試みるその意図であったことも事実であると考えられる。実際、木村は第一巻の「例言」冒頭で、「プラトーンの高潔なる理想、強大なる道義感、眞善美の愛――是等の大精神に於いては、何人かプラトーンに一致せざるものあらん。然りと雖其學説及び主義に於ては、譯者必ずしも徹頭徹尾プラトーンと一致せるものに非ずして、こは別種の問題に屬せることゝなす[37]。」と率直に述べている。この点においては、初めから強い共感の念を以って取り上げていたバイロンの場合とは事情は異なっている。従って、『東洋西洋倫理学史』において、「浅薄なる論たるのみ」としたほど低い評価ではないとしても、少なくとも、プラトンの全集の翻訳に取り掛かる時点において、木村にとってプラトンはバイロンのように主観的に心酔するような対象ではなかったと考えられる。

木村の『プラトーン全集』はベンジャミン・ジョウェット（Benjamin Jowett, 1817-1893）の『プラトン対話篇集』（*Dialogues of Plato*）の第三版を底本としており、各対話篇に付された「解題」も基本的にジョウェットの「Introduction」の記述に沿ったものとなっている。ただし、木村は『プラトーン全集』が、研究者以外の一般の読者向けの「読み物」となることを希望する旨を序においても述べており、対話篇によっては膨大な量となっているジョウェットによる「Introduction」中の作品梗概を適宜、部分的に省略し、また、専門用語や時代背景に関する詳細な解説部分については、基本的に訳出しておらず、木村による「編集」が施されている。

一九〇三年（明治三六年）に発行された第一巻では、『宴会』と訳された*Symposion*の解題に少年愛に関する記述が付記されるのが目立つ程度で、ほとんどはジョウェットの記述通りに翻訳がなされている。しかし、木村自身による「編集」の度合いは巻を追うごとに次第に高くなり、とりわけ国家論が展開される『理想国』（第二巻所収）や『國憲』（第四巻所収）の「解題」においては、ジョウェットにはない、多くの加筆箇所が見いだされる。

これらの加筆部分において、木村は当時の日本の状況と照らし合わせながら、プラトンの国家論において取り上げられる論題を解釈しており、当世の「女性優美主義」的風潮を批判しながら、プラトンの「女子兵役論」を肯定し、国家社会主義の可能性に言及しつつ、プラトンの民主主義批判に共感をあらわにしている。それと同時に「國家及び政治の目的は、プラトーンに在っては『國民全体の最大幸福』にあり。」[38]とされ、プラトンはベンサム、ミルら功利主義者の系譜に連ねられ、「木村好み」のプラトン像が形成されていく。そして、一九〇九年（明治四二年）発行の第四巻において、プラトンは一気に日本主義化されることになる。

第四巻の『國憲』の「解題」にあらわれる「プラトーンの日本主義」および、「プラトーンの建國と日本主義の建國」という小題の付いた木村独自の記述箇所においては、プラトンの構想する国家観と日本との類似性が強調されている。まず「プラトーンの日本主義」においては、吾人こゝにプラトーンの思想中、特に愉快を感ずるは、其近代及び耶蘇教的歐米人等の祖先の觀念なく、父母に孝すべき教理を有せず、結婚の如きは男女の快樂を旨とせるが如きに非ずして、全然日本的或は儒教的なるの點と爲す。[39]

と述べ、プラトンの国家の特質を儒教的とみなして、日本と同質のものと論じ、続いて「プラトーンの建國と日本主義の建國」においては、

今若し彼れの建國の順序と方法とを見る時は、吾人日本人たるものは、忽ち日本建國と國體と想ひ出で、プラトーンの精神の、現に日本に行われ居るを観て、一種奇異の暗合を感せずんばあらざるなり。[40]

として、プラトンの著作に表されている国家における制度や風習と現実の日本との類似性をもってして、プラトンを「グレシアに於ける日本主義の人」[41]であると述べている。木村にとってはプラトンが「天上に理想として描いた国家」は今まさに地上に日本国家として現実に成りつつあるのであって、プラトンは日本主義的愛国の哲学者とされるのである。

四―三．日本主義とプラトンの神話

さて、このように木村がプラトンを日本主義者とみなすに至る過程において、その根拠として日本神話とプラトン著作中の様々な神々に関する描写や神話的形象との類似的関係が挙げられていることは注目すべき点である。先に挙げた「プラトーンの建國と日本主義の建國」の記述中において、木村はプラトンが都市建設を構想する際、都市中央

に神殿を設けて祀るべき神々としてゼウスとアテナ、そしてヘスティアを挙げていることに対して、日本神話の伊邪那岐命、天照大御神、そして豊受大神をそれぞれに対応する「並行同一なる」神々であるとする。そして、「吾人はプラトーンのグレシア主義に對しては、日本に取って兄弟の如き感なき能わず。[42]」と述べ、プラトンと日本主義の同質性を強調している。また、すでに『プラトーン全集』第二巻『理想國』「解題」において、「女子兵役論」に言及する際にも、ギリシアの女神アテナと日本の天照大御神や神功皇后などを「武勇に優れる」という点で一致した存在とみなし、プラトン作品にあらわれる神話と日本神話との親和性の高さを強調しているのである。

木村が「プラトンの神話」に対して、高い関心を持っていたことは、『プラトーン全集』の編集方法からも見て取ることができる。木村が底本としたジョウェットの『プラトン対話篇集』第三版は、各対話篇への「Introduction」が追記されているのに加えて、それとは別に「Essay」が八篇追加して収録されている。[43]その中に「The myths of Plato」と題されたものがあるが、木村が訳出しているのは、この一篇のみである。正確にはこの「Essay」も元のまま訳されているわけでは無く、「プラトーンの神話寓言及び比喩」と題され、ジョウェットが原文でプラトン著作の主要な神話として挙げたものが列挙され、木村自身による各神話の簡単な梗概が付されている。また、木村の『プラトーン全集』には、各巻に初学者のために巻末に「註釈」が付されているが、第四巻『國憲』の「註釈」中、「オルフェウス宗」の項目にオルフェウスの冥界行について、「日本の神話の伊弉諾尊の黄泉行と似たり」[44]との文言が付されている。

このように、比較神話学観点から異なる地域の神話を比較検討し、その類似する点に着目すること自体は、当時において必ずしも奇異な試みではない。実際、明治以来、ミュラーやラングなどの神話学が日本にも持ち込まれ、日本神話と他の地域の神話との比較研究が日本人の手によっても行われており、当時の高山樗牛や高木敏雄らの研究においても、日本神話とギリシア神話との比較が試みられているのを見て取ることができる。[45]その後、大林太良や吉田敦彦らの手によって前進を見る日本神話とギリシア神話の間の類似に関する問題は、それ自体として学問上大きな可能性を有しており、木村が言及したプラトンの神話と日本神話の類似点の中にも、後の研究者の関心を引くものが皆無だったわけでは無い。しかし、木村にとって、日本神話の重要性は日本が自主独立の精神を確立するための絶対的根拠である点にあった。プラトンの翻訳に全力を傾けている最中の一九〇九年（明治四二年）三月一五日の読売新聞誌上に「日本建國の史實と（プラトーンの理想）」と題された記事が掲載されているが、木村はその中でプラトン著作の様々な神話的言説と日本神話の類似する例を列挙しつつ、以下のように述べている。

> 苟も成り上がり的國家に非ざる以上は、必ずや宏遠なる歴史ある可く、宏遠なる歴史は、必ずや神話に出入せるものなるは一層自然の事と謂う可く、吾人の歴史の冠冕として世界無比あるは、吾人日本人の誇りとすべき光榮にして、世界の諸帝王垂涎當に三千丈なるべきなり。かの米國全土の富を以つてするも、吾國家國民の系圖たる此神話は、決して之れを買収すること能わず。露西亜、獨逸の強を以つてするも、此傳統宏遠なる日本の尊厳には、如何にするも比肩すること能わざるなり。[46]

このように、木村にとって、日本固有の神話こそが日清、日露戦争に勝利した祖国が欧米の単なる模倣による「成り上がり」でない証拠なのである。そして、その日本神話とプラトンの神話との類似、同質性は、プラトンが日本主義者であり、日本こそがプラトンの理想国家であるということを確証するものとなるのである。

一九一一年（明治四四年）に発刊された『世界的研究に基ける日本太古史（上）』以降のいわゆる「新史学」の試みは、プラトンの翻訳期における「プラトンの日本主義化」の世界規模への拡張とみることができるだろう。木村は日本主義的プラトン理解に基づいて、「日本人は希臘羅典人種」であり、日本語は「希臘羅典系」であると主張するようになる。そして、ギリシア・ローマに止まらず、エジプトや中央アジアにまで地域を拡大し、神話だけではなく人名、地名、事柄などとの間に日本との因果関係を見出そうと努めている。その研究は膨大な量に及ぶが、その目的は基本的にあらゆる民族の歴史を「大日本民族」の歴史に還元しようとすることにあると言ってよいだろう。この「新史学」は日本語とギリシア語とラテン語の類似音に基づいて構築されているが、「数百万語から極めて稀な類似音をとり出して推論するのだから牽強付会も甚だしい」[47]ものであり、「触らぬ神に祟りなし」と当時の学会からは黙殺されたようである。[48]

晩年、木村は「新史学」的著作である『希臘羅馬神話』を公刊しており、その付録には「プラトンの神話」が収録されている。そこで紹介されているプラトンの神話は、梗概のみ記されているものも多く、半ばその役割を果たし終えたかの感がある。しかし、その「プラトンの神話」こそが、木村に「日本主義者プラトン」の存在を確信させ、「新史学」の始まりの鐘を鳴らすものだったのである。

五　おわりに

木村鷹太郎の『プラトーン全集』は、「十九世紀後半のもっとも定評あるプラトン訳」[49]であるジョウェットの英訳に依拠し、戦前唯一のプラトンの全集として、その果たした役割は決して小さくはなかったと考えられる。また、木村はジョウェット以外の英訳やドイツ語訳も参考にしており、近年、戦前戦後の日本におけるプラトン『国家』の解釈史に関する著書を公にした納富は、その中で「ギリシア語原文を読解する専門家が育つ以前のこの時代に、複数の信頼できる欧語訳を用いて日本語訳を作成した努力は、当時の水準としては十分に評価される」[50]と、木村訳を評している。また、当時の東京における大衆新聞の代表である『二六新報』が、出版の際に訳者である木村を称賛する記事を掲載する等、新聞の大衆化による社会全体のリテラシーの向上によって、『プラトーン全集』の出版は当時の日本社会においては歓迎されていたようである。[51]実際、後に日本を代表する西洋古典学者となる、田中美知太郎が少年時代に木村訳によってプラトンへの興味を深めていったことは、よく引かれるエピソードである。

他方で、木村自身にとってプラトンの翻訳は、後の運命を左右するほどの「事件」であったと言っても過言ではないだろう。結果的に、『プラトーン全集』は、木村がプラトンの神話と日本神話の類似に気づき、プラトンから、ギリシア、ローマ、そして世界へと自らの日本主義的価値観を投影していくきっかけとなった。そして、その具体化としての「新史学」は、プラトンの神話に始まり、多くの神話と歴史を解体し、自国中心的構想のもとで、新たな神話を作り上げてしまったとも言うことができるだろう。これをただ木村鷹太郎の類まれな「詩人的資質」[52]に帰してしまうだけでよいのかどうか、常に再考が求められているように思われる。

注

[1] 李（二〇一四）が詳しく論じている。
[2] 衣笠（一九七四）
[3] 川崎（一九七三）四七‐四八頁。
[4]『読売新聞』（一九一四年、五月一日号）三頁。
[5] 木村（一八九八a）「自序」
[6] 木村（一八九八a）二三一頁。
[7] 木村（一八九八a）二二六頁。
[8] 綱島（一九〇五）三〇頁。
[9] 綱島（一九〇五）三一頁。
[10] 木村（一八九八b）一頁。
[11] 木村（一八九八b）四‐五頁
[12] 昆野（二〇一三）三四四頁。
[13] 昆野（二〇一三）三四五頁。引用部分（）内は筆者による。
[14] 木村（一八九八b）六六‐六七頁。
[15] 木村（一八九八b）六七‐六八頁。
[16] 木村（一八九八b）二一四頁。
[17] 木村（一八九八b）二一九頁。
[18] 木村（一八九八b）二四六頁。

［19］木村（一八九八ｂ）二五〇‐二五一頁。

［20］木村（一九〇〇）一五頁。

［21］木村（一九〇〇）一七‐一八頁。

［22］木村（一九〇〇）二〇‐二一頁。

［23］川崎（一九七三）四九頁。

［24］川崎（一九七三）四九頁。

［25］木村（一九〇二ａ）「序」

［26］木村（一九〇二ａ）五頁。

［27］木村（一九〇二ｂ）二〇〇頁。

［28］菊池（二〇〇九）一三三頁。

［29］木村（一九〇二）三六四頁。

［30］李（二〇一四）一九三‐一九四頁。

［31］第一巻は木村と松本の連名となっているが、二巻以降の訳者は木村のみとなっている。また、改訂版第一巻においては松本の名前は訳者から外されている。

［32］木村訳（一九〇三）「序」六頁。

［33］木村訳（一九〇三）「序」七頁。

［34］木村訳（一九〇三）「序」一〇頁。

［35］木村訳（一九〇三）「序」一〇頁。

［36］木村訳（一九〇三）「序」一〇‐一一六頁。

［37］木村訳（一九〇三）「例言」

［38］木村訳（一九〇八）七三頁。

［39］木村訳（一九〇九）九七頁。

［40］木村訳（一九〇九）一八一頁。

［41］木村訳（一九〇九）一八二頁。

［42］木村訳（一九〇九）一八二頁。

［43］他の7篇の題目については以下の通りである。「Language」、「The decline of Greek Literature」、「The Ideas of Plato and Modern Philosophy」、「The relation of republic, Statesman and laws」、「The legend of Atlantis」、「Psychology」、「Comparison of Laws of Plato with Spartan and Athenian Laws and Institutions」

［44］木村訳（一九〇九）『國憲』「註釈」、八頁。

［45］高山（一八九九）や高木（一九〇四）を参照。

［46］『読売新聞』（一九〇九年三月十五日号）十五頁。

［47］中城（一九五六）五三頁。

［48］安成（一九一三）六頁。

［49］納富（二〇一二）一〇六頁。

［50］納富（二〇一二）一〇七頁。

［51］木村尚美（二〇一二）六六頁。

［52］高橋（一九三一）四八頁において、高橋は木村の業績について以下のように述べている。「木村君は熱烈なる愛國者で、又詩人バイロンの讃美者であり、大日蓮の仰讃者であったから、その語源説はむしろ大詩人の創作とみるべきである。氏の大著『日本太古史』の如き、君は自らクエヒコの神の託宣であると信じられていたが、其の厖大なる著述の千言萬語、悉く日本禮讃の大詩篇である。」

主要参考文献

［書籍］
木村鷹太郎『東洋西洋倫理学史』（井上哲次郎閲、東京博文館、一八九八年a）
――『日本主義国教論』（開發社、一八九八年b）
――『快楽詩人アナクレオン』（松栄堂書店、一九〇二年a）
――『バイロン文界之大魔王』（大学館、一九〇二年b）
――訳『プラトーン全集』全五巻　第一巻（冨山房、一九〇三年）、第二巻（真善美協会、一九〇六年）、第三巻（冨山房、一九〇八年）、第四巻（冨山房、一九〇九年）、第五巻（冨山房、一九一一年）
高木敏雄『比較神話学』（博文館、一九〇四年）
綱島梁川『梁川文集』（日高有倫堂、一九〇五年）
納富信留『プラトン　理想国の現在』（慶応大学出版、二〇一二年）
李海『日本亡命期の梁啓超』（桜美林大学北東アジア総合研究所、二〇一四年）

［雑誌論文］
川崎宏「木村鷹太郎　攷序」（『英文学史研究』第六号、一九七三年）

菊池有希「日本主義化するバイロニズム　――木村鷹太郎のバイロン論」（『和洋女子大学英文学会誌』、和洋女子大学英文学会、二〇〇九年）
衣笠梅二郎「木村鷹太郎とバイロン」（『光華女子大学研究紀要』十二号、一九七四年）
木村尚美「明治日本とギリシャ思想：新聞雑誌からみる西洋古典普及史」（『日本政治外交研究』Ｎｏ・６慶應義塾大学湘南藤沢学会、二〇一二年）
昆野伸幸「日本主義と皇国史観」（『日本思想史講座』４ - 近代、ぺりかん社、二〇一三年）
高橋龍雄「木村鷹太郎氏を弔ふ」（『國學院雑誌』三七巻（一二）「四四八」、一九三一年）
高山樗牛（林太郎）「古事記神代巻の神話及歴史」（『中央公論』第一四巻三号、一八九九年）
中城恵子「木村鷹太郎」（『學苑』一九一号、昭和女子大学光葉会、一九五六年）
安成貞雄「木村鷹太郎氏の心理」（『近代思想』一巻（一二）、一九一三年）

II

日本における「神話」の拡大——〈地〉の物語を編む

第6章

平田篤胤の「神話の眼」

◆山下久夫

一　はじめに

平田篤胤は、『古史伝』一之巻において、日本書紀冒頭の天地生成に関する記事を取り上げ、それは「我が真の古伝」に合致するから巻首に載せられたのだと評した。そして、同文を漢文調による飾りにすぎず、わが国のありのままの「古伝」ではないと斥ける師の本居宣長『古事記伝』を批判する。篤胤が「我が」といったナショナルな面をみせながらも、「真の古伝」を求め続けたことはよく知られている。そもそも「古伝」とは、古くからの記録や言伝えという意味ではあるが、近代以前は歴史、伝説・伝承が未分化のままの総称であった。もっとも、篤胤にあっては、その内実が宣長とは大きく異なる。宣長は文字文化流入以前の人口に語り伝えられたままといった意味合いで『古事記』の表現にその典型を求めたが、篤胤は正当な史料とは異なる偽書とみなされた諸文献にも手を伸ばす。『古史成文』は、記紀のみならず『風土記』や祝詞、『古語拾遺』、『新撰姓氏録』、その他後世の文献も渉猟しつつ自ら作成したテキストだが、それは彼自身が「真の古伝」により近いと考えたテキストといえる。また、話は中国やインドにまで及び、中国やインドの「古伝」はわが国の「古伝」の訛った伝だから、わが国の「古伝」によって彼の国の「古伝」の誤りを正せるし、逆に、わが国の「古伝」の闕《ケツ》を彼の国のそれで補って「真の古伝」に近づける、とする。こうした「真の古伝」を求める営為は、限りなく続けられるものに違いない。

さて、ここで注目したいのは、篤胤にとってわが国の所与の諸文献・伝承も他国のそれも、すべて「真の古伝」の残闕、あるいは訛伝《カデン》だったという点である。彼は、残闕や訛伝とみなされる多くの文献や伝承から「真の古伝」をみつけていく作業に精を出すのだが、その際、眼前の諸文献が「真の古伝」の残闕や訛伝だということは、逆にいえばどの文献も「真の古伝」に至るための資格をもった断片として重要なテキストだということになる。宣長『古事記伝』にとっての『古事記』のように絶対的な権威をもった古文献はないが、代わりに諸々の文献が多くの可能性を秘めたまま眼前に存在しているのである。要は、それらを如何に取捨選択して再構成するかだろう。この再構成の営為を、筆者は、近世後期の知の状況下で出てきた新たな「神話」の創造と捉える。そして、「近世神話」の一環と考えたい。[1] 篤胤にとって出発となるのは、眼前の諸文献や伝承、光景（場所）である。それらは、「真の古伝」を見出す＝新たな神話を創造する要因として読み替えられることを待っているのである。その読み替える視座を「神話の眼」と呼ぶことにしよう。篤胤は、この眼を鍛えることを強調しているように思われる。今回は、その様相を『古史伝』の注釈の仕方や幽冥論の中で具体的に追うとともに、そうした篤胤の営為が近世後期の知のあり方とどうかかわるかをみてみよう。

二「神話の眼」を鍛える

篤胤が神代像・古代像を描くとき、記紀以上に祝詞を重視したことはよく知られている。篤胤は、『古史徴』一之巻春の「古伝説の本論」にいう。祝詞は、言霊の幸わう神代の趣を正しく伝えており、「故事の本《フルコト》」でもある。後世に編纂された記紀には古説の伝え誤りや記載漏れ、記事の混乱が多々みられるが、祝詞に通じれば記紀の伝え誤りを看破し訂正できる。だから祝詞を第一、記紀を第二と心得よ…と。「真の古伝」の趣は、祝詞にこそ伝わるというのである。古事記を「いさゝかもさかしらを加へずて、古ヘより云ヒ伝ヘたるまま」（『古事記伝』一之巻）として尊重した宣長とは大きく違うところである。祝詞中心の篤胤の神代像、なぜ祝詞なのか、については以前述べたことがあるが[2]、ここでは次のような割注が付されていることに注目したい。

> 但し此は、神代の故事を聴て後に、神世は然しも有リけむと、初めて驚く倫《タグヒ》の、晩《オソ》き心を以ては難暁《サトリガタ》からむか。神世の故事を聴ざらむ前に、早く天地世間の有状をよく観て、世の始メは神の御所業《ミシワザ》にて、しかく有リけむなど、且々思ひ得たらむ上にて、神代の御典を読み、実に案《オモフ》に違ざりけりと、悟らむなどの心速き人は、疑ひ無るべく所思《オボ》ゆ。

所与の古文献を読み分析しながら次第に神代の様相を理解していく、といった道筋で神代像・古代像が求められるのではない。まったく逆なのだ。常々天地世間の様相をよくみて、世の始めはこうであるに違いないと、くり返し予測を立てておけという。その眼で古文献を開けば、脱漏や誤伝等も自然と感知できるわけである。『古史伝』一之巻には、天地世間のありさまをよく観て腹に一つの神代の巻が出来てから神典を拝読せよ、といった言もみられる。古文献に向かう前に、あらかじめ確信に近い予測を立てるよう勧めるのは、近代文献学の尺度では古典研究の常識さえわきまえない主観に過ぎた態度と評されよう。だが、ここではもっと別の観点が必要だ。

彼は、神代像・古代像を描き出すとき、「故事の本」たる祝詞によって記紀を相対化する記述を選んだわけだが、その代表例として、伊邪那美神《イザナミノカミ》の黄泉の国行きをめぐる問題をあげたのは周知のことである。曰く、記紀ともに、伊邪那美神は火の神を生んだ障りで崩御し、亡骸は葬られたが御魂《ミタマ》は黄泉の国へ赴いたといい、障りの途中で水の神、土の神が突然生まれたかの如く記すが、それは誤りだ。鎮火祭《ホシズメノマツリ》詞にあるように、伊邪那美神は崩御したのではなく、火の神を産む姿を伊邪那岐神《イザナギノカミ》に垣間見され恥じて現身のまま黄泉の国に去ったのであり、火の神の荒びを鎮めるべくわざわざ水の神、土の神を産んだのだ…と。そして、「如此《カク》有らでは、得有まじき正しき伝なり」と、鎮火祭詞の語る故事に万感の信頼を置く。また、『古史成文』十四では、火産霊神《ホムスビノカミ》を産んだ後伊邪那美神を嘆き悲しむ伊邪那岐神を描く件で、古事記の「匍匐哭時」の四字だけを残し、伊邪那美神を追って黄泉の国に赴いた記事をすべて削除したのは周知のとおり。結局最大のポイントは、伊邪那美神の崩御を認めず、黄泉の国＝死者の国ではないことを示すところにある。この主張が人々に死後の霊の行方を語った『霊能真柱《タマノミハシラ》』の重要な要因だったこと、善人も悪人も死後は皆黄泉の国に行くしかないとした宣長への批判、黄泉という道教的な匂いのする語を当てる傾向への違和感の表明等も、これまでたびたび指摘されてきた。だが今は、先の『古史徴』一之巻の主張が次のような割注で結ばれている点に留意したい。

伊邪那美命の崩御《カムアガリマサ》さずと云フ事、この祝詞によりて、始めて思ひ得つるに非ず。前に古事記神代紀を読て、彼ノ神の崩御の事のかつて信《ウケ》がたく、此ノ世を始め坐る二柱ノ神の、一柱も実に崩御《カムアガリマ》さむには、此ノ世はかくて有まじき理なれば、此は伝ヘの誤なりと思へりしも灼《シル》く、果して鎮火祭ノ詞に右の如く見えたるに、我が思慮《オモヒハカリ》の違はざりけりと、思ひ定めたるになむ有リける。此は人こそ知らね、神はいとよく照覧し坐ます事なり。すべて余が神世の考ヘには、かゝる事いと多し。見む人奇《アヤシ》み思ふことなかれ。

鎮火祭詞を熟読した結果、伊邪那美神の崩御が間違いであることを悟った…、という古典理解の常識と思われる道筋が拒否されていることがわかる。篤胤が選んだのは、逆のベクトルである。すなわち、二柱神のうち一柱神でも欠けたら世界が成り立つはずがない、という現実的な思いが常々の疑問として先にある。そうした疑問を抱きながら古文献に当っていたら、鎮火祭詞に出会い、記紀の古伝の誤りや脱漏を見抜くことができた、と語るのである。宣長のように、記紀の世界が「正しい古伝説」を示す所与の文献として存在するわけではない。古文献に取り組む以前から、天地世間のありさまを看取する眼を養っておかねばならないのである。「神話の眼」とは篤胤の要求するこのような眼のことである。日常、天地世間を神話と関連した光景として捉える感性、「神話の眼」の徹底した鍛錬が必要なのだ。鍛えられた「神話の眼」によって、古文献の誤伝や脱漏を看破できるというわけである。篤胤の古文献への態度は、「神話の眼」によって記紀をはじめとする古文献を読み替えていることを示すものだと思われる。その眼で天地世間をみることと、古文献の取捨選択によって『古史成文』を作成し記紀の脱漏や誤伝を看取することとは、密接不可分のあり方だと考えるべきだろう。記紀を読み替えながら、『古史成文』のようなテキストを自ら作成した。いわば、「真の古伝」＝新しい神話を創出したのである。

三　神話空間の幻出

「神話の眼」を鍛えて古文献を読み替える、その具体的あり様は『古史伝』その他に展開されているのだが、ここではオノゴロ島に関する『古史伝』の注釈の仕方に注目してみよう。紙数の都合で詳細は省くが、[3]篤胤は、天地生成の際にオノゴロ島に衝き立てられた天瓊戈を「鐵気の純なる物にて、金玉の凝リ成れるが如き質ならむ」と考えていた。磁石の原理まで援用しながら、近代鉱物学といってもよい観点を介在させてオノゴロシマが成っていく様相を描き出そうとしている。そして、『古史成文』において、「以《ヲ》二其天神之所賜之天瓊戈《カノアマツカミノタマハリシアマノヌホコ》一。衝《ツキ》二立其嶋《タテソノシマニ》一而。為《シ》二国中之御柱《クニナカノミハシラ》一而《テ》。見《ミ》二立天之御柱《タテアマノミハシラト》一。化《タ》二作八尋殿《テヤヒロドノヲ》一而。共住給矣《トモニスミタマヒキ》」という文を作成している。先にみたように、このあたりは『釈日本紀』引用の「私記」から採ったと『古史徴』はいう。加えて、「為二国中之御柱一而」では、旧事記《クジキ》の「以二天瓊《アメノヌ》矛《ボコ》一指《サシ》三立於《タテニ》二磤馭盧嶋之上《オノゴロシマノヘ》一以《テ》。為二国中之天柱《クニナカノアマノミハシラト》一也」にもよったとも述べる。

篤胤は、どうやら「為二国中之御柱一而。見二立天之御柱二」の意味にこだわったようだ。彼の特徴は、国中之御柱・天之御柱を同一物とし、淤能碁呂嶋《オノゴロシマ》に衝き立てた天瓊戈そのものを指すと捉えるのである。『古史伝』二之巻においても、「此御柱のこと、師説も委からず」と、師と仰ぐ宣長とはまったく異なる文脈となる見解を述べるにためらいはない。

> この御柱は、上なる国の御柱と、名は天と国とに異《カハ》れども、全《モハラ》同じ御柱なり。其は其戈の小山に化《ナ》れりと有ルを思ふべし。彼ノ御戈は、淤能碁呂嶋に衝立て、国中之御柱と為給へるに、小山に化るとは不審《イブカシ》きことならずや。然れば彼御戈は、国土《クニ》を畫成竟《カキナシヲヘ》て衝立坐る、其鋒《サキ》は、国中の御柱となり、柄《ツカ》の土に出たる所を、八尋殿《ヤヒロドノ》の真中の御柱と為て、其を天の御柱とは云フなりけり。

つまり、「天の御柱」とはいっても、天つ国などに存在するのではなく、オノゴロシマに衝き立てられた瓊戈のうち、地上に出た部分を指し、そこが「八尋殿の真中の御柱」となるわけである。篤胤はまた、「見㆓立天之御柱㆒」の解釈として、「さて見立てとは、天なる御柱に擬《ナゾラ》へて立給へる柱なる故に云り」とも述べる。擬えるのだから、話はすべて眼前の国土の問題として展開していくだろう。まずは、眼前の光景が重要だ。

加えて、篤胤の特異性を印象づけるのは、『古史成文』の「故其瓊戈。後者化㆓小山㆒矣」の解釈である。これは、オノゴロシマの意味と大きく関係してくる。オノゴロシマに衝き立てられた天瓊戈が後々眼前にみる小山と化した…、誇大妄想癖を感じさせるには十分な言だが、先述したように、『釈日本紀』引用の「私記」にも「即其矛化㆓為小山㆒也」の記事はあった。だが、篤胤のようにこの部分を大々的に展開して一つの神話空間を描いた人はいない。

> 此二柱ノ神の御世ノ過キて後ノ世に、かの天之御柱と見立給へる瓊戈は、淤能碁呂《オノゴロ》嶋に立チたるまゝに、小山に化《ナ》れる由なり。其は美濃ノ国の喪山《モヤマ》を初め、神世の物の後に山と化り、石と化《ナ》れる類はいと多かり。出雲風土記にも、宇比多伎《ウヒタキ》山ハ大神之御屋《ミヤ》也、また桙《ホコ》山ハ大神之御桙也など、数多《アマタ》見えたり。

天瓊戈がオノゴロシマに衝き立てられたままで小山と化す、この大胆な言を支えるかのように、篤胤は、美濃国の喪山や出雲風土記に載る宇比多伎山、梓山などに、神世に生成したものの後世に「化れる」あり方を確信している。石と「化れる」類も多くあるという。彼は、「故其瓊戈。後者化㆓小山㆒矣」の箇所を、「二柱神の当時のことを云るには非ず、此ノ神たちの御世過て、遙に後ノ世に、如此《カク》有しことを語り伝たる文なり」といっているから、「化れる」光景は、まさに後世の空間の問題であることを示していよう。むろん『古史成文』においても、オノゴロシマ自体は矛より滴り落ちた潮水の自然凝固によって成った島である。だが、衝き立てた天瓊戈が後世に小山と化したというのなら、眼前のオノゴロシマは「神話の眼」によって幻出した空間に変じているとみてよい。潮水の自然凝固と天瓊戈の化成とが一体となって幻出した＝創造された神話空間として、眼前のオノゴロシマの光景は読み替えられているのである。この場合の幻出とは、肉眼ではみえないが「神話の眼」で臨めば明確な実在として出現する、という意味で筆者は用いている。

オノゴロシマ以外にも目をやると、「化れる」光景（空間）の意味がより鮮明になる。中国道教の文献で東方朔の撰と伝えられる『十州記』に、大樹に覆われた扶桑国の記事が載るが、『大扶桑国考』下巻で、彼は扶桑国とはわが国を指すとする。「此は神僊の古説にて、我が神州の神世の有状を伝へし説なれば、古学の眼をもて見るべし」と明言しつつ、次のように述べる。

> また皇国の古に、桑椹も木とは言はねど、其《ソレ》に類たる諸大樹の有しことは、古書どもに昭々として、今現にその埋木《ウモレギ》の出るを見るは更にも云ず、其大樹どもの然《サ》ながら草木甲《ヨロ》ひて山と成り、苔生《ム》して巌《イハホ》と化《ナ》りて存するを、人はしか知らずと有ける。

わが国の太古が大樹に覆われていたことは古書に明らかで、今も埋もれ木があるばかりでなく、大樹の上に草木が生えて山となったり、苔生して巌と化す形で、太古を留めているという。篤胤は、自からの生きる今に太古の片端をみている。諸々の古文献が「真の古伝」の断片として重視されるのと同様、眼前の埋もれ木、山、巌、これらは太古の神代を幻出させる片端として、大きくクローズアップされてくる。必須とされる「古学の眼」とは、いうまでもなく「神話の眼」である。片端を手がかりに神話空間を幻出させる創造力といってもよいだろう。また、京都愛宕山に登ったとき、大樹に覆われた神代に思いを馳せながら、愛宕山は太古の大樹がさながら山と化したる姿だなどと途方もない言が飛び出す。木の国（紀伊国）への関心も大きく、和歌山から紀伊国伊太祁曾《イタケソ》神社までの参道を紹介する際、神代の大樹が化した石や岳、神代の楠一本の化した和歌の浦一帯、神代の松の大木が立ったまま山と化した姿等々、「化《ナ》る」という語を連発しながら「古学の眼」＝「神話の眼」によってはじめてみえる神話空間を描く。『十州記』の碧海をあらわす紀伊国の青い木化石の覆う海底、紺碧色の水面等、海と山が一体となった神話空間を幻出するパワーに溢れた記述である。眼前のオノゴロシマの光景も、愛宕山や紀州国のそれも、「神話の眼」によって読み替えられた空間だったわけである。

そして、オノゴロ島も中国やインドにまで話が広げられる。『赤県太《セッケンタイ》古伝』巻之二では、天之御中主神《アメノミナカヌシノカミ》と皇産霊神《ミムスビノカミ》は上皇太一と元始天王に、伊邪那岐・伊邪那美神二神は天地二皇にあたるなどと熱っぽく語りながら、篤胤は、北九州から瀬戸内海沿岸を経て紀州国に到る一帯は、『十州記』にみられる扶桑国の各所に同定していた。彼は、オノゴロシマは「東岳広桑祖州」にあたり、右の神話空間の柱であると明言する。そして、不老不死の薬草を求めて旅をし蓬莱山に入って憩う老子と尹子の道程が、瀬戸内海沿岸を観ながらオノゴロシマに到るあたりを舞台としている…、と語る。眼前のオノゴロシマは、単なる神話の景勝地ではなく、神仙界、老子や尹子が憩う蓬莱山にも通じるトポスに変貌したようだ。

四　「地域神話」創造の可能性

次に、右のような篤胤の営みを、近世後期における知のあり方とかかわらせてみよう。そもそも、近世後期の地方文人にとっては、神話的由来を語りながら眼前の光景を顕彰するというあり方は、在地の自己主張の一つだったと思われる。一八世紀半ば以降、人々の知的衝動は、九州や東北の辺境、あるいは深山幽谷にも及びはじめた。旅が盛んになる。その際、失われた「古代」を求めることは、辺境へと赴く重要なモチーフとなっていたと思われる。この時代思潮に、神話・古代は大きな意味をもってくる。それは、単なる古代回帰、古代憧憬ではない。眼前の場所が神話的由来、伝説・伝承をもつ地であることの証明が、空間価値の再発見につながる。文人たちの旅の盛んになった一八世紀後半、人々は、神代文字や考古学ブームに代表されるように、「神話・古代の痕跡あり。ここにも、あそこにも…！」という形で「古さ」を競い、情報交換に余念がなかった。神話や古代に向かう知の欲求は、単なる懐古趣味以上の、全国的なネットワーク形成へと向かわせる重要なファクターとなっているのである。

オノゴロシマに関していえば、日向出身で摂津上之宮の神主大神貫道《オオガツラミチ》の『磤馭盧嶋日記《オノゴロシマ》』が有名だが、篤胤もそれを引用する。

大神ノ貫道と云し人の、此嶋に詣《マキ》で見て記せる物に、淡路州の西北の隅に在リて、俗《ヨ》に胞嶋《エジマ》と呼《ヨブ》もの是なり。【こは神代紀に、以㆓磤馭盧嶋㆒為㆑胞と云へる文によりて、唱へやすき故に、かくは呼ふなり。】また淤能碁呂嶋てふ名も存《ノコ》れり、此嶋に円《マロ》く玉の如く涌出《ナリイデ》たる石、幾千《イクチヾ》と云フ数を知らず、其ノ形《サマ》を見るに、表は金ノ気《ケ》をもて包み、裏《ウチ》に土砂を含《フク》めり、是は瓊戈の滴《シタヽ》り分散《アラケチ》りて凝《コ》りたる物なり、（中略）其ノ外に産盥《ウブタラヒ》また釜杓子など云具《モノ》の形、みな自然《オノヅカラ》の石に現《アラハ》れ、嶋の風景《アリサマ》、樹木《コダチ》の葉色《ハイロ》、岩の潤澤《ナメラカ》なる状など、畫にも書にも著ハしがたし、（割注略）さて其地方に、鶺鴒嶋と云あり、また其ノ辺リに式なる石屋ノ神社あり、今は磐樟《イハクスノ》社と云ふ、岩窟の内に、二柱ノ大神に、

蛭子《ヒルゴ》を合せ祭る、其ノ東南ノ方の山に、天地大神官と云あり、国ノ常立ノ尊、伊弉諾ノ尊・伊弉冉ノ尊三座なり、其ノ摂社に、八方十万ノ神あり、（割注略）また南に大和嶋と云あり、所人《サトビト》に問へば、昔より魔所なりと云伝へ、恐れて登る人なき由いへり、

明和七年（一七七〇）刊の『磤馭盧嶋日記』（大阪中之島図書館蔵）とは少し異同のある引用だが、主旨を損なうほどではない。オノゴロシマを胞嶋とする貫道の説は、むろんオノゴロシマの美しさをアピールするものである。丸くて玉のように湧出する石に注目する。貫道は、表を金気で包み裏に土砂を含むこの石は、天瓊戈の滴りが分散した痕跡だとする。つまりは、天地生成の神話と関係づけてその意義を強調するわけである。産盥、釜杓子、自然石、島の風景、樹木の葉色、潤澤な岩の形状等を「書にも書にも著しがたし」と表現する。近くの鶺鴒嶋にある磐樟社の岩窟や天地大神官も、伊邪那岐・伊邪那美二神、蛭子を祭る社として紹介される。己と縁のある場所を神話的由来とともに紹介し顕彰するやり方である。また、『淤能碁呂嶋日記』の執筆には、次のような明確なモチーフもあった。

惣じて神代諸註解を読に、淡路日向出雲等神代の迹を遍歴して事迹を尋ね吟味したる人にあらず。只畳の上の了簡書物ばかりの取り沙汰のみにして、地理を弁へ神世の遺事迹を拝謁したる人なし。諺に歌人は居ながら名勝を知ると云へども、実は其地其場に到らずしては物の感情あるべからず。其境に到りて直に耳目に触れば、おのづから心神に徹蕩して言語に伝ふべからざるの妙所あり。実学の志あらば、遍歴して神迹を拝謁して古書を読むべし。（中略）別しておのごろ嶋は、神道に志すもの拝せずんばあるべからざる神迹なれば、僕が拝謁の由来を淤能碁呂嶋日記と題して、児女子に読しめんが為に、聞へやすく書記して世に弘むる事になりぬ。（同附言）[4]

中世までの歌人の理想であった「居ながら名勝を知る」ようなあり方は転倒され、実地踏査・実学を踏まえた歌が

要求される。歌枕の実地踏査を行うべく、文人たちの旅が盛んになってきたのは近世の特徴である。古文献の記載と実際の光景との一致あるいは落差に驚きながら旅をする文人たち。これは、近世、特に十八世紀半ば以降の知の傾向であったことをあらためて確認しておかなければならない。日向文人たる貫道は、記紀神話の痕跡を眼前のオノゴロシマに求めて、顕彰しようと当地に赴いたのである。

篤胤は、そうした地方文人の知を引用しながら、『古史伝』を綴っているわけだ。だが、篤胤の場合、神話的由来を以てその地を顕彰する言説を咀嚼しつつも、さらに新たな己の文脈を形成しているのではないか。たとえば彼は、表を金気で包み裏に土砂を含む石に天瓊戈の滴りが分散したという由来を確認した貫道の説に対し、割注の形で但し書きをつける。「今云、こは瀝《シタダリ》の散て化れるには有べからず、彼御戈もとより金気ある玉の質なるべければ、然は化れる物なるべし」。先にみたように、彼は、天瓊戈を「鐡気の純なる物にて、金玉の凝成れるが如き質ならむ」と考えていた。磁石の原理を援用しながら、オノゴロシマが成っていく様相を描き出そうとした。

貫道が「表を金気で包み裏に土砂を含む石」というときは、神話的な由来に守られながら眼前のオノゴロシマを顕彰するレベルの知であろう。しかし、金と土砂の金剛は天瓊戈そのものの性質によると考える篤胤は、貫道とはやはり違う。篤胤の天瓊戈は、近世の西洋天文学や鉱物学を介在させつつ、眼前のオノゴロシマの光景を「神話の眼」で読み替えたものだ。自明の地ではなく、幻出した神話空間である。顕彰のレベルを超えている。事実彼は、オノゴロシマに言及したこのあたりの記述をまとめるように、「信《マコト》にこれぞ瓊戈の化《ナ》れる山なるべき。今は淡路ノ国津名ノ郡に属《ツケ》りと聞ゆ」と述べている。オノゴロシマは今は淡路国の津名郡に属すとしても、篤胤のみたのは、神話空間として幻出したそれである。顕彰や名所紹介が目的なら、どの郡に属すか否かが関心事だ。が、彼にとっては、所属云々よりも、オノゴロシマが「神話の眼」で再発見した空間だったという点こそが重要なのである。

右のような篤胤の特徴は、オノゴロシマの所在をめぐる言説にもあらわれる。貫道の説に言及しつつ、彼は次のような割注を施している。「鶺鴒島、大和島、淤能碁呂嶋、今はいさゝか海にて隔テたりと聞ゆれども、いと古くは一ト連の島なりけむとおぼゆ。然れば魔所など云て恐るゝことは、是ノ島に神々しき事どもの有ルを、俗人の常なれば、然も言つべきことにこそ」。貫道が紹介した魔所と恐れられた山も、篤胤にかかれば二神をはじめとする神々の神々しさのあらわれとなるのだが、ここでは、オノゴロシマを鶺鴒島、大和島も含めた一島とイメージする点に留意しよう。そもそも、オノゴロシマの場所のついては、それが神話から出た想像上の島ということもあり、諸説あって定まらない。詳細は省くが、この後、淡路の文人仲野安雄『淡路常盤草』（享保一五年、一七三〇成）の説を紹介している。が、地元の文人らしく地勢把握に自信のある書き方でオノゴロシマの位置を確定し顕彰しようと躍起になる安雄の筆致には冷ややかである。篤胤にとっては、鶺鴒島、大和島、淤能碁呂嶋が一続きの島であれば十分。その一続きになった島を神話空間として幻出すればよい。むしろ彼は、佐藤信淵《ノブヒロ》の国引き説に惹かれたようだ。その説を長々と引用し活かそうとする。

或人問テ云ク、胞島《エジマ》を、淤能碁呂島《オノゴロシマ》としては疑あり、其故は、前に大地の中極《ナカゴ》の柱を、此ノ嶋より衝立給へる由云へる説の如くは、其地北極の処に在ルべき理なるに、淡路ノ国ノ辺《ベ》は、北極より五十五度ばかり、南方に寄リたれば、彼ノ嶋を大地の枢《クルヽ》軸の所とは言難《イヒガタ》きを如何《イカニ》、答フ、こは信淵ガ説に、二柱ノ神の、御橋発《ミハシタヽ》して、畫成給へる大空は、北極の上空なりしこと、枢《クルヽ》極の彼処に在《アル》にて著明《アキラカ》なるに、其御戈を衝立給へる嶋の、然《サ》ばかり放《ハナ》れて在ルことは、彼御戈の心をば、大地の中心《ナカゴ》を為給へるに、玉を飾《カザ》れる柄《エ》は、嶋ノ面に樹《タチ》たるを、八尋殿の中央《モナカ》の御柱と為給ひ、大地の漸々《ヤヽ》に凝リ結び、漸々に、大キに成れりしかば、大八島を生むと為給ふ時に、寒暖《アツササムサ》の度宜《ホドヨ》き所を撰びて、国《クニ》引《ビキ》に引《ヒキ》寄《キ》せ来ましして、今の所に置居て、此嶋を基《モトヰ》と為て、次々に大八嶋国をば、産成給へるなり、

オノゴロシマが大地の中極の柱なら北極にあるはずだとする或人の問いは、西洋天文学に即せば当然の疑問だ。篤胤も信淵もそれは十分承知であろうし、逆に常にそうした西洋科学と直面し取り組んでいた事情を予測させる。その

上で、わが国の国引き神話を根拠にして、オノゴロシマが現在の位置にある理由を説明するのである。（篤胤の引用する）信淵は、この後の割注に、八束水臣津奴命《ヤツカミズオミツノミコト》が韓国の地を引いてきて出雲国に付けたとする出雲国風土記の記事を載せるが、同時に「さて皇国の在所は、大地の図どもに見えたる如く、大地の額と云べき所にて、赤道より北へ三十度、四十度、の間なり、是大地界中に、景勝たる所なる故に、此所に定め給へるなり」とも述べる。つまりは、西洋天文学的にみても景勝と呼ぶにふさわしいところに国引きをしたわけで、信淵は、世界地図などをみながら国引き神話を近世に蘇らせているといえよう。信淵説の引用はまだ続き、地球の自転に関する事柄が延々と述べられる。そんな信淵説を、篤胤は「此も然る説なり」と結ぶのである。

　信淵説をどこまで消化できたかは不明だが、自説の補強に用いる意識は明瞭で、国引き神話を援用すれば特定の場所にこだわる必要はないだろう。オノゴロシマは、単に淡路国に属する一島でも神代の世界の単なる痕跡でもなく、西洋科学も摂取しつつ近世後期という時代に新たに創造された神話空間である。それは、中国やインドにも通じる場所＝トポスに転換されたといってもよい。

　一八世紀後半という時代状況において、神話的由来によって在地を再認識し顕彰する貫道、それを取り込みつつ世界性をもったトポスに転換する篤胤のような知のあり方、これらを共に「地域神話」の創造という文脈の中で捉えたい。在地の文人たちの説も多く採り入れている『古史伝』にはいたるところでそうした記述がみられるが、こうした在地の知との関係は今後深めていかなければならない課題である[5]。

五　「幽冥界」への入り口を重視

　篤胤の幽冥論に関しては、これまで『霊能真柱』や『古史伝』等の分析を通して多く言及されてきた。幽冥界はこの国土内に存在し、顕界から幽界（幽冥界）はみえないが幽界から顕界はみえること、人の霊魂は死後宣長のいうような黄泉の国に行くのではなく、幽冥界に赴き支配者である大国主神の審判を受け顕界ではみえなかった功罪が幽界で裁かれること、幽界こそ「本つ世」で顕界は仮の世であるとし、ここにはキリスト教の摂取もうかがえること、そしてこうした特徴をもつ幽冥界がこの世に生きる人々にとっての救済論になっていること、[6]等々が説かれてきた。殊に最近では、篤胤の幽冥論を「大国主神の支配する出雲中心の幽冥界」と捉え、それを「天照大御神・皇御孫命の支配する伊勢中心の顕界」との対立構図の中に位置づけようとする傾向が強い。明治初期の伊勢派と出雲派の対立、祭神論争を導き出したとされるのである。また、折口信夫の神道論を展開させる契機としても重視される。[7]ここでは紙数の制限もあり、それらの議論を踏まえて幽冥論全体を意味づける余裕はないので、神話空間の幻出という視点からみえてくる問題に絞って素描を試みるに留めたい。

抑々冥府と云は、此ノ顕国《ウツシクニ》の外に、別に一ト処さる名の国地《クニトコロ》あるに非ず、直に此顕国内に、何所《イズク》にまれ、神ノ廷《ミカド》を設《マウ》けて、上ノ件の幽事を糺断《タヾシコトワ》り、政《マツリ》ごち給ふ処を云フ言なるが、その本廷《モトツミカド》はと言はヾ、出雲ノ大社ぞ本なりける。（割注略）然れども、現世人と有むほどは、彼ノ社に詣《マヰデ》たりとも、其ノ御政をば見《ミル》こと能はず。これ顕《アラハ》と幽《カクリ》との隔《ヘダテ》にて、幽より顕は見ゆれども、顕より幽を見ルこと能はぬ定《サダマリ》なればなり。

（『古史伝』二十三之巻）

冥府とはむろん幽冥界のことで、その場所をめぐる議論である。冥府は、別次元の世界にではなくこの国土内に存在し、顕から幽はみえないが、幽から顕はよくみえるという。大元締めの本廷は出雲大社。右の引用で省略した割注には、出雲大社は今に至るまで大国主神が鎮座し幽事の大政事を執行するところで、多くの神々が結集する場所だと述べている。人間の霊魂が死後に赴くのは、あくまでこの国土内に存在する幽冥界である。この点は、よく指摘されるように、「日本人の死後の観念、即ち霊は永久にこの国土のうちに留まつて、そう遠くへは行つてしまはないという信仰が、恐らくは世の始めから、少なくとも今日まで、かなり根強くまだ持ち続けられて居る」とした柳田国男『先祖の話』に通じるものであろう。[8] また、救いの観念としての意義も大きい。

ただ、興味深いのは、「何所にまれ、神廷を設け」たら、それが幽冥界への入り口になるとしている点だ。出雲大社は大元締めには違いないが、そこだけが突出しているわけではない。身近な神社、産土神《ウブスナノカミ》を祭ってある神社や境内等が幽冥界への入り口となっている可能性が高い。また、次のようにもいう。

> 神世に天照大御神、皇産霊大神の詔命《オホミコト》によりて、杵築ノ大社に鎮座《シヅマリマ》す大国主ノ神の、無窮《トコシヘ》に治給ふ御業《ミワザ》なること、神典に委く伝へて著明《アキラカ》なるを、猶その古伝に本づき、熟々《ツラ〳〵》推究《オシキハ》めて考ふるに、大国主ノ神は、幽冥の事の本を、統領《スベヲサ》め給ふにこそ有れ、末々の事は、一国に国魂ノ神、一ノ宮の神あり。一処には産土ノ神氏神ありて其ノ神たちの持分《モチワケ》て司《シリ》たまひ、人民の世に在る間《ホド》は更にも云はず、生れ来《コ》し前も、身退《ミマカ》りて後も、ほど〳〵に治め給ふ趣《サマ》なり。
>
> （『玉だすき』五之巻）

ここでも「持ち分け」論が働いている。幽冥界は、大国主神の治める杵築大社＝出雲大社に一元化されてはいない。「持ち分け」論を働かせ、一国、一宮、産土神や氏神を祭ってある処が、幽冥界への入り口として浮かび上がる。『玉だすき』五之巻は、産土神への信仰の大切さを強調して余りない。幕末〜明治になるにしたがい冥府としての「出雲」という場所が強調されたとしても、篤胤にあっては、むしろ日常目にする神社や祭礼場所が重要だった。吉田麻子は、『新鬼神論』（一八〇五年（文化二）成立）や、一八〇六年（文化三）時点の『稲生物怪録』の写本に篤胤による序文があることを手がかりに、幽冥界についてはじめて語った『霊能真柱』（一八一二年（文化九）成立）より前から篤胤には民俗的な神々への関心はあったという。むしろ、「幽冥界という発想自体が、実際に民間に祀られていたり、語り伝えられているものから得た感覚がもとになっていると考えた方がよい」と指摘する。[9] 日常目にする神社や祠に幽冥界への入り口、死者の魂の留まる場所を見出すという思考を抱えていたわけである。

そして重要なのは、幽冥界は、可視／不可視の緊張をはらんだ構図上に描かれている点である。「あちらからはみえるが、こちらからはみえない」、この言説上に立った場合、まずいえるのは、不可視＝不在ではないことへの確信である。むしろ、幽冥界が顕界とは異域のもう一つの世界として実在性を獲得した証にちがいない。[10]

となると、次には「こちらからはみえないにしても、その片鱗でも知ったり感じたりする方法はないものか」という関心、好奇心が芽生えるのは必至だ。境界線でくり広げられる知の欲求といってもよい。では、どうやったら、こちら側にいる者が幽冥界の片鱗でも知ることができるのだろう。おそらく「神話の眼」が要請されるに違いない。神社や寺の境内、祠などが幽冥界への入り口だとしても、ただその前に立っていれば幽冥界が覗けるというものではあるまい。「神話の眼」を鍛えることが必要なのだが、この場合それは、祭礼によってそこを神話空間に転換する儀式、あるいは仙童寅吉が杉山僧正にトランス状態にされて壺中に入り空中飛行をして岩間山に行くような、あの神秘的体験[11]で得られるだろう。可視／不可視とは、「通常は不可視だが、通常でない状態＝「神話の眼」を駆使した状態、のときにはみたり感じたりすることができる」ということを語る構図でもあるのだ。

『仙境異聞』における寅吉と篤胤の問答の意味も、可視／不可視の緊張をはらんだ関係を念頭に置いて考えなければならない。『仙境異聞』というテキストの成立過程については、中川和明によって書誌学的考察も含めて明らかにされつつあるが[12]、その成果を踏まえた考察は他日を期すとして、ここでは、篤胤にとってなぜ幽冥界なのかという問題を概略的に述べるに留めたい。

一八二〇年（文政三）十月十七日、篤胤は、常陸国の岩間山幽界に帰る仙童寅吉に山人への手紙を託す。その中の次の一節は、篤胤がなぜ幽冥界に関心を抱いたか、彼にとって幽冥界とはどのような意味をもつのか、が端的に示されている。

抑々神世より顕幽隔別の定り有レ之事故、幽境の事は現世より窺ひ知リ難き儀に候へども、現世の儀は御許にて委曲御承知有レ之趣に候へば、定めて御存じ被レ下候儀と奉レ存候。拙子儀は、天神地祇の古道を学び明らめ、普く世に説弘め度念願にて、不肖ながら先師本居翁の志をつぎ、多年その学問に酷苦出精いたし罷在候。併ながら、現世凡夫の身としては、幽界の窺ひ弁へがたく、疑惑にわたり候事ども数多これあり難渋仕候間、此ノ以後は御境へ相願ひ御教誨を受候て疑惑を晴し度奉レ存候。（中略）偖また先達て著述いたし候、霊の真柱と申す書入二御覧一候。是は神代の古伝によりて、不及ら天地間の真理、幽界の事をも考記仕候ものに御座候。（中略）もし御一覧被二成下一相違の事ども御教示も被レ下候はゞ、現世の大幸勤学の余慶と生涯の本懐不レ過レ之奉レ存候間、…。

（『仙境異聞』上一）

右の手紙から読み取れるのは、「神代の古伝」を究明しようとすることと、幽冥界への関心が、密接に結びついていることである。おそらく篤胤には、古文献に記してあっても今では顕界から姿を消してしまったものや、神代の名残が幽冥界には存在するという確信、もっといえば、幽冥界の体験から神代像を導き出す糸口が得られるという大きな期待があったと思われる。その意味で、寅吉への篤胤の質問は、幽冥界の存在を実体化して満足するといった単純な好奇心の問題ではなく、あくまで今は不可視となっている神話空間を幻出させようとする神話知の欲求と不可分だといえる。質問は、幻出のための技法という意味合いをもつ。寅吉の答えも、篤胤の問のモチーフに適合するように返ってくるはずだ。二人の間には、子安宣邦が指摘するような、関心や志向の共有関係、「異界・幽界」の構成の共同関係がある。[13]それは、神話空間の幻出に向けてのものだ。篤胤を一目みた寅吉が「あなたは神様なり」と言い放ったときから、二人の問答は、「神代の古伝」のもとに構成されたものとなった。

『仙境異聞』上二之巻において、篤胤ハ寅吉に執拗に問う。「問ふて云はく、杖は神世より由ある物にて、神にも奉り、古き神楽の歌にも、「此杖は我がには非ずと山人の、千載を祈り切れる御杖にぞ」とも有りて、山人も杖をば止事なき物にして、祝言しつゝ切るにやと思ふを、いかに杖は用ひざるか」「問ふて云はく、毎年の十月には出雲の大社へ、大小の神祇悉く集まり給ふと云ふことあり。彼の境にても云ふ説なるか」「門人どもに、古史なる伊邪那美命の水の神に、瓢を持ちて火の神の荒びを鎮めよと誨へ給へる段を説き聞かせ、因に瓢の酒に功能ある由を説けるを寅吉も聞き居て、宜しこそ山にても瓢に酒を入れ、また盃にも椀にも作る、猩々の酒を飲む事を見たる事ありしかと問へば」等々。

幽冥界の不可思議さに驚くというよりも、こちら側の神代以来の習俗との比較、古文献に記されている事柄との関連に関心を抱いていることがわかる。可視／不可視の緊張関係の中で、幽冥界はその根拠を問われている。この際古文献との比較や参照は、幽冥界の根拠を問うための「神話の眼」を鍛える技法の意味をもつといってよい。これこそが、篤胤の知にとって重要だ。篤胤の問のくり返しによって、寅吉の口から神代の幽冥界に通じる空間が幻出するのである。篤胤の問なくしては、幽冥界は姿をあらわさない。そのような問答の現場をみるべきである。結局、幽冥界は実在するが自明の実態ではなく、問答の現場が創り上げ幻出するものである、ということだろう。

それにしても、問答の内容は多岐にわたる。西洋の砲術、天文学、修験道色の濃い山人世界や修行のあり方、天狗関連の話、製薬や病気治しの方法、易卜、異形の動物、神仙界の器具や文字…。諸学混淆の坩堝かと思われるほど、幽冥界の様子が寅吉の口から次々とくり出される。これらは、近世後期の人々が強い好奇心をもって得ようとした情報に違いない。篤胤は、こうした多様な知の欲求を、「神代の古伝」＝「真の古伝」を探求せんとする「神話の眼」によって総合化しているわけだ。[14]「近世神話」の世界である。

六　おわりに

篤胤にあっては、眼前の諸文献や伝承、光景（場所）は、「真の古伝」を見出す＝新たな「神話」を創造するための「入り口」として重要である。後世の文献や伝承を「付会」として斥け古代の記紀に戻る、という国学者を裁くときの単純な構図では律しきれない。むしろ、『古史伝』の注釈などをみると、後世の文献や伝承にも「古へ」の残闕や訛伝を認める形で、「真の古伝」につながる可能性を秘めた断片の価値が主張されることが少なくない。眼前の断片を「神話の眼」を駆使して取捨選択し読み替えるのが新しい「神話」を創造する篤胤の知＝「近世神話」だが、こうした営為が、外圧を感じる中で己を取り巻く空間（場所）価値の捉え直し、再認識を迫られている近世後期の知の状況と共振していることはいうまでもない。まずは、目の前の観察が肝要なのだ。

注

［1］篤胤を「近世神話」の視座から論じた研究としては、拙稿「宣長・篤胤の神代像の意味—近世後期の神話創造として—」（日本宗教史6　吉田一彦・佐藤文子編『日本宗教史研究の軌跡』、吉川弘文館、二〇二〇）、同「本居宣長と平田篤胤は神道をいかに構築したか」（『現代思想』二〇一七年二月臨時増刊号）、同「古史伝」の神代像と『香取志』・『鹿島志』—「共振」を求めて—」（山下久夫・斎藤英喜編『平田篤胤　狂信から共振へ』、法蔵館、二〇二三・二刊行予定）、斎藤英喜『異貌の古事記』（青土社、二〇一四）第二章「平田篤胤、近世神話のラディカリズム」等を参照。

［2］注［1］の拙稿「宣長・篤胤の神代像の意味—近世後期の神話創造として—」。

［3］詳しくは、拙稿「篤胤における神話空間の幻出—『古史伝』の天瓊戈論・淤能碁呂嶋論を手がかりに—」（『金沢学院大学紀要』文学・美術・社会学編　第七号、二〇〇九・三）。以下の叙述においても重複しているところがある。

［4］明和七年（一七七〇）の刊本（大阪中之島図書館蔵）による。

［5］拙稿「『古史伝』の神代像と『香取志』・『鹿島志』—「共振」を求めて—」（前掲注［1］）では、『古史伝』の記述と『鹿島志』のそれとの関係に即して「地域神話」創造への契機を見出している。

［6］子安宣邦『平田篤胤の世界』（ぺりかん社、二〇〇一）第二部所収の「「救い」と「講説」—神道講説家平田篤胤の登場—」は、篤胤の幽冥論を救済論としての課題を背負った神道神学的再構成とみる。

［7］原武史『〈出雲〉という思想』（講談社学術文庫、二〇〇一）、注［1］の斎藤英喜『異貌の古事記』。

［8］『定本柳田国男全集』第十巻（筑摩書房、一九六九）四二頁。

［9］吉田麻子『知の共鳴—平田篤胤をめぐる書物の社会史—』（ぺりかん社、二〇一二）序章および第一部参照。

［10］篤胤の『古今妖魅考』での怪異論は、不可視の実在を証明することをモチーフにした書だと筆者は考えている。拙稿「平田篤胤における怪異「実在」論の意味」（『北陸古典研究』第三三号、二〇一八・一二）参照。

［11］鎌田東二『平田篤胤の神界フィールドワーク』（作品社、二〇〇二）第三章「幽界の秘密を解読する」参照。

［12］中川和明『平田国学の史的展開』（名著刊行会、二〇一二）第二部第七章「仙道寅吉一件とその波紋」参照。

［13］岩波文庫『仙境異聞』『勝五郎再生記聞』（二〇〇〇）の解説。

［14］子安宣邦は民間呪術信仰などの神道的再構成と捉えているが、今のところこれが最も的確な把握だと思われる。子安前掲注［6］が筆者の提起する新たな神話の創造＝近世神話という問題とどのように交錯するかについては、今後の課題としたいと思う。

主要参考文献

鎌田東二『異界のフォノロジー―純粋国学理性批判序説―』（岩波書店、一九九〇）
鎌田東二『平田篤胤の神界フィールドワーク』（作品社、二〇〇二）
小林健三『平田神道の研究』（古神道仙法教本庁、一九七五）
子安宣邦『宣長と篤胤の世界』（中公叢書、一九七七）
子安宣邦『平田篤胤の世界』（ぺりかん社、二〇〇一）
斎藤英喜『異貌の古事記』（青土社、二〇一四）
坂下祥伸『江戸期の道教崇拝者たち』（汲古書院、二〇一五）
向村九音『創られた由緒―近世大和国諸社と在地神道家―』（勉誠出版、二〇二一・五）
田原嗣郎『平田篤胤』（吉川弘文館、一九六三）
中川和明『平田国学の史的展開』（名著刊行会、二〇一二）
原武史『〈出雲〉という思想』（講談社学術文庫、二〇〇一）
村岡典嗣『宣長と篤胤の世界』（創文社、一九五七）
山下久夫「篤胤における神話空間の幻出―『古史伝』の天瓊戈論・淤能碁呂嶋論を手がかりに―」（『金沢学院大学紀要』文学・美術・社会学編　第七号、二〇〇九）
山下久夫「平田篤胤における怪異「実在」論の意味」（『北陸古典研究』第三三号、二〇一八）
吉田麻子『知の共鳴―平田篤胤をめぐる書物の社会史―』（ぺりかん社、二〇一二）

＊篤胤の説は、『新修平田篤胤全集』（名著出版）によった。但し、字体を適宜現代表記にあらためた。

第7章

近代異端神道と『古事記』

——本田親徳を起点として

◆斎藤 英喜

一 はじめに

ここでいう「近代異端神道」とは、従来「古神道」とも呼ばれてきた、近代に生まれた神道系新宗教の思想・運動をさす。明治以降に確立した政府公認の神道（国家神道・神社神道・教派神道）とは異質な、平田篤胤の「古学神道」（玄学派・霊学派）と系譜的繋がりを持ち、とりわけ幽冥界（神仙界）を重視する神学が主張され、また鎮魂・帰神《きしん》法の行法や気吹永世《いぶきながよ》などの呼吸法・身体技法などを重んじたことが特徴とされる。本田親徳《ちかあつ》、長沢雄楯《かつたて》、友清歓真《よしざね》、大石凝真素美《おおいしごりますみ》、宮地水位《すいい》、宮地厳夫、出口王仁三郎《おにさぶろう》、浅野和三郎、矢野祐太郎、鬼倉足日公《たるひこ》などが、その代表的人物であろう。あるいは川面凡児《かわつらぼんじ》、筧克彦なども視野にはいるかもしれない。

これまでの研究史では、出口王仁三郎の「大本」に代表されるような「民衆宗教」をめぐる議論[1]、あるいはシャーマニズム研究からの鎮魂帰神法の解読[2]、近代オカルティズムの秘教的世界への関心[3]などから取り上げられてきたが、本章では、近代における「神話」創造の問題として、彼らの世界にたいして、あらたな視線をむけてみたい。

注目したいのは、本田親徳の『難古事記』『古事記神理解』、出口王仁三郎の『大本神諭』（お筆先）と『古事記』との共時的解釈、あるいは「偽史・古伝」と結びついた矢野祐太郎の『古事記の輝き』『古事記略義』などのように、彼らが『古事記』を重視しているところだ。その背景に、本居宣長『古事記伝』という国学知があったことはいうまでもない。したがって、彼らの『古事記』解釈も、宣長以降の近代における『古事記』の読まれ方の事例となるが、従来、そのように取り上げられることはなかった。

周知のように維新変革によって始発する近代日本の『古事記』をめぐる学問は、本居宣長の『古事記』本文・訓の検討など文献学的基礎研究に始発し、芳賀矢一、上田万年《かずとし》によるドイツ文献学（国文学）、高木敏雄、姉崎正治などの比較神話学、黒板勝美、津田左右吉《そうきち》の国史学、あるいは柳田国男や折口信夫などの民俗学・国文学など、欧米の新興科学を取り入れた研究史を積み上げた[4]。そうした近代的な学問知のなかで、本田親徳以下の異端神道家たちの『古事記』解釈が対象とされることはなかった。国家神道、神社神道とは異質な自己の教義を説明するための、牽強付会の恣意的な妄説、とされたからだ。

そのように描き出される『古事記』研究史は、宣長の『古事記伝』を近代的な文献学の先駆と評価していくことに基因する。それは同時に、宣長の弟子となる平田篤胤の『古史伝』にたいする否定的な評価とも繋がるところだ。

しかし宣長による『古事記』注釈とは、「産巣日神《むすびのかみ》」や「禍津日神《まがつびのかみ》」をめぐる言説に代表されるように、「注釈」を通して『古事記』原典を超えた、近世独自な「神話」の創造であった。「近世神話」である[5]。そして篤胤は、宣長が踏み込むことができなかった「幽冥界」をめぐる神話、さらに中国や天竺《インド》の文献へと広げることで、世界性をもった「神話」を創造していったのである[6]。それは篤胤が「俗神道」として否定した中世神道（中世日本紀、中世神話）を継承したともいえる[7]。〈神話＝古代・古層〉という認識から解放された、神話概念の拡大、変革が問われるわけだ[8]。

以上のような神話の読み替え＝再創造という視点にたったとき、本田親徳や出口王仁三郎たちもまた、『古事記』をめぐる「注釈」（解釈）を通して、近代固有の神話を創造していくことが見てとれる。とりわけ彼らが重視したのは、机上における文献解釈ではなく、「鎮魂・帰神」という神秘的な宗教実践を媒介にした『古事記』解読である。それは篤胤が後年に至って獲得した「久延彦伝《くえびこでん》」という霊的実践の近代的な展開とも考えられる。[9] そこからは近代霊術の生成という問題が見えてくるだろう。[10]

人はなぜ神話を語るのか――。この問いがもつ深度と広がりを見据えながら、本章では、多様に広がっていく神道系新宗教の源流・本田親徳（一八二二～一八八九）にスポットをあてて、近代異端神道と『古事記』という未踏の領域に分け入っていきたい。

二　本田親徳とはだれか

まずは本田親徳の略歴を紹介しよう。[11] 文政五年（一八二二）、薩摩藩の藩医の家に生まれ、漢学を学んでいた本田九郎（実名）は、天保一〇年（一八三九）、一七歳のときに京都に出て、その後は江戸に移り、水戸学の会沢正志斎に入門し、また平田篤胤のもとにも出入りしていた（ただし気吹舎の門人帳には名前はない）。[12] そんな親徳の人生にとって、決定的な出来事が、京都滞在中の天保一四年（一八四三）にあった。年譜によれば「京都藩邸にあり、適々狐憑の少女に逢い憑霊現象を実見して霊学研究の志を堅むと伝う」とある。[13] この「実見」こそ、神懸りした少女が「和歌」を詠んだことから、歌にこそ神の意思が込められるという認識とともに、のちの「鎮魂・帰神」の探究を導くものであったのだ。なお同年、篤胤は、秋田で逝去していた。

その後の幕末維新期においては、長州探索方として活動し、維新後は鹿児島県の国学局国学係となるが、[14] 明治六年（一八七三）にふたたび上京し、西郷隆盛の紹介で副島種臣《そえじまたねおみ》（一八二八～一九〇五）と親交を結んだ。その後副島は、親徳に弟子入りし、師の生活、活動に多大な支援をしていく。かくして親徳は、在野の神道家として諸国を遊説し、また弟子たちの家に滞在しながら『難古事記』『真道問対』『古事記神理解』『産土神徳講義』などの著作を著し、明治二二年（一八八九）に武州川越宿の門人宅で急逝した。大日本帝国憲法が発布、議会が開設され、日本が立憲国家として本格的な「近代」の途を歩みだした年だ。

こうした親徳の経歴のなかで注目したいのは、弟子となった副島種臣の存在である。副島は佐賀藩出身。幕末維新期は京都に遊学し「皇学」を学び、尊攘派志士として活動するが、佐賀藩が長崎に設けた致遠館の英学生監督となり、英人教師から新約聖書やアメリカ憲法を学び、また万国公法について研究した。維新後は新政府の新参与となり、福岡孝弟《たかちか》とともに、政体書（政府の政治大綱・官職制度などの規則書）を起草する。その内容は「アメリカの政治学説の影響が歴然とあらわれていた」（アーネスト・サトウ）という、かなり先進的なものであった。[15]後に征韓論争に敗れ下野するが、明治一九年（一八八六）には宮中顧問官となり、明治二五年（一八九二）には、第一次松方内閣の内相を務めている。

こうした副島の経歴を見ると、欧米の知識に精通する知識人が、なぜ本田親徳のような「古神道家」の弟子となったのか不思議に思われよう。しかし副島は洋学の知識を身に着けた革新派知識人でありつつ、「皇国ハ天神天祖ノ所造、日月ノ所出、歴世天皇ノ所御ニテ候へハ、凡ソ皇国ノ人民タラン者ハ其本ニ報ヒ、其徳ヲ仰キ、其教ヲ奉シ候…」という信念を終生懐き続け、また神社参拝は「皇国ノ人民」の義務であることも主張する人物でもあった。[16]そうした復古的思想の持主であることが、親徳との関係を作り出したもと考えられよう。それは逆に見ると、本田親徳の側にも、副島から欧米の新知識を得ていたのではないか、ということも推定ができる。それは後に親徳の『古事記』解釈のなかで検証しよう。

もうひとり親徳の弟子として重要なのが、長沢雄楯《かつたて》（一八五八〜一九四〇）である。駿河国出身の雄楯は、静岡の浅間神社で講義していた親徳に弟子入りし、副島種臣らとともに、法術の奥義を伝授された。のちに雄楯は神懸りの司神・アメノウズメを祭神とする月見里《やまなし》神社（別名、御笠稲荷神社）を、本田霊学にもとづく「鎮魂・帰神法」の根本道場とすることにし、明治二四年（一八九一）に静岡県当局の許可を得て、同社を総本部とする「御笠稲荷講社」を設立し、本田霊学の継承に務めたという。[17]そして明治三一年（一八九八）、この稲荷講社を訪ねてきたのが上田喜三郎、後の出口王仁三郎（一八七一〜一九四八）である。長沢雄楯から鎮魂帰神法を伝授された喜三郎は、翌年、出口ナオとともに大本教の前身となる「金明霊学会」（御笠稲荷講社の分会）を創設することになるのである。[18]

以上のように、親徳は、明治新政府の要職に就くことなく、在野の神道家の人生を送ったのだが、しかし彼の門人たちの系譜のなかに、長沢雄楯、出口王仁三郎、さらに友清歓真、荒深道斉ら、近代日本の重要な「古神道家」たちが生まれている。近代の神道史を考えるうえで不可欠な人物だが、残念ながら『神道事典』（国学院大学日本文化研究所編）や『神道人名事典』（神社新報社編）など、神道系事典には「本田親徳」の項目はない。

三　「神懸」の神法を求めて

次に親徳の『古事記』についての認識、解釈を見てみよう。親徳の人生には「謎」とされるところが多いのだが、彼が自らの人生を振り返り、いかにして『古事記』の「真奥」を理解しえたかを述べる興味深い一文がある。

此ノ神懸ノコト本居平田ヲ始メ名ダタル先生達モ明ラメ得ラレザリシ故ニ、古事記伝、古史伝トモニ其ノ説々皆誤レリ。親徳拾八歳皇史ヲ拝読シ、此ノ神法ノ今時ニ廃絶シタルヲ慨嘆シ、岩窟ニ求メ草庵ニ尋ネ、終ニ三拾五歳ニシテ神懸三十六法アルコトヲ覚悟リ、夫レヨリ幽冥ニ正シ現事ニ徴シ、古事記日本紀ノ真奥ヲ知リ、古先達ノ説々悉ク皆謬解タルヲ知リ弁ヘタリキ。（『難古事記』巻六、二二四頁）[19]

冒頭の「神懸ノコト」とは、『古事記』の天岩戸ごもり神話でアメノウズメが行った「神懸」を指す。それをめぐって、宣長は「正しく某々の神の有べき事を告覚し給なるを、今此段の神懸は、物の着て正心を失へる状」（『古事記伝』八之巻、三七六頁）[20]と述べ、篤胤もまた「物の著て正心を失へる状」「正心にては、其人の得言まじきことを、包まず言などを、神懸とは云なり。今ノ俗に著物のしたる如く、口ばしるといふ状なり」（『古史伝』十一、八二頁）[21]といった、いわゆる心神喪失状態や憑き物と解釈している。これにたいして親徳は、両者はまったくの誤りであると断じている。宣長や篤胤の学問に異を唱えているところには、彼の『古事記』解釈が、宣長に発する文献学の系統とは異なることを宣言していると理解できよう。

さらに親徳は、一八歳のときに「皇史」(国史)を拝読して、この「神法」が今や廃絶したことを嘆き、その正しい理解を「岩窟ニ求メ草庵ニ尋ネ」たという。その結果、ついに安政四年(一八五七)、三五歳のときに「神懸」に「三十六法」あることを覚知し、「幽冥ニ正シ現事ニ徴」して、記紀の「真奥」を知り、古の先達たちの誤りを認知することができた……という。これがのちに、「鎮魂・帰神」の法と展開することになる。

注目したいのは、「神懸」の正しい理解を「岩窟に求め草庵に尋ね」と記すところだ。この点について親徳は、社寺巷間の口寄せ、稲荷降ろし、日蓮系行者など民間宗教者たちと交流し、そこから学び、それらを総合して「自己流」に体系化したことが推定されている。[22] 親徳の『古事記』解釈に民間系の宗教者、在地神職たちとの交流が影響していることはたしかであろう。

しかしそれだけではなかった。親徳は、高浜清七郎という人物と「三十年来の友人」として親交を結んでいたという。[23] 高浜清七郎(一八一三～一八九三)とは、幕末期に神祇伯王家(白川家)の学頭をし、「古来門外不出の神事秘法を体得[24]」し、維新後は神道本局長の稲葉正邦、大社教の千家尊福、御嶽教の平山省斎たち、教派神道家たちから「師匠格」として迎えられ、大きな影響を与えた人物である(平田篤胤も天保一一年(一八四〇)に白川家の巻頭学寮の学師に補任されている[25])。

高浜清七郎の経歴は不明な点が多いが、しかし彼が、明治期の教派神道家たちに多大な影響を与えたことからいえば、本田親徳もまた、白川家の神道の知識を得ていたことは充分想像されるだろう。とりわけ高浜が伝承した伯家《はくけ》の神道には、「気吹永世」という静座・調息法、あるいは「天津微手振《あまつみてぶり》・天津息吹伝」などの霊的呼吸法・霊術があった。[26] 親徳が自己流で開発したという「鎮魂・帰神」の法は、寺社巷間の口寄せや稲荷行者といった民間宗教者たちだけではなく、宮中神道としての由緒をもつ伯家神道の行法からの影響もあったのではないか。その具体的な解明は今後の課題として、[27]次に親徳の「鎮魂・帰神」をめぐる言説と実践を見てみよう。

四　『難古事記』と「帰神ノ法」

本居・平田説を批判した『難古事記』は、明治一二年（一八七九）六月、「土佐郡薗村尚美家」において第一巻を脱稿（第一巻奥書）、さらに明治一六年（一八八三）九月に、甲府の酒折宮、国玉村の玉緒神社に拝礼し、同社の神職を務める磯部正親の子孫の正佐宅に寓居し、そこで第六巻の草稿を脱稿したとある（『難古事記』第六巻、二二四頁。ちなみにその前年にはチェンバレンの英訳『古事記』が出版されている）。脱稿後は、神覧に供え「霊魂の冥福を祈り」、「甲斐国民」との「神縁」を結んだとされるが、弟子の副島種臣に本書を示したところ、本居・平田の学説への批判が頻出するので、世に出すことを止めたという。この当時、神社界、神道界は、本居・平田派の学閥が支配していたからとされる。[28]なおこの前年には、帝国大学文科大学（東京大学）に古典講習科が付属され、また國學院大學の母胎となる皇典講究所が発足している。[29]本居・平田の学問が神道の正系を構築していく時代であった。そうした神道界の正系の本居・平田説への批判の一端こそが、先に引用した「神懸」の一節であったわけだ。

そこで親徳は、本居・平田説が解き明かせなかった「神懸三十六法」について、こう述べていく。これが親徳の「鎮魂・帰神」の体系化に繋がるものだ。

> 神懸三拾六法ト云フハ神達ニ上中下ノ品位アリ。而シテ有形無形之差別アリ。亦自感法他感法神感法アリ。三法合セテ二百九十八法ナル。
> （『難古事記』巻六、二二四頁）

「神懸」とは「帰神《きしん》」のこと。それには「三拾六」の法がある。憑依してくる神霊を上・中・下の品位に区別すること、さらに無形のもの、有形のものも区別する。そして帰神の行法としては「自感法」＝自ら一人で帰神を追求する法、「他感法」＝他者（審神者）を介して神霊を憑依させ、また統御する法、「神感法」は何の準備もなく、神霊が一方的に憑依してくるものとされる。この「三法」を合わせて「二百九十八法」へと細分化していくのである[30]。

この「帰神」にたいして「鎮魂」のほうは「霊学ノ大本」（「霊学抄」、三七一頁）とされるが、ようするに身体の清浄化を求める術で、この鎮魂をベースにして神霊の憑依を受ける帰神法が開発されていったものと思われる。「鎮魂」については、平田篤胤の玄学（道教）的解釈を継承した宮地厳夫の「自修鎮魂法」という、調息法、静座法などの修養術も展開していくが[31]、親徳の「鎮魂」法に、その手法の一部も取り入れられているようだ。親徳は、こうした鎮魂・帰神という実践によってのみ、『古事記』は理解できると考えたのである。『古事記』が語る「神界」は、文献からのみ理解されるのではなく、まさしく「七つの行法のような身体を駆使して実践的に獲得すべきもの」と認識したといえよう[32]。

では身体を駆使した行法＝「帰神ノ法」とはどのようなものか。次に見てみよう。

帰神ノ法ヲ幽斎ノ法トイフ。

神界ニ感合スルノ道ハ至尊至貴、濫ニ語ル可キ者ニ非ズ。（中略）

一、身体衣服ヲ清潔ニス可シ。二、幽邃ノ地閑静ノ家ヲ撰ム可シ。三、身体ヲ整ヘ瞑目静座ス可シ。四、一切ノ妄想ヲ除去ス可シ。五、感覚ヲ蕩尽シ意念ヲ断滅ス可シ。六、心神ヲ清澄ニシテ感触ノ為ニ擾レザルヲ務ム可シ。七、一意ニ吾霊魂ノ天御中主大神ノ御許ニ至ル事ヲ黙念スベシ。

（「霊学抄」三七三頁）

具体的に「帰神ノ法」を行う手順を示すものだ。密教の観想法や道教の修法を踏まえたことが見てとれる。三に「瞑目静座」はあるが、とくに調息法（呼吸法）の指示はない。ただし「産土神徳講義」をみると「シツカリト気海丹田ト云フ腹ノ底ニ心ヲ据ヘテ」（一三頁）という記述があるように、玄学系の丹田・身体認識が、親徳の「帰神ノ法」に取り込まれていたことは充分想定できるだろう。[33]

さらに「帰神ノ法」と『古事記』とのかかわりで注目すべきは、「帰神」の最終段階で「吾霊魂ノ天御中主大神ノ御許ニ至ル事ヲ黙念スベシ」とあるところだ。「帰神ノ法」の究極の目的は天御中主神（以下、アメノミナカヌシ）との「感合」＝合一にあったのだが、それを「吾霊魂」がアメノミナカヌシの「御許」に至る、と記述されるところが重要だ。まさに自身の魂が身体から脱し、究極の神のもとに赴くという、「脱魂型」のシャーマニズムの様相が見てとれるだろう。

いうまでもなくアメノミナカヌシとは、『古事記』冒頭、天地始発のときに高天原に出現した始元の神、である。宣長は「此神は、天真中に坐々て、世中の宇斯《ウシ》たる神…」（『古事記伝』三之巻、全集九・一二七頁）と、天の中心にあって世界を主宰する神と解している。一方、親徳にとってアメノミナカヌシは、自らの魂が上昇し、至りつく究極の神としてあった。身体技法を通してのみ感得される根元神の境位、といえよう。

では親徳にとって、自らの「霊魂」が到達するべきアメノミナカヌシとは、いかなる神であったのか。

五　アメノミナカヌシをめぐる神学の系譜から

明治一八年（一八八五）五月に脱稿した『古事記神理解』巻一には、アメノミナカヌシについて、驚くべきことが述べられていた。まず「高天原」について、「我太陽系中ノ中極タル処空ヲ云フナリ」（二四九頁）と、いきなり太陽系をめぐる西洋天文学の知識で解釈されていく。そしてアメノミナカヌシについては、次のようにいう。

――御中主神《アメノミナカヌシ》ハ無始ヨリ幽天ノ高天原（中略）ニ坐マシテ、我太陽系ノミナラズ晴夜天外ニ仰見ル所ノ無数ノ恒星天ヲモ尽ク造化セラレシ神徳ニ坐セバ、固ヨリ其ノ始ヲ知ルベキニ非レドモ、此処ハ造化ノ神功ヲ説クガ為ニ、姑ク無始ノ始ニ遡リテカク記サレシ者ニテ、顕天ノ高天原アリテ而シテ後御中主神ノ生出玉ヒシト云フニ非ズ。

（『古事記神理解』巻一、二四九～二五〇頁）

『古事記』本文では「天地初発之時、於高天原成神名、天之御中主神…」と、アメノミナカヌシは天地始発の後に高天原に出現したと語られている。しかし親徳によれば、アメノミナカヌシは、「無始ノ始ニ」に出現し、太陽系だけではなく、この天体ことごとくを生み出した「造化ノ神功」をもつ神であったと説く。「高天原」があって、後にアメノミナカヌシが出現したと理解してはならない、というわけだ。

アメノミナカヌシを高天原以前に出現した神と解釈することは、じつは宣長や篤胤にも見られる。『古事記』がアメノミナカヌシ以下の神々が「高天原」に出現したと記すのは、後の視点からの記述で、あくまでも最初の神は天地始発のまえにすでに「虚空」に存在しており、その神の力が天地万物を創成したと解釈していくのである。宣長の場合、そこで強調されるのはアメノミナカヌシよりもタカミムスヒ・カムムスヒの「ムスヒ」の霊力であった。[34]

一方、篤胤のほうは、聖書研究を通して「（アメノミナカヌシは）始なくまた終もなく、天上に坐まし。天地万物を生ずべき徳を蘊《つつ》し。為事なく寂然として、（中略）万有を主宰し玉ふ」（『本教外編』全集七・四頁）といった、創造神、唯一神として解釈していくのである。そこから『古事記』『日本書紀』の本文を改変して、「古、天地いまだ生らざりし時、天つ御虚空《みそら》に成りませる神の御名は、天之御中主神…」（『古史成文』全集一・一九頁）という、あらたな神話テキスト＝古史成文を作り出す。それは文献学からの逸脱と批判されるところだが、じつは宣長とともに、彼らは、古代文献の注釈を通して、近世という時代にふさわしい、新しい「神話」を創造していたのである。これが「近世神話」である。[35]

あらためて「神話」とは、目の前の現実を意味付け、その由来を語ることを目的とする。そして目の前の現実が歴史のなかで変化していけば、その変容した、あらたな現実にふさわしい「神話」が必要となる。宣長や篤胤たち近世の知識人にとって、仏教や儒教の知の権威が失われ、また西洋という、あらたな世界が登場してくる現実を意味付け、その起源を語る神話が、『古事記』『日本書紀』を読み替えていくことで作り出されていくわけだ。

そのように見ていけば、宣長・篤胤を否定しながらも、じつは本田親徳もまた、近世国学のアメノミナカヌシ解釈を継承しつつ、維新変革以降の、あらたな近代日本にふさわしい「神」を作り出したといえよう。そのときポイントとなるのが、西洋天文学の知識を利用して、「太陽系」や「無数の恒星」そのものをも創造した神と解釈するところだ。親徳が活用する西洋天文学、物理学の出典は明らかではないが、西洋学問に精通した副島種臣を通して学んだことが推定できよう。「古神道家」たる本田親徳は、最新の西洋学問をも身に着けていたのである。

さらに親徳のアメノミナカヌシ解釈を追ってみると――、

> 此ノ大神ハ天地万物ノ元素タル五十霊ヲ統括シ玉ヒ、以下ノ神々ハ此ノ大神ノ効用分別シタル者ナルガ、此ノ大神ノ無為ニ坐マシテ未ダ其ノ効用分レザル時ヲ指シテ、本教ニ之ヲ霊交《ヒト》ト云フ。　（『古事記神理解』巻一・二五一頁）

かくして『古事記』冒頭に記されたアメノミナカヌシとは、「天地万物」の元素たる「五十霊」を統括し、その元素が「効用分別」して、その後の神々の世界が始まる、とされる。

ここにも親徳は近代物理学を取り込んで『古事記』の解釈を進めていることが見てとれよう[36]。アメノミナカヌシは多様の神々を「分別」させる「効用」をもつ神、という認識がそこから導かれるのである。

しかし、この一文からさらに注目したいのは、「大神ノ無為ニ坐マシテ未ダ其ノ効用分レザル時ヲ指シテ、本教ニ之ヲ霊交ト云フ」という一節である。多様の神霊を「分別」させるアメノミナカヌシは、しかし「無為」の状態にあって、その多様な「効用」に分かれていくまえにこだわり、それを「本教」に「霊交」と呼ぶ、というのだ。それはいったい、何を語ろうとしているのだろうか。

ここで親徳の『古事記』解釈は、「帰神ノ法」という霊的実践と結びつく。すなわち「吾霊魂」を身体から分離させ、到達させるべき「天御中主大神ノ御許」とは、「無為ニ坐マシテ未ダ其ノ効用分レザル時」＝「霊交」を意味した。まさにいまだ何も始まらない「無始の始」たる神の境位に到達することこそ、親徳のめざす「帰神ノ法」であったといえよう。[37]

ところで親徳によるアメノミナカヌシをめぐる神学的とでもいうべき言説は、近世国学の宣長や篤胤を超えて、中世神道の世界へと遡及することができそうだ。たとえば中世伊勢神宮（外宮）の神官たちが創造していった伊勢神道を見てみよう。そこではアメノミナカヌシは外宮祭神の「豊受大神」と同体とされ、さらにアメノミナカヌシは、天地未生の「混沌」に出現する「虚空神《こくう》」「大元神《だいげん》」「倶生神《ぐしょう》」といった、密教や禅、宋学の知識を介した名称が与えられる（『御鎮座本紀』など）。宇宙の根元神といったところだ。[38]

さらにトヨウケと習合したアメノミナカヌシは「一水の徳」を有する神へと変貌する。「水の変化と作用を宇宙万物の生成の源と考えた仏教の思惟を神祇世界と関わらせ新たなコスモロジーを構想」するのである。[39]中世伊勢神道においても、アメノミナカヌシは、万物を生み出す創造神として理解されていくのである。そこで活用されるのが、当時の先端的な仏教、宋学の知識であった。記紀神話が仏教、宋学の知識で読み替えられていく「中世神話」の世界がここに広がっていくのだ。そして彼らにとっての究極の神は、観念上の存在ではなく、自己の「心」のうちに内在する神とされていく。[40]天地未生の絶対的無始の境位を内面化する行法が作り出されたのである。

以上のように中世伊勢の実践的な神学者たちの世界を知ったとき、明治期の本田親徳の「帰神ノ法」を、その神学的・行法的な系譜上に位置付けることができるだろう。親徳の「帰神ノ法」において、「吾霊魂」を到達させるべきアメノミナカヌシとは、神の効用が分別される以前、「無始ノ始」「無為」の境位そのものであったわけだ。そしてそうしたアメノミナカヌシとは、西洋天文学、物理学の知識を媒介にして『古事記』のあらたな解釈から導かれた、近代における神話創造の一端といえよう。

しかし、親徳の神話創造は、それだけでは終わらない。神話は、明治前期の社会の現実と結びつく必要があるからだ。アメノミナカヌシの「効用」が分別される以前の境位にたいして、神の効用が分別され社会の現実と着地する神々の世界。そこで導かれるのが「産土神《うぶすな》」であった。

六　産土神――明治神社体制のなかで

『古事記神理解』を脱稿した明治一八年（一八八五）、本田親徳は、静岡県駿東郡清水村の八幡神社の神職で、この地方の名望家である岩崎元功の依頼を受け、「産土神」の神徳をめぐる講義を行った。[41] そこには「何ト皆ノ衆ヤ」という口調で、八幡神社の氏子たちを相手に自身の「霊学」を語る姿が見られる。岩崎元功が筆記した、親徳の「産土神徳講義」には、以下の様に産土神が語られている。

サテ其ノ各町各邑苟モ人民在ル所々、産土ノ神社アラザルナシ。是人間過去現在未来ノ保護ヲ受ケテ千万世に至リテ、其ノ子孫ノ恩頼ヲ受クル神霊ナレバ、必ズ之ヲ尊崇セザルベカラズ。

（「産土神徳講義」上、一一頁）

今日加様ニ縁アリテ講席ニ列ナラレタル衆ハ、拙者ガ申分ヲ必ズ悪ク心得ズニ、今言ハルル所ハ所謂神ニ口ナシ人ヲ以て云ハシメ給フ者ナリト、シッカリト気海丹田ト云フ腹ノ底ニ心ヲ据ヘテ、閉目拱手ト云テ眼ヲ閉ジ手ヲ胸ニ当テ、心ヲ公平無私ト云ヒ、生レナガラノ本心ニ立帰リテ能ク考ヘラルルト、コノ霊魂トイフ魂モ即チ此ノ産土神ノ御支配ナサルモノ故ニ、其ノ心ノ鏡ヲ忽チニ産土神ノ磨キニ磨キ給ヒテ、真澄ノ鏡ト云フ様ニ明カニ照リ輝イテ、カネテ見ヘザル我霊魂モ手ノ裏カヘス様ニ見エ透ク也。

（同前、一三頁）

「産土神」とは、一般に生まれた土地の守護神を指し、民衆と神社信仰とを結びつける神格とされる。近代における神社行政にとっても、官幣・国幣などの社格とは別に「伝統的」な神社信仰として継続されたものであった。ここで本田親徳は、自らの「霊学」と民衆世界との接点として「産土神」を強調していることがわかる。もちろん彼の霊学からいえば、こうした地方在地に鎮座する産土神もまた、「此ノ大神ノ効用分別シタル者」とアメノミナカヌシから「分別」した神霊ということになるわけだ。そこから「産土神ノ御支配ナサル」氏子たちの「霊魂」の効用が導かれるのである。

ところで親徳が、神社の氏子たちにむけて産土神の神徳を説いた明治一八年（一八八五）とは、神社の歴史にとって、どのような時代だったのだろう。彼は、いかなる時代の現実と向き合っていたのだろうか。

維新直後の神道国教化政策のなかで、明治四年（一八七一）に太政官によって「神社ハ国家ノ宗祀」と布告され、日本全国の神社は国家管理・支配のもとに置かれた。そして地域に根差した世襲神職も廃止され国家官僚たる神官へと再編されていく。たが、そうした方針が、「政教分離」を前提とした西洋的な近代国家形成とは矛盾することになり、やがて神社祭祀、参拝は非宗教的な「敬神崇祖」という国民道徳・先祖崇拝へと限定されることになる。[42] 親徳が産土の神社を「子孫ノ恩頼ヲ受クル神霊」と語ったのは、当時の神社行政に沿うものといえる。

しかし親徳は、その一方で産土神を通して、「霊魂」を発見し、それを磨き、修練することを主張していく。それは「気海丹田ト云フ腹ノ底ニ心ヲ据ヘテ、閉目拱手ト云テ眼ヲ閉ジ手ヲ胸ニ当テ」という玄学（道教）ふうの身体修練を通して「公平無私ト云ヒ、生レナガラノ本心」に至ることで可能となると説く。この親徳の言説は、彼の霊学における「鎮魂ノ法」に対応するもので、心身の清浄化を完成させることに繋がるのである。

けれども親徳が氏子たちにむけて「拙者ガ申分ヲ必ズ悪ク心得ズニ」などと、あえて語るように、親徳の「霊魂」をめぐる言説、修練などは、明治一八年の神社祭祀、それを掌る神職の在り方からは逸脱するものであったのだ。

神社、神道の歴史を見ると、明治一四年（一八八一）の、出雲派と伊勢派の祭神論争以降、冥府や霊魂を説く神道は「神社」とは分離され、「教派神道」へと分離・独立することになる。[42] 実際、親徳が説く霊学、鎮魂ノ法、帰神ノ法は、長沢雄楯の稲荷講、さらに教派神道の制度的枠組みをも超えた出口王仁三郎の「大本」に多大な影響を与えていくのだ。

こうした時代動向をみたとき、親徳の「産土神」をめぐる講義は、敬神崇祖の言説は否定することなく、しかしそこに自らの神にむけた霊魂の意義を付加していこうとする苦心が浮かび上がってくる。とくに「気海丹田ト云フ腹ノ底ニ心ヲ据ヘテ…」という身体的な行法を氏子たち相手に説くところは、形式化・合理化されていく神社信仰にたいして、身体性を際立たせていく面が見てとれよう。それは「神官」として国家から規制されていく、在地の神職たちの思いを代弁するものでもあっただろう。それゆえ親徳は、地域に根差した神社神職たちに支持されていたのである。

しかし明治一七年(一八八四)には、神道の教えを説く教導職が廃止され、神社に奉仕する神職は宗教家でなく、「国家の祭祀を掌る神官」として規定される。それを育成する場こそが、宣長に発する『古事記』の文献学的な研究を正系とする皇典講究所であったのだ。

明治前期の、世俗化されていく神社をめぐる社会のなかで、その現実を踏まえつつ、それを超えていく神道の行法=「鎮魂・帰神ノ法」を編み出していく本田親徳。その行法を支えているものこそ、『古事記』の読み替えによって導かれたアメノミナカヌシの「霊学」であった。そこで創造された「神話」は、明治前期の社会の現実と結びつきながら、しかし、その現実を超え、変革する知と想像力を生み出すのである。

なぜ人は神話を語り、神話を必要とするのか——。その問いへの答えの一端を、神道系新宗教の源流ともいえる本田親徳の学知と実践のなかに見出すことができるだろう。

七　おわりに

以上、本章は、近代異端神道=神道系新宗教の源流となる本田親徳の『古事記』解釈、それを導き出す「鎮魂・帰神ノ法」という行法の世界に分けることで、近代における文献学、西洋学問にもとづく『古事記』の研究史とは異なる、知の可能性を探ってきた。もちろん親徳の「霊学」も近代天文学・物理学を媒介とした知の世界であったことは見逃せない。ここに「近代」なるものの多様な姿が浮かび上がってくるのである。

さて、親徳の霊学、鎮魂・帰神ノ法は、明治期の神社行政の規定からは逸脱し、神社神職から離れた、新しい宗教家たちのなかに継承、発展していく。それをもっとも代表するのが、親徳の弟子・長沢雄楯から学んだ出口王仁三郎であった。王仁三郎は親徳の『本教』（道の大原、皇道霊学とも）に寄せた序文で「高熊山にありて示教を得たりし異霊《ことだま》比古命《ひこのみこと》は、実に本田先師の威霊なり」[44]と、神霊となった親徳から教えを受けたという、まさしくあらたな教祖神話が生み出されたのだ。そして民俗的な陰陽道神である「艮の金神《うしとらのこんじん》」を仰ぐ出口ナオと出会うことで、ナオの「御筆先」を『古事記』と結びつけ、あらたな神話を創造していく。艮の金神を「大国常立尊《おほくにとこたちのみこと》」なる神へと読み替えるのである[45]。そのとき「大本教の発揚さるる源は『古事記』奥義の発揮」（「国教樹立に就いて」二七〇頁[46]）、「宇宙を機関として、無限、絶対、無始、無終の活動を続け給う所の全一大祖神天之御中主神、一名大国常立尊である」（「大本略義」二二〇頁[47]）という、あらたな『古事記』神話を創造することになる。ここで生み出された神話は、国家の管理下にある神社や神職たちの存在をも超えて、近代国家の枠組み＝立憲制国家をも否定するような言説とともに、それを実践する組織形成へと繋がっていく。大正維新、あるいは昭和神政会の運動である。

かくして本田親徳に始まり、出口王仁三郎によって展開・変成していく「異端神道」の世界は、近代的な学知による『古事記』研究からは立ち入ることのできない領域へとわれわれを誘う。たとえば大本教から分派し、『竹内文献』という「偽史」と『古事記』とを結びつけ、龍神神政会なる組織を作る元海軍大佐の矢野祐太郎[48]、あるいは『古事記』と桃太郎主義なるものを唱える渥美勝[49]、または、神兵隊事件にかかわり「神話より出発したる日本主義思想」を唱道していく影山正治[50]など……。そこには鎮魂・帰神の法という身体性が「ファシズム」という思想、運動と結びついていく様相が見て取れるだろう[51]。

本田親徳によって創造された近代異端神道の「神話」は、われわれを、さらなる未踏の領域へと導いていくのである。

注

[1] 安丸良夫、「出口王仁三郎の思想」『出口王仁三郎著作集』第二巻「解題」(読売新聞社、一九七三年。後に『日本ナショナリズムの前夜』洋泉社新書、二〇〇七年)、同『出口なお』(朝日新聞社、一九七七年、後に岩波現代文庫、二〇一三年)、村上重良『評伝　出口王仁三郎』(三省堂、一九七八年)、小沢浩『生き神の思想史』「霊と近代」(岩波書店、一九八八年)、川村邦光『日本評伝選　出口なお・出口王仁三郎』(ミネルヴァ書房、二〇一七年)など。また大本教と「民衆宗教論」をめぐる最新の研究として、永岡崇『宗教文化は誰のものか』(名古屋大学出版会、二〇二〇年)を参照した。

[2] 津城寛文『鎮魂行法論』(春秋社、一九九〇年)、鎌田東二『神界のフィールドワーク』(創林社、一九八五年、後に、ちくま学芸文庫)。

[3] 吉永進一「霊と熱狂」(『迷宮』3号、白馬書房、一九八〇年)、同「大正期大本教の宗教的場——出口王仁三郎、浅野和三郎、宗教的遍歴者たち」(『舞鶴工業高等専門学校紀要』第45号、二〇一〇年)、同『神智学と仏教』(法藏館、二〇二一年)、武田崇元「古神道家の系譜」(『古神道の本』学研、一九九八年)など。

[4] 青木周平「明治期の『古事記』研究——明治十五年と明治三十二年を軸として」(古事記学会編『古事記研究大系2　古事記の研究史』高科書店、一九九九年)などを参照した。

[5] 「近世神話」については、斎藤英喜『古事記はいかに読まれてきたか』(吉川弘文館、二〇一二年)、同『異貌の古事記』(青土社、二〇一四年)、山下久夫「『古事記伝』を近世以前から照らし出す」山下・斎藤編『越境する古事記伝』森話社、二〇一二年)、同「本居宣長と平田篤胤は神道をいかに再構築したか」(『現代思想』「総特集・神道を考える」二〇一七年二月臨時増刊号)など。

[6] 斎藤、前掲書[5]『異貌の古事記』第二章「平田篤胤、近世神話のラディカリズム」。また「世界性」については、彌永信美「唯一の神と一つの世界——近代初期日本とフランスにおける比較神話学のはじまり」(中川久定編『「一つの世界」の成立とその条件』高等研報告書0701、財団法人国際高等研究所、二〇〇七年十二月)を参照した。

[7] 小川豊生「反転する神学——中世における「神道」成立の機制をめぐって」(『現代思想』「総特集・神道を考える」二〇一七年二月臨時増刊号)。

[8] こうした視点からの論集として、植朗子・南郷晃子・清川祥恵編『「神話」を近現代に問う』(勉誠出版、二〇一八年)がある。

[9] 小林健三『平田神道の研究』第二部第四「玉たすきの考察」(古神道仙法教本庁、一九七五年)を参照した。

[10] 近代霊術については、最新の研究成果である栗田英彦・塚田穂高・吉永進一編『近現代日本の民間精神療法』(国書刊行会、二〇一九年)を参照した。

[11] 以下、本田親徳の履歴については、鈴木重道『本田親徳研究』(八幡書店版、一九八四年)、並木英子『本田霊学：その思想の創造

と行法の受容についての研究』（国際基督教大学大学院　アーツ・サイエンス研究科提出博士論文、二〇二〇年）を参照した。

［12］並木、前掲［11］論文『本田霊学：その思想の創造と行法の受容についての研究』。

［13］鈴木、前掲書［11］五四二頁。

［14］並木、前掲［11］論文。

［15］島善高『律令制から立憲制へ』第二章「副島種臣と明治初期法制」一一九頁（成文堂、二〇〇九年）。

［16］島、前掲［16］一三三頁。

［17］鈴木、前掲書［11］四六二頁、武田、前掲論文［3］。

［18］村上、前掲書［1］七〇頁。

［19］鈴木重道編『本田親徳全集』（八幡書店、一九八三年）。以下、親徳の著作については、本書から引用。ページ数も本書による。

［20］『本居宣長全集』第九巻（筑摩書房、一九七六年）。

［21］『新修　平田篤胤全集』第二巻（名著出版、一九七七年）。

［22］津城、前掲書［2］。

［23］鈴木編、前掲書［19］巻末記、五八六頁。

［24］鈴木編、前掲書［19］巻末記、五八七頁。

［25］遠藤潤『平田国学と近世社会』第七章「気吹舎と白川家」（ぺりかん社、二〇〇八年）。

［26］近代における白川神道（伯家神道）の系譜は、不明なことが多いようだ。たとえば伯家の行法の継承者として鬼倉足日公（一八七九～一九六〇）という人物がいる。明治三〇年代に国学者の辛島並樹から神祇伯家の「太兆伝」を伝授されたといい、若い時代には玄洋社のメンバーとして活動、大正五年（一九一六）の大隈重信爆殺未遂事件に連座し、投獄されている。出獄後は伯家神道の公開研修をはかり奔走し、昭和一一年（一九三六）には旧神祇伯家当主・白川資長子爵を会長に復古派「皇道修斎会」を組織し、戦後は「すめら教」という新宗教団体を開いた。近年、八幡書店から、足日公の『天津微手振　天津息吹』『禊祓と皇道原理』が復刻・刊行されている（八幡書店、二〇二〇年）。以上、鬼倉足日公については、同書解説の武田崇元「鬼倉足日公と天津微手振の伝」を参照した。また白川家の「気吹永世」の行法については、昭和前期の宮内省掌典で折口信夫の「親友」星野輝興（一八八二～一九五七）が、昭和七年（一九三二）から開催した「日本精神顕修会」で公開、伝習している。こちらの会も白川資長が会長を務めている。星野の「日本精神顕修会」の活動については、斎藤英喜「神仙・調息・ファシズム――平田篤胤と近代異端神道をめぐって」（山下久夫・斎藤英喜編『平田篤胤　狂信から共振へ』法藏館、二〇二三年予定）で論じた。

［27］なお、本田と高浜清七郎との関係については、鎌田、前掲書［2］でふれられている。二六四頁。

［28］鈴木編、前掲書［19］巻末記、五八八頁。

［29］藤田大誠『近代国学の研究』第四章、第五章（弘文社、二〇〇七年）を参照した。

〔30〕津城、前掲書〔2〕を参照した。
〔31〕宮地厳夫の「自修鎮魂」については、斎藤、前掲論文〔26〕「神仙・調息・ファシズム」で論じた。
〔32〕山下久夫「システムとしてのアマテラス――近世の神々の水脈から」三〇七頁（斎藤英喜編『アマテラス神話の変身譜』森話社、一九九六年）。本論文は、親徳の『古事記』解釈について、身体を駆使した実践と不可分にあることの意義を説いた先駆的なものである。
〔33〕津城、前掲書〔2〕、並木、前掲論文〔11〕。
〔34〕この点については、斎藤、前掲書〔5〕『古事記はいかに読まれてきたか』で論じた。
〔35〕「近世神話」については、斎藤、山下の前掲論文〔5〕などを参照してほしい。
〔36〕「天之御中主神。天ハ高天原ノ天ト同ジクアマナリ。アハ万物ノ原資タル五十霊（又五十元トモ云ヒテ、西洋化学者ノ所謂元素ナレドモ、所謂六十二元素ナル者ハ其ノ中光素温素酸素水素窒素炭素等ノ数元素ヲ除クノ外ハ、皆造物主ノ造化ニ係レル者ニシテ真ノ元素ト謂フベカラズ。後世化学益々進ミ其ノ蘊奥を極メバ必ズ真ノ五十元素ヲ発見スルニ至ラン）ヲ云ヒ…」（二五〇頁）とある。
〔37〕たとえば宗教学者のミルチア・エリアーデは、「未開」社会のあいだに信仰されている「創造者で力ある大天空神、至高存在者」を「ほとんどとるに足らぬ役割しか果たしていない」ことから「有閑神」（デウス・オオチオスス）と呼ぶが、この「有閑神」とコンタクトをとることが可能なのはシャーマン的存在のみであると論じていく（『太陽と天空神』久米博訳、せりか書房、一九七四年）。一方、イタリアの宗教史学者ペッタツォーニは「原始一神教」という概念を提示し、「天之御中主神」をその具体例として指摘する（江川純一『イタリア宗教史学の誕生』勁草書房、二〇一五年）。また江川によれば、ペッタツォーニが記紀などの文献にかんする知識は、井上哲次郎、姉崎正治、加藤玄智、穂積陳重らの洋文献から得たという（江川「折口信夫における宗教学的思考」『現代思想』総特集「折口信夫」二〇一四年五月臨時増刊号）。日本近代の宗教学、神道学との接点として興味深い問題が見出せるだろう。なお、「既存者・至上者」については、戦後における折口信夫の「神道宗教化」の議論と繋がることが、安藤礼二によって提起されている（安藤『折口信夫』講談社、二〇一四年）。その点は、斎藤英喜『折口信夫　神性を拡張する復活の喜び』（ミネルヴァ書房、二〇一九年）でも取り上げたが、さらに「鎮魂・帰神」の行法をめぐる議論として、折口と本田親徳たち「異端神道」との相関性は、掘り下げていくべき課題である。この点は、津城寛文、前掲書〔2〕、同『折口信夫の鎮魂論』（春秋社、一九九〇年）参照。
〔38〕以上の記述は、小川豊生『中世日本の神話・文字・身体』（森話社、二〇一四年）を参照した。
〔39〕山本ひろ子「神道五部書の世界」（『国文学　解釈と鑑賞』一九八七年九月号。後に斎藤英喜編『日本神話　その構造と生成』有精堂、一九九五年に再録。三〇七頁）。
〔40〕この点については、小川豊生「中世神学と日本紀――一三～一四世紀における至高の神と霊魂の探究」（山下久夫・斎藤英喜編『日本書紀一三〇〇年史を問う』思文閣出版、二〇二〇年）、伊藤聡『神道の中世』（中公選書、二〇二〇年）の「第六章　吉田兼倶の「神道」論」、岡田莊司「中世神道における「神＝人＝心」の系譜――奥伊勢から奥三河へ」（『神道宗教』二五九・二六〇合併号、二〇二〇年）

を参照。

［41］鈴木編、前掲書［19］巻末記、五八一頁。

［42］村上重良『国家神道』（岩波新書、一九七〇年）、阪本是丸『国家神道形成過程の研究』（岩波書店、一九九四年）などの先行研究による。

［43］「祭神論争」については、原武史『出雲という思想』（公人社、一九九六年、後に講談社学術文庫、二〇〇一年）、戸波裕之『明治初期の教化と神道』（弘文堂、二〇一三年）参照。

［44］大本七十年史編纂会編『大本七十年史』一六二頁（宗教法人　大本、一九六四年）。

［45］村上、前掲書［1］。

［46］『出口王仁三郎著作集』第一巻、読売新聞社、一九七二年。

［47］前掲書［46］。

［48］対馬路人「新宗教における天皇観と世直し観――神政龍神会の場合」（『神政龍神会資料集成』八幡書店、一九九四年）、永岡崇「近代竹内文献という出来事――〝偽史〟の生成と制度への問い」（小澤実編『近代日本の偽史言説』勉誠出版、二〇一七年）を参照。

［49］橋川文三『昭和維新試論』（朝日新聞社、一九八四年）後に『著作集』第九巻（筑摩書房、二〇〇一年）を参照した。

［50］橋川文三『昭和ナショナリズムの諸相』（名古屋大学出版、一九九四年）を参照した。

［51］近年の「ファシズム」研究として、田中純『政治の美学』（東京大学出版会、二〇〇八年）、竹沢尚一朗編『宗教とファシズム』（水声社、二〇一〇年）、平藤喜久子編『ファシズムと聖なるもの／古代的なるもの』（北海道大学出版会、二〇二〇年）などを参照した。なお、平藤編著については『宗教研究』（四〇一号、二〇二一年）に「書評と紹介」を執筆した。

主要参考文献

村上重良『評伝　出口王仁三郎』（三省堂、一九七八年）

鈴木重道『本田親徳研究』（八幡書店版、一九八四年）

斎藤英喜『折口信夫　神性を拡張する復活の喜び』（ミネルヴァ書房、二〇一九年）

津城寛文『鎮魂行法論』（春秋社、一九九〇年）

武田崇元「古神道家の系譜」（『古神道の本』学研、一九九八年）

橋川文三『昭和ナショナリズムの諸相』（名古屋大学出版会、一九九四年）

第8章

児島高徳の蓑姿
――「近代」津山における歴史／物語の葛藤

◆南郷 晃子

一 はじめに

神話を神の物語という含意から解放し[1]、「ミュトス」という言葉を介し共同体にとっての神々と英雄の物語として捉え直すとき、歴史／物語の問題がそこにあったことに気が付く。「神話学」が始まる前、一八九二年（明治二五）に久米邦武の論文「神道ハ祭典ノ古俗」が激しい反発を受け、久米は大学を追われた。日本の「神話学」の始まりを論じた平藤喜久子は事件に関し、この時代、記紀の神代巻には「古史」という言葉が使われており「神話」でなく「歴史」の意を含む言葉で表されていると指摘する[2]。「神話学」が確立せぬまま神代が「考察」された時代は、剥き出しのままのミュトスが「歴史」に照射された時代でもある。それはわれわれの黄金の過去であるヒーローが脅かされた時代であった。ヒーローへの傾倒と、それは「歴史」ではないということを確認する近代知、そして反発――これが、明治期『太平記』のヒーローをめぐり起こったことであった。

『太平記』には児島高徳《こじまたかのり》という人物が登場する。後醍醐天皇の挙兵に馳せ参じ、尊氏の離反後は尊氏を討とうとする。『太平記』において一貫して「忠臣」であり、隠岐へ流される後醍醐天皇への思いを託した詩句を桜に書きつけたエピソードが小学校の唱歌にもなった、戦前の英雄であった。『太平記』の「英雄」の物語が、近代日本の「忠臣愛国」意識に大きな影響を与えたことはよく知られている。楠木正成をはじめとする南朝の忠臣たちは教科書や唱歌といった教育の場に取り入れられていった。学校教育における利用は、とりもなおさずそれが「国民」の知を養育するものであることを示している。一人前の「国民」になるために身につけるべきものとして『太平記』世界がある。それは、戦時における南朝の物語の受容へと続き、物語が人を死に至らしめるという、悲しく恐ろしい事例となる。しかし当然ながら『太平記』は学校で国民が育成される近代国家とともに誕生した物語ではない。

『太平記』は十四世紀後半には成立していたとされる。江戸時代には「太平記読み」という講釈師がおり、彼らの講釈が近世期の政治思想の一角を形成した[3]。そして近世以来の太平記読みの物語世界は近代天皇制を支えていく[4]。しかし第二次世界大戦に至るまで『太平記』世界が無批判に享受されてきたわけではない。「歴史」に自覚的であろうとした久米、そして重野安繹《やすつぐ》という『大日本編年史』編纂に従事した面々は『太平記』を歴史から切り離そうとする。また『太平記』は地域社会に根を張る各土地固有の物語でもあった。児島高徳であれば、例えば岡山県赤磐郡の熊山神社に高徳の腰掛岩がある。『太平記』に高徳の熊山挙兵については書かれているが、当然ながら腰掛岩の記述はない。「腰掛岩」という民俗的な伝承世界と『太平記』世界は溶け合うのである。『太平記』では最期のはっきりしない高徳の墓も各地に存在する。そして「院庄桜樹」のある津山には同地で「語り伝えられた」とされる児島高徳の姿が残される。児島高徳は「日本」の英雄であるとともに、それぞれの地域における英雄であった。

本章は、明治期のある郷土史家による岡山津山の児島高徳譚を読んでいく[5]。それは数多ある地域のなかのひとつの記述である。しかしここから、地域社会が近代国家の一部になった時代におけるミュトスをめぐる葛藤が浮かび上がる。

写真❶　作楽神社（撮影南郷）

写真❷　児島高徳像（撮影南郷）

二　祀られる児島高徳

院庄と児島高徳について

鎌倉時代の守護職の館跡とされる院庄《いんのしょう》は、現在の岡山県津山市、旧美作国に含まれる。津山駅から西へ一駅進むと院庄駅で、駅から一五分程度歩くと作楽《さくら》神社に着く。祭神は後醍醐天皇と「児島高徳」である。一八六九年（明治二）の創建である。まずは作楽神社創建の背景になる場面を『太平記』「備前三郎高徳事　付呉越軍事」からおおまかに確認したい[6]。

備前国住人児島高徳は、笠置の後醍醐天皇の味方に参上しようとしたが、笠置は落とされ「楠」も自害したと聞き失望する。しかし後醍醐天皇が隠岐国へ流されると聞き、天皇を奪還しようとする。高徳らは備前と播磨の境の舟坂山（山陽道）で待ち伏せたが、天皇の一行は、山陰道を通っていった。では美作杉坂で待とうと杉坂へ行ったが、天皇はすでに院庄に入っていた。高徳はせめて想いを伝えたいと考える。

微服潜行《びふくせんこう》して、時分を伺ひけれ共、然べき隙《ひま》も無りければ、君の御座ある御宿の庭に、大なる桜木有けるを、押削て、大文字に一句の詩をぞ書付たりける。

天莫《な》カレレ空スルコト二勾践《こうせん》ヲ一
時ニ非スレ無ニシモ二范蠡《はんれい》一

主上は詩の心を覚りにこりとなさったが、警護の武士には何もわからず、咎めることもなかった。『太平記』では呉に囚われた越王勾践《こうせん》に范蠡《はんれい》が「死を敵に許すことなかれ」と伝えた話が続く。勾践はのちに范蠡とともに呉王を討つのであり、高徳は、勾践と後醍醐天皇を、范蠡と己を重ね、共に敵を討つ日が来るとメッセージを込めたのである。

児島高徳を祀る契機と道家大門

一八六九年（明治二）後醍醐天皇が宿とした院庄に作楽神社が創建された。楠木正成を祀る湊川神社創建の沙汰が出た翌年であった。

そもそもの動きがあったのは改元直前、一八六八年（慶応四）七月のことである。道家大門が「院庄造立神社之事趣」を刷り、後醍醐天皇を祀り側に高徳の霊像を置くことを提言する。立石公久、矢吹正則などがこれに名を連ねる。同年（明治元）十一月、津山藩主松平慶倫《よしとも》が後醍醐天皇を祀る神社建立の願文を出す。回答は、国による神社造立は難しいが、藩で行う分には「苦しからず」というものだった。藩での造立が行われることになり、道家大門や矢吹正則が御造営係についた。

彼らは何を思い神社の創建を求めたのか。「院庄造立神社之事趣」の一節を引く。[7]

> 天下一新殊に王政古に復し我が神州の正気《まごころ》一震起《たびおこり》五畿七道の正義勤 王の有志輩海水《うしほ》の涌くが如に漲り星の如くに集りつどひ殊に期る時世とはなりけり嗚呼忠臣児島君の遺蹟を追ひ慕ひつつ

物語世界を超え実体を獲得した「天皇」を前に児島高徳であるかのように「勤王有志」として忠誠を誓う、自己と太平記世界への陶酔が滲む。

道家大門は津山藩の料理方津田家の養子で、一八六八年には学問的素養を買われ国学修行を仰せ付けられ、平田篤胤の系譜を引く平田銕胤《かねたね》の弟子になっている[8]。のちには神主になり作楽神社の側に住み、神社に生涯を捧げた。道家の評伝をまとめた福田景門は、道家を『夜明け前』の主人公のモデル、島崎藤村の父正樹と重ね合わせる。「維新」に没入したままその後を生きた人間の姿を道家に見ることができよう。

三 『院庄作楽香』

矢吹正則の苦言

さて「院庄造立神社之事趣」の一文には、思わぬところから苦言が呈されている。この書に名を連ね御造営係を勤めた矢吹正則が内容について問い詰めたというのである。

> 神社造営の初め道家助十郎院荘造立神社事趣と題する書を編み上梓したり。其書に　後醍醐帝院荘に鳳輦を駐め一宇の梵屋を行宮に定め給ひし由記載せり。是は明和中にや何者か児島公の妻女公を追慕して院荘に来しなど事面白く戯作せし者に　天皇は清眼寺に御行在など載たる附会の説に迷ひし感あるを以て正則之を質せしに[9]

「院庄造立神社之事趣」には、後醍醐天皇が院庄の寺院を行宮《あんぐう》、仮の宿にしたという箇所がある。これは、高徳の妻が夫を慕い追ってきたという明和年中（一七六四―一七七二）の戯作に迷ったものではないかと、道家を質したという。児島高徳の忠誠を語る上で、後醍醐天皇の宿所の正確な場所は重要でないように思える。しかし矢吹正則にとっては過去を語る一言一句が、その情報の由来とともに検証すべき対象になる。それは戯作由来のものであってはならない。彼は、正当な手段で証明された正確な過去の情報を求めるのである。

『院荘作楽香』と重野安繹

矢吹正則は美作勝南郡の庄屋家の出で津山藩家老永見小刑部に仕え、尊王派の立場から幕末の津山藩政に関わり、一八六八年（明治元）に藩士になった。一八七九年には岡山県議員になり、地域政治に加わるとともに地域についての多くの著作を持つ郷土史家でもある。[10] その子正己とともに、あるべき「正しい」地域の過去を残そうとした人物として拙稿で論じた。[11] 矢吹親子は、津山の様々な「歴史」を、今日からみると伝承に区分されるものも含めて集め、後世に残していった。

先述の道家への批判は、一八九三年（明治二十六）の序を持ち、一九〇五年に出版された『院庄作楽香』に含まれる。同書は何らかの事情により出版が遅れたが、そもそもは一八九一年に始まった作楽神社修復の寄付の謝礼に編まれたものであった。[12] この頃の作楽神社はひどく荒廃していたようだ。閑谷学校校長西毅一は寄付の依頼文で、作楽神社の荒廃を嘆き次のように述べる。「考証穿鑿区区の理論世に行れ其人の有無を疑ふに至り人衆きもの天に勝ち特種の良風美俗将に地に墜ちんとする」[13]。「其人」、つまり高徳の実在が疑われる「考証穿鑿区区の理論」とは何なのか。矢吹正則はより率直に述べる。

> 作楽神社の荒廃は勿論其有無すら知る人少なし。加之重野博士は児島公の有無を評し或は小楠公の決別を怪しみ千載の模範万代の亀鑑たる忠臣を傷つけんと試みたり[14]

この頃の児島高徳は、帝国大学教授重野安繹によりその実在が脅かされている只中にあった。重野は久米邦武らとともに国史編纂事業における考証史学に則った歴史記述を志向し、[15]『太平記』世界を「歴史」とみることの見直しが進められ「児島高徳」の実在に疑問が呈されていた。これには批判、反発が起こり、一八九三年『院庄作楽記』の序文が書かれたその年に、久米が大学を追われた、いわゆる「久米邦武筆禍事件」の煽りを受け重野安繹も教職を辞する。神社の荒廃に「重野博士」の影を見つつ矢吹らは神社再建を試みる。そのための書『院荘作楽香』は、児島高徳を消さんとする「史学」に対する地域社会からのひとつの抵抗である。矢吹正則の、情報の正確さと由来への拘りはそれゆえだと考えられる。中央の考証史学に対する地域社会からの「考証」が重ねられる。高徳が「歴史」の一角であることを示すには正しい証拠が必要である。

『院庄作楽香』における高徳像

では矢吹にとっての考証、正しい証拠とは何か。何を以てどのように児島高徳を語るのか。『院荘作楽香』は美作に残る資料の引用、紹介も含むが、中心は矢吹による「児島高徳」伝承である。矢吹による「正しい」高徳の姿を、院庄の後醍醐天皇の宿所に忍び込み詩句を残す場面からみたい[16]。

> 折節春雨の降りければ甲冑の上に山だち頭巾麻を編しもの蓑を纏《まと》ひて密《ひそか》に行在所に詣《いた》られしも御館の内に入るを得ず。幸いに門前に桜樹有りて雨夜ながら小枝に花の見えければ是ぞ御愛に触るならんと其樹を削り腰付《こしつけ》の墨斗《やたて》を取出して天莫《てんなかれ》レ空《むなしふすること》二勾践《こうせんを》一時非レ無《ときにあらずなきに》二范蠡《はんれい》一と十字を題して立去られたりとなん。翌朝警固の武士等之を見るも其意を解すること能はず。竟《つい》に天覧を経たり　天皇之を御覧して龍顔最《いと》も麗しく相窺れたるは聖運を開かせ奉らんとする忠臣の世に潜みあるを窃《ひそか》に喜び思食《おぼしめ》しならん。是れ院荘にて古来人口に膾炙《かいしゃ》するものと太平記に載る所の概伝なり。

春雨のため甲冑の上に「山だち頭巾」と蓑を纏い後醍醐天皇の元に行く。門前に桜の木があり、雨夜ではあったが小枝に花が咲いているのが見え、天皇はきっと愛でなさるだろうと、樹を削り腰に付けていた墨斗《やたて》、墨壺を取り出し

「天莫空勾践時非無范蠡」と書きつけて去る。これは院庄で「古来人口に膾炙」した場面である。

『太平記』本文では、高徳の服装に関し言及はなく、雨でもない。春雨で高徳が「山だち頭巾」を被り蓑を着ていたということは本当に院庄独自の伝承なのだろうか。矢吹の記述に先立つ近世の、津山でなく都市で出された作品をまず確認する。

四　児島高徳の姿

都市版本における高徳の姿

『太平記』諸本を比較し一覧する『参考太平記』の当該箇所を確認すると、諸本には桜を柳とするなどの違いはあるが、高徳の外見や天候についての記載はない。[17]『太平記評判理尽抄』も同様である。[18]

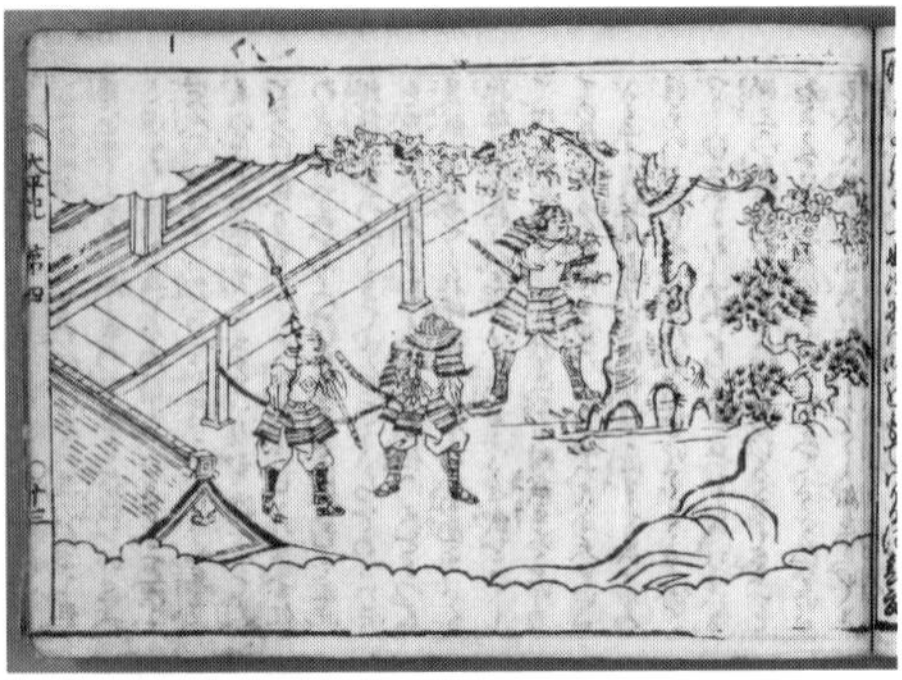

図❶　『絵入太平記』一六八九年（元禄十一）、早稲田大学図書館所蔵

絵に着目すると一六九八年刊行の『絵入太平記』には高徳が桜に詩句を刻みつける場面があり、甲冑姿である（図❶）。一七一四年に刊行された『繪本故事談』でもやはり甲冑を着ている（図❷）。ところが『絵本威武貴山』（一七九三年）や『南総里見八犬伝』巻二五（一八三九―一八四二年）の挿絵をみると高徳は蓑を纏い笠を被っている（図❸・❹）。『江都《えど》錦今様国尽《にしきいまようくにづくし》』（一八五二年）（図❺）では蓑に鉢巻である。十八世紀後半ごろから蓑笠姿の高徳像は増えていったのではないかと考えられる。頭巾については、十分に探しているわけではないが『前賢故実』（一八三六―一八六八年刊）が早い例になる（図❻）。

川柳からも高徳の姿が推測される。「時の雨備後は花を殺いて書き」（一八五三年）という句があり、十九世紀半ば、蓑笠姿の確立後には、雨が降る場合もあっ

図❹　曲亭馬琴『南總里見八犬傳　第九輯　巻二五』一八三九年（天保一〇）―一八四二年（天保一三）、国文学研究資料館所蔵

図❷　山本 序周・橘有税『繪本故事談』一七一四年（正徳四）刊、国文学研究資料館 松野陽一旧蔵書所蔵

図❺　『江都錦今様国尽』一八五二年（嘉永五）、国立国会図書館所蔵

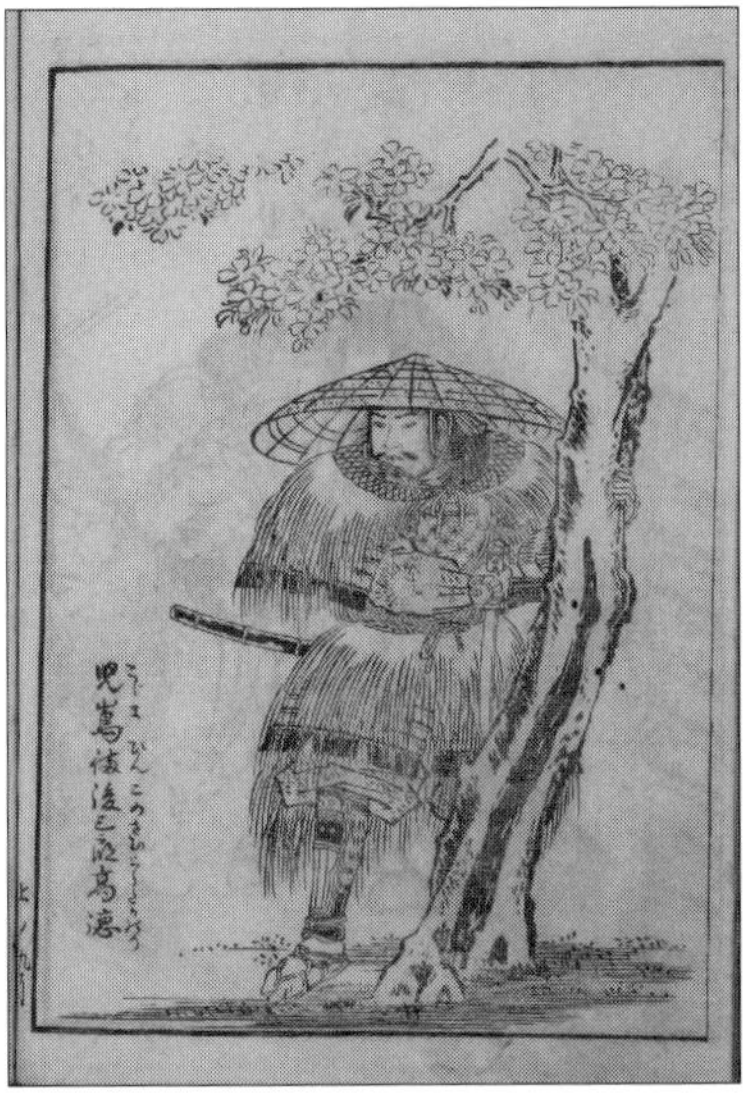

図❸　旭朗井・勝春章『絵本威武貴山』一七九三年（寛政五）刊、早稲田大学図書館所蔵

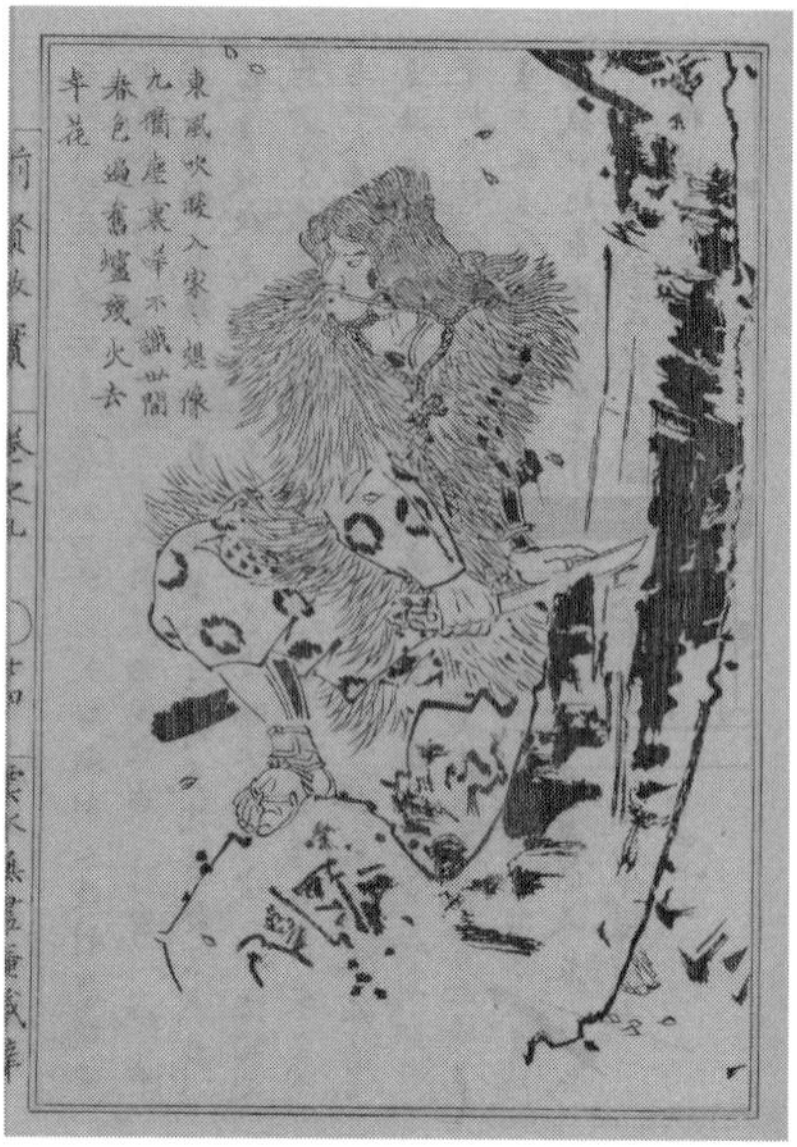

図❻　菊池武保・手塚光照等『前賢故実巻之九』一八三六年（天保七）- 一八六八年（慶応四）刊、国文学研究資料館鵜飼文庫所蔵

図❼　月岡芳年「雨中月　児島高徳 月百姿」一八八九年（明治二十二）、大英博物館所蔵

たのではないか。しかし一七七一年の「たかのりはふつても大事ないしたく」という句は高徳の姿なら雨でも問題ないという点がおかしみで、雨を理由に高徳が蓑笠を着ていれば成立しない。[19] なお間違いなく降っている月岡芳年「雨中月」は一八八九年の作品である（**図❼**）。

大雑把ではあるがまとめるとこのようになろう。都市を起点とする版本や刷物では、十八世紀後半ごろには児島高徳の蓑姿が広がっているが、十七世紀から十八世紀前半後半には甲冑姿がみられた。蓑とともに笠が被られることも多い。また蓑姿は必ずしも雨と一体だったわけではない。

津山における高徳の姿

高徳の姿について『美作風土略』は次のように述べる。

今備後三郎の絵をみるに、甲冑を帯して筆をもち、桜にむかふ体也。院庄の所にいひ伝へたるは、蓑笠を着し書れしと云へり。警固きびしき時なればさも有りなん。

すなわち、院庄には蓑笠姿の高徳イメージがあり、それは一般的に広まっている甲冑姿とは異なるというのである。[20] また蓑笠姿は警護が厳しき折であったためと解している。同書は一七六二年（宝暦十二）までの成立とされ、確かに前述の検証を踏まえると若干早いように思われる。

次の長尾勝明の記述はさらに早い。津山藩主森長成の命で編纂された一六八九年（元禄二）成立の『作陽誌』にみえる記述である。[21]

又居民伝言有り。高徳便宜を覬覦《きゆ》す。然に軍令厳粛なり、陣営入るを得ず。この日天雨に因り籜笠《たけのこがさ》を載き蓑衣を被り佯《いつわり》て厮養を為し、御館に窃《ひそか》に詣ず。

図❽　古渕・藤村善右衛門『人物草画』一七七四年（安永三）東京藝術大学附属図書館所蔵

この日は雨であったため、高徳は「籜笠」を被り蓑衣を着、厮養《しよう》をなし、つまり下働きに姿を変え、後醍醐天皇の元へひそかに向かったという。院庄独自という断言はできないまでも、やはり一般に流布するより早く、津山の高徳は蓑姿だったのである。『美作風土略』同様に土地の者に伝わるという点も注意される。

ただしこれらで高徳が被るのは笠である。『院荘作楽香』の高徳は「山だち頭巾」姿だが「山だち」とは山賊あるいはマタギなど山に生きる者を指す。『人物草画』では「ヤマタチ」

図❾　作者・制作年代不明「児島高徳像」作楽神社所蔵。津山市郷土博物館委託。

とルビを振られた「山賊」が頭巾を被っている（図❽）。また『院荘作楽香』は「山だち頭巾」を「麻を編んだ物」と説明する。そうするとこれは苧屑（おくそ、ほくそ）頭巾と同様のものだったのではないか。苧屑は麻と同じく布を作るカラムシの屑であり、山賊同士が喧嘩をする狂言の「文山立」では、彼らは「苧屑頭巾」を被っている。[22]

児島高徳の木像

この山の民の被る頭巾を被り蓑を着た高徳の姿が確認できるものがある。現美作市観音寺にあったとされる木像である（図❾）。成立年代、作者は不明で、作楽神社創建後「村役等に警護され村民に見送られて院庄に遷った」という。[23] 現在は津山郷土博物館に委託されている。近世後期の津山藩中では、この木像こそが高徳の姿だったのではないか。

一八一二年（文化九）、藩主松平康孝は家臣広瀬台山にこの木像を写させ、記文、詩句をつけさせて、墨本にして刷り配った。詩句の意味をとり現代語訳をほどこしたものを一部以下に挙げる。

> 虫食いがあり、マダラになっている。おそらく四百年前の物であるという。丈は二尺五寸ほど。身に甲をまとい、襏襫《はっせき》（蓑）を重ねる。頭に兜を被り、麻帽を加えている。（略）左手を腰にあて、墨斗《やたて》を持っている。墨斗は竹で作っており、素材そのままの状態である。形は水杓のようだ。

蓑・頭巾姿で、矢立もある。矢吹の記述と同じ高徳の姿である。ただ言葉遣いは違っている。その後一八五四年（嘉永七）に、儒学者昌谷精渓《さかやせいけい》の詩句を入れ、板が作り直されたものが再配布された。

> 独将軍潜行。従至院荘。欲一見奏衷情不得間。一日陰雨被簑笠。混厮養入行宮。斫白残花桜樹。書曰。（中略）而在院荘東北三里一宮村観音寺。（後略）
> 嘉永七年甲寅春二月　作府文学　昌谷碩　撰

雨が降り頭巾ではなく笠を被っている。「混厮養」という表現もあり『作陽誌』を踏まえていよう。

さらにこの二年後一八五六年（安政三）十月に演ぜられた「高徳」の謡曲がある。「作者、津山青木意平一忠、介添津山藩士野矢幸左衛門為政、節附津山藩能役者五郎作懋昭、節附江戸幕府能役者楠田某」とあり[24]、津山藩の関係者を中心に作られている。

> わき上《カカル》〽ふしぎな夢現《うつつ》ともわかざるに。山だち頭巾蓑を着し。下には甲冑を帯し見へ給ふは。いかなる人にてましますぞ。
> して序《クリ》〽今は何をかつゝむべき。我こそ三郎高徳。夢中の対面欣然たり[25]。

山だち頭巾に蓑、下に甲冑を着る。木像、そして矢吹の言葉そのままである。雨の描写はない。

近世後期の津山では、観音寺の高徳像をイメージの源とした児島高徳の顕彰が活性化していたとみなせよう。矢吹の高徳表象はこれらの情報を多分に盛り込んでいる。ただし無批判な享受ではない。矢吹は昌谷精渓の漢詩の一部分「入行宮」を批判する。「至行宮」の誤りだというのである[26]。

『院庄作楽記』の「歴史」

児島高徳は後醍醐天皇の宿所の内には入れず「入行宮」ではない。高徳が詩句を刻んだ桜の樹は行所跡の東の方の門外にあり、それは「旧跡の実況」と『作陽誌』から明らかである、それが矢吹の主張である。「旧跡の実況」とは、一六九九年(元禄十二)の大庄屋が提出した絵図で、そこに長尾勝明が植えた桜が見える。そして長尾勝明は昔桜があった場所に植えたのだ、と。正則にとって「正しい」過去を保証するのは、地域社会における古の情報である。「ここ」に古くからあるもの、それを証拠として、道家大門も昌谷精渓も臆することなく批判し『太平記』の記述さえ補っていく。

同書で矢吹は、自分の過去の著作までも批判し陳謝する。後醍醐天皇が笠掛の森を通り院庄に入ったと以前著したのは間違いだった。後醍醐天皇の御幸の道筋を調査したおり、いくつかの村の古老から、後醍醐天皇が通ったと聞き取ったが、それを生かさず『山陽名所道考』の記述を「迷信」してしまった、そう言うのである。矢吹にとっては、古老の言葉も過去を証明する重要な手段であった。

矢吹の記す「古来人口に膾炙する」という言葉は、そもそも先行する書物に由来するものであった。しかしその言葉は過去をより確かに保証する。古老からの情報は重野安繹らには得ることのできない、この場所にある過去の証拠なのだ。その「確かさ」はしばしば書物の権威を上回る。後醍醐天皇の御幸の道筋に関し『作陽誌』にも誤りがあるとして「国主の撰ましめし書にても此の如し」と言う。

ただ、一つの疑問が残る。矢吹は『作陽誌』の「笠」ではなく「頭巾」を採用した。それなのに雨が降るのはなぜだろう。『作陽誌』は雨であるからこそ笠なのであり、頭巾は雨よけに適さない。山だち頭巾姿の高徳が登場する能に雨の描写はなかった。頭巾姿の高徳像に雨の描写を加えたのは昌谷精渓だが、「入行宮」の間違いを犯す昌谷精渓にことさら重きを置いたわけではあるまい。

五　蓑と児島高徳

蓑を着ることについて

さきに確認した都市の高徳像では、降雨の有無は曖昧だったが蓑姿の普及があり、笠を被っているものもあった。雨のないまま蓑姿、あるいは蓑笠姿なのだとしたら、それはなぜなのだろう。

この蓑という装束は一筋縄ではいかない。古くは『日本書紀』でスサノオが高天原を追われるときに蓑を纏い、昔話には鬼の持ち物として隠れ笠と隠れ蓑が登場する。来訪神には蓑を纏うものが少なくない。折口信夫はこの姿をマレビトの装束と解釈した。

――「笠を頂き簑を纏ふ事が、人格を離れて神格に入る手段であつたと見るべき痕跡がある。」（「まれびとの意義」[27]）

――「蓑笠ですっかり体を隠すのは、昔は鬼の資格と考えていた。」（「春立つ鬼」[28]）

こういった折口の蓑笠をめぐる論は民俗学のみならず歴史学にも大きな影響を与える。網野善彦は折口のマレビト論を引き受けながら、一揆における蓑笠姿を「異類異形の装い」すなわち「非人」「無縁」の人々の衣装として読み解いていく。彼らの服装を「一斉に身につけることによって、百姓や馬借はその行動の「自由」と、抑圧者と戦う不退の決意を自覚的に表明した」とするのである。[29] また勝俣鎮夫は、百姓一揆の蓑笠をまとう姿について、「隠れる」意味に加え、「みずからを神や鬼にしたてた」ものであるとし、一揆を神慮とする意識を読み込む。[30]

ただ文脈を無視して蓑笠＝マレビトと安易に解釈することには、小松和彦が警鐘を鳴らす。[31] その上で小松は「通過儀礼における蓑笠は、社会的境界を越える象徴的な旅の装束」であり、一揆の蓑笠装束は雨乞い儀礼と一揆との連続性に依るものかとみる。

蓑笠は象徴的意味を多分に含む。その意味を文脈に注意し読み解くならば児島高徳の蓑笠装束はどう読めるのか。

児島高徳の蓑姿の意味

『太平記』本文からごく単純に結論付けるならば、その蓑は「微服潜行して」つまり忍びながら山中を進むためであろう。勝俣鎮夫が隠れるものとしての蓑について言及したように、頭を覆い蓑を纏うことは、山の景観に紛れることに適している。その場合山賊がそうであるように必要なのは笠よりも頭巾である。頭巾姿の木像は山中を自在に移動する高徳の一面を反映していよう。

さらに高徳は各地を動き回る人物であり、旅人のイメージも加わる。旅人、非定住者の蓑笠姿は『洞院公定日記』の記述を思い起こさせる。よく知られた『洞院公定日記』一三七四年(応安七)五月三日の「太平記作者」「小島法師」の記事である。[32]そこには小島法師が「卑賤の器」だと書かれている。小島法師は児島高徳ともつながり、兵藤祐己は太平記作者としての高徳のイメージの背景に「児島三郎高徳を自称した『卑賤の器』の伝承が存在したものだろうか」と述べ、高徳の異形性と『太平記』を語った、カタル／語る／騙るものたちの異形性を重ね合わせる。[33]旅をしながらカタルものの姿は、蓑笠装束のイメージとも重なっていく。

版本で描かれるより早い、津山の伝承だという高徳の蓑姿は、登場人物と一体化し語るカタリものとしての『太平記』の一面が影響している、つまり各地を遍歴し語る者の姿が背後にある可能性もあろう。しかしそれでは蓑を纏いながら笠を脱ぎ頭巾を被り雨を避ける、矢吹の語る高徳をどう理解できようか。

確認しておきたいのは、院庄周辺に蓑を着る高徳イメージがあったということ、また蓑笠姿は異形性、さらにいうならば非人性と重ねられるものであったということである。そして、こと近世の美作においては、蓑と非人イメージの重なりは強固な意味を持つ。網野善彦が一揆における蓑笠装束の考察の緒としたのは、美作非人騒動であった。

一七三九年（元文四）の美作勝北郡でおこった一揆勢は「古笠、古みのを着し」という「非人拵」であった。網野善彦はこれを入り口に、一揆のいでたちとしての蓑笠問題を説きおこす。

美作は幾度も一揆が起こった地域である。一揆勢が自らを「非人」と称したのは、この一七三九年の騒動ばかりではない。一八二五年（文政八）の非人騒動、そして一八六六年（慶応二）の改政一揆においても一揆勢は自らを「非人」と称した。[34]

一八六六年の美作改政一揆は、幕末の不安定な政情の中での凶作や長州出兵に伴う人夫役の負担への不満などを背景に起こった。「非人出来ると見て、手ん手に蓑を着、鎌を腰に着、中には竹鑓を持ける者もあり」と蓑と鎌を持ち非人を装う百姓たちが強訴をして回る。その中で、大庄屋の一部は「蓑を着し」て門前に出て、一揆勢に食べ物を振る舞うことで被害を免れている。[35]蓑の着用は一揆への連帯の表明として機能し、それにより一揆の被害を避けることができた。

矢吹正則と非人騒動

矢吹正則もこの一揆に直面し「津山藩領民騒擾見聞録」として書き残している。[36]矢吹が記す一揆と蓑に関する一場面をみてみよう。

群衆は正則の家の側に迫ってきた。裏門の外に避難すると隣家の勘助とその老母、妻子と会う。勘助は助言する。「強訴」の誘いが来たときは従わないわけにはいかない。断れば乱暴される。そのため私は「一人に蓑を着せて、戸外に立番せしめ置けり」。あなたも速やかにそうなされよと勧めるのである。勘助の妻と老母も、ある家では五人に蓑を着せて戸外に出しているという話をする。正則はそれを聞き家人の徳蔵を戸外に出し立番させる。

はっきりと書いてはいないが、徳蔵には蓑を着せたのだろう。正則は蓑を着ることが非人を装うことだと骨身に染みて知っている。

蓑姿再考

百姓の主体的な変身としての「非人拵」には、一見非人身分への共感があるようにも見えてしまう。しかし、アウトローへの変身というそれは、当然のことながら非人をアウトローとする確固たる認識があってのものである。一揆における「異形」「アウトロー」姿は、秩序の中に生きる常民の異常時の装いである。

秩序の中で生きる「穢れなきわれわれ」とは異なる姿、平時には忌む姿であるからこそ、蓑装束は「異形」性を持つ。一般農民の非人の装いは、それが非人身分のものとの共闘を可能にしたとしても、差別から解き放たれた装いでは決してなかっただろう。

一八七一年（明治四）八月、いわゆる「解放令」、穢多非人等の称廃止令が出された。身分の差異が公的になくなったとき、非人拵は意味を失う。一八七三年五月、美作でまた一揆が起こる。「美作血税一揆」と呼ばれるこれは、大規模な被差別部落への襲撃と部落民の殺害、傷害を伴なった。[37] 矢吹正則はこのとき一揆の鎮圧に駆り出され説諭にあたったことを、正則の子正己が書き記している。[38]

矢吹の語る高徳が、雨よけに蓑を着て頭巾を被るのはなぜか。ささやかな問いである。しかしこの答えのうちには当時の美作が抱え込んでいた「近代化」の問題が織り込まれている。蓑は確かに雨のときに羽織られる。けれど山中を進み身を隠す高徳に、その理由は不要である。雨という説明が重ねられたのは、蓑姿から連想される別の意味を消し去るためではなかったか。また「やまだち頭巾」がたとえ山賊の頭巾であれ、それは矢吹にとって、そしてその地に生きる人々にとって、蓑笠姿ほど強い意味を持たない。

雨の降らない蓑笠姿は、西洋的な新しい社会体制への不安、反発、過去への固執、そしてそれに伴い起こった「新平民」への凄まじい暴力、このような近代化にあえぐ同地の一面を立ち上げてしまう。

六　おわりに

『太平記』の児島高徳の桜樹の場面は、幕末に「ここ」から天皇へと一直線につながる糸口になった。神社創建活動時における児島高徳は、物語／歴史が未分化な、またその必要もなく享受される、かつてここ院庄に訪れたヒーローであった。久米邦武や重野安繹はそれを考証し「歴史」なるものを確立せんとしていく。彼らの史学から削ぎ落とされる典型が、院庄の場面であっただろう。

幕末に尊皇運動に参加し、作楽神社建立の立役者のひとりでもあった矢吹正則にとって、児島高徳を消し去ることはあってはならないことである。物語／歴史を分離するならば、それはむしろ歴史であると明らかにすることが矢吹の役割である。史学が消さんとする実在を、矢吹は彼自身の場所、帝大の考証史学には接続できないところから証明しようとした。それは庄屋の絵図から確認する桜の位置であり、古老の言葉である。矢吹にとって過去の証拠はここにある。

同時に「ここ」から過去を見るその眼差しが、院庄に雨を降らせたのではないか。一揆で非人を装う同地域において、雨が降らぬままの蓑笠姿は非人を示唆することになろう。後世の歴史家がその装いを「異形」のものというときの希望を含む声色をよそに、同地域における「異形」は、血生臭い暴力を呼び起こすものであった。

この「異形」への暴力は西洋への恐れと一体のものであった。ひろたまさきは美作血税一揆について、新政府が共有する西洋世界、異世界が在来世界へ侵攻してくることへの恐怖が伴っており、血が混淆する恐怖、清浄な共同体への固執があったと考察する。[39]正則の子矢吹正己の記録にも、血税一揆前に御雇外国人が来県し、ビールやワインを飲む姿を、人々が怪しんだとある。[40]「血税一揆」と呼ばれるこの一揆は明確に反西洋、そして反西洋的近代の側面を持つ。一揆の要求書には、貢米や運上といった経済的負担の軽減とともに、徴兵の廃止、斬髪の廃止を元にもどすこと、そして「穢多ハ従前ニ御復ノ事」ということが含まれ、小学校も攻撃の対象であった[41]。

明治維新により切り拓かれた新時代は西洋的「近代」世界に立脚するものであった。矢吹正則は地域社会から、児島高徳を歴史的存在として語らんと試みたが、それは「ここ」からの近代化に向けた格闘だったと言えるのではないか。彼の高徳表象は、地域社会の中で県の役人、そして政治家として生きていく矢吹の、彼の場所からの「史学」、そして「近代化」であったということができよう。

全国的な血税反対一揆は次第に落ち着き、学校や徴兵制という制度も徐々に整っていく。しかし「ミュトス」を近代学問から捉えることは簡単にはいかなかった。重野安繹が帝大を辞職したのち、神話学の言葉とともに「神」の物語を議論の俎上にあげることが可能になったとしても[42]、「神話」の言葉から切り離された神ならぬヒーローは、未分化な姿を保ち続ける。『院庄作楽香』の序が記され重野が帝大を去った一八九三年から十八年後、一九一一年に発行された第一期「尋常小学校唱歌」には「児島高徳」が載る[43]。「船坂山や杉坂と御あと慕ひて院庄」と子どもたちは歌った。歌い上げられるヒーロー児島高徳の物語／歴史は一途な陶酔を呼び起こし、ときに人々を死へと誘う。それは「ミュトス」であり続けたのである。

注

［1］清川祥恵「英雄からスーパーヒーローへ――十九世紀以降の英米における「神話」利用」植朗子・南郷晃子・清川祥恵編『「神話」を近現代に問う』（勉誠出版、二〇一八年）。

［2］平藤喜久子「〝史〟から〝話〟へ――日本神話学の夜明け」植朗子・南郷晃子・清川祥恵編『「神話」を近現代に問う』（勉誠出版、二〇一八年）。

［3］若尾政希『「太平記読み」の時代　近世政治思想史の構想』（平凡社、一九九九年）。

［4］兵藤裕己『太平記〈よみ〉の可能性――歴史という物語』（講談社、二〇〇五年、初版一九九五年）。

［5］ここでは「郷土史家」を地域にこだわり、その歴史および伝承について研究を行う者の意で使用する。

［6］近代津山の『太平記』への影響を考えるため近世期の流布本として『新刻太平記』一六七一年（寛文一一）刊、国文学研究資料館所蔵、新日本古典籍総合データベース DOI：10.20730/200008369 を主に使用し、一六〇三年（慶長八）の古活字本を底本とする新潮古

典文学大系『太平記』を適宜参照した。

［7］福田景門『新版　桜木の宮』（作楽神社社務所、二〇一二年）、振り仮名は矢吹正則『院荘作楽香』（作楽神社保存事務所発行、一八九三年序、一九〇五年）により補足。

［8］福田景門『道家大門評伝』（錦正社、一九九六年）。大門が伯父の家津田家を継いだのにはひとつには真一郎（真道）の出奔がある。津田真道は後に福沢諭吉らと明六社を結成する。

［9］矢吹正則『院荘作楽香』（作楽神社保存事務所発行、一八九三年序、一九〇五年）。

［10］矢吹正則については「明治維新前美作志士列伝」『津山温知会誌』十三、一九二三年および笹部昌利「津山藩と幕末政局―中央政治と「攘夷」への対応の一形態―」『佛教大学大学院紀要』二十七号、一九九九年を参照。

［11］「地域社会の「神話」記述の検証――津山、徳守神社とその摂社をめぐる物語を中心に」植朗子・南郷晃子・清川祥恵編『「神話」を近現代に問う』（勉誠出版、二〇一八年）。

［12］矢吹、一九〇五年、三頁。

［13］矢吹、一九〇五年、三四頁。

［14］矢吹、一九〇五年、三六頁。旧字体を新字体に改め、句読点を補った部分がある。以下同書の引用は同様。

［15］一八九〇年の史学会の講演で重野安繹は「世間に段々此の説を難ずる者ありて」と述べる（重野安繹「児島高徳考」『日本大家論集』第二巻第六号、一八九〇年）。

［16］矢吹、一九〇五年、八頁。

［17］『参考太平記』一六九一年（元禄四）刊行巻四（国書刊行会、一九一四年）。

［18］校注今井正之助、加美宏、長坂成行『太平記秘伝理尽鈔一』東洋文庫七〇九（平凡社、二〇〇二年）。

［19］岡田三面子『日本史伝川柳狂句』日本史伝川柳狂句刊行会、一九四三年。

［20］一七一七年（享保二年）～一七六二年（宝暦十一）までの成立とされる。吉備群書集成刊行会『吉備郡書集成』第二集（一九二一年）。

［21］矢吹金一郎校訂『新訂作陽誌』、一九一二年。長尾勝明は児島高徳を顕彰する石碑の碑文も著している。院庄の高徳顕彰に大きな影響を与えた人物である。

［22］古川久校註「文山立」『狂言集』下（朝日新聞社、一九五六年）。

［23］一宮郷土史発行委員会『一宮郷土史』（津山市一宮公民館、一九五五年）。

［24］田中充編『未完謡曲集』続八、古典文庫五三四冊（古典文庫、一九九一年）。

［25］『未完謡曲集』続八。

［26］矢吹、一九〇五年、二六頁。

［27］折口信夫「國文學の發生（第三稿）」『折口信夫全集第一巻』中央公論社（初出、「民俗　第四巻第二號」一九二九年）。

[28]『折口信夫全集第一七巻』(中央公論社、一九九六年)一五一頁、初出昭和十六年四月「俳句研究」第五巻第四号。

[29]網野善彦「蓑笠と柿帷――一揆の衣装」『異形の王権』(平凡社、一九八六年)。

[30]勝俣鎮夫「百姓一揆の出立ち」『一揆』(岩波書店、一九八二年)。

[31]小松和彦『異人論――民俗社会の心性』筑摩書房、一九九五年(初出青土社、一九八五年)。

[32]『洞院公定日記』の記述は重野安繹により紹介された(重野、一八九〇年)。

[33]兵藤、二〇〇五年、七一~七八頁。

[34]長光徳和『備前備中美作百姓一揆史料』第三巻(国書刊行会、一九七八年)。

[35]「作州非人騒動記」長光徳和『備前備中美作百姓一揆史料』第三巻(国書刊行会、一九七八年)一八三頁。

[36]「津山藩領民騒擾見聞録」長光徳和『備前備中美作百姓一揆史料』第三巻(国書刊行会、一九七八年)。

[37]美作血税一揆については、ひろたまさき「美作血税一揆に関する若干の問題」『文明開化と民衆意識』(青木書店、一九八〇年)、友常勉「美作血税一揆と〈差別〉の語り」『現代思想』二七(二)(青土社、一九九九年二月)、今西一「美作『血税』一揆断章」馬原鉄雄・石井忠熊編『天皇制国家の統合と支配』(文理閣、一九九二年)を参考にした。

[38]矢吹正己「北条県下暴動記」長光徳和『備前備中美作百姓一揆史料』第四巻(国書刊行会、一九七八年)二一三六頁。『津山温故知会誌』第一五篇(一九二八年)初出。

[39]ひろた、一九八〇年。

[40]矢吹、一九七八年、二一二八頁。

[41]今西、一九九二年、二三一頁。

[42]平藤、二〇一八年。

[43]海後宗臣編『日本教科書体系近代編　第二十五巻　唱歌』一九六五年、講談社。

図版

図1『絵入太平記』一六八九年(元禄十一)、早稲田大学図書館所蔵、早稲田大学古典籍総合データベース掲載。
https://archive.wul.waseda.ac.jp/kosho/ri05/ri05_02754/ri05_02754_0001/ri05_02754_0001_p0084.jpg

図2 山本序周・橘有税『繪本故事談』一七一四年(正徳四)刊、国文学研究資料館 松野陽一旧蔵書所蔵
https://kotenseki.nijl.ac.jp/biblio/200013867/viewer/101　DOI：10.20730/200013867

図3 旭朗井・勝春章『絵本威武貴山』一七九三年(寛政五)刊、早稲田大学図書館所蔵、早稲田大学古典籍総合データベース掲載。
https://archive.wul.waseda.ac.jp/kosho/chi04/chi04_00952/chi04_00952_p0012.jpg

図4 曲亭馬琴『南總里見八犬傳　第九輯　巻二五』一八三九年(天保一〇)―一八四二年(天保一三)、国文学研究資料館所蔵

http://kotenseki.nijl.ac.jp/biblio/200003973/viewer/2167　DOI：10.20730/200003973

図5『江都錦今様国尽』一八五二年、国立国会図書館所蔵、国立国会図書館デジタルコレクション。
https://dl.ndl.go.jp/info:ndljp/pid/1309641/1

図6 菊池武保・手塚光照等『前賢故実巻之九』一八三六年（天保七）- 一八六八年（慶応四）刊
国文学研究資料館鵜飼文庫所蔵、新日本古典籍総合データベース。
http://kotenseki.nijl.ac.jp/biblio/200023015/viewer/566　DOI：10.20730/200023015

図7 月岡芳年「雨中月　児島高徳 月百姿」一八八九年、大英博物館所蔵。
www.britishmuseum.org/collection/object/A_1906-1220-0-1514　Asset number　433428001

図8 古磵・藤村善右衛門『人物草画』一七七四年（安永三）東京藝術大学附属図書館所蔵／新日本古典籍総合データベース。
https://kotenseki.nijl.ac.jp/biblio/100266119/viewer/35　DOI　10.20730/100266119

図9 作者・制作年代不明「児島高徳像」作楽神社所蔵。津山市郷土博物館委託。

主要参考文献

ひろたまさき『文明開化と民衆意識』（青木書店、一九八〇年）
勝俣鎮夫『一揆』（岩波書店、一九八二年）
網野善彦『異形の王権』（平凡社、一九八六年）
今西一「美作『血税』一揆断章」馬原鉄雄・石井忠熊編『天皇制国家の統合と支配』（文理閣、一九九二年）
兵藤裕己『太平記〈よみ〉の可能性――歴史という物語』（講談社、二〇〇五年、初版一九九五年）
福田景門『道家大門評伝』（錦正社、一九九六年）。
友常勉「美作血税一揆と〈差別〉の語り」『現代思想』二七（二）（青土社、一九九九年二月）
若尾政希『「太平記読み」の時代　近世政治思想史の構想』（平凡社、一九九九年）
松沢裕作『重野安繹と久米邦武――「正史」を夢みた歴史家』（山川出版社、二〇一二年）
マーガレット・メール著、千葉功・松沢裕作訳者代表『歴史と国家――一九世紀日本のナショナル・アイデンティティと学問』（東京大学出版会、二〇一七年）
植朗子・南郷晃子・清川祥恵編『「神話」を近現代に問う』（勉誠出版、二〇一八年）

付記

本章は科学研究費「近代以降の「神話」概念の包括的再検討とその社会的意義の解明」（18K00506）の助成を受けています。また作楽神社および津山郷土資料館に資料・図版利用のご許可をいただきました。記して感謝いたします。当初は現代津山についての論考の予定でしたが、新型コロナウィルスの感染拡大により予定を変更しました。インタビューにご協力いただいた皆様に心より感謝します。時期を待ち研究を進めたいと願っております。

第9章

紀元二六〇〇年の神武天皇
――橿原の〈地の記憶〉と聖地の変貌

◆藤巻 和宏

一 はじめに

　ある土地が他から区別され「聖地」となる契機は何だろうか。それはおそらく、神や聖人・英雄、あるいは大自然の脅威といった超越的な存在がそこに観念されることだろう。自然の景物が宗教的な感覚・言説と結びつくことで聖地と見なされたり、その土地をめぐる超越者への信仰・言説の生成により、そこが聖地とされるのだ。そして、その認識をより強く、より永く保ち続けるため、聖地は人為的に創られることにもなる。超越者を崇拝し、それゆえ人間にとっては禁忌ともなりうる聖なる空間を、ほかならぬ人間が創出／演出するのである。

　かつて私は、寺社縁起を定義するに際し、〈聖なる力〉がそこを〈聖なる場〉へと変容させた経緯を叙述することにより、外部に対してその権威・聖性を主張する言説であると述べた[1]。「縁起」とは起源や由来を意味しており、寺社創建の経緯や、その後の歴史を記すことで、過去と現在との繋がりによって正統性が保証される。聖地とは、景物や建築物、あるいは偶像といった目に見えるものだけでなく、こうした言説に支えられることで聖地たりえている。一方で、それら可視・不可視の諸要素は、聖地に〈記憶〉として刻印されることで、縁起を再生産し、変容させる力を持つ。

本章では、神武天皇を祀る橿原《かしはら》神宮を事例として、橿原の〈地の記憶〉が新たな縁起言説を紡ぎ出してゆく様相を考察してみたい。

二　神武天皇と始祖意識

橿原神宮の創建は、一八九〇年（明治二三）である。紀元前六六〇年に即位したとされる神武天皇を祀る悠久の歴史を有する神社というイメージを持つ人々にとっては、近代の創建ということで意外に思う向きもあるのではないだろうか。

橿原神宮公式サイトには、「ようこそ、日本のはじまりへ」「日本の歴史と文化の発祥の地」「日本の原点」等の言葉が並ぶ。橿原の地を日本の起源であると位置づけているが、ある聖地を日本（世界）の起源や中心と位置づけることは多くの寺社縁起に見られる常套表現であり、橿原だけの独自設定というわけではない。多くの聖地が、他に優越する至高の聖地たりうる論理を有している。橿原では、それが「初代天皇即位の地」ということなのだ。

重要なのは、こうした記述により、あたかもこの神社が神武天皇即位の時から連綿と続く聖地であるというイメージが増幅されていることである。もちろん、公式サイトには一八九〇年に官幣大社として創建されたことが明記されており、ミスリードを積極的に意図しているわけではない。橿原の地は、『古事記』（七一二）や『日本書紀』（七二〇）（以下、両書を併せて「記紀」と称する）に記されて以来、神武天皇即位の地として知られてきたが、近代に至り、その地を永続的に崇敬するため、いわば聖地の指標[2]として橿原神宮が創られた、ということもできるだろう。

ところで、現代人の多くは神武天皇を伝説上の存在と割り切っていたとしても、初代天皇を「天皇家の始祖」とする認識は、（それが設定上のものであれ）広く共有しているのではないだろうか。ところが、この認識自体も疑ってかかる必要があるのだ。というのは、神武天皇をさらに遡れば神々の系譜へと繋がってゆくのであるから、「始祖」ということであれば天照大神でもよいし、さらにそれ以前の神でもよい。平安時代から、神武天皇以降の系譜をそれ以前の神々と区別して「人皇（人王・仁王）〇〇代」とする表記が諸書に散見され始め[3]、そこから神武を初代天皇として特別視する意識を見いだすこともできるが、それとて数ある解釈のひとつでしかない。近代においても、大日本帝国憲法（一八八九発布・一八九〇施行）や教育勅語（一八九〇）の影響で、歴史叙述の始点が神武天皇から天照大神へと変化したという事例もある[4]。

このことは、逆に皇統譜を降ることによっても確認できる。例えば『延喜式』（九二七成立、九六七施行）巻第二十一「諸陵寮式」における陵墓の記述を整理すると、墓守（陵戸・守戸）の数や、遠陵・近陵の区別から、神武天皇陵が他の天皇陵と比べても一般的な待遇にとどまり、天智天皇が特別視されていたことがわかる。天皇家の祖先祭祀において天智天皇を始祖とみなすスタンスは、例えばほかにも、御黒戸という内裏奥の仏間に、天智天皇とその子孫である光仁・桓武以後の天皇たちの位牌が祀られていることからもうかがえる[5]。

この傾向は永きにわたり維持されてきたが、十七世紀末に至り大きな変動があった。水戸藩に仕える儒者の森尚謙は、自身の草稿を『儼塾集《げんじゆくしゆう》』（一七〇七）にまとめたが、そこに収録される「欽乞興造太祖神武天皇神殿之表」では、「帝祖」たる神武天皇が軽視されていることを嘆き、手厚く祭祀すべしとの思いを表明している。羽中田《はなかた》岳夫は、江戸幕府の天皇陵認識を三期に区分するが、森の上表文を第二期における知識人たちの天皇陵への関心の高まりのなかに位置づけ、ほかにも松下見林『前王廟陵記』（一六九八）や野宮定基『定基卿記』（一六八三〜一七一一）における同様のスタンスを例示する[6]。

さらに、国学者による古代の探求という営為からも、神武天皇への注目は高まっていった。本居宣長の『古事記伝』（一七九八）は、それまでの『日本書紀』重視の傾向を覆し、『古事記』の評価を確立した書としても有名であるが、その二十之巻・白檮原宮《かしはらのみや》下巻では、『延喜式』の遠陵・近陵に言及し、天智陵よりもむしろ神武陵をこそ厚遇すべしと説いている。

ここで、神武陵についての記述を記紀から確認してみたい。『古事記』巻中・神武天皇記には、「御陵は、畝火山の北の方の白檮尾の上に在り」と、『日本書紀』巻第二・神武天皇紀には、「畝傍《うねび》山の東北の陵に葬りまつる」と記されるものの、神武天皇それ自体が架空の存在であることと併せ、縄文時代後期に該当する設定上の年代に神武陵が実在していたと考えることは困難である。しかし、それなりに信憑性のあるものとして、『日本書紀』巻第二十八・天武天皇元年（六七二）七月某日条の次の記述が注目される。

> 是より先に、金綱井に軍せし時に、高市郡大領高市県主許梅、儵忽《にはか》に口閉《つく》びて、言ふこと能はず。三日の後に、方《まさ》しに神着《かか》りて言はく、「吾は、高市社に居る、名は事代主神なり。又、身狭社に居る、名は生霊神なり」といふ。乃ち顕して曰はく、「神日本磐余彦天皇の陵に、馬と種々の兵器を奉れ」といふ。（中略）言ひ訖《をは》りて醒めぬ。故、是を以ちて、便ち許梅を遣して、御陵を祭り拝ましめ、因りて馬と兵器を奉る。

壬申の乱の過程を描く中で、高市許梅に神が憑いて託宣を下した場面である。この事代主神・生霊神に加え、さらに村屋神の託宣がこれに続くが、これら三神の託宣が戦況を有利に導き、大海人皇子軍の勝利に繋がったという。現実離れした記述の中ではあるが、「神日本磐余彦天皇之陵」、即ち神武陵の存在が明記されており、六七二年の時点で、すでにその陵墓が築造されていたことが考古学の分野で確実視されている。[7] 国家体制の整備とともに、伝説上の始祖王陵が新たに造られるという例は日本に限らず存在するが、[8] 記紀神話に登場する架空の存在たる神武天皇を現実世界に顕現すべく、設定上の年代から千数百年の時を経た律令制形成期に、陵墓という形で目に見える聖地が創り出されたのである。そして、大海人皇子が壬申の乱に勝利し天武天皇として即位したことも、この聖地の霊験と位置づけることもできるだろう。

ところが、この神武陵に限ったことではないが、時代が降ると少なからぬ天皇陵が比定困難となってゆく。江戸時代には、元禄期・享保期・文化期・安政期・文久期に幕府による天皇陵の探索・修陵事業がおこなわれているが、中でも一八六二年（文久二）から一八六七年（慶応三）にかけて実施された文久期の修陵は大規模なもので、これによって神武陵の聖域化が進んだことが指摘されている[9]。

江戸時代には、山本村の神武田《じぶでん》（ミサンザイ）・四条村の塚山・洞村の丸山という、三つの神武陵候補地があった。松下見林が『前王廟陵記』で神武田を指摘していたが、一六九七年（元禄十）の修陵の際には、村人の口伝によって塚山が比定された（現在は綏靖天皇陵とされる）。その後、『古事記』の「御陵、在二畝火山之北方白檮尾上一也」という記述から丸山説が出され、本居宣長・北浦定政・蒲生君平らの支持を得た。そして文久期には、尊皇思想の高揚がこれまでにない大規模な修陵事業へと繋がったのであるが、丸山説を採る北浦定政と神武田説を主張する谷森善臣とが書面を提出し、最終的に孝明天皇により神武田と決定されたという[10]。

そして迎えた明治時代には、神道国教化政策のなかで、天皇陵は死穢の場から天皇霊が宿る聖なる場へと転換し、国家によって新たな意味づけがなされるのである。また、この神武陵と畝傍山・橿原神宮を含む畝傍山山麓は、近代を通じて神武天皇の「聖蹟」として整備されてゆく[11]。

なお、神武天皇を等閑視する傾向は陵墓の問題だけでなく、例えば後醍醐天皇が建武中興の目標としたのが延喜・天暦の治世であること等からも思い合わせられ、それだけに、幕末から明治にかけ勃然として神武天皇に注目が集まったことが、「神武創業」を旗印とする近代天皇制国家の成立において、いかに重要で新しい試みであったかということがうかがえよう。

もちろん、前近代において初代天皇としての神武が完全に忘れ去られていたわけではない。記紀に明記される初代天皇が人々の記憶から忘却されるはずもなく、諸文献にその名をとどめ、その存在は深く刻印されている。例えば『日本書紀』の研究や、各種の歴史書・歴史物語・軍記物語等のなかで皇統譜が記される際に想起され、平安時代から中世にかけても、それほど強く意識はされずとも、初代天皇としての神武は種々の文脈で意識され続けていたのである[12]。

三　紀元二六〇〇年の橿原神宮

水戸学に端を発し、幕末に大きな動きとなった尊皇思想は、倒幕から明治新政府の発足に際して非常に大きな影響力を有した。そのなかで、神武天皇のあり方も大きく変わってゆく。

徳川慶喜の大政奉還を受け、一八六七年（慶応三）十二月九日、明治天皇より「王政復古の大号令」が発せられ、「諸事神武創業之始ニ原キ」、明治新政府が成立した。

翌一八六八年九月八日、元号が慶応から明治に改まり、一世一元の制が布告された。しかし改元の翌年には、津田真道が「年号ヲ廃止シ一元ヲ可㆑建ノ議」によって西洋諸国の暦を引き合いに出しつつ、神武天皇即位を紀元とする通算式の紀年法を提唱した。これはなにも津田独自の見解ではなく、同様の認識は幕末から確認できる。例えば国学者の大国隆正は、『学運論』（一八五三）のなかで一八四〇年（天保十一）が神武天皇即位の年から数えて二五〇〇年に当たることを指摘し、『本学挙要』（一八五五）では、西暦を参照したうえで神武天皇に基づく日本独自の紀年法を提唱していた[13]。

こうした動向は、西洋式の太陽暦導入とともに結実することとなる。一八七二年（明治五）十一月九日、太政官布告第三三七号によって従来の太陰太陽暦（天保暦）から太陽暦へと移行し、明治五年十二月三日を明治六年一月一日とすることが周知され、十一月十五日には神武天皇即位を紀元と定める布告がなされた（太政官布告第三四二号）。これにより、キリスト生誕を紀元とする西暦よりもさらに長い尺度で日本の歴史を把捉することが可能となり、歴史の長さという点で日本が西洋に優越するという発想に繋がってゆく。

さて、この神武即位を紀元とする紀年法＝神武天皇紀元（皇紀とも）が正式に取り入れられ、最初に迎える節目の年が紀元二五五〇年であった。その年に当たる一八九〇年（明治二十三）の紀元節に向けていくつかのイベントが企画され、当初案にあった亜細亜大博覧会計画は頓挫したものの、神武東征に由来する金鵄勲章の制定と、政府高官・各国公使らを招いた宮中での舞楽上演、そして橿原神宮の創建が実現に至った。[14] 橿原神宮は、こうした社会情勢を背景とし、前述の文久期の神武天皇陵の比定・修陵に続いて畝傍山が買収・植樹されて神苑に生まれ変わり、「聖蹟」の完成形として創建されたのである。[15]

橿原神宮の創建については多方面から研究がなされているが、ここでは、創建から半世紀を経た一九四〇年（昭和十五）、即ち紀元二六〇〇年に当たる年に注目してみたい。幾度かの対外戦争に勝利を収め、そして新たな戦争に突入した情勢下、この紀元節では国威発揚を目的とし、前回とは比較にならぬほど大々的なイベントが各地で企画された。そして、その中心地となったのが、ほかならぬ橿原神宮であった。

紀元二六〇〇年奉祝記念事業の企画立案は、一九三〇年（昭和五）から始まっていた。六月十日、東京市長の永田秀二郎が、一九四〇年のオリンピックが紀元二六〇〇年に当たることを理由として東京招致計画を主張した。続いて七月には、橿原神宮が創建四十周年記念事業として第二回整備拡張事業を内務省に申請し、事業完成目標年を十年後に定めて国家事業と位置づけるよう要請した。[16] 以降、紀元二六〇〇年に向けて官民挙げて幾多の記念事業が計画されるが、一九三七年（昭和十二）に日中戦争が勃発すると、記念事業の準備にも支障が生じてきた。結局、オリンピックや万博は頓挫することとなるが、多くの事業は実施に向けて着々と進んでいった。その原動力となったのは、日中戦争勃発を契機とし第一次近衛文麿内閣によって提唱された国民精神総動員運動であり、これに乗じて奈良県が記念事業を実施することで国民精神総動員に資するよう政府に要請したことである。その結果、奉祝事業は戦時体制強化の一環と位置づけられたのだが、[17] 言い換えるならば、橿原神宮はこうして戦時下の国民統合の象徴たる〈聖地〉として機能し始めるのである。

四　宮司菟田茂丸の構想――『古語拾遺』と三種の神器

熱狂に包まれて迎えた紀元二六〇〇年。橿原神宮の第十一代宮司を務めた菟田《うだ》茂丸《いかしまろ》は、[18]この年に合わせて『橿原の遠祖《とほつみおや》』（平凡社）という冊子を刊行した。「はしがき」によると、本書は主として記紀に基づき、『古語拾遺』（八〇七）や口碑伝説をも参照しつつ、神武天皇の事蹟を平易にまとめたものである。そのなかで、第十七章「橿原宮御即位」に注目したい。本章は、『古語拾遺』を下敷きとしている。

今から二千六百年前に、日本の大基を橿原宮に御建てになつた、始めての御即位式のありさまを、古語拾遺の伝へてゐる所に拠つて、御話しいたします。

畝傍山の東南、斎橿の木の大層茂つてゐる処を御拓きになりますと、都には実に申分のない土地でありました。

①先づ御即位の前儀として、大祓と大殿祭と宮門祭とが行はれました。

最初に天種子命（天児屋根命の孫）をして天罪、国罪の事を解除《はら》はしめたのであります。（中略）

それから、いよ〳〵御即位式が執り行はせらるゝに当り、日臣命が久米部を帥ゐて宮門を護衛して、其の開け闔てを掌りました。

饒速日命《にぎはやひのみこと》が内物部（近衛兵）を帥ゐて、矛とか楯とかを造つて威儀を整へました。御即位式にあづかつた重立つた人々は、

一　天種子命
二　天富命
三　饒速日命

四、日臣命（道臣命）

五、大久米命

其の他、椎根津彦や、建角身命（八咫烏）、弟猾、弟磯城などの人々も皆漏れなく、此の大御典に参列いたしました。

先づ最初に、祖先の神々を御祭りになつてから、

高御座に御登りになられました。其の時、②今の侍従武官長にあたる饒速日命が、他の侍従武官をひきつれて、天皇の玉座の御側に立ち、③日臣命は今の近衛師団長に当りますから大伴部の兵をつれて内の御門を守り、又④大久米命は他の師団長に当りますから、久米部の兵をつれて外の御門を衛られました。そこで⑤斎主（神主）であります天富命は、斎部（神官）といつて、主に御祭の事を掌つてゐる人々を引きつれて、天皇の御位の御璽である

八咫鏡　草薙剣　八坂瓊曲玉

の三種の神器を捧げて、玉座に恭し安じ奉りました。此の時、恰度⑥今の内閣総理大臣に当る天種子命は、謹み恭しく御前に進みまして、天神の寿詞を奏上致しました。

神武天皇が橿原を都とし、即位に際し天種子命ら五人が重要な役割を果たしたとし、かつ、饒速日命＝侍従武官長（②）、日臣命＝近衛師団長（③）、大久米命＝他の師団長（④）、そして天種子命＝内閣総理大臣（⑥）と、当時の官制と対応させて説明する。

では、典拠となった『古語拾遺』の当該場面を見てみよう。

A日臣命、来目《くめ》部を帥《ひきゐ》て、宮門を衛護《まも》り、其の開闔を掌《つかさど》る。B饒速日命、内物部を帥て、矛・盾を造り備ふ。其の物既に備はりて、C天富命、諸の斎部を率て、天璽の鏡・剣を捧げ持ちて、正殿に安《お》き奉り、幷瓊玉を懸け、其の幣物を陳《つら》ねて、殿祭の祝詞す〈其の祝詞の文は別巻に在り〉。次に、宮門を祭る〈其の祝詞も、亦別巻に在り〉。然

る後に、物部乃ち矛・盾を立つ。[D]大伴・来目仗を建て、門を開きて、四方の国を朝らしめて、天位の貴きことを観しむ。此の時に当りて、帝と神と、其の際未だ遠からず。殿を同くし床を共にす。此を以て常と為す。故、神物・官物、亦分別あらず。宮の内に蔵を立て、斎蔵と号日《なづ》けて、斎部氏をして永く其の職に任《ま》けしむ。又、天富命をして供作《つくりつか》へまつる諸氏を率て大幣を造作《つく》らしめ訖りぬ。[E]天種子命〈天児屋命が孫〉をして天罪・国罪の事を解除《はら》へしむ。所謂天罪は、上に既に説き訖りぬ。国罪は、国中の人民の犯せる罪なり。其の事具に中臣の禊の詞に在り。爾して乃ち、霊畤を鳥見山の中に立つ。天富命、幣を陳ねて、祝詞して、皇天を禋祀《まつ》り、群望を徧秩《まつ》りて、神祇の恩に答ふ。是を以て、中臣・斎部の二氏、倶に祠祀の職を掌る。猨女君氏、神楽の事を供へまつる。自余の諸氏、各其の職有り。

日臣命は宮門を衛護し（A）、饒速日命は武器を造らせる（B）ことから、それぞれ近衛師団長と侍従武官長に擬えられたのであろう。近衛師団は皇居の守護や儀仗を司り（勅令第四六号・第二四一号）、侍従武官は軍事に関する天皇大権の執行を補佐した（勅令第一一三号）ので、当時の官制に当てはめるならば近似した役回りと言えないこともない。また、大久米命を他の師団長とするのは、大伴氏（日臣命の末裔）と来目部（久米直に率いられ大伴連に隷属した軍事的部民）が儀仗を立てて門を開き、天皇の威光を世に知らしめた（D）ことから、来目部の祖である大久米命をそのように位置づけたのであろう。しかし、天地の罪を祓う（E）神事を司る天種子命を総理大臣に擬えていることは、帝国憲法下であっても不自然である。

参考までに、『橿原の遠祖』刊行時（一九四〇年一月三十一日）の近衛師団長は飯田祥二郎、侍従武官長は蓮沼蕃《しげる》、そして総理大臣は一月十六日に阿部信行から米内光政に変わったばかりであった。さらに米内内閣は同年七月、陸軍からの日独同盟締結・新体制運動推進の要求を拒否したことから総辞職に追い込まれ、七月二十二日、第二次近衛文麿内閣が成立する。近衛は「紀元二千六百年奉祝会長」として、同年十一月十日、皇居外苑での政府主催の式典で開会を宣言し、十一月十九日に橿原神宮で開催された橿原神宮境域並畝傍山東北陵参道拡張整備工事竣功奉献式並奉告祭でも、近衛の式辞が忠奉祝会副会長の佐佐木行忠により代読されている[19]。加えて、五摂家筆頭の近衛家は由緒正しい藤原氏の血脈であり、藤原（中臣）氏の祖である天種子命を近衛首相に擬えることは、血脈の点からも最適な設定である。『古語拾遺』とは異なり、『橿原の遠祖』では天種子命は即位場面の最初に登場し、儀式に先だって大祓をおこなっており（①）、これが意図的な改変であれば、二六〇〇年の時を超えて儀式の開始を告げる役回りとして近衛に天種子命を重ね合わせたという解釈も可能となる。しかし、『橿原の遠祖』刊行時に六ヶ月後の第二次近衛内閣の発足を予見することは不可能であろう。実は菟田は、一九二一年（大正十）に著した『はじめの天皇』（建業書院）においても同様の擬えをしており、第一次近衛内閣（一九三七〜三九）すら成立していない時点でこのような発想をしていたことから、これは偶然の符合に過ぎない。この符合が、紀元二六〇〇年を祝う熱狂的な空間のなかで、当時の人々にどのように受け止められたかは非常に興味深いところであるが、それを検証する紙幅の余裕はない。しかし、即位の儀式を描かない『古事記』や、道臣命しか登場しない『日本書紀』ではなく、あえてここに『古語拾遺』を引いた理由は、明らかに天種子命らを登場させることにあったことは確実である。

さて、『古語拾遺』において重要な役を演じているもう一人の人物として、天富命に触れておこう。天種子命と天富命は、それぞれ二代遡ると天児屋命と天太玉命であり、ともに神事を司る中臣氏・斎部《いんべ》（忌部）氏の祖神である。そもそも『古語拾遺』は、斎部広成が中臣氏に対する斎部氏の勢力回復を企図してまとめた書であり、天富命の活躍が描かれていることは当然である。『古語拾遺』には、天富命が斎部氏を率い、鏡・剣・玉を捧げて祝詞を唱えたこと（C）が記されるが、『橿原の遠祖』では、これらを三種の神器と述べている（⑤）。

現代に至るまで皇位継承の証とされる三種の神器であるが、意外なことに『日本書紀』の神武即位場面には登場しない。同書では、天孫降臨を描く巻第二・神代下・第九段の一書第一で次のように記されるのみである。

故、天照大神、乃ち天津彦彦火瓊瓊杵尊に、八坂瓊曲玉と八咫鏡・草薙剣、三種の宝物を賜ふ。又中臣が上祖天児屋命・忌部が上祖太玉命・猨女が上祖天鈿女命・鏡作が上祖石凝姥命・玉作が上祖玉屋命、凡て五部神を以ちて配《そ》へ侍らしめたまふ。因《よ》りて皇孫に勅して曰《のたま》はく、「葦原千五百秋瑞穂国は、是、吾が子孫の王たるべき地なり。爾皇孫就《ゆ》きて治《し》らせ。行矣《さきくませ》。宝祚の隆《さか》えまさむこと、天壌と窮《きはま》り無けむ」とのたまふ。

『日本書紀』のうち、狭義の神話に当たる巻第一・第二（神代上・神代下）は、正文に続けて「一書に曰く…」として異説が併記される構成になっている。第九段は八種の一書が列挙されるが、『日本書紀』で「三種の宝物」と一括されて描かれるのはこの箇所のみであり、『古事記』にも登場せず、記紀においてはそれほど三種の神器は特別視されていなかったことがうかがえる。そういう意味では、記紀からさほど隔たっていない時代の文献のなかで、神武即位の場面でこれら三種を描いている『古語拾遺』は、きわめて重要である。

ただ、『古語拾遺』は鏡と剣を「天璽」と称し、儀礼に使用される「神璽」を遡る存在であるとしていることは、天孫降臨神話と儀式とが結び付かないことを示している。[20] また、鏡・剣・玉のそれぞれは記紀のなかでも繰り返し登場し、神や天皇にとって重要な存在として描かれているものの、これら三種が一具のものとして皇位継承の象徴と認識されるようになるには中世を待たなければならない。[21]『平家物語』（鎌倉初期か）がそのごく初期の用例となるが、ここでは北畠親房の『神皇正統記』（一三三九成立、一三四三改訂）を見てみよう。彦波瀲武鸕鷀草葺不合尊条で、右の一書第一に基づきつつ、次のように述べている。

又百王マシマスベシト申メル。十々ノ百ニハ非ルベシ。窮ナキヲ百トモ云リ。百官百姓ナド云ニテシルベキ也。昔、皇祖天照太神天孫ノ尊ニ御コトノリセシニ、「宝祚ノ隆エマサムコト、天壌ト窮リ無ケム」トアリ。天地モ昔ニカハラズ。日月モ光ヲアラタメズ。況ヤ三種ノ神器世ニ現在シ給ヘリ。キハマリアルベカラザルハ我国ヲ伝ル宝祚也。アフギテタトビタテマツルベキハ日嗣ヲウケ給スベラギニナンヲハシマス。

親房が『神皇正統記』を著すに際し、『日本書紀』天孫降臨場面の数ある異説のなかから一書第一を参照したのは、ここに三種の神器が明記されているからにほかならない。そして、三種の神器と連動し、天皇家の永続性を意味する「天壌無窮」という言葉も併せて掬い上げたことで、これらは後世に大きな影響を及ぼすことになる。

いわゆる「天壌無窮の神勅」は、『日本書紀』に由来するとはいえ、親房が注目したことで、水戸藩の『大日本史』（一六五七〜一九〇六）や本居宣長の『玉くしげ』（一七八七）等にも引き継がれ、近代には帝国憲法や教育勅語に記されたことで、天皇制国家においても甚大な影響力を及ぼすこととなる。[22]

さらに、『神皇正統記』神武天皇条には、橿原を都とし、そこに三種の神器を安置したことも記されている。

カクテ天下タイラギニシカバ、大和国橿原ニ都ヲサダメテ、宮ツクリス。其制度天上ノ儀ノゴトシ。天照太神ヨリ伝給ヘル三種ノ神器ヲ大殿ニ安置シ、床ヲ同クシマシマス。

『神皇正統記』の後世への影響力は甚大で、室町時代から近代に至るまで広く受容されたが、後期水戸学において「国体」概念が唱えられると、『神皇正統記』は国体の書と位置づけられる。そしてその解釈は近代に引き継がれるが、例えば中学校国語教科書として刊行された今泉定介・畠山健『訂正標註神皇正統記』（一八九二）は、「本書を読まんものは、神器授受の大典、皇位継紹の尊厳なるを知り、国体の如何を明らかにする事を得べし。これ、邦人の必しも知らざるべからざる事なり」と、『神皇正統記』により三種の神器による皇位継承を知り国体を理解することができるとしている。[23]

さて、ではここで、菟田が『橿原の遠祖』の神武天皇即位場面に『古語拾遺』を引いた意図と、その波及効果について考えてみたい。これまで確認してきたように、記紀からはうかがうことのできない、神の血を引く五人の協力を得つつ即位儀礼が挙行されたことを示し、それを一九四〇年当時の国家体制と対比することで、二六〇〇年もの永きにわたり保たれてきた「国体」を表現しようとしたのであろう。天種子命＝近衛文麿という出来すぎた符合はともかくとしても、このことは、『橿原の遠祖』をさらに読み進めてゆくと、『日本書紀』の神武即位場面の一節「初天皇草〓創天基〓之日也」を引用し、「あゝ君が代は千代に八千代、天壌無窮に動かぬ大日本帝国の天基は、こゝに始めて立派に基礎を底津岩根に築かれたのであります」と述べていることからもうかがえる。

そしてもうひとつ重要なのは、三種の神器をこの場面に登場させたことである。三種の神器は、現在では鏡が伊勢神宮に、剣が熱田神宮に、そして玉が宮中に安置されている。菟田があえて神武即位場面で三種の神器について触れたのは、近代の国体思想の所産であるのみならず、伊勢神宮への対抗意識という側面もあったのではないかと思われる。

というのも、初代神武天皇を祀っているとはいえ、歴史の浅い橿原神宮が、由緒ある寺社を多数擁する奈良・近畿において存在感を示すためには、様々な戦略が必要であった。菟田以前にも、参拝客獲得のため鉄道会社・新聞社と連携したり、境域規模拡張事業の遂行の資金集めのために講社を設立するなど、積極的に活動していた宮司（第四代西内成郷、第五代桑原芳樹）がいたが、菟田は、それらを遥かに上回る活躍をしている。海外植民地での資金集めや帝国議会を通じた境域規模拡張事業への働きかけのほか、橿原神宮を伊勢神宮に引けを取らない神社にするため腐心していたことも指摘されている。具体的には、国民の声の高まりによって一九二〇年（大正九）に明治神宮が創建されたことに着想を得て、明治神宮とともに橿原神宮を他の官幣大社とは一線を画する存在に押し上げ、伊勢神宮にも比肩しうる聖域とせんがため、帝国議会への建議案等に三社を一括して捉える文言を多用していたという[24]。そんな菟田にとって、紀元二六〇〇年は千載一遇のチャンスであった。様々な記念事業が催され、全国民の注目が橿原神宮に集まるこの時期に、三種の神器が伊勢神宮に遷る以前には橿原の地にあったということを、『神皇正統記』の所説を知らぬ層にも喧伝することは、そうした戦略の一環であったのだろう。三種の神器のことも、すでに『はじめの天皇』で記しており、苑田の基本的なスタンスであるのだが、やはり紀元二六〇〇年というタイミングで大々的に発信することで、より大きな力を持つこととなっただろう。

五　苑田構想の波及

紀元二六〇〇年奉祝事業の文脈で、苑田以外に確認できる三種の神器への最初の言及は、一九三六年（昭和十一）十一月十一日におこなわれた橿原神宮仮殿遷座に際し、新聞記者に配布された一戸二郎奈良県知事の謹話「仮殿遷座祭の御儀を終て」である。そこには、

> 恭しく惟みまするに、当神宮は神武天皇聖明の天資を以て御父祖の宏謨を継ぎ給ひ、天壌無窮の神勅を体せられて日向高千穂宮を発し給ひ、良民を撫し元悪を誅して王化を布き、皇風略々中州に洽きに及び、「夫の畝傍山の東南橿原の地を観るに、蓋し国の墺区か」と宣はせられ、三種の神器を奉じて宸極に光臨し給ひし聖地に鎮り座しますのでありまして、惟神の宝祚、天壌と共に窮りなく、一君万民の体制儼として宇内に冠絶する我国史の成蹟は、遠くその源を此地に仰がねばなりません。

とある如く、『日本書紀』神武天皇紀の一節「観るに、夫《そ》れ畝傍山の東南の橿原の地は、蓋し国の墺区か」を引き、天壌無窮の神勅にも触れつつ、大日本帝国の淵源を橿原の地に求めるということの時代に普遍的な言い回しのなかで、三種の神器にも言及している。苑田構想の影響下にあると見てよいだろう。[25]

さらに、紀元二六〇〇年を迎える国民の機運は多方面に波及し、例えば橿原神宮への参拝というかたちで観光業に

も大きく影響した。一九四〇年二月に大阪鉄道局が刊行した『紀元二千六百年 伊勢神宮 橿原神宮 桃山御陵 巡拝案内』は、冒頭に次のように示すが如く、紀元二六〇〇年事業に乗じた観光案内である。

昭和十五年こそは、実に光輝ある紀元二千六百年にあたり、国民は斉しくこの燦然たる聖代の厳粛なる意義を体得し、皇室の御聖徳を欣仰すると共に、伊勢神宮を始め橿原神宮、伏見桃山御陵の三聖地に参拝してこの千載一遇の佳き年を寿ぎ、赤誠を披瀝して皇国の発展を祈り、日本精神を発揚して時局に処するの覚悟を強くし、いよく\新東亜建設に邁進すべきであらう。

殊に二千六百年の奉祝記念事業として肇国の聖地大和橿原の地では橿原神宮境域並畝傍山東北陵参道拡張整備が行はれ、畝傍山下翠色に映ゆる橿原神宮の新装の御社に参拝して、宏遠な建国肇業の昔を回想し、神武天皇の肇国の大業を偲び奉ることは一入意義深いことである。

本書は伊勢神宮、橿原神宮、桃山御陵並に熱田神宮巡拝の資として編纂されたもので、昭和十五年の紀元二千六百年を寿ぎ三聖地へ巡拝せられる方の参考ともなり手引ともなれば幸ひである。

注目すべきは、伊勢・橿原と並んで桃山御陵（明治天皇陵）と熱田神宮がその対象となっていることである。鉄道局としては、各地の観光スポットを関連づけて大勢の観光客を呼び込むことが目的であろうが、その関連性の根拠を菟田の所説に求めた（あるいは菟田が提供した）可能性はないだろうか。伊勢・橿原に桃山御陵を並べたのは、明治神宮を回路として伊勢・橿原を併称した菟田の論法を彷彿させるものがあるし、熱田神宮は三種の神器のひとつである剣の安置所である。本文を見ると、橿原神宮については、「三種の神器を奉じて人皇第一代の天皇として橿原宮に於て御即位の大礼を挙げさせられ」としており、熱田神宮のことは、「伊勢神宮、橿原神宮或は桃山御陵の参拝に合せて、かしこくも草薙神剣を奉祀し、伊勢神宮についで最も由緒の深い熱田神宮」と説明している。

こうした事例は枚挙にいとまがないが、橿原に埋め込まれた〈地の記憶〉——神武天皇をめぐる諸言説——は、紀元二六〇〇年奉祝事業によって喚起され、多彩に展開し、この地を悠久の聖地、そして国民統合の聖地へと変貌させていったのである。

六　おわりに

近代に創建された橿原神宮を、二六〇〇年の時を超える悠久の聖地へと変貌させたのは、神武天皇をめぐる信仰や言説であった。これらは橿原の地において最大の効力を発揮するものの、それ以外の地すらも聖地へと押し上げる力を有している。最後に、『日本書紀』神武天皇紀の記述を典拠とし、後世に新たな聖地が創造されていった事例をふたつ採り上げてみたい。

まず、国源寺の縁起から見てみよう。これは、一一九七年〈建久八〉に撰述された『多武峰《とうのみね》略記』を、一六六八年〈寛文八〉に改編した静胤本に引用されている。この縁起は、最初に神武天皇の死と葬送を記す場面を『日本書紀』から引用し、続けて「旧記」からの引用というかたちで、神武天皇が葬られた「高市郡畝傍山東北」に所在する国源寺の由来を叙述している。その内容は、九七四年〈天延二〉に多武峰寺の検校である泰善が畝傍山の東北を通りがかった際、白髪の老人に国家繁栄を祈るよう告げられ、その地こそが今の国源寺であるというものである。[26] 注目すべきは、この老人が自らを「人皇第一国主」、即ち神武天皇であると名乗っていることだ。素性の知れない人物から示された場所に寺社を建立し、その人物の正体が後に明かされるというのは寺社縁起の常套表現であるが、多くは地主神から土地を譲り受けるというモチーフである。ここでは、地主神の役回りを演じているのが神武天皇で、まさに「国の源」の名を冠する寺院の縁起を語るに相応しい設定である。

次は、吉田神社の斎場所大元宮の縁起である。吉田兼倶が日野富子に提出した注進状に記されていたその内容は、兼倶の長子兼致の日記『兼致朝臣記』文明十六年（一四八四）十月五日条から知ることができる。それによると、大元宮の由来は神武天皇が生駒山・丹生川上・鳥見山の三箇所で神を祀ったことに求められるとし、『日本書紀』では独立した行為であったこれらを連続性のあるものとして叙述することで、大元宮を神武天皇の開基とするこの説は、吉田神社がすべての神社に優越するという主張の根拠としたのである。また、大元宮を神武天皇の開基とすることで、大元宮が伊勢神宮創建を六五〇年遡るという設定であり、伊勢の権威の超克を目指した吉田神道の理論の一環でもあった。[27] このことは、聖地の起源を遡及することで、権威・聖性を増幅するという寺社縁起の常套手段でもある。

いずれも、『日本書紀』に記される神武天皇の事蹟を利用し、その権威と聖性を我が寺社に纏わせることに成功した事例と言えるだろう。

三種の神器に言及した菟田の戦略も、縁起研究の観点から捉えるならば、伊勢を超えようとした兼倶とも通ずるものがあり、また、レガリアによって荘厳される聖地[28]という問題系とも連続している。一宮司の思いつきなどと矮小化されるべきものではなく、縁起を考える際の普遍的なテーマと位置づけることができるだろう。

また、私は縁起研究と神話研究とは連続性を有していると考えるのだが、それは、今回たまたま記紀神話に関わる題材が利用されていたからということではなく、〈聖なるもの〉の作用によって〈現在〉の起源を説き明かすという意味で多くを共有していると考えるからである。今回採り上げた事例は、〈聖なるもの〉が刻印された〈地の記憶〉が、聖地の権威・聖性を保証するという構造であったが、そうした面からも、そのことは首肯されるだろう。

※本文の引用は以下を底本とした。『古事記』『日本書紀』『日本霊異記』『平家物語』『太平記』＝新編日本古典文学全集、『古語拾遺』＝岩波文庫、『神皇正統記』＝日本古典文学大系、『多武峰略記』＝群書類従、「王政復古の大号令」＝法令全書（国会図書館デジタルコレクション）、『訂正標註神皇正統記』＝国立公文書館デジタルアーカイブ、「仮殿遷座の御儀を終て」＝橿原神宮史。なお、引用に際し、表記は私意にて改め、傍線や記号を付した場合もある。『古事記』『日本書紀』『古語拾遺』、および『神皇正統記』に引用される『日本書紀』は、書き下した。

注

[1] 藤巻和宏「縁起・参詣論の射程」（徳田和夫編『中世の寺社縁起と参詣』竹林舎、二〇一三年）。

[2] 小口偉一・堀一郎監修『宗教学辞典』（東京大学出版会、一九七三年）の「聖地」項（戸田義雄）は、「自然的聖所」に対する「人工的聖所」の説明として、「自然的聖所とは別に、聖地の恒久化をはかるため、また、必要に応じて随時現出するため、人為的に聖なる空間を創出することがある。その場合、聖域を成立せしめる必須条件の一つは、何がしかのものをもって「聖域として区切る」ことである。また、何がしかのものをもって「聖域の標」とすることである」と述べる。

[3] 平安初期の『日本霊異記』巻中・第二十一「攝神王蹲放レ光示二奇表一得二現報一縁」に、聖武天皇を指して「人皇慎験レ瑞」とする表現があり、巻下・第三十九「智行並具禅師重得二人身一生二国皇之子一縁」には「善珠大徳、重得二人身一、生二人王之子一矣」とある。これらは個別の天皇を指す事例だが、中世になると覚一本『平家物語』巻第十「請文」に見える「人王八十一代の御宇にあたって」や、天正本『太平記』巻第一「相模守高時権柄を執る事」の冒頭「ここに、本朝人王の始め、神武天皇より九十五代の帝」等、代々の天皇を示す用例が増えてくる。

[4] 長谷川亮一「「日本古代史」を語るということ―「肇国」をめぐる「皇国史観」と「偽史」の相剋―」（小澤実編『近代日本の偽史言説―歴史語りのインテレクチュアル・ヒストリー―』勉誠出版、二〇一七年）。

[5] 岡田精司「前近代の皇室祖先祭祀―「陵墓」と御黒戸祭祀―」（日本史研究会・京都民科歴史部会編『「陵墓」からみた日本史』青木書店、一九九五年）。

[6] 羽中田岳夫「江戸時代における天皇陵と幕府・民衆」（前掲注［5］『「陵墓」からみた日本史』）。

[7] 山田邦和「始祖王陵としての「神武陵」」（前掲注［5］『「陵墓」からみた日本史』）、今尾文昭「新益京の借陵守―「京二十五戸」の意味するところ―」（森浩一・松藤和人編『考古学に学ぶ―遺構と遺物―』同志社大学考古学シリーズ刊行会、一九九九年）。

[8] 森浩一『考古学と古代日本』（中央公論社、一九九四年）第五部第一章。

[9] 前掲注［6］羽中田論文、高木博志「近代における神話的古代の創造―畝傍山・神武陵・橿原神宮、三位一体の神武「聖蹟」―」（『近代天皇制と古都』岩波書店、二〇〇六年）。

[10] 外池昇「「文久の修陵」における神武天皇陵決定の経緯」（『調布日本文化』九、一九九九年）、前掲注［9］高木論文、遠藤慶太「神武天皇の末孫として―近世の神武天皇―」（清水潔監修『神武天皇論』橿原神宮庁・国書刊行会、二〇二〇年）。

[11] 前掲注［9］高木論文。

[12] 佐野真人「平安時代から中世における神武天皇観」（前掲注［10］『神武天皇論』）。

[13] 田浦雅徳・長谷川怜「幕末・明治期の神武天皇論」（前掲注［10］『神武天皇論』）。なお、平田俊春「神武天皇紀の紀年の意義」（中山久四郎編『神武天皇と日本の歴史』小川書店、一九六一年）によれば、神武天皇即位を起源とする紀年法自体は、中国から讖

緯説（一二六〇年周期の最初の辛酉・甲子の年に大変革が起こる）を取り入れた聖徳太子が、六〇一年の辛酉の年から一二六〇年遡った年（紀元前六六〇年）を神武天皇即位の年と位置づけて『天皇記』（散佚）を作成したこに端を発し、中世の史書等にも用例が見られるという。

[14] 古川隆久『皇紀・万博・オリンピック―皇室ブランドと経済発展―』（中公新書、一九九八年）第一章。

[15] 前掲注［9］高木論文。

[16] 前掲注［14］古川著書、第三章。

[17] 前掲注［14］古川著書、第四章。

[18] 一九一八年（大正七）～一九三一年（昭和六）に第七代宮司を、一九三七年（昭和十二）～一九四二年（昭和十七）に第十一代宮司を務めた。橿原神宮史上、宮司に再任されたのは菟田ただ一人である。

[19] 長尾薫監修『橿原神宮史』巻二（橿原神宮庁、一九八一年）一一三九文書。

[20] 神野志隆光『古代天皇神話論』（若草書房、一九九九年）第四章、内田康「日本の古代・中世における〈宝剣説話〉の流通について―〈「宝剣」＝「草薙剣」〉という物語の始発をめぐって―」（『台湾日本語文学報』一七、二〇〇二年）等。

[21] 村上重良『天皇と日本文化』（講談社、一九八六年）、鶴巻由美「「三種神器」の創定と『平家物語』」（『軍記と語り物』三〇、一九九四年）、下川玲子『北畠親房の儒学』（ぺりかん社、二〇〇一年）、内田康「〈「三種神器」神話〉の生成と『平家物語』」（『筑波大学平家部会論集』一〇、二〇〇四年）等。

[22] さらに遡れば漢籍に由来することが、家永三郎「所謂天壌無窮の神勅文の成立について」（『人文』二―一、一九四八年）、福井康順「天孫降臨の神勅について」（『宗教研究』一三三、一九五二年）、井上了「唐修『晋書』に見える「天壌無窮」について」（『懐徳堂研究』九、二〇一八年）等によって指摘されている。

[23] 齋藤公太『「神国」の正統論―『神皇正統記』受容の近世・近代―』（ぺりかん社、二〇一九年）第八章・第九章。

[24] 平山昇「大正期の橿原神宮に関する覚書―〝運動する宮司〟菟田茂丸に着目して―」（『奈良に蒔かれた言葉と思想。』奈良県立大学ユーラシア研究センター、二〇一九年）。

[25] なお、仮殿遷座祭時の宮司は、その半年前に第十代宮司に任じられた副島知一。知事謹話とともに配布された宮司談話は定型文のような簡素なもので、周到に練られた知事謹話と対照的である。一戸が宮司再任前の菟田から直接情報提供を受けたとは考えにくいが、すでに『はじめの天皇』で示されていた菟田構想は、橿原神宮関係者にとっても周知のものであったのだろう。

[26] 縁起末尾に、この所説は九七七年（貞元二）に藤原国光が伝え聞いたものと記されているが、白井伊佐牟『多武峰略記』静胤本所載の国源寺の縁起について」（『皇學館論叢』三三―五、二〇〇〇年）によると、創建は早くても鎌倉初期以降であり、神武の霊告による創建説は一四四一年（嘉吉元）の『興福寺官務牒疏』の記述から、この時期には存在していたと推測する。

[27] 伊藤聡「吉田斎場所の由緒の偽作について」（『論叢アジアの文化と思想』一、一九九二年）。

[28] 藤巻和宏『聖なる珠の物語―空海・聖地・如意宝珠―』(平凡社、二〇一七年)で示したレガリアとしての如意宝珠も、聖地を構成する重要な要素である。

主要参考文献

長尾薫監修『橿原神宮史』巻一・巻二・別巻(橿原神宮庁、一九八一〜八二年)
伊藤隆『近衛新体制―大政翼賛会への道―』(中公新書、一九八三年)
山中恒『子どもたちの太平洋戦争―国民学校の時代―』(岩波新書、一九八六年)
古川隆久『皇紀・万博・オリンピック―皇室ブランドと経済発展―』(中公新書、一九九八年)
神野志隆光『古代天皇神話論』(若草書房、一九九九年)
入江曜子『日本が「神の国」だった時代―国民学校の教科書をよむ―』(岩波新書、二〇〇一年)
鈴木良・高木博志『文化財と近代日本』(山川出版社、二〇〇二年)
坪内廣清『国民学校の子どもたち―戦時下の「神の国」教育―』(彩流社、二〇〇三年)
高木博志『近代天皇制と古都』(岩波書店、二〇〇六年)
長谷川亮一『「皇国史観」という問題―十五年戦争期における文部省の修史事業と思想統制政策―』(白澤社・現代書館、二〇〇八年)
高木博志『陵墓と文化財の近代』(山川出版社、二〇一〇年)
千葉慶『アマテラスと天皇―〈政治シンボル〉の近代史―』(吉川弘文館、二〇一一年)
山中弘編『宗教とツーリズム』(世界思想社、二〇一二年)
島田裕巳『八紘一宇―日本全体を突き動かした宗教思想の正体―』(幻冬舎新書、二〇一五年)
梅田正己『日本ナショナリズムの歴史Ⅲ―「神話史観」の全面展開と軍国主義―』(高文研、二〇一七年)
及川智早『日本神話はいかに描かれてきたか―近代国家が求めたイメージ―』(新潮選書、二〇一七年)
齋藤公太『「神国」の正統論―『神皇正統記』受容の近世・近代―』(ぺりかん社、二〇一九年)
清水潔監修『神武天皇論』(橿原神宮庁・国書刊行会、二〇二〇年)
田浦雅徳監修『橿原神宮史 続編』(橿原神宮庁・国書刊行会、二〇二〇年)
平藤喜久子編『ファシズムと聖なるもの／古代的なるもの』(北海道大学出版会、二〇二〇年)

第10章

「近代神話」と総力戦体制

◆鈴木 正崇

一　「近代神話」とは何か

「近代神話」とは、近代や帝国が創出した神話である。日本の場合、国学を近世神話、中世日本紀を中世神話と定義し直す発想に倣って「近代神話」を想定する。定義は暫定的に「国民国家のもとで、国家の一体性を表象するために、古代の神話や始原の物語を用いて再構築した近代の言説」とする。「近代神話」は、国民や国家の統合や団結に使われ、「総力戦体制」の下で効果的に機能を発揮した。「総力戦体制」とは、戦時下の動員体制で人的資源を再編成し、階級社会からシステム社会への移行を実現した社会体制で、戦時下に留まらず、戦後体制も継続したと考える（山之内：二〇一五）。ファシズム論は、近年イデオロギー性が強く論点が拡散すると批判されており、本章ではファシズムの時代を「総力戦体制」と広く捉え直して、「近代神話」の果たした役割と意味を検討する。

「近代神話」の根拠とされる言説の多くは、人々に古層《アルカイスム》を呼び覚まし、時にはノスタルジーを喚起する。古代や中世からの連続性を説く「伝統」の概念とも重なる。ただし、「伝統」とは伝承・伝達されてきた前近代の実践や言説が、「近代」と遭遇して、浮上した「対抗言説」である。イタリアやドイツはファシズムの時代に、ローマ・ギリシャ・

ゲルマン・アーリヤなどに自らの起源を求めたが歴史的連続性の根拠は乏しい。これに対し、日本は豊富な史料や儀礼、遺跡や遺物に基づいて、古代や中世との歴史的連続性を構築しやすく、「近代神話」は豊富な素材を用いて強力に創出されたと言える。

明治維新に始まる日本の近代は、「近代神話」と密接にからんで展開した。特に一九三七年の国民精神総動員運動の開始から一九四五年の太平洋戦争の終結までは、日本型ファシズムとでも呼ぶべき独特の総力戦体制の下で、「近代神話」は大きな役割を果たした。

「近代神話」の「近代」とは何か。近代化論は複雑で多岐にわたるが、暫定的に山口定が提示した三要素、①「国民国家」の誕生、②工業化、③結合の原理としての「自由」「民主主義」「平和」、を基本に考える（山口：二〇〇六、三四八〜三五〇頁）。ただし、山口説は「西欧近代」をモデルにしているが、本章では西欧を「普遍的近代」とせず、世界各地で「複数の近代」が展開したという観点に立つ。年代的に区切れば、「西欧近代」は、フランス革命から第二次世界大戦まで（一七八九〜一九四五）である。「日本近代」は一八六八年の明治維新から一九四五年の太平洋戦争の終結までとし、最終段階が日本型ファシズムの時代（一九三七〜一九四五）で「総力戦体制」を確立したと考える。二〇一八年は明治維新以来、一五〇年であるが、一九四五年を境としてほぼ二分される。前半を「日本近代」で「帝国の時代」とすれば、後半は「現代」で「民主の時代」と名付けられよう。しかし、相互の時代は連続性がある。「日本近代」に生成して総力戦体制下で強い効果を発揮した「近代神話」は、一九四五年の境界点を超えて現在に至るまで影響を及ぼしている。

二　神話研究の展開

「近代神話」の時代は、神話の学術研究が進んだ時代でもあった。日本の神話研究の草分けは、高山樗牛（一八七一〜一九〇二）で、高木敏雄（一八七六〜一九二二）が協力して展開したが、次第に地域ごとに展開し、朝鮮神話は三品彰英（一九〇二〜一九七二）、南方圏は宇野圓空（一八八五〜一九四九）、印度支那は松本信廣（一八九七〜一九八一）、比較神話学者としては岡正雄（一八九八〜一九八二）を輩出した。しかし、一九三七年以降の総力戦体制の時代には、研究体制が整えられる一方で、軍事体制に協力した情報提供者とならざるを得なかった。宇野は宗教民族学を提唱し、「民族」をキーワードとして日本と南方の神話や農耕儀礼を比較して、民族の同質性や民族精神の共通性を強調し、植民地化地域での欧米の民族誌を翻訳して現地事情を伝えた。宇野については別稿（鈴木：二〇二〇）で考察したので、宇野と同様に南方圏に関心を持ち続けた民族学者の松本信廣に注目したい。松本は宇野よりも深く神話学に傾倒し研究を深めた。慶應義塾大学の学部時代は柳田國男（一八七五〜一九六二）の民俗学に惹かれ東北の調査に同行した（『雪国の春』一九二八）。フランス留学（一九二四〜一九二八）の時に、『中国古代の祭りと歌謡』で知られるM・グラネや『贈与論』で名高いM・モースに師事し、博士論文として『日本神話の研究』（一九三一）を完成させて学位を得た。松本はオーストロアジア語と日本語との比較言語学に傾倒していたが、日本神話に研究テーマを変更したのは、当時パリ滞在中だった宇野の教示による。松本は、その後、日本神話の南方起源を構想し、東南アジアと日本との共通性は「稲作民族」と認識し、宇野と近い立場にいた。基層文化の諸相を、起源論、進化論、伝播論など西欧の諸学説を駆使して、「類似」「類比」を通して民族の系譜を明らかにしようと試みた。ただし、「西欧の知」に留まらず、慶應での折口信夫（一八八七〜一九五三）との交流を通じて日本の文化的特性にも十分な配慮を行った。宇野圓空と松本信廣は、戦時下では日本の「南方圏」進出にあたって学術情報を収集する役割を担い、宇野は島嶼部、松本は大陸部を担当した。日本軍の仏印駐留（一九四〇年九月）以後、現地の情報の収集は重要課題となった。二人は政府の植民地政策や軍事体制に間接的に協力したのである。宇野の弟子達、古野清人や棚瀬襄爾《じょうじ》も、農耕儀礼や他界観を主題に研究を展開し民族誌の翻訳などで情報提供者となった。戦後は東南アジアの現地調査を行い、農耕儀礼・稲作文化・アニミズム論を展開した。東南アジア研究の岩田慶治（一九二二〜二〇一三）もその流れをくむ。宇野、松本、古野、棚瀬、岩田の神話や儀礼への関心は共通し、戦前と戦後の研究には連続性があった。神話の学術研究は「近代神話」の生成と展開にも直接間接に影響を与えていった。

三　日本型ファシズムの時代へ

満州事変（一九三一）から太平洋戦争の終結（一九四五）まで、鶴見俊輔が十五年戦争となづけた時代は、始動期、確立期、高揚期の三段階に区分できよう。日本型ファシズムは確立期と高揚期に該当すると考えて、総力戦体制の時代的背景を確認しておく。

第一の始動期は、軍国主義の隆盛に向かう時代で、一九三一年九月一八日の満州事変が幕開けであった。一九三二年の五・一五事件で和平に動いた犬養毅が暗殺されて政党政治が終焉を迎える。一九三五年二月一九日に美濃部達吉の天皇を国の一統治機関とする説が問題視され、岡田啓介内閣が國體明徴の声明を出して天皇機関説を國體に反するとし、天皇が統治権の主体と明示した。日本陸軍は天皇親政を求める精神主義的傾向の強い「皇道派」と、軍の内部統制強化と総力戦のための国家総動員体制確立を目指す「統制派」に分裂したが、一九三五年八月一二日に「統制派」の永田鉄山が暗殺され、「皇道派」が主導権を握った（片山：二〇一二、一四一～一五五頁）[1]。「皇道派」は一九三六年に二・二六事件を引き起こし、軍部主導で天皇への絶対忠誠を誓う精神主義が強化された。一九三六年一一月二五日に日独伊三国防共協定が締結され、日本型ファシズムの時代が本格化する[2]。

第二の確立期は、総力戦体制の時代の幕開けで、一九三七年に日中戦争が始まる。同年には文部省編纂『國體の本義』が無償で配布され思想統制が強化された。本書は日本精神運動の連続線上にあり神話・古典を典拠に國體護持を説いた。同年に国民精神総動員運動が始まり、一九三八年には国家総動員法が成立、国家をあげて戦争に向かう体制に突き進む。政治学者の坂野潤治は、近代日本の政治は「立憲」と「帝国」とがせめぎ合ってきたが、一九三七年を境に「帝国」一辺倒の時代となったと指摘している（坂野：二〇一七）。

第三の高揚期は、近衛内閣が一九四〇年八月一日に大東亜共栄圏構想を打ち上げて以降で、同年九月二三日に北部仏印進駐、同年九月二七日の日独伊三国同盟の締結と続く。一九四一年一二月八日未明に日本軍はハワイ真珠湾を奇襲して太平洋戦争が勃発し、一九四五年八月一五日の終戦まで過酷な戦争が続いた。総力戦体制はシステム社会を確立した。

確立期と高揚期の総力戦体制の時代を精神的に支えたのが「近代神話」で、言説に留まらず、近代祭場、近代儀礼、記念碑《モニュメント》、ページェントなどを創出・演出してきた。以下では少し時代を遡って、日本の「近代神話」を、①皇統神話、②南朝神話、③民族神話、④稲作神話の四つに分類して考えてみる。

四　皇統神話（一八六七〜一九四五）

「近代神話」のうち、最も大きな影響力を行使したのは、日本神話を再構築した「皇統神話」である。明治新政府は、国家統合にあたって皇室を重視し、天皇の統治と永遠性の根拠を日本神話の言説に求め、天皇の古代からの連続性を説いて「万世一系」の言説が登場した。明治天皇は一八六七年（慶應三）一二月九日に王政復古の大号令を発し、「神武創業の初め」に戻ることを宣言した[3]。いわゆる神武創業の詔で、天皇の政治への復帰は、建武の中興を飛び越えて、神武天皇の時代へ、制度上は古代の律令時代へと回帰し、神祇官と太政官が復活した。天皇を介して古代と近代を連続的に結合する言説を「皇統神話」と名付ける。「皇統神話」は、王政復古の大号令から天皇の人間宣言（一九四六年一月一日）まで国民統合に大きな役割を果たした。「皇統神話」は、神話に天皇の統治の正統性の根拠を求め、『日本書紀』巻二、神代下第九段一書の「天上無窮の神勅」が重視された。ニニギノミコトが高天原から降臨する際に、天照大神が「三種の宝物」を賦与し、地上界での天皇の統治を永遠とする神勅が下されたとされ、「万世一系」の天皇の統治の正統性の根拠となった[4]。「皇統神話」は始原の物語を現実化して、天皇を中心とする明治政府の施策の正統性を言説化すると共に、日本の独自性を主張して優越を説き、日本国民の創出、国民国家の生成に大きな役割を果たした。「皇統神話」には三つの特徴がある。

第一の特徴は「神話の儀礼化」である。明治新政府は神道国教化政策をとり、祭政一致を目指して天皇を中心する国家を目指し、律令時代の神祇官と太政官を復活させた。皇統神話の生成に影響力を持ったのは、国学者、特に平田派で、大国隆正の津和野派が大きな力をもった。後期水戸学も大きな役割を果たした。一八五三年（嘉永六）の黒船来航に端を発した尊王攘夷思想は幕末から明治維新にかけて急速に盛り上がり、特に會澤正志斎が『新論』（一八六三）で説いた國體論（万世一系の天皇統治を根拠にして、日本の伝統の特殊性と優越性を唱える思想）の影響は大きかった。一八六八年（慶應四）三月二七日には神仏判然令が出され、神仏分離、廃仏毀釈に展開して、神道中心の思想実践や神社神道が整えられていく。[5]一八七〇（明治三）一月三日に大教宣布の詔が出され天皇中心の祭政一致の国家の確立が明言され、一八七一年五月一四日には神社の社格が決定し、神社は国家の「宗祀」となり神職の世襲は廃止され、皇祖神たる天照大神を頂点とする祭神と社の体系化が構築された。歴代天皇・皇族を祀る神社と皇室の尊崇の厚かった神社を官幣社とし，延喜式時代に国土経営上重要な役割を果たした神社を国幣社に列し、官幣社、国幣社共に大・中・小の社格に分けた。祭神名は日本神話の神や延喜式の神名帳が基準となり、皇統に近い神から遠い神へと序列化された。[6]「皇統神話」が神社祭祀という儀礼を通じて実践化されたともいえる。

第二の特徴は「神話の表象化」でページェントにも展開した。鳥羽・伏見の戦いの進軍に使われた錦の御旗が初期の表象であった。江戸時代には天皇の御所からの行幸は幕府が禁止していたが、孝明天皇は禁を破り、明治天皇は積極的に外に出た。天皇の江戸への東征は華やかな行列として顕示され、多くの見物人が出て、錦絵に描かれた。ミカドに代わって「天皇」の用語が一般化し、天皇の名の下に、行政文書に勅許、勅語、詔勅、勅祭、皇国、皇孫など、「勅」や「皇」の文字が呪語のように使われた。「皇統神話」は国民の祝日にも組み込まれ、一八七三年（明治六）に二月一一日が神武天皇の即位日とされて紀元節という建国を祝う記念日に、崩御日の四月三日は神武天皇祭となった。

明治天皇の誕生日は天長節（一一月三日）の祝日になり記念行事が開始された。明治天皇は、行幸を一八七二年、七六年、七八年、八〇年、八一年、八五年に行い、天皇の存在を各地に周知させ、行在所や宿泊場所が聖蹟になり、記念碑が建って聖地化していった（原：二〇〇一）。

第三の特徴は「神話の一元化」である。「皇統神話」は伊勢神宮を最重要の社とした。天皇は一八六九年（明治二）四月二三日に皇祖神の天照大神を祀る伊勢神宮へ史上初の親拝を行った。一八七四年に旧薩摩藩士の田中頼庸《よりつね》が大宮司になって権勢を振い「皇統神話」に相応しい社に整えた。これに対する挑戦が出雲国造の千家尊福《たかとみ》による異議申し立てで、一八七五年に千家尊福は、神道事務局の神殿の祭神には、造化三神と天照大御神だけでなく、幽冥界を主宰する大国主命を合祀すべしと主張して論争となった。最後は一八八一年の天皇の「勅裁」で政治的に収束されて大国主命は排除され、出雲神話は伊勢神話に敗北した。「皇統神話」への挑戦は却下され神話は一元化されたのである。

第四の特徴は「神話の政治化」である。明治天皇が一八八二年（明治一五）に陸海軍に聖訓を賜う形式で下した軍人勅諭では、神武天皇以来、天皇が軍隊を統率してきた歴史に言及して軍人の忠誠を説いた。大臣の副署なしで直接に天皇から下されたのである。一八八九年（明治二二）には大日本帝国憲法が国民に下賜されたが、第三条には「天皇は神聖にして犯すべからず」とされて統帥権の独立がうたわれた。井上毅《こわし》は一八九〇年に「教育勅語」を御名御璽のみで下して法を超越する絶対規範とした。天皇は国家の精神的支柱、皇祖皇宗の遺訓を護り、天皇は臣民と忠孝の関係を結ぶ。教育現場では一八九一年に奉安殿での御真影の拝礼と教育勅語朗読が義務化、学校では生徒に歴代の天皇名の暗記もさせた。国史教科書は皇国史観となり、『日本書紀』の現代語訳が古代史の中心となった。天皇に関わる神社は、一八九〇年に神武天皇を祀る橿原《かしはら》神宮、一九二〇年には明治天皇と昭憲皇太后を祀る明治神宮が創建された。特に明治神宮は天皇崇敬の根拠地となり、初詣の増大で大衆化し、神宮外苑は国家行事の演出場となるなど大きな影響を及ぼした。「皇統神話」の現実化の頂点が皇紀二千六百年祭（一九四〇）で神武天皇が称揚された。天皇は「皇統神話」によって現御神《あきつかみ》の性格を強化していったのである。

昭和天皇は一九四六年一月一日の人間宣言の詔書で、「朕ト爾等国民トノ間ノ紐帯ハ、終始相互ノ信頼ト敬愛トニ依リテ結バレ、単ナル神話ト伝説トニ依リテ生ゼルモノニ非ズ。天皇ヲ以テ現御神トシ、且日本国民ヲ以テ他ノ民族ニ優越セル民族ニシテ、延テ世界ヲ支配スベキ運命ヲ有ストノ架空ナル観念ニ基クモノニモ非ズ」と述べ、自民族主義と優生思想に支えられた「皇統神話」は終焉を迎えたかに見える。しかし残滓は現在も継続している。

五　南朝神話（一八七二〜一九四五）

明治維新は神武創業の再現を目指すと共に、後醍醐天皇の建武の中興もモデルにした。明治初期には建武の親政の功績者や天皇に忠義を尽くした人々が顕彰され、南朝の歴史が再構築されて正統性の根拠が固められた。これを「南朝神話」と名付ける。「南朝神話」は「人を神に祀る」習俗を活性化させて、南朝方の皇族や武将を祀る神社が続々と誕生し、建武中興十五社と称されている。[7] 一八六九年の鎌倉宮（護良親王）が最も早く、次いで一八七〇年の藤島神社（新田義貞）である。十五社のうち最も重要なのは湊川神社で、楠正成を祭神として一八七二年五月二四日（命日の前夜）に創建された。楠正成は勤王精神の権化で天皇の忠臣とされ、「天皇のために命を落とす」ことが美談化される根拠となった。「南朝神話」は湊川神社の創建から太平洋戦争終結まで、戦争の遂行に大きな役割を果たした。

楠正成に関しては前史がある。水戸の徳川光圀は、自身が編纂した史書『大日本史』で楠正成を天皇の忠臣として称揚し、一六九二年（元禄五）に家臣を湊川に派遣して、墓碑『嗚呼忠臣楠子之墓』を建て、自筆から文字を起こして刻ませた。楠正成の事績は江戸時代には民衆の間にも「太平記読み」を通じて広まり（兵藤：二〇〇五）、幕末には頼山陽の『日本外史』（一八〇〇〜一八二六）の美文による描写で大衆に受け入れられた。一八五三年（嘉永五）の黒船来航以後は高揚した幕末の尊王攘夷思想と連動する。西国街道に近い湊川には、高杉晋作、吉田松陰、西郷隆盛、伊藤博文、坂本龍馬等が立ち寄って墓前に額突いたと伝えられ、明治維新の精神的な原動力となった。一八七一年五月一四日の太政官布告で国家のために特別な功労があった人物を祀る「別格官幣社」の制度が定められ、湊川神社は一八七五年四月二四日に最初の「別格官幣社」に列せられた[8]。「別格官幣社」の成立は、「南朝神話」がその原動力であった。他方、連動して、国民の宥和をもたらすために、戊辰戦争の敵味方を問わず藩主を祭神に祀る神社が一八七四年から一八九一年にかけて多数創建されて顕彰された（森岡：二〇〇三、一二五頁）。契機は一八六九年の東照社の祭祀の公認だと言われる。徳川家と対抗させて、織田信長は明治天皇の御下命で一八六九年に建勲神社に祀られ、豊臣秀吉を祀る豊國神社は一八八〇年に再建された。明治初期の人心宥和政策として多数の人神が祀られたのである。楠正成はその頂点であった。

「南朝神話」は国家や天皇のために戦さで亡くなった死者を祀る習俗を刺激して拡大した。その嚆矢は、高杉晋作が結成した奇兵隊が一八六三年（文久三）に下関の桜山で行った死者の神祭である。一八九六四年（文久四）五月に招魂場が完成し、吉田松陰が中央に祀られた。後には高杉晋作、久坂玄瑞など明治維新の功労者である長州の指導者の霊が加わり、国家の為に殉難した「忠魂」の祭祀へ拡大し、「忠臣」楠正成も併せ祀られた。一八六五年には桜山神社となる。祭祀対象は奇兵隊から第二次長州征討や戊辰戦争の長州出身の戦死者へ拡大した（岩田：二〇二〇、二一七〜二七四頁）。

他方、京都では、明治天皇から志士たちの霊を祀る社を創建せよと御下命が下り、一八六八年（慶應四）五月一〇日、東山に霊山官祭招魂社が創建された[9]。都が東京へ移ると、幕末維新時に殉じた志士たちを慰霊する東京招魂社が東京九段に「勅祭社」として創建され、一八六九年（明治二）六月二九日の第一回「祭典」の前日の夜間に招魂場の「霊招ノ式」で死者は祭神に祀り上げられた（岩田：二〇二〇、一九〇頁）。戦死者の霊魂を天皇が祭神として祀る全く新しい祭式で強い政治性を帯びた。現在は招魂後、本殿に移動して合祀され霊璽簿に記されて永久に神社に留まる。東京招魂社は一八七九年（明治一二）に天皇の命令で靖国神社に改称された。靖国の名は『日本書紀』巻三の神武紀に由来し国を静謐にする意味である。これ以後は、内務省だけでなく陸軍省・海軍省との共同管理下に置かれ戦争と連動して巨大化していった。日本各地には招魂社が壮大な規模で創建され、一九三九年に護国神社に改称されて地域の国民統合の拠点となった。「人を神に祀る」風習は、近代において拡大・変質し、神社、供養塔、墓碑などを通して記憶されるモノとして増殖した。

楠正成は近代以降、「国民的英雄」に祀り上げられ、忠君愛国の誉れ、護国の鬼、国家の偉人として教科書に登場した。一九〇〇年（明治三三）には皇居の二重橋前に銅像が建てられ、「大楠公《だいなんこう》」と称せられた。楠正成は『太平記』巻一六には「七生滅敵」の言葉を残して死んだと記す。しかし、日露戦争で戦死した広瀬武夫が遺書に残した「七生報国《しちしょうほうこく》」（森田一九八七）と混同されて「七生報国」に変化していった（嶋津：二〇二〇、四頁）。楠正成の「七生報国」は国家総動員下の総力戦体制下で国家への忠誠を誓うスローガンとなって使われた。「南朝神話」の展開には、日露戦争後のナショナリズムの高まりがある。広瀬武夫は「軍神」に祀られ、靖国の祭神には「英霊」の名称が使われるようになった。

楠正成が湊川の戦いの出陣にあたって子供の正行に桜井の駅（現・大阪府島本町桜井）で別れを告げる場面は忠孝の手本とされ、教育現場で生き続けた。一九〇九年の文部省の国語教科書『尋常小学読本』巻七には、死を覚悟した楠正成が、父亡き後も後醍醐天皇への忠誠を尽くすように一一歳の息子正行《まさつら》を諭す場面が感動的に描かれている。一九一一年に南北朝正閏論が展開して南朝の正統性が再確認されて「南朝神話」の追風になった。「櫻井驛阯」は一九二四年（大正一三）に史蹟に指定されたが、場所の確証はない。一九三一年（昭和六）年五月一七日（楠父子の永訣の翌日）には、『日本外史』で感動的記述を残した頼山陽の没後百年祭が「櫻井驛阯」で行われ、尊皇の繋がりの深さが偲ばれる。[10]

「南朝神話」は、一九三四年（昭和九）の建武中興六百年祭と一九三五年の大楠公六百年祭で最高潮に達した。特に楠正成没後六百年忌の行事は盛大で全国で展開して戦争を鼓舞する風潮を助長した。一九三〇年代は「楠的なるもの」の再発見の時代で「楠公」は流行語となった。併せて強調されたのが「精神」である。「国民精神」は、関東大震災の緊急時に発せられた国民精神作興詔書（一九二三年一一月一〇日）以降に広まった。[11] 一九三〇年に、ヘーゲル学者の紀《き》平正美《ひらただよし》が万世一系の天皇を称揚し日本神話に民族精神を見出す『日本精神』を著して大きな影響を与えた。一九三二年には国民精神文化研究所が「我が國體、国民精神の原理を闡明し、国民文化を発揚し、外来思想を批判し、マルキシズムに対抗するに足る理論体系の建設を目的」として設立され国民精神の教化を目指した。一九三七年刊行の文部省編纂『國體の本義』も研究所の所員が全面的に協力した。楠正成は「日本精神」を体現し、天皇への忠義の死を遂げた人物として理想化され、「楠公精神」の真髄は「忠君愛国」にありとして、「滅私奉公」が説かれ「七生報国」が効果的スローガンとなって、太平洋戦争末期の「玉砕」「特攻」「散華」など自己犠牲を強いる行動を正当化した（谷田：二〇一九）[12]。特攻隊の名称は、「菊水」「金剛」「正行」など楠正成由来の人名や地名から取られており、人間魚雷回天の創案者、黒木博司少佐は自らを「慕楠」と称して楠正成を思慕した。魚雷と人が同一視され、「モノと精神の一体化」が生じた。「南朝神話」は戦争遂行を鼓舞し、「精神」重視の軍国主義の中核を形成したのである。

六　民族神話（一九三七〜一九四五）

日本型ファシズム時代のキーワードは「民族」で、日本民族の中核に「民族精神」があるという思想が特色であった。時期を区切れば文部省編纂『國體の本義』の刊行（一九三七年五月三一日）から太平洋戦争終結（一九四五年八月一五日）までである。「民族神話」は日本の「民族精神」を称揚して戦争に駆り立てた。「民族」の用語に関しては前史がある。民族はネーション（nation）の訳語で一九世紀後半に一般化したが、定義は不安定で、生物学的な差異の「人種」[13]（race）と混同された。文献上の初見は、久米邦武編『米欧回覧実記』（一八七八）と推定され、徳富蘇峰『国民の友』（一八八七）、三宅雪嶺『真善美日本人』（一八九一）など右派の論客の著作に「政治的結合」を表す用語として登場した。日清戦争（一八九四〜九五）後に井上哲次郎・高山樗牛らが日本の伝統思想と西欧の近代哲学思想を折衷した、君民一体・忠君愛国・キリスト教排撃を唱える「日本主義」の運動が起こる。日露戦争（一九〇四〜〇五）後に欧米で黄禍論が巻き起こり対抗言説として一九〇六年に「日本民族」が登場して日本人の独自性が主張されてナショナリズムが高揚した。民族の用語は、一九一〇年の日韓併合以後の日本の海外進出と植民地化の過程で、新聞紙上や雑誌に頻繁に登場するようになった。植民地化の進展で海外では諸民族、国内は単一民族と使い分けるようにもなった（小熊：一九九五）。日清戦争と日露戦争の結果、日本の国内では天皇家を頂点とする政治体制が強化され、国民は皇民になり、西欧とは異なる一民族一国家の幻想をまとう独自の「国民国家」（nation state）が誕生したのである。

「民族」と合わせ用いられたのがナショナリズムで、国民主義・国家主義・民族主義などと訳されてきた。ナショナリズムは、出版文化の普及や国語の成立で近代に創出された「想像の共同体」とする見方（アンダーソン：一九八七）が有力で、類型の一つとして提示された「欽定ナショナリズム」が日本にはあてはまる。ナチスは意識的に「聖化されたナショナリズム」を説いた。ナショナリズムの進展の中で民族が、他者との差異を表象し強化する概念として定着していく。民族を冠する名称の雑誌も現れ、喜田貞吉主筆『民族と歴史』（一九一九年一月〜一九二二年一二月）が先駆で、柳田國男・岡正雄編『民族』（一九二五年一一月〜一九二九年四月）が続く。雑誌『民族』の時代には民俗学と民族学の境界は曖昧で、本誌には折口信夫や岡正雄や宇野圓空などの重要論文が分野を超えて掲載された。雑誌『民族』の原義はドイツ語のエトノス（Ethnos）である。岡正雄が翻訳したシュミット・コッパースの論文「民族学の目的」『民族』創刊号（一九二五）によって、「民族学（Ethnology）」の用語も定着した。宇野圓空の『宗教民族学』（一九二九）の民族も政治的結合を強調するネーションではなく、文化的結合を重視するエトノスの翻訳語である。そこにフォルク（Volk）が加わる。ハンナ・アーレント（一九〇六〜一九七五）は、『全体主義の起源』（一九五一）で、ナチス・ドイツを「民族」的ナショナリズムと表現したが（アーレント：二〇一七）、この場合の民族はドイツ語のフォルク（Volk）である。[14] フォルクとは同一の起源を有する歴史的連続性を持つ人々で、言語の同一性や自治的な政治的結合で範囲を限定するネーションよりも包括的で曖昧である。歴史的なルーツをたどって遥か昔に遡り先祖は同じといえば誰とも仲間になる。ドイツ人のルーツはゲルマン民族というイメージ拡張を行い、優生思想を重ね合わせた。フォルクは内的凝集を特性とする「国民国家」を超えて拡張・膨張が可能で植民地化を正統化できる。日本型ファシズムもドイツ・ナチスと同様にフォルクの意味の「民族」的ナショナリズムを展開した。日本民族を「皇統神話」と「南朝神話」と「民族神話」で再構築する。その究極の表出が「東洋民族の新しい道徳の創造」を目的に「民族協和」を説く大東亜共栄圏であった。

七 「民族神話」の実践

「民族神話」が本格的に始動したのは、一九三七年七月七日の盧溝橋事件に端を発した日中戦争の開始以後である。同年五月には、日本精神の指導者養成のための教本『國體の本義』が文部省編纂で刊行され無償で配布された。本書は教育勅語の國體の精華を発揮するという思想を受け継ぎ、忠君愛国精神を強調し具現化した。「國體」「教学刷新」の意義を明らかにし，その精神を国民に徹底させた。「大日本帝国は、万世一系の天皇皇祖の神勅を奉じて永遠に統治し給ふ。これ、我が万古不易の國體である」「我が肇国《ちょうこく》は、皇祖天照大神が神勅を皇孫瓊瓊杵尊《ににぎのみこと》に授け給うて、豊葦原の瑞穂国に降臨せしめ給うた時に存する」など「天上無窮の神勅」に基づいて天皇の正統性を根拠づけ、神話や古典を典拠に日本の歴史を「肇国の精神の顕現」とした。国の始まり以来の精神が実現する過程が日本の歴史だという。建国神話・国家神話で「國體」を再認識させ、西洋近代思想を激しく排撃している。[15] 天皇に「忠」を尽くすこと、先祖の志を継承することが「孝」の実践であり、「君臣の分」を守る統治を行う。臣下は主君の命令に対して絶対的な忠誠を誓うことで国家の秩序を保ち人心を統合させる。前近代の「國體」思想に、近代の民族と精神の思想を合体させた「民族精神」を中心におき、天皇中心の一元的な民族を実体化したと試みといえよう。日本民族、大和民族、稲作民族、民族的宗教、民族論理などの言葉が登場し、民族研究所が設立され、日本民族学会が知的援助を行う体制が整えられた。精神は、日本精神の作興に始まり、国民精神、民族精神が強調されて、最後は「精神力」で戦う戦争に至った。国民精神総動員運動（一九三七）を開始し、国家総動員法（一九三八）が制定されて、この時点で「皇統神話」

と「南朝神話」と「民族神話」という「近代神話」の三位一体化が完成した。その頂点が一九四〇年の皇紀二千六百年で、東京オリンピックを誘致して国威発揚を試みようとしたが実現しなかった。一九三六年のミュンヘン・オリンピックはナチスの宣伝に使われており「民族の祭典」とされた。日本もドイツと同様の「民族」的ナショナリズムを高揚させて、国家をあげて戦争に向かう体制に突き進んだのである。

一九四〇年には大東亜共栄圏の構想が持ち上がり、その正統化のために「八紘一宇」が使われた。元来、日蓮主義の國柱会の田中智学が一九〇三年に使用した概念で、「日本書紀」巻第三の神武紀に、神武天皇が大和橿原に都を定めた時の「六合《くにのうち》を兼ねてもって都を開き、八紘《あめのした》をおおいて宇《いえ》と為《せ》んこと、またよからず[16]」とある神勅を「全世界を一軒の家のような状態にする」と解釈し、日本的な世界統一の原理とした。大東亜共栄圏の構想を支える国家の理念として「八紘一宇」が称揚され、全世界を一つにまとめて、一家のように和合させるとして、日本の海外進出を正当化したのである。皇紀二千六百年祭に際して、神武東征の出発地・日向の宮崎市に「八紘一宇之基柱」を建立した。各地に同様の柱が建立されたが、現存するのは宮崎のみである。

「近代神話」は一九四一年に陸軍大臣東条英機名で示達された旧日本陸軍戦時の将兵の心得『戦陣訓』でさらに強化された。「皇軍」には「軍は天皇統帥の下、神武の精神を体現し、以て皇国の威徳を顕揚し皇運の扶翼に任ず。常に大御心を奉じ、正にして武、武にして仁、克く世界の大和を現ずるもの是神武の精神なり」と記され、「近代神話」の実践は頂点に達した。「死して虜囚の辱めを受けず」の一句が多くの兵士と民間人を呪縛して死に至らしめた。太平洋戦争終結に際して、「國體の護持」という美名をポツダム宣言受諾の条件とした軍部の意向で終戦が遅れたことは当時の官邸記録から判明する（迫水：二〇一一、二七四頁）。「近代神話」の根幹は戦争の時代の最後まで残り続けたのである。

八　「民族神話」と南進

「民族神話」が最も強い効力を発揮したのは、「南進」が国策化されて以後である。その動きを整理しておく。日本の南方進出は三つの時代に分けられる（矢野：一九七五、一九七九）。第一期は主として一八九〇年代以降で、一八九五年の台湾の獲得で端緒が開かれた。最初はからゆきさん、次いでゴム栽培やマニラ麻の栽培が始まった。第二期は、一九一四年（大正三）以降で、第一次世界大戦後のドイツ領南洋諸島の獲得で植民地化が始まる。松岡静雄『太平洋民族誌』（一九二五）が書かれ、冒険ダン吉が連載されて関心が高まった。第三期は一九三六年以降で八月七日の五相会議（総理・外務・大蔵・陸軍・海軍の各大臣）で「国策ノ基準」で南進論を国策とし、公的認知を受けたイデオロギーに展開した。『南方政策を現地に視る』日本外事協会（一九三六）が出版され、室伏高信『南進論』（一九三六）には「南進は日本民族の使命」とある。室伏は『日本評論』の主筆で「日本主義」の立場にたち、一九四〇年にヒトラーの『我が闘争』を翻訳している。

第四期は一九四〇年以降で、近衛内閣は、同年七月二二日に協議をおこない、「基本国策要綱」（七月二六日）「時局処理要綱」（七月二七日）を決定して、海軍だけでなく陸軍もドイツの勝利で南進論に転化した。八月一日「大東亜共栄圏」の用語を松岡洋右《ようすけ》外相が記者会見で公表し、九月六日には範囲を明確化して「日満支ヲ根幹トシ旧独領委任統治諸島、仏領印度及同太平洋島嶼、泰国、英領馬来《マレー》、英領波羅州《ボルネオ》、蘭領東印度、緬甸《ビルマ》、濠洲、新西蘭《ニュージーランド》、印度等トス」とした。「日独伊枢軸強化に関する件」も合意した。南進の原型は「大アジア主義」で、鹿子木員信『すめらあじあ』（一九三七）には「満・蒙・支」と印度とあるが、大川周明『大東亜秩序建設』（一九四三）では「日・支・印」のみで南洋、南方を含まない。大東亜共栄圏は大アジア主義を拡大し「南進」論の正統化のために創られた空虚な概念で、南方の資源収奪が目的であった。大東亜共栄圏は「虚構の実在化」で、十分な議論を尽くさないまま戦争を拡大した。三つの「近代神話」、「皇統神話」・「南朝神話」・「民族神話」は大東亜共栄圏で収斂し、総力戦体制を支える「精神」の原動力となった。

九　「稲作神話」（一九四二～戦後）

大東亜共栄圏を支える論理として更に加わったのが「稲作神話」であった。大東亜共栄圏構想で稲作の重要性が高まって「民族神話」と結びつき日本の植民地化を正統化するイデオロギー性を帯びた語りに変質する。これを「稲作神話」と呼ぶ。宇野圓空は「農耕の上に成立つて居るこの大東亜、殊に南方共栄圏といふものに対して深い認識を持つこと」が大事とし、農耕文化を中心とした宗教文化（民族宗教）に「将来また東亜共栄圏の少くとも精神文化を建設するところの基礎を見出さなければならぬのであります」（宇野：一九四二、八八頁）と述べ、精神文化の根底に生業の農耕を据えた。宇野の弟子、古野清人は「わが東亜共栄圏の農業文化は、圧倒的に米の文化であります。印度に於いても、仏印、タイ、ビルマでも、或ひはマレー、東印度でも、すべて米を以て主食として居ると言って差し支えないのであります。かく米を作り、米を食べて生きて居る、さういふ諸民族が住んで居るといふことがアジアの一特徴であり…」「かくの如くに、大東亜共栄圏、殊に南方の文化は『米の文明』または『米の文化』であると言へるのでありあます」（古野：一九四二、四二、四七～四八頁）と述べ、共通の「米の文化」を持つ「稲作民族」を浮かび上がらせた。鈴木政『大東亜に於ける米』（一九四三）も出版された[17]。大東亜共栄圏は稲作文化圏で先祖祭祀を行い「稲作民族」として日本人と共通すると説き、稲作と「日本型ファシズム」を結びつけたのである。『日本書紀』は「天上無窮の神勅」で天孫降臨の地は「豊葦原の瑞穂国」と記す。この「建国神話」に基づいて稲作が国の始め（肇国）以来、生業の根幹で日本民族の特性とされた。しかし、実際には米は民衆の常食ではなく、日常では粟や稗や麦を食べ、米は正月と盆と葬式などの三つの機会のハレの時の食べ物であり、「犬も三時を知る」という諺もあった。稲作は古代以来、権力と結びついてきた（坪井：一九八二、大貫：一九九五）。江戸時代には石高制によって強力に制度化された。皮肉なことに米を民衆が常食にするようになったのは、「国家総動員令」の統制経済下での米の配給制度の確立以後である。しかし、「稲作神話」は日本型ファシズムの最終段階では植民地化のイデオロギーに組み込まれた。ただし、宇野、古野、松本などの民族学・宗教学・神話学の南方に関する研究者を大東亜共栄圏のイデオローグと断罪することはできない。本来、農耕文化・稲作文化・神話学など戦争と直接に結合しない研究が時代の要請で協力せざるを得ない状況になった。社会政策学者の大河内一男は「思想統制の深刻さの点では、太平洋戦争中よりも、かえって一九三七年から一九四一年のあいだが、いちばん激しかったと私は思っています。…日華事変が勃発してから太平洋戦争が起こるまでの数年間が中心の時期だったような感じがする。…太平洋戦争の時期は…戦争を一歩前進させるためには、むしろどんな思想でもかまわない。利用できるものはいっさい戦争目的にあげて総動員する。ある意味の合理主義をとりこまないと、戦争の遂行そのものができなくなると考えるようにすらなりつつあった」（大河内：一九七〇、八七頁）と記している。総力戦体制下の国家による思想動員で、一九三七年から一九四一年の間に日本の社会科学・人文科学が変質し国家的意図に取り込まれたのである。

一〇　大嘗祭と「稲作神話」

稲作の問題は天皇の代替わりの儀礼である大嘗祭と深く関わる。宇野圓空が農耕儀礼の研究を始めた契機は一九一五（大正四）年一一月一四日の大正天皇の大嘗祭であった。『マライシアに於ける稲米儀礼』（一九四一）の緒言（一九三三年の博士論文の緒言）には、「大正天皇の御即位に際し大嘗祭祭場のあとを拝観し、同時にその祭儀に関する古録の二三を読んで、その宗教民族学的意義について多少の疑問を懐いたのが、本稿の主題となったものの取扱ひをはじめた最初の動機である。次いでその比較研究の一資料としてスキートの大著を読んだ時、東洋ことにその未開民族の文化に対する欧州学者の理解に或種の不満を禁じ得ないで、近隣民族の文化、特に宗教に関する民族学的事実の再吟味が、わが日本学徒の責務たることを痛感したのであった」（宇野：一九四一、四頁）と述べている。宇野は現在の東南アジア大陸部と島嶼部を研究対象とし、マレー人に関するスキートの呪術研究（Skeat and Blagden, *Pagan Races of the Malag Peninsula*, 1906）を読んで、稲作儀礼は西欧人よりも日本人の方が理解しやすいと考えて比較研究を志したという。結論部では大嘗祭に言及し「神授の斎穂に瑞穂国の大元稲を認め」（宇野：一九四一、六八五頁）とあり、天孫降臨の神話を投影して解釈した。宇野の研究は「民族文化の系統的聯繫」を探求して、「日本民族の特質の理解」を目指した。

大嘗祭は、毎年の霜月（一一月）の稲の収穫祭で新穀を神霊に奉る農耕儀礼の新嘗祭が基礎になっている。大嘗祭では、新穀を奉る国を日本の東の国と西の国から選定し、各々を悠紀《ゆき》国と主基《すき》国として神聖な「斎田」を設け新穀を育てて奉納し、悠紀殿、主基殿に納める。霜月の卯日の大嘗祭に天皇が新穀の稲を神に奉って後にきこし召すのである。

宇野の初期論文は「稲の霊魂について」（一九二八）で『宗教研究』に掲載され、後に骨子は博士論文に組み込まれた。稲霊、穀霊、母稲などを通じて「民族的宗教」の本質を探究する姿勢は変わらない。宇野の穀霊論はイギリスの人類学者フレイザーの影響を受け、シュミットやグレープナーなどウィーン学派の文化圏説も取り込んだ[18]。シュミットは一九三五年に来日し、宇野の案内で澁澤敬三と共に奥三河の中在家《なかんぜき》の花祭を見学している。宇野圓空は日本での稲作儀礼研究の先駆者であったが[19]、結果的にその成果は日本型ファシズムの時代の大東亜共栄圏構想の確立に寄与することになった。

一一　大嘗祭と「もう一つの稲作神話」

宇野圓空と同様に大嘗祭から大きな影響を受けた学者は折口信夫で、一九一五年（大正四）の大正天皇の大嘗祭の頃から[20]天皇の代替わりや神の問題、宮廷信仰に関心を持ち始めた。一九二〇年五月「妣が国へ、常世へ」を『國學院雑誌』に掲載し[21]、一九二一年と一九二三年に沖縄・先島諸島で民間伝承の採訪を行った。その成果の最も重要な論文は一九二七年（昭和二）一〇月に脱稿し一九二九年一月に『民族』第四巻第二号に掲載された「国文学の発生（第三稿）」で、マレビトとその呪言について論じた。[22] 一九二八年（昭和三）には集中的に大嘗祭に取り組んだ。[23] 同年六月に信州で講演し、後に『古代研究』民俗学篇二（一九三〇）に収録された「大嘗祭の本義」は、悠紀殿と主基殿の寝所の褥《しとね》や枕などに着目し、布団（衾）は『日本書紀』神代巻が記すニニギノミコトの天孫降臨に際してくるまった真床《まどこ》襲衾《おふすま》と同じと推定し、新帝が寝具で物忌し外来魂《マナ》の天皇霊を身に憑けて復活する鎮魂《みたまふり》の儀礼だという説を提示した（折口：一九七四）。折口は王権の継承の断絶なき正統性を明らかにし、「民族論理」の解明を目指したのである。昭和天皇の大嘗祭は一九二八年（昭和三）一一月一四日に行われた。

折口は平田篤胤、伴信友、鈴木重胤などの国学の説を取り込み、宮中の大嘗祭、伊勢神楽の真床襲衾、民間の奥三河花祭を霜月祭祀の類化機能で結びつけた。大嘗祭への着目は國體論で知られる後期水戸学の會澤正志斎が古代と近代を繋ぐ儀礼として評価していた。代替わりの儀礼に天孫降臨の神話の再現を読み取った折口説は、神話学・民俗学・歴史学などで六〇年以上に亘って定説化し、戦後も岡田精司や西田長男などの批判を超えて受け継がれた。折口は大嘗祭を通して「もう一つの稲作神話」を提示したとも言える。

しかし、昭和天皇崩御（一九八九年一月七日）の後、大嘗祭の執行が再検討される過程で、國學院大學の岡田荘司が真床襲衾の秘儀は文献上に見出せないと折口を批判して、天皇親祭による神饌の供進と共食という常識的な説を提示し（岡田：一九八九）、この説明は平成の大嘗祭（平成二年一一月二二日）と令和の大嘗祭（令和元年一一月一四日）にも使われた。想像力で古代に迫った折口説は三〇年かけて完全に抹殺された。しかし、大嘗祭は稲作儀礼で皇祖神への献饌と共食に留まらず、悠紀国・主基国から奉られた米を日嗣《ひつぎ》の御子《みこ》たる新帝がきこし召して身体化する。日本を象徴する悠紀・主基の米を天皇が食べて国土と天皇が一体化し食国《おすくに》のスメラミコトとして蘇るのである。大嘗祭では卯の日の悠紀殿・主基殿の儀礼と、前日の寅の日の鎮魂祭とは一体であったが、秘儀の鎮魂は近代以後に消滅した。[24] 稲に関しても秘儀の伝承があり、折口は掌典の星野輝興から「大嘗宮に於ける稲の神格」について面白い話を聞いたが、神秘を漏らす恐れありとして内容は伏せられた[25]。

近代の初めての大嘗祭は宮中の神仏分離後に再編され一八七一年（明治四）一一月一七日に東京で行われた。明治・大正・昭和・平成・令和の近代の大嘗祭は「創られた伝統」であるにもかかわらず、「瑞穂国」という日本の国家の同一性を表象し、象徴天皇の存在と正統性を示す代替わりの公共的な儀礼となった。「稲作神話」の意味は失われたが、儀礼の形式は残り続けている。

一二　「稲作神話」の戦後

大嘗祭にはもう一人重要な人物が関わっていた。それは柳田國男である。柳田は大正の大嘗祭に大礼使事務官として携わったが小論を残したのみで[26]、昭和の大嘗祭に際しても朝日新聞論説委員として『朝日新聞』社説に数回執筆したに留まる[27]。大嘗祭に関わる論考は「稲の産屋」が唯一で、折口信夫の死（一九五三年九月三日）の二か月後に出版された『新嘗の研究』第一輯（同年一一月）に収録された。柳田は宇野圓空『マライシアに於ける稲米儀礼』（一九四一）に接して以後に農耕儀礼や稲作文化に取り組むようになったが、民族学嫌いの柳田は宇野の名前に言及しない。『定本柳田國男集』索引に「稲作文化」はなく、「農耕儀礼」の初出は佐渡の『北小浦民俗誌』（一九四九）で、本書は夭折した倉田一郎『農と民俗学』（一九四四）の資料に基づいて書かれた。日本の農耕儀礼に関しては澁澤敬三の援助を得た早川孝太郎『農と祭』（一九四二）が柳田に先行する。

柳田は戦後に稲作に関して二つの研究会を組織して稲作文化研究の中心人物となった。一つは「稲作史研究会」（一九五一～一九五九）で農学者が参加し、安藤廣太郎・盛永俊太郎『稲の日本史』（一九六九）や渡部忠世『稲の道』（一九七七）などの成果を生み出す。研究会の淵源は「郷土会」で、新渡戸稲造から石黒忠篤へ受け継がれた農学の人脈が活かされた。もう一つは「にひなめ研究会」（一九五一～一九七八）で民俗学者が参加した[28]。始まりは三笠宮崇仁親王が戦争の反省にたって天皇に関わる史料の公開を意図し、図書寮の新嘗祭の資料を都立大学へ持参したことである。三笠宮はオリエント学を専攻し王権儀礼に興味を抱いていた。研究会は柳田國男・折口信夫・馬淵東一などを中心に組織され、一九五一年に始まり[29]、杉浦健一、松本信廣、岡正雄、秋葉隆、池上廣正、小口偉一、松平齊光などの民族学者や民俗学者が加わった。柳田國男は日本民族の南方起源の実証のために民族学と急接近し、松本信廣も協力して、最終的には中国大陸の南部からタカラガイを求めて稲を携えて、島々を経て海を渡ってきた人が日本文化の基層を形成したという壮大な仮説を展開する『海上の道』(一九六一)に結実した。当時、本土から分離された沖縄の米軍統治への危機感があり南島に大きな関心を寄せ、本土との一体感を歴史的に裏付ける仮説を提示したのである。この仮説は、戦前の「日本民族」論を継承して、日本文化の根源には稲作があるという「稲作神話」を日本民族の起源というロマンに読みかえたともいえる。その流れの中で「日本精神」は「日本文化」に姿を変えたのではないか。戦後に稲作文化論は学術研究として再出発した。日本民族学協会主宰で「東南アジア稲作民族文化綜合調査」(一九五七〜一九五八、一九六〇、一九六三)が組織され、松本信廣は戦後初の海外学術調査団の団長になった。団員の岩田慶治は『日本文化のふるさと—東南アジアの稲作民族をたずねて』(一九六六)を刊行し、綾部恒雄は「東南アジア大陸諸民族の『穀霊』観念」(一九五九)などの論文を書き、後には共に日本民族学会の会長職を務めた。稲作文化論は戦前との連続性を残しつつ主体は京都大学の東南アジア地域研究へ移行した。

京都学派は「稲作以前」を求めて生態系に注目した。照葉樹林というシイ・カシなど常緑樹が茂る地帯が、ブータン〜アッサム〜雲南〜西南中国〜西日本へと広がり、「基層文化」には共通性があるという。米、ナットウ、豆腐、餅、米麹による酒造、茶葉の喫飲、水さらしのあく抜き法、棚田、高床式住居、歌垣、山上他界、鵜飼、漆器など日常生活を指標に焼畑から水田へという段階を想定して雲南・アッサムに稲作のルーツを求めた。非政治化された「稲作神話」であった。中尾佐助『栽培植物と農耕の起源』(一九六六)、佐々木高明『稲作以前』(一九七一)、同『照葉樹林文化の道』(一九八二)などの成果が生み出された。しかし、一九七三年に長江下流域の河姆渡《かぼと》から七千年前の籾が出土し、中流域からは一万年前の稲作遺跡が発掘され、照葉樹林文化論は事実上消滅した。にもかかわらず、マスコミは日本人の稲作文化との繋がりを求めて中国の雲南や貴州を取材し、NHKは一九八八年一一月七日放送の『恋歌が流れる秘境──中国・貴州省』で棚田を耕すミャオ族を紹介し、「どこか懐かしい風景であった」というナレーションを最後に流して「日本的なるもの」へのノスタルジーを掻き立てた。「近代神話」は変貌し、民族起源論は残り、稲作の文化伝播論は学問やマスコミと結合し、圏域を組み替えて残り続けてきた。神社本庁は、皇室や伊勢神宮で行われる稲作農耕祭祀こそ、「民族宗教」である神道の中核をなすという立場に立つ。「稲作神話」は現代でも機能しているのである。

一三　結論

日本型ファシズムの総力戦体制下では、「近代神話」の四つの流れが合体し、「精神」や「民族」は、人々を戦争遂行に駆り立てる言説に昇華していった。「南進」の国策化、大東亜共栄圏の実体化の中で、「民族宗教」「民族精神」「民族文化」は、政治的に利用された。「民族」という言葉は同化と対立を生み出す概念として現在も残り続ける。「民族」的ナショナリズムの変奏曲は底流を流れ続けているのである。総力戦体制は、国民国家が危機に瀕する時に新たな装いで出現する。「近代神話」は民主主義・自由主義が動揺する中で、社会主義・資本主義を問わず、姿を変えた新たな全体主義の中で復活するのではないか。ファシズムの脅威の教訓を如何に現代に生かすかが問われる。

注

［1］「皇道派」は荒木貞夫・小畑敏四郎、「統制派」は永田鉄山・石原莞爾など。石原莞爾は満州事変勃発に関わったが、日中戦争は不拡大を主張した。

［2］一九三八年八月一六日にドイツの若者集団のヒトラーユーゲント（一九二六年発足）が来日して熱狂的に歓迎され、白虎隊墓地も訪問した。この出来事で日独伊の関係は強化された。

[3] 徳川慶喜は一八六七年一〇月一四日に大政奉還を行った。王政復古は薩摩と長州による巻返しのクーデターであった。

[4] 天皇の在位を一世一元としたことも天皇の存在を強化した。

[5] 進駐軍の「神道指令」（一九四五年一二月一五日）で解体され、「国家神道」（State Shinto）の用語が初めて使用された。国家神道の議論には本論は立ち入らない。詳細は（島薗：二〇一一）を参照されたい。

[6] 律令制下の主要な神社は、神祇官が祀る官社となり、平安時代初頭に僻遠の地の神社は神祇官に代わって国司が奉幣し、前者を官幣社、後者を国幣社と称した。一八六八年の神祇官再興に伴い、この制度が復活し、一八七一年に新しい官国幣社が定められた。

[7] 官幣大社は吉野神宮（祭神、後醍醐天皇）、官幣中社は鎌倉宮（護良親王）、井伊谷宮（宗良親王）、八代宮（懐良親王）、金崎宮（尊良親王・恒良親王）、別格官幣社は小御門神社（藤原師賢）、菊池神社（菊池武時・菊池武重・菊池武光）、湊川神社（楠正成）、名和神社（名和長年）、阿部野神社（北畠親房・北畠顕家）、藤島神社（新田義貞）、結城神社（結城宗広）、霊山神社（北畠親房・北畠顕家・北畠顕信・北畠守親）、四條畷神社（楠正行）、北畠神社（北畠顕能・北畠親房・北畠顕家）。

[8] 一九四六年の社格の廃止までに二八社が列せられた。

[9] 一九三九年四月一日付で内務省告示で京都霊山護国神社と改称された。

[10] 英国公使のパークスが一八七六年（明治九）に建てた「楠公訣児之處」の碑もある。石碑は皇紀二千六百年（一九四〇）に新たに建立された。明治天皇の歌「子わかれの　松のしつくに袖ぬれて昔をしのふ　さくらゐのさと」が刻まれ、揮毫は海軍大将東郷平八郎である。頼山陽の漢詩「過桜井驛阯」も刻まれている。

[11] その後、統制が強められて治安維持法が一九二五年（大正一四）制定されて社会主義を統制し、一九四一年に全面的改正された。

[12] 皇道派の玉砕肯定論の先鋒は中柴末純《すえずみ》であった。

[13] 当時の用法では、人種が民族と混同されることも多かった。人種の概念は本来、生物学的差異に基づき優劣がないはずであるが、十九世紀にゴビノーが「人種不平等論」で提唱した思想が優生学と相まって広がり、二十世紀にヒットラーによって巧みに利用され、人種差別に展開し、その影響は現在も残り続ける。現在の人類学者は「文化的差異」による「民族」と、「生物学的差異」による「人種」を峻別する立場にたつが、一般の人々はしばしば混同して、外見上の判断がしやすい「人種」があたかも文化的優劣に結びつくかのように受け取る傾向が強い。

[14] アーレントの「民族」の解釈に関しては（仲正：二〇一八、八九頁）を参照。

[15] 一九四五年に進駐軍（ＧＨＱ）により、『臣民の道』（一九四一）と共に禁書となった。

[16] 六合は世界、八紘は八方位、宇は家と解した。

[17] 「米作に於けるアジアの地位は絶対的なものであり、而も、アジア大陸の中、最も主要な米産地、即ち、アジア大陸の米作に於ける地位を絶対的ならしめてゐる地域は総て大東亜共栄圏諸地域であることを知るのである」（鈴木政：一九四三、一九頁）。

[18] フレイザーは、神聖王権、王殺し、呪術、穀霊、トーテミズム、アニミズム、マナ、禁忌などの概念を駆使した。柳田は熊楠経由

で大正時代に、宇野は大正期の留学時代に知った。折口は「穀物の神を殺す行事」『土俗と伝説』一号（一九一八）を翻訳している。

〔19〕「農耕文化」論は鳥居龍蔵『有史以前の日本』（一九一八）の「農業文化」、「稲作文化」は西村真次『文化移動論』（一九二六）が初見である。一九三〇年代には弥生文化は稲作という学説が考古学者の山内清男や森本六爾によって唱えられ現在まで継続している。

〔20〕一九一五年九月二六日、國學院の国史・国文学会が連合で開催した講演会で、白鳥庫吉の講演「大嘗祭の根本義」を折口は聞いている。

〔21〕『古代研究』民俗学篇一（一九二九）の冒頭に収録された。

〔22〕『古代研究』国文学篇（一九二九）の冒頭に収録された。

〔23〕一九二八年（昭和三）年三月「高御座」、八月「大嘗祭の風俗歌」、一〇月「神道に現れた民族論理」、一一月「大嘗祭の本義並びに風俗歌と真床襲衾」、一二月「御即位式と大嘗祭と」等を発表した。

〔24〕折口は廻立殿の「天の羽衣」や「むすびのひも」を霊の復活・更新と関連付けた。

〔25〕折口信夫「大嘗祭の本義ならびに風俗歌と真床襲衾」安藤礼二『初稿・死者の書』（国書刊行会、二〇〇四年）二五六頁。

〔26〕「大嘗祭より大饗まで」「御大礼参列感話」（佐伯：一九八八、二六九〜二七七頁）。

〔27〕「大嘗祭と国民」「大嘗祭ニ関スル所感」『定本柳田國男集』第三一巻（一九七〇）所収。

〔28〕成果は『新嘗の研究』（一九五三・一九五五・一九六七・一九九九・二〇〇三、二〇一二）。

〔29〕一九五一年は七月一〇日、柳田「新嘗祭の起源について」、一二月五日、折口「新嘗と東歌」、一二月一一日、川出清彦「宮中に伝はる新嘗祭の資料について」と発表が続いた。

主要参考文献

アーレント、ハンナ『全体主義の起源二――帝国主義』（みすず書房、大島通義・大島かおり訳、二〇一七年）
アンダーソン、ベネディクト『想像の共同体――ナショナリズムの起源と流行』（リブロポート、白石隆・白石さや訳、一九八七年）
岩田重則『靖国神社論』（青土社、二〇二〇年）
宇野圓空「稲の霊魂について」（『宗教研究』五巻一号、一九二八年）一六四―一七二頁
宇野圓空『宗教民族学』（岡書院、一九二九年）
宇野圓空『マライシアに於ける稲米儀禮』（東洋文庫、一九四一年）
宇野圓空「南方民族の宗教文化」古野清人編『南方問題十講』（第一書房、一九四二年）六四―八八頁
大河内一男『社会政策四十年――追憶と意見』（東京大学出版会、一九七〇年）
大貫恵美子『コメの人類学――日本人の自己認識』（岩波書店、一九九五年）
岡田荘司「大嘗祭の本義を巡る研究史」（『明治聖徳記念学会紀要』復刊第二号、一九八九年）九七―一〇九頁

小熊英二『単一民族神話の起源――「日本人」の自画像の系譜』（新曜社、一九九五年）
折口信夫「大嘗祭の本義」（『折口信夫全集　第三巻（古代研究　民俗学篇二）』中央公論社、一九七四年）一七四―二四〇頁
片山杜秀『未完のファシズム――「持たざる国」日本の運命』（新潮社、二〇一二年）
紀平正美『日本精神』（岩波書店、一九三〇年）
佐伯有清『柳田国男と古代史』（吉川弘文館、一九八八年）
迫水久常『機関銃下の首相官邸――二・二六事件から終戦まで』（ちくま学芸文庫、二〇一一年）
嶋津尚忠「近代における『七生報国』言説についての一概観」（『頸城野郷土資料室学術研究部研究紀要』第五巻九号、二〇二〇年）一―一〇頁
島薗　進『戦後日本と国家神道――天皇崇敬をめぐる宗教と政治』（岩波書店、二〇二一年）
鈴木　政『大東亜に於ける米』（白揚社、一九四三年）
鈴木正崇「日本型ファシズムと学問の系譜――宇野圓空とその時代」平藤喜久子編『ファシズムと聖なるもの／古代的なるもの』（北海道大学出版会、二〇二〇年）二四―五〇頁
谷口博幸『国家はいかに楠木正成を作ったのか――非常時日本の楠公崇拝』（河出書房新社、二〇一九年）
坪井洋文『稲を選んだ日本人――民俗的思考の世界』（未来社、一九八二年）
仲正昌樹『悪と全体主義――ハンナ・アーレントから考える』（ＮＨＫ出版、二〇一八年）
坂野潤治『帝国と立憲――日中戦争はなぜ防げなかったのか』（筑摩書房、二〇一七年）
原　武史『可視化された帝国――近代日本の行幸啓』（みすず書房、二〇〇一年）
兵藤裕己『太平記〈よみ〉の可能性――歴史という物語』（講談社学術文庫、二〇〇五年）
古野清人「大東亜共栄圏の文化総論」古野清人編『南方問題十講』（第一書房、一九四二年）三六―六三頁
森岡清美「明治維新期における藩祖を祀る神社の創建――旧藩主家の霊屋から神社へ、地域の真珠へ」（『淑徳大学社医学部研究紀要』三七号、二〇〇三年）一二五―一四八頁
森田康之助『湊川神社史　下巻（鎮座篇）』（湊川神社社務所、一九八七年）
文部省編纂『國體の本義』（文部省、一九三七年）
矢野　暢『「南進」の系譜』（中公新書、一九七五年）
矢野　暢『日本の南洋史観』（中公新書、一九七九年）
山口　定『ファシズム』（岩波現代文庫、二〇〇六年）
山之内靖『総力戦体制』（ちくま学芸文庫、二〇一五年）

第11章

近代日本の神話学と植民地へのまなざし

◆平藤 喜久子

一 はじめに

神話が果たす主な役割の一つは、「はじまり」を語ることである。世界はどのようにして生まれたのか、人間は火をどのようにして獲得したのか。わたしたちが日々生きていくために食べる作物はどのようにしてもたらされたのか。そして、人間はいかにして生まれ、なぜ死ななければいけないのか。まさに、ゴーギャンの描いた絵画「我々はどこから来たのか 我々は何者か 我々はどこへ行くのか」(D' où venons-nous ? Que sommes-nous ? Où allons-nous ?、図❶)は、神話の本質を言い表しているといえよう。

神話の語る「はじまり」には、「国」や「民族」のはじまりもある。そのため、神話の研究はナショナリズムと結びつくこともある。近代日本は、植民地という形で新たな「国」と向き合うことになった。また、神話と歴史という問題を抱えることにもなった。

本章では、日本の神話研究が近代の国意識のなかでどういった展開を迎えたのかを考えてみたい。

図❶　Paul Gauguin, D'où venons-nous ? Que sommes-nous ? Où allons-nous ?, 1897-1898, Museum of Fine Arts Boston

二　日本神話に内在する国意識

一般的に日本神話とは、八世紀に編纂されたとされる『古事記』、『日本書紀』に記された神々の物語をさす。

七世紀後半、天智天皇の亡き後、彼の弟の大海人皇子と息子の大友皇子との間で皇位をめぐる争いが起こった。その壬申の乱の後、即位したのは大海人皇子であった。天武天皇と呼ばれることになる人物である。壬申の乱はもちろん親族間だけの争いというわけではない。当時の有力な氏族たちの政権闘争の意味合いも持っていた。加えて先帝・天智天皇は、大化の改新を行い、中央集権的な国家を構築しようとしていた途上にあった。この政治改革は、地方、中央の豪族たちにも不満を抱かせていたといわれる。そうした不安定な状況の中で即位をしたのが天武天皇である。皇祖神アマテラスから自らに至る天皇という地位を「歴史的」に決定版として語る必要性があったのであろう。『古事記』の成立の経緯については、その「序」のみが資料となる。それによると、天武天皇は、家々の持つ『帝紀』と『本辞』に誤りが多くなっており、その誤りを正さなければ、本来の主旨が失われてしまうということを憂い、真実を確定し選録をすることを決めたという。そして稗田阿礼《ひえだのあれ》に『帝紀』と『本辞』を誦習させたと伝える。その事業は元明天皇に継承され、太安万侶《おおのやすまろ》によって完成されることとなった。上・中・下の三巻からなるその内容だが、上巻はいわゆる神話となっており、天地のはじまりから国土の創成、神々の誕生、ヤマタノオロチ退治やオオクニヌシの物語なども含みつつ、皇祖神アマテラスと孫のホノニニギによる天孫降臨、そして初代の天皇となるカムヤマトイワレビコの誕生が描かれる。中巻は、そのカムヤマトイワレビコ、すなわち神武天皇から応神天皇まで、そして下巻は仁徳天皇から推古天皇までを記す。アマテラスから天皇へという系譜、国の誕生から支配者の統治という大きな流れを持つ。

神と天皇の連続性、そしてその天皇が統治する国の輪郭を明示するということが、『古事記』が求められた理由であろう。万葉集で柿本人麻呂らによって「大君は神にしませば」と歌われるのは、天武天皇以降の天皇であることを考えると、神との連続性、同一性がこの時期に強く意識され、知らしめられたといえる。

「日本」という国名を名に冠する『日本書紀』もまた、国意識と関わって成立した。『日本書紀』天武天皇十年の記事によると、天武天皇が皇子らに歴史の編纂事業を命じたとあり、これが『日本書紀』の編纂につながったものとされる。そして『続日本紀』によると、養老四年（七二〇年）に、舎人親王によって日本紀（『日本書紀』）の完成が天皇に報告された。

本文は比較的純粋な漢文で記され、中国の古典に由来する漢語を多用している。そして書名に冠された「日本」という名は、「倭」から「日本」に変えたいと「倭」から唐に対して申し出て承認された名称である。[1] 対外的な「国の見え方」を意識して正史を求め、編纂されたのが『日本書紀』であるといっていいのではないだろうか。

『古事記』と『日本書紀』という日本の神話を伝える二つの文献資料。内容的には重なる部分も多いが、必要とされた文脈は異なっていた。日本の「国」、そしてその「国」を統治する天皇という存在のいわれを神々の時代から描き出す日本神話は、国内と国外を意識したことから、求められたものであった。もちろん、その内容がすべて政治的な文脈に回収されていくわけではないが、近代の「国」が日本神話とどう向き合っていったのかを考える上で、そもそもの『古事記』や『日本書紀』が「国」という問題を内包して成立したということは踏まえておきたい。

三　日本における神話学のはじまりと植民地主義

近代的な学問としての神話学の祖とされるのは、一九世紀のイギリスで活躍したマックス・ミュラー（Friedrich Max Müller, 一八二三〜一九〇〇）である。彼は、もともと比較言語学者で、インド・ヨーロッパ祖語の再建を言語の比較によって行おうとしていた。一般的に形容詞などは、変化が早い。経験的にも、若者言葉がわからなくなるのは、形容詞からではないだろうか。比較した場合、宗教に関する語彙は変化しにくく、とくに神名などはそのままに残ることが多い。マックス・ミュラーは、そこからインド神話やギリシャ神話を中心にして言語の比較研究や語源の探求を重点的に行っていた。つまり比較言語学から言語の比較を主な方法とする比較宗教学、神話学が展開していったのである。

インドのサンスクリットにインド・ヨーロッパ語族の古い姿を知る手がかりがあると考えていたマックス・ミュラーは、インド神話には、雷神インドラ、曙の女神ウシャス、暴風雨神ルドラといったように、自然現象を表現したような神が多いことなどから、神話とは、もともと日の出や日没といった太陽の動きを中心とする自然現象を表現していた言葉が、次第に本来の意味が忘れられ、誤解されたりする中で発生したものであると考えた。このように言語が誤解されていく中で神話が生まれたということを「言語の疾病」と呼んでいる。そして、さまざまな神話を太陽の動きとして解釈する。自然現象と神話を結びつけ、神名など言語の対応を重視する研究方法を採ったため、マックス・ミュラーとその影響を受けた学者たちは自然神話学派あるいは言語学派と呼ばれた。

マックス・ミュラーの解釈の方法は、よく知られていたギリシャ神話が、奇想天外で不思議な話に満ちていて、いったいそれが何を意味しているのだろうと思わせるものが多く、さらに神々が近親相姦を犯すなど、あまりに性的に奔放と思われるような行動をとることについて、「言語の疾病」という一つの解決方法、納得の手段を示すものであり、そのため広く受け入れられたようである。

しかしながら彼の解釈には、あらゆるものを太陽の運行と結びつけようとしたために強引な点もあり、批判もあった。さらに、比較言語学的な研究が進んでいた一方で、いわゆる「未開社会」の研究も進み、その立場からは神話の起源を儀礼から説明する流れが生まれ、支持を得ていた。そのため次第にマックス・ミュラーの自然神話学は落ち目となっていってしまう。

日本における神話学のはじまりは明治三二年（一八九九）とされる。それはヨーロッパにおいてマックス・ミュラーの学問が批判を浴びつつも影響力を保っていた頃であった。日本にマックス・ミュラーが紹介されていった経緯については、他所でも詳しく論じているので割愛することとして、[2]まずは日本の神話学のはじまりについて確認しておきたい。

明治三二年は、高山林次郎（樗牛《ちょぎゅう》）による「古事記神代巻の神話及歴史」[3]が発表された年である。この論文は「一　概論」、「二　神代巻の神話」、「三　日本民族の起原及び遷徙」の三節からなる。高山は、まず古事記の神代巻を前半部と後半部に分ける。その分水嶺としてスサノオの神話を位置づけた。そして前半部は神話であり、後半部は歴史的叙述であるとする。前半部では、イザナキの禊ぎによってアマテラス、ツクヨミ、スサノオの三神が誕生するが、この神々は、それぞれ太陽、月、嵐の神といった自然神である。そのうちとくにスサノオは、インドのヴェーダに登場する嵐神インドラと類似していると指摘した。その上でアマテラスとスサノオの高天原における軋轢は、「太陽と嵐とが空中に争う」さまを表わした「太陽神話」であると論じている。つまりアマテラスが天の岩戸に隠れたのは嵐が太陽を覆ったことを表現しており、スサノオが高天原を逐われ、アマテラスが天の岩戸から出てきたときに、高天原にも葦原中国にも明かりが戻った場面は、「暴風退散して天日再び輝」く自然現象を表わしているということである。

アマテラスとスサノオの間に起こった軋轢を嵐と太陽の関係で説明している点については、高山は参考文献などを明示していないが、明らかにマックス・ミュラーの自然神話学的解釈の影響を受けたものであるといえるだろう。

高山の古事記論は、歴史的な叙述であるとした神代巻の後半部へと続く。スサノオの出雲行きから天孫降臨の場面であるが、ここで高山が論じるのは「出雲民族及び天孫民族の故郷」はどこであるのかという問題である。高山は古事記にはオノゴロ島や、イザナキの禊ぎ、因幡の白兎の話など、海に関する話が多いことや、大綿津《おおわたつ》見神《みのかみ》、水戸神《みなとのかみ》、沫《あわ》那《な》藝神《ぎのかみ》、沫《あわ》那《な》美神《みのかみ》、天《あめ》之《の》水《み》分神《くまりのかみ》、国《くに》之《の》水《み》分神《くまりのかみ》など「海に縁ある」神名が少なくないことなどを挙げ、「予が先づ肯定せんむと欲するは、出雲民族も天孫民族も、共に其の起源を海洋中に有すること、是れ也」と述べる。では、どこの海かというと、神代巻に雪などの北方の自然現象が少ない一方で、ワニなどの南方の動物が登場すること、またポリネシアの神話、伝説と古事記神話の間に類似点が多いことなどを挙げ、「南太平洋」であると断じた。そして、スサノオがインドのヴェーダ神話のインドラと同じく嵐の神であることを挙げ、日本神話の担い手となったアマテラスを祖とする「天孫民族」は、南太平洋上に起源をもち、ポリネシア人との交流を持っていたと述べる。そのポリネシア人はさらにそもそもインドの西南部に起源を持っており、そこでインド・アリアン人、もしくは「ドラビダ人」と交流していた。それはつまり彼らがヴェーダ神話の影響を受けていたことを推測させるものである。このような経緯で「天孫民族」はヴェーダ神話を受容し、そのために日本神話とインド神話は似ているのだという仮説を立てた。

この論文が発表された後の反響は大きく、概ね好評なものであった。その高い評価の背景には、明治二四年（一八九一）に歴史学者の久米邦武が「神道は祭天の古俗」という論文を発表したことにはじまる事件が関わっている。この論文は、『史学会雑誌』に発表され、のちに一般的な雑誌『史海』に転載されると、その内容が不敬であるとして国学者たちの反感を買い、彼らが激しい反対運動を起こしたため、久米は、教授職を非職となった。さらに内務省は、この論文を治安を乱すものとし、掲載誌である『史海』第八巻と『史学会雑誌』第二三号から第二五号までを発売禁止にするという処分を出した。いわゆる久米邦武筆禍事件と呼ばれるものである。これにより神話についての自由な研究ができなくなったと受け止められていた。高山の論文は、神話について自由で科学的な研究ができるようになったことを示すものとして受け止められたのである。

好意的な評価ばかりだったわけではなく、高山の親友であった姉崎正治（嘲風《ちょうふう》）は、『帝国文学』に「素戔嗚尊の神話伝説」を四度にわたって執筆し、本文に忠実に解釈すべきという立場から、樗牛の論文における自然神話学的な解釈を激しく批判した[4]。姉崎の研究の立場は、神話は古代に行われていた儀礼との関わりから解釈されるべきだというものであった。たとえばスサノオがヤマタノオロチを倒してクシナダヒメを救うという神話は、実際に行われていた人身供儀の風習が背景にあったのだと述べている。その研究の背景には、当時マックス・ミュラーを批判する急先鋒であったイギリスの民俗学者アンドリュー・ラングの影響もみられる。この姉崎の批判に対し、のちに神話学者、民俗学者として活躍する高木敏雄は、高山を擁護する論文を書いた。彼は日本神話には、自然現象をあらわす神話もあれば儀礼の起源を語る神話もあり、その両者は矛盾するものではないと論じている[5]。姉崎と高木の高山論をめぐる議論は翌年まで戦わされた。高山樗牛の論文をきっかけとするこれら一連の論争を「スサノヲ論争」といい、ここで自然神話学的研究の有効性、日本神話の研究方法が議論されたことから、明治三二年は、日本における神話学の発生の年であったと位置づけられている。

興味深いことは、姉崎と高木の応酬に対し、論争のきっかけを作った高山がまったく何も反応をしていないことである。その理由は、彼の論文「古事記神代巻の神話及歴史」の執筆動機にあるのではないかと考える。この論文が発表された一八九九年当時、高山は日本主義に傾倒していた。日本主義とは、一般的には日清戦争の勝利を機に高まったナショナリズムの機運を受け、一八九七年（明治三〇）五月に発足した大日本協会が中心となって鼓吹していた国家主義的な思想、運動を指す。高山は一八九七年（明治三〇）に「日本主義を賛す」という論を発表している[6]。このなかで彼は、日本主義とは建国の精神に立ち返って「国民的特性」に基づいた国家の発達を目指す「道徳的原理」であるという。そしてその精神を称揚するには「歴史的」、「比較的考察」による「国民的特性」の客観的な認識が必要であるとし、その比較によって「国民的特性」を考察した。その材料として想定されていたのは神話だったようである。

彼のいう国民的特性に基づく日本主義論がさらに明確に打ち出されたのが、一八九九年（明治三二）三月に『太陽』の「時事評論」に発表された「植民的国民としての日本人」という評論である[7]。この論では、日本人（「出雲民族」と「天孫人種」）の国民的特性は「植民的」であると表現する。その理由として挙げられるのが古事記である。古事記には海の神話が多く、南方の神話との類似も見られることから、日本人の故郷は「南方多嶋洋中」にあり、そこから、「植民」を経て日本にやってきたというのである。樗牛によれば、「神武東征」や、「崇神の四道将軍」派遣、「日本武尊の北征」、「仲哀・神功の熊襲三韓の討伐」などは、みな「征服的国民の意気」が盛んであることを示しており、しかもいずれも海路を使用している。それは「天孫人種」の植民的気質が反映しているからである。そして、高山は今こそこの植民的国民としての気質を自覚し、発揮する時期であると述べる。

この論文と、「古事記神代巻の神話及歴史」を読み合わせるとわかることは、彼がスサノオとインドラの性格の比較をし、類似を指摘しているのは、マックス・ミュラーの自然神話学を日本に援用する妥当性を論じるためではなく、類似を指摘することで日本神話がインド神話を受容していることを論じるためである。受容していると述べることが、日本人の南方起源説の論拠となるのである。日本人が南方起源であるということは、すなわち日本人が「植民的国民」という国民的特性を持つことも意味する。そのことこそが、彼が日本主義を論じるために述べたいことだったのである。

日本の神話学のはじまりに位置づけられている高山樗牛の「古事記神代巻の神話及歴史」の背景には、日本主義という植民地を拡大しようとしていくなかで生まれたナショナリズムがあった。神話学のはじまりは、植民地主義的神話学のはじまりでもあったといえよう。

四　神話学と植民地へのまなざし

高山樗牛が「植民的国民」という国民的特性を指摘した明治期は、台湾を領有し、韓国を併合するなど、日本がまさに植民地の拡大を始めた時期であった。時代が降り、一九三〇年代になると、満州や中国を軍事占拠し、東南アジアにも進出していくことになる。「日本」はさらに拡大し、植民地主義の伸長は神話の研究にも影響を及ぼしていった。

日本に神話があるように、植民地、あるいは植民地化しようとしていた土地にも神話はある。日本の神話とそれらの地域の神話との関係は、どのように理解されていったのだろうか。本章では第二次世界大戦前後も継続して活躍をし、神話学を牽引していた三品彰英《みしなしょうえい》と松本信広を取り上げてみたい[8]。

三品彰英は、歴史学、人類学の立場から日本神話と朝鮮神話の関係を論じ、高く評価されてきた研究者である。一九二八年から終戦まで海軍機関学校教授を務め、戦後は大谷大学や同志社大学の教授を歴任して教育に当たり、戦後の神話学、朝鮮研究への影響も大きかった。一九三七年にはイェール大学に客員教授として赴任し、高名な人類学者であるローウィ（Robert Heinrich Lowie）のもとでも学んだ経験もあり、人類学の視点も取り入れた研究であることも評価されている。

朝鮮史研究者としては、一九四〇年に一般向けの朝鮮史の概説書として『朝鮮史概説』を刊行している。彼の朝鮮へのまなざしを知る上では、基本的な資料といえる。この著書の中で三品は、朝鮮を「同胞」とよび、最も信頼できる民族であるとしつつ、その歴史を「他律性」、「附随性」と特徴付ける。その半島という地理的条件のために、大陸の余波を受け続けたことによる特質である。そして日本は古事記や日本書紀を参照すると、平和的に朝鮮を支配している。その歴史を振り返れば、成長した日本が同胞として朝鮮を抱くことで、朝鮮はその他律的な半島史的性質を乗り越えられると判断できるとする。そのことを彼は次のような言葉で論じた[9]。

即ち古代の我が朝鮮経営に於いて、又最近世のそれに於いても同じく見られるが如く、それは征服主義でもなく、利己主義に出でたものでもない。古くは百済なり任那なりを保護し、以て彼等に国家を樹立せしめるにあり、そはまこと平和的且つ愛護的支配とも云ふべきもの、蒙古の如く意志的征服的でもなく、支那の如き主知的形式的でもなかつた。之等に対して若し名目的に云ふならば、日本のそれは主情主義的、愛護主義的であり、彼我の別を越えたよりよき共同世界の建設を念願するものであつた。この精神は今日に至るも断じて普遍の根本精神である。（中略）嘗て朝鮮と同じきこころの持主として生ひ出し者、しかも今日かくも偉大に成長し、勝れた歴史世界を建設したところの日本が、今同胞として彼等を抱くことは、彼等をその故里へ呼び返へしたことに外ならぬ。ここにはじめて本然の朝鮮としての再出発がある。

三品は、日本と朝鮮が密接な関係にあり、「同じきこころの持主として生ひ出し者」としつつ、日本の方が「偉大に成長」したとする。朝鮮の附随性、周辺性、他律性を強調し、日本の情によってそれが乗り越えられるとする朝鮮史観は、日本人の韓国史研究をまとめた李萬烈によって「日帝の植民主義的韓国史観を理論的に体系化した」として厳しく批判されている。[10]

神話についての彼の知見を著書『日鮮神話伝説の研究』から見てみたい。[11] 三品は、やはり日本神話と朝鮮神話の比較の意義を強調する。その上で満州朝鮮、すなわち「満鮮」の神話は、「甚だ未発達の状態にあり、その点全く我国とは比ぶべくもない」[12]と述べる。神話について、なにをもって発達、未発達と判断を下すかというと、彼が注目したのは、日本書紀の一書の存在である。「一書曰」ではじまる異伝について、三品は神話の成長段階に照応するものと考えた。たとえば天孫降臨であれば、複数の異伝を比較対照させ、さらには朝鮮の建国神話の伝承も参照して、どの伝承が古く、どの伝承が「発展した」伝承であるのかを検討する。その結果、日本書紀の本文と第六の一書が「早期的基本的所伝」であり、日本書紀の第一の一書と古事記が「後期的発展的所伝」であるとした。その上で、このように神話が発展していく点について、「過ぎ去つた過去にのみ停滞する姿でなく、過去の伝統を強く把持しながら現実に即し、且未来へ発展していく姿」[13]があるとする。そして朝鮮神話については、「斯くの如き展開の力は全くかけて居り、ただ原古のまゝに何時までも停滞し、やがては現実的には意義なきものになつてゐる」[14]と述べている。異伝の有無をいわば民族性と結びつけて解釈する点は、牽強付会といわざるをえない。

日本の神話と朝鮮の神話の類似点を挙げつつ日本の優位性を述べ、朝鮮を支配することを古代の精神への復帰と位置づける。日本と植民地であった朝鮮の支配―被支配の関係を神話の比較研究から正当化し、説明しようとするものだといえよう。

三品が直接に関わったわけではないが、一九二〇年代から朝鮮総督府は、『朝鮮史』の編纂をはじめた。そのときに古朝鮮の檀君の建国神話をめぐって、日本人学者と朝鮮人学者の間で論争になったことも知られている。[15]この論争で朝鮮人学者側は、檀君を朝鮮建国の歴史、朝鮮民族の祖として朝鮮史の冒頭に位置づけることを要求したが、黒板勝美を代表とする日本人学者側は、檀君が神話上の存在に過ぎないことを理由にその要求を斥けた。この対応について川村湊は、日本の歴史についてはイザナキ・イザナミの神話やアマテラスの神話などからはじめる学者が、他方で檀君神話を否定する姿勢に「支配民族による被支配民族の民族神話の圧迫というイデオロギー闘争的な要素」をみている。[16]土地の支配は、土地の神話の支配でもあったことを示す典型的な例といえよう。

朝鮮の神話との比較により、日本神話に含まれる北方の神話の要素を研究した三品に対して、南方の神話の比較によって日本神話の成り立ちの解明に取り組んだのが松本信広である。慶應義塾大学に学び、フランスではマルセル・モースにも学んでフランス社会学派の学風を持ち帰った。戦後も慶應義塾大学で教鞭を執り、東南アジア研究の第一人者として活躍した。

彼の日本神話についての最初の論考である『日本神話の研究』(同文館、一九三一年)は、フランス時代に書いた論文の日本語訳がもとになっている。東南アジアやポリネシアなど南方系の神話と日本神話を比較し、その系統を論じた彼の代表的な著書で、ニュージーランドの英雄マウイや台湾のアミ族の神話との比較研究は、現在でも日本神話の系統を考察する上で重要な業績である。[17]

しかし、彼はフランスから帰国したあと、日本神話というよりもインドシナ研究の専門家としての活躍が求められたようである。そして、南方の神話と日本神話の類似の意味についてもより踏み込んだ発言をするようになる。たとえば一九四二年に出版された『印度支那の民族と文化』では、日本神話と南方神話の類似、日本語とインドシナの言語の類似から、日本の「民族文化の構成」に、南方の影響があったと論じている。この論文の結論は次のようなものである。[18]

我日本民族の血に南洋人の血が交り流れてをるといふことは、今日いろいろの点から注目に値する。即ち現代日本人は此の狭い島国から溢れて何処かに排け口を見つけやうとしてをる時である。天産の豊かな気候の温暖な南洋はその最もよき排け口である。今日之を領してをるものは白人種であるが、今日の学説から言つて白人の皮膚は強烈な日光の直射に堪へずと言はれてをる。また彼等の信ずる一神教は熱帯人の多神的宗教と調和すべくもない。此の点日本人は有色な点に於いて耐久力あり、且つその宗教文化は南方人のそれと比して衝突を起すものではなく、キリスト教文化を強制して土人固有の社会体制を覆へすといふ心配もない。即ち日本人は南方発展に非常な長所を持つてをるので我国の発展を阻むものはただ列国の政治的支障あるのみであると考へられる。

つまり、日本人に南方の血が入っているために、南方への進出、植民地拡大については白人よりも適している、有利であると述べているのである。こうした松本の論考の背景には一九三〇年代後半から軍部で主張されていた南進論との関わりを指摘することができるだろう。実際に日本は武力によってインドシナに南進をしていった。こうした時代状況が松本の研究と関わっていたといえるだろう。その頃、調査研究によって政治活動に影響を及ぼしていた国策研究会が、一九四〇年に「民族問題研究会」を組織して東南亜細亜《アジア》の諸民族の実情と日本の対処の仕方について研究を行っていたが、松本信広もそのメンバーであった。同じく国策研究会による「大東亜民族対策」のための実情調査などを目的とした「南方諸民族事情研究会」にも専門家として加わっている。[19] 松本信広の研究は、南方への日本の拡大という局面において、その政策を神話の比較研究を用いて正当化していく役割を果たしていたと指摘することができるだろう。

五　おわりに

近代日本の神話学の端緒となった高山樗牛の論文は、植民地帝国の仲間入りをしていこうとする日本を神話研究の観点から支え、論拠を与えていこうとするものだった。その後「日本」の領域は拡大していく。

しかし、他の植民地帝国と日本との間には大きな違いもあった。近代ヨーロッパの国々は、おもにヨーロッパの外に海外領土を求め、植民地化していった。その多くの国はキリスト教国であったため、支配される側は「異文化」であった。さらに、イギリスにとってのケニア、タンザニア、インド、スリランカは彼らにとって「未開社会」でもあった。その文脈では、いわゆる支配する側の神話と支配される側の神話の関係が意識されることはあまりなく、「未開社会」をどう支配していくかという視点があった。植民地における人々の支配に関して人類学が積極的に関与していったこともよく知られている[20]。

他方、日本の場合は朝鮮や台湾といった、同じアジアで隣接した地を植民地としていったという点でヨーロッパの国々とは大きく異なる。植民地化された地域のほとんどは、漢字文化圏であるという共通点もあった。神話学者は、日本の神話とそうした隣接した植民地（植民地候補）の神話を比較する。その際に優劣を持ち出し、支配の正当性を導き出そうとした。三品彰英の「発展した神話」、「未発達の神話」といった価値判断を含む朝鮮神話研究はその典型である。また神話が類似しているからこそ、進出して宗主国となるのはヨーロッパではなく日本なのだという松本信広の研究も、支配の正当性の主張である。

加えて近代日本においては、天皇という存在は神と連続するものとして強く認識されたことも、日本の神話研究には影響を与えたと考えられる。本章では十分に論じることはできないが、日本では神話がある時点から歴史に接続していく。その物語が「正しいはじまり」とされるために、植民地の神話との矛盾も生じ、植民地の神話の価値はおとしめられていくことになったのだろう。古事記、日本書紀は七世紀から八世紀の国内外の政治状況下で必要とされ、編纂されたものであったが、近代国家もまた、国内的にも国際的にも神話を必要とした。神話学がその必要性に呼応していったのである。

注

[1] 神野志隆光、金沢英之、福田武史、三上喜孝校注『新釈全訳 日本書紀 上巻』講談社、二〇二一年、「解説」1 王朝名としての「日本」。
[2] 平藤喜久子『神話学と日本の神々』(弘文堂、二〇〇四年)、第一章、同「日本における神話学の発生と高山樗牛——日本主義との関わりを中心に」『國學院大學紀要』第四三巻、二〇〇五年、同「神話学発生への道程——明治三二年はどのようにして迎えられたか」吉田敦彦監修『比較神話学の鳥瞰図』、大和書房、二〇〇五年、同「神話学の「発生」をめぐって——学説史という神話」井田太郎・藤巻和宏編『近代学問の起源と編成』勉誠出版、二〇一四年など。
[3] 高山樗牛「古事記神代巻の神話及歴史」『中央公論』第一四巻第三号、一八九九年。のちに松本信広編『論集 日本文化の起源3』平凡社、一九七一年に転載。
[4] 姉崎正治「素戔嗚尊の神話伝説」『帝国文学』五巻八、九、一一、一二号、一八九九年。
[5] 高木敏雄「素尊嵐神論」『帝国文学』五—一一、一二、一八九九年。
[6] 高山樗牛「日本主義を賛す」(『太陽』三—一三、一八九七年)。
[7] 高山樗牛「植民的国民としての日本人」(『太陽』五—六、一八九九年)。
[8] 三品彰英と松本信広の戦時下での神話研究については、次の論文で詳しく論じている。平藤喜久子「植民地帝国日本の神話学——昭和前期の日本神話研究を中心に」竹沢尚一郎編『宗教とファシズム』水声社、二〇一〇年。
[9] 三品彰英『朝鮮史概説』弘文堂書房、一九四〇年、六〜七頁。
[10] 李萬烈「近現代韓日関係研究史—日本人の韓国史研究を中心に—」(『日韓歴史共同研究委員会第3分科報告書』日韓歴史共同研究委員会、二〇〇五年。
[11] 三品彰英『日鮮神話伝説の研究』柳原書店、一九四三年。
[12] 三品、前掲書、一〇頁。
[13] 三品、前掲書、五八〜五九頁。
[14] 三品、前掲書、五九〜六〇頁。
[15] 檀君論争については、主に以下のものを参照した。川村湊『「大東亜民俗学」の虚実』講談社選書メチエ、一九九六年、李萬烈、

前掲論文、野崎充彦『朝鮮の物語』大修館書店、一九九八年。
[16] 川村、前掲書、二七頁。
[17] 松本信広『日本神話の研究』同文館、一九三一年、一九七一年に平凡社から再版。
[18] 松本信広『印度支那の民族と文化』岩波書店、一九四二年、三三五頁。
[19] 矢次一夫『昭和動乱私史　中』経済往来社、一九七一年。および国策研究会『南方諸民族事情研究』日本評論社、一九四三年。
[20] たとえばマリノフスキーについては、植民地主義との関わりについて次のような研究がある。清水昭俊「忘却のかなたのマリノフスキー：一九三〇年代における文化接触研究」『国立民族学博物館研究報告』二三巻三号、一九九九年、五四三〜六三四頁。

付記

本章は、国際シンポジウム「『マヤ文明』と『日本神話』——近代知が紡ぐ地の『記憶』」二〇一九年一一月九日、白鹿記念酒造博物館記念館会議室、主催・文部科学省科学研究費補助金（基盤研究C）「近代以降の「神話」概念の包括的再検討とその社会的意義の解明」（課題番号：18K00506）における講演の内容に加筆訂正したものである。同じく講演者のホセ・ルイス・エスカロナ・ビクトリア（メキシコ社会人類学高等研究院・教授）をはじめ、出席者の方々に多くのご評正をいただいたことに御礼申し上げたい。

III

「新」世界とせめぎあう近代知——〈地〉の記憶をまとう

第12章

それぞれの神話を生きること

――ゲオルク・フォルスター、アレクサンダー・フォン・フンボルト、エルンスト・ヘッケルの「統一と多様性」の思想

◆横道 誠

一 はじめに

ジェイムズ・クックが率いた第二回世界周航に関する文学的記録や、紀行文学『ライン川下流域の光景』によって知られるゲオルク・フォルスター。南アメリカ探検旅行によって、カール・リッターが「新世界の学問的再発見」(Ritter: 1859, 375) を果たしたと称え、その生態学的研究によって、ピエール・ボルトーが「最初の環境学者」(Bertaux: 1985, 7) と呼んだアレクサンダー・フォン・フンボルト。ダーウィニズムを広め、「環境学」(Ökologie) という語を鋳造し、一九世紀末から二〇世紀初頭にかけて一元論と呼ばれる見解によって西洋の思想界を席巻したエルンスト・ヘッケル。彼らを「統一と多様性」という観念を通じて考察することを本章の課題とする。フォルスターとフンボルトは、師弟間に準じる影響関係があり、それぞれの旅行記述がよく比較考察の対象になる。ヘッケルはフンボルトの著作の愛読者だったため、両者の一元論的な思想はやはりよく比較される。しかしフォルスターとヘッケルは、没交渉でしかないから、三者を連続的に比較することは通常なされない。本章では「統一と多様性」という考察軸を用いることで、比較が可能になる。そして、この比較考察によって、彼らがそれぞれの「神話」を生きていたことを、そしていかに

生きていたかを明らかにしたい。

二　ゲオルク・フォルスター

一七七二年七月、レゾリューション号に乗りこんだ隊長ジェイムズ・クックとアドヴェンチャー号に乗りこんだ副長トバイアス・フルノーは、イギリスを出港した。彼らはまだ全体像がわからなかった南太平洋を探査し、巨大な南方大陸が実在するかどうか突きとめることを主要な任務としていた。アドヴェンチャー号は途中で引きかえしたが、レゾリューション号は旅を完遂し、一七七五年三月にイギリスに帰還した。そのレゾリューション号に、ゲオルク・フォルスターとその父ヨハン・ラインハルトというスコットランド系ドイツ人の学者親子が乗りこんでいた。フォルスターは出航時、まだ一八歳。彼はいかにもこの時代のヨーロッパ人らしいことに、圧倒的なものを神的なものとして体験し、キリスト教の創造主を称える。海洋性プランクトンの夜光虫が夜の海面を青く光り輝かせているのを眼にする場面で、彼は語る。

この現象は奇怪かつ偉大で、その全能の力によってこの光景を準備した創造主には、畏敬を持って驚嘆せざるを得なかった。海が広大無辺にも何十億という微生物によって満たされる！　すべてが有機組織を持ち、生命を帯びているのだ。すべてが動いたり、気ままに光ったり、近づいてきた物体を照らしたり、望むや否や自分の光る性能を止めたりすることができるのだ！――私たちの心の奥底からこうした考えが湧きあがって、創造主をその最小の事業に関してすら称えさせた。
(Forster: 1965, T. 1, S. 74)

夜光虫の群れが立ちあげた青い光の空間にフォルスターは呑みこまれ、創造主がいるからこそ、万有がうまく動いているという感慨に沈んでいる。

航海中に探検者たちをもっとも惹きつけたのは、ソシエテ諸島、特にその中心的な島のタヒチ島だった。クックの一行は、一七七三年八月一七日から九月一八日にかけてタヒチとその周辺の島々に第一回の滞在をし、さらに一七七四年四月二二日から六月四日まで、タヒチ島と同じくソシエテ諸島に属するフアヒネ島に第二回の滞在をした。ある風景について、フォルスターはつぎのように記した。

ホッジス氏はこの一帯がとても気に入って、座ってスケッチしたが、それだけの価値があった。空気は澄み、良い香りがして、死に瀕している者ですら命を吹きかえしそうだった。やわらかな潮風が吹き、私たちの髪でそよぎ、涼しさを運んできた。小鳥があらゆる方向でさえずり、私たちが休んでいた木陰の頭上では野鳩が愛らしく鳴いていた。この木は根が奇怪で、地上から八フィートのところで幹から別れて、また地中に潜りこんでいた。奇怪な実をつけ、三フィート超もあって、幅は二、三ツォルだった。この寂れた場所の、自然からたっぷりと恵みを受けた地域に、私たちはふたりの原住民だけを伴って草地で休んでいたが、魔法の島々に関する詩人たちの記述が思い浮かんできたのは、もっともなことだった。想像力が制限されず、ありとあらゆる美しい言葉によって飾られていた作品たち。この場所は、それらの作品のロマンチックな描写に通じるところが多くあった。もしここに、水晶のような泉やきらきら流れる小川があったならば、隠棲する上で、これよりふさわしい幸せな場所を発見するのは、ホラティウスにすら難しかっただろう。だがまさに水が、この魅力的な小島に欠けた唯一の要素だった。(Forster: 1965, T. 1, S. 352)

探検旅行に随行していた博物画家ウィリアム・ホッジスがスケッチしたくなる極美の風景。これはエルンスト・ローベルト・クルツィウスがヨーロッパ文学の「文学的トポス」——伝統化した修辞技法——として紹介した

「悦楽境《ロクス・アモエヌス》」の現実版だった（Curtius: 1993, 191–209）。森と草、香りの良い花、さえずる鳥、そして水。あとは水さえあれば完璧な光景になるのに、とここで考えるフォルスターは、世界を一枚の美しい風景画のように捉えた。それは「多様性」に満ちた自然界を絵画のようなものとして「統一」的に把握する営為だったと言える。

フォルスターにとって、タヒチ島は古代のギリシアやローマを連想させる場所でもあった。二度目の滞在にあたって、海上で近づいてきたタヒチ島から、フォルスターは神話の世界を連想する。

> 山上の森は新緑によって飾られ、さまざまな濃淡を反射していた。あちこちの小さな丘も同じような新しい春の装いをまとい、さまざまな場所を美しく彩っていた。素晴らしい景観だ。盛大に飾られ、若草の草原がある平地は特に煌めいていた。要するに、それは私たちに、カリュプソーの魔法の島についての記述を思いださせた。
>
> （Forster: 1965, T. 2, 42）

カリュプソーは、ホメーロスの『オデュッセイア』で、旅上の主人公オデュッセウスを誘惑するオーギュギアー島の女神のことだ。ホメーロスはこの女神の住む洞窟について、つぎのように描写している。

> 洞窟の周りには、ハンノキ、ポプラ、甘く香るイトスギなどの樹木が茂り、フクロウ、タカ、海のことにせっせと口を出すウミガラスなど、長大な翼を持つ鳥たちが巣を作っている。洞窟のすぐ入り口にはブドウの蔓が伸びて若さに任せて勢いよく絡まり、熟したフサを垂らしている。四つの泉が並び、清らかな水が寄りあって流れていて、流れの向かう先はまちまちだ。そのまわりに広がっているのは、柔らかいスミレとセロリが花咲く草むら。不死の神でも、ここに来ることができれば凝視して驚嘆し、心を明るくするだろう。
>
> （Homer: 1998, 186–187）

フォルスターはタヒチ島への滞在中、海岸でも神話世界を思う。

タヒチの艦船の光景は、私たちに古代の共和国の海軍を連想させたため、私たちは結果として、両者をじっと比較することになった。たしかにギリシア人は金属を所有していた点で異なるが、そのほかの点では、両者の武器にせよ戦闘方法にせよ、同じくらい単純だった。詩人の父、ホメーロスはうんと美化して描いていたのではあるが。

(Forster: 1965, T. 2, 84)

ホメーロスが『イーリアス』で描いた、トロイア戦争に向けて集結するギリシア艦隊の「総目録」(Homer: 1965, vol. 1, 86–115)や、アキレウスとヘクトールの一騎打ち(Homer: 1965, vol.2, 452–479)に代表される英雄たちの戦い。それらにフォルスターは思いを寄せている。

フォルスターは、ウェルギリウスの『アエネーイス』も繰りかえし思いだす。たとえば、タヒチ島での一度目の滞在のあと、島を離れる場面で彼は、アエネーアスがかつて愛した女王ディードーを冥界で発見したときに、涙を流しながら口にする台詞を引用している。

女王よ、あなたの岸辺から去ったのは本意ではなかった

(Forster: 1965, T. 1, 268; Vergilius 2008, 306)

フォルスターは、タヒチの日常生活を古代ヨーロッパの神話に重ねあわせるだけでなく、神話世界を超えたものとして錯覚する。彼は書く。

私たちはそれまで、この地球に、全国民が一定の文明化を達成した上で、かつ相互に質素な平等も維持すること

ができた小さな片隅をついに発見したのだ、と心地よく思いこんでいたのだった。（Forster: 1965, T. 1, 249）

文明化されながらも、社会的平等も備わった理想郷。それがタヒチに実現していると思われた。だがフォルスターはそれが錯覚だったと認識する。「ある瀟洒な家」で、つぎのような情景が広がっていたのだ。

家のなかでは、ひとりのとても肥った男が手足を伸ばして横たわっていた。彼はだらしない様子で、木製の枕に頭を乗せていた。男のまえでは、ふたりの召使いがデザートを用意していた。〔…〕そうこうするうちに、ある女性が彼の側にはべって、大きな焼き魚とパンの実を何度も手にたっぷり取っては、彼の口に詰めこみ、彼はそれをすごい食欲で飲みこむのだった。（Forster: 1965, T. 1, 248–249）

高い身分の男が、彼に使える者たちを使役して、贅沢な安楽を享受する。つまり「質素な平等」は幻想だと明らかになる。フォルスターのこれらの感じ方と考え方も、「統一と多様性」をめぐる観念を基礎としている。彼は、この世にあるものは多様だが、それは唯一の神によって差配されたため、万有は一個の統一性のうちに収まっていると考えた。生物界に関しては、「存在の連鎖」の構図が看取される。「存在の連鎖」とは、「存在者の階層秩序」（Lovejoy: 1936, 61）を意味し、神による宇宙秩序、つまり天使、人間、動物、植物、鉱物という序列を意味する。これは古代から多くのヨーロッパ人が念頭に置いていたもので、一八世紀にも残存していた。

フォルスターは「自然の全体への眼差し」（一七八一年）という論文で書いている。

種族そのもの（集合体）が、自然の唯一の存在者なのだ。命脈と持続力の点で、自然と同等の永久的な力だ。それらをより正しく判断するためには、もはや各種族を個々の類似したものの集まり、あるいは連続した系列としてではなく、数量や時間に左右されず、つねに生きていて、決して同一ではない一個の全体として観察しなければならない。天地創造の事業のもとでは一なるものと見なされてきた、そしてそのために自然のなかでも複数とは見なされない全体として。人間という種族は、これらすべての種の単位のなかで第一等のもので、ほかのものは、ゾウからダニまで、スギからハッカまで、第二等、第三等の列にある。それぞれが異なった形や性質を有し、固有の生存方法を持っていても、自分の居場所を確保し、自分のために存在し、ほかのものから身を守り、ほかのものとともに生きた自然を構成していて、現在の世界の構図が創造主の意図に沿ったものである限り、今後もこれまで同様に自分自身を維持していくのだ。

(Forster: 1974, 89)

生物の本来の単位は個体ではなく、種族にあり、その種族が列をなして全体の秩序が構成されている。それが「創造主の意図」だと、フォルスターは信じていた。

他方で、種族全体を単位と見なすフォルスターは、その種族内での差別や不平等を拒否した。それが、先ほど見たタヒチへの幻想、平等な社会だと錯覚して喜び、そうではないと知って幻滅する心の動きに繋がっている。フォルスターはフランス革命の勃発とともに、この歴史的事件に積極的に関与し、フランス共和国の傀儡国家、マインツ共和国の代表に就任した。彼は革命が掲げた「自由、平等、博愛」の理念を信じたのだ。その理念こそ、青年期に『世界周航記』で神話と戯れたフォルスターが、壮年期に生きた神話だった。

三　アレクサンダー・フォン・フンボルト

アレクサンダー・フォン・フンボルトは、ベルリン大学の創設者でドイツ教養主義の促進者だったヴィルヘルム・フォン・フンボルトの弟にあたる。彼は同じドイツ人のカール・リッターとともに「近代地理学の父」として知られている。

一七九〇年三月から七月まで、二〇歳のプロイセン人フンボルトは一五歳年長のフォルスターとともに、マインツからライン川下流域（ニーダーライン）を超えてイギリスまで旅行した。この経験からフォルスターは一七九一年から一七九四年にかけて、『世界周航記』と並ぶ紀行文学の古典『ライン川下流域の光景――一七九〇年四、五、六月のブラバント、フランドル、オランダ、イギリス、フランスについて』を刊行し、フンボルトは将来の大探検旅行を夢見るようになった。

フンボルトはプロイセンの官僚として働いたあと、一七九九年にスペインを出発してラテンアメリカの探検旅行に出かけ、アメリカ合衆国を経由して、一八〇四年にフランスに帰着した。フンボルトがヨーロッパに戻った年に、ナポレオン・ボナパルトが皇帝として戴冠した。そこで、一九世紀末にイギリスのジョン・セオドア・メルツは、『一九世紀ヨーロッパ思想の歴史』でフンボルトを「その大旅行から帰ったときに、ナポレオンに次いでもっとも有名なヨーロッパ人になった」人物だと説明した（Merz: 1896, 206）。

現在のエクアドルの最高峰は、アンデス山脈の標高六二六八メートルに達するチンボラソ山だ。一八〇二年にこの火山に登ったフンボルトは、その自然環境や植生に魅了された。それを図解したものをフンボルトは『新大陸赤道地方紀行』（全三四巻）の第一巻『植物地理学の諸構想』（一八〇七年）に、「熱帯地方の自然絵画」と題する手彩色銅版画として収録した（Humboldt: 1989, 2. Profil-Tafel. 図を参照）。この「自然絵画」（Naturgemälde）について、フンボルトはマルク・オーギュスト・ピクテ宛の手紙で語っている。

> この作品は、ぼくの仕事が諸現象の合奏を把握することにあったことを示している。人々が見たがっているから、ぼくは小宇宙を一枚の紙の上に示してやるんだ。
>
> （Dove: 1881, 103）

つまり、それは植物の植生を一枚の絵に封入した宇宙的な「統一と多様性」の図なのだ。

熱帯地方の自然絵画

フンボルトは一八〇八年に、フォルスターの『ライン川下流域の光景』（*Ansichten vom Niederrhein*）へのオマージュ作『自然の光景』（*Ansichten der Natur*）の初版を刊行した。一八二六年には増補された第二版が、一八四九年にはさらに増補された第三版が刊行された。初版から収録されていた「原始林での動物の夜の生活」と題するエッセイにはつぎのような記述がある。やや長いが、引用したい。

サンタ・バルバラ・ド・アリチュナ布教区にいたとき、私たちはいつものように、アプレ川の川岸の砂漠で、野外の一夜を過ごした。砂漠は、未踏の森林に面している。私たちは火を起こすために、乾いた木材を苦労して見つけた。この地の風習で、ジャガーの攻撃に備えて、個々の野営を火で囲む必要があるのだ。夜は穏やかな湿り気を帯び、月は明るかった。何頭かのワニが川岸に近づいてきた。気づいたのは、ザリガニなどの水棲動物と同じく火の光がワニをおびきよせたということだった。私たちの舟の舵は用心深く水底に沈められた。そうしてハンモックを固定したのだ。深い静けさが支配した。ほんのときどき淡水イルカのいびきが聴こえた。これはオリノコ川流域に特有で、ただし（コレブルークによると）ガンジス川からベナレス川のあたりと同様ということだった。イルカは長い列を作っていた。／一一時過ぎに近くの森で騒音が発生したので、みんな夜の残りの睡眠を諦めなければならなかった。動物たちの野生の叫びが、森林にこだました。同時に響いている多くの声のなかから、原住民が聴きわけられたのは、間欠的に個々に聞こえてくるものだけだった。単調に鳴きわめくホエザル。小さなクモザルの啜り泣くようなフルートのような声。縞のあるヨザル（私が初めて報告したもの）のいびきのようなうなり声。大型のトラ。たてがみのないアメリカ産のライオン、ピューマ。ヘソイノシシ。ナマケモノ。一群のオウム。パラクヴァ（ヒメシャクケイ）やほかのキジのような鳥たち。トラたちが森の端に近づいてくると，絶えず吠えていた私たちのイヌは呻きながらハンモックの下に保護を求めてきた。ときどきトラの叫び声が、木々の上からおりてきた。その場合、つねにサルたちの訴えるような笛の音のような声が伴っていた。サルたちはいつもとは異なるトラたちの追跡から逃れようとしていた。

(Humboldt: 1987, 163–164)

動物たちがさまざまに声をあげている交響空間。「熱帯地方の自然絵画」に関して書いていたことを思いだすなら、フンボルトはここでやはり「諸現象の協奏」に魅了され、今度は言語のみによって「小宇宙を一枚の紙の上に示してやる」ことを試みたのだと推察できる。

『自然の光景』第二版から収録された「生命力、あるいはロードス島の守護神」は、ヨハン・ヴォルフガング・フォン・ゲーテやフリードリヒ・シラーらが展開したヴァイマルの古典主義文学運動の時代に書かれたエッセイだ。その時代精神に倣って、フンボルトは自分の宇宙観をギリシア神話風の寓話に仮託して語っている。

私の教え子たちよ、私の周りに近づいて、ロードス島の守護神のなかに、彼の若々しい力強さの表現のなかに、彼の肩の上の蝶のなかに、彼の両眼の支配者の眼差しのなかに、有機的な創造物のすべての芽に命を吹きこんでいる生命力の象徴を認めよ。彼の足元にある地上的な要素は、いわば自分の欲望に従うように、互いに混ざりあうように努めている。守護神は持ちあげた炎の松明でそれらの要素を脅かして、諸要素が有する古い権利にもかかわらず、自分の法に従うように迫る。

(Humboldt: 1987, 322)

ロードス島の守護神の眼差しが、「有機的な創造物のすべての芽に命を吹きこんでいる生命力」という宇宙原理を体現する。万有を構成する諸要素は独立的にばらばらに行動するが、しかし彼らは宇宙の「法」に従うしかない。この寓話と同じ観念について、フンボルトは、彼と同様にヴァイマルの古典主義文学周辺の人脈に属していたカロリーネ・フォン・ヴォルツォーゲン宛の手紙で語ったことがある。

ひとつの手によって、一方の極から他方の極まで、魂が吹きこまれています。鉱物、植物、動物、人間の膨らむ胸に、一なる生命が注がれているのです。

(Bratranek: 1876, 407)

すなわちヨーロッパ思想史上の神話、「存在の連鎖」の観念をフンボルトも信じていた。「存在の連鎖」は、森羅万象の「多様と統一」を保証した。

一八四五年、フンボルトは『コスモス』(全五巻)の第一巻を刊行した。その本体部分は「自然絵画──諸現象の普遍的概観」と題されていた。この新しい「自然絵画」で、フンボルトは宇宙空間の諸現象から記述を始め、「宇宙絵画」(Weltgemälde)という語も多用している。フンボルトは語る。

現象を分離し、従属させて、暗に支配する諸力の戯れに予感をいっぱいにして入りこみ、感覚的な直観が真に反映させた生き生きした表現をとおして、私たちは万有(万物は一体)を包みこみ、宇宙、世界秩序、秩序づけられたものの装飾を意味する「コスモス」という偉大な語の威厳そのままに、記述することができる。こうして自然像を構成する諸要素の計りしれない多様性が、あらゆる文学的な、または純粋に芸術的な構成物が究極の目的とする平穏と統一が、ひとつの調和した印象を損なわずにいるようにと願う。

(Humboldt: 1993, 62)

宇宙の「自然像を構成する諸要素の計りしれない多様性」は、「万物は一体」の原理を持つために、文学的で芸術的な「平穏と統一」によって記述される。「統一と多様性」を万象に認め、それを執筆の際に再現するという理想を掲げているのだ。「存在の連鎖」についても語っている。

諸事実はほとんど孤立しない。存在者のあいだの空隙が埋められていく。身近な狭い視野では長いあいだ理解できなかったことが、最果ての地へと旅して、観察の結果として明らかになることは頻繁にある。長らく孤立していると思われた植物や動物の形態が、新しく発見された中間物や過渡的な形態によって結ばれる。普遍的な連鎖だ。(Humboldt: 1993, 37)

進化論まであと一歩と感じさせる記述もある。生物についての当時の基本的な解説を閉じるにあたって、彼は述べる。

生物の現象についてのこの断片的な考察のなかで、私はもっとも単純な細胞、いわば生命の最初の息吹から、より高い形態へと上昇してきた。(Humboldt: 1993, 319)

フンボルトは進化論に辿りつかなかったが、ダーウィンのすぐそばまで来ていた。というのも、アンドレア・ウルフが指摘するとおり、フンボルトは『コスモス』で森羅万象の仕組みを、一度も「神」という言葉を使わずに説明したからだ(ウルフ：二〇一七、三五六)。フンボルトは、キリスト教という歴史上最大級の神話の解体に貢献した知識人のひとりだった。

他方でフンボルトは「統一と多様性」の神話を信じた。『コスモス』は刊行された当時、もっとも先進的な自然哲学の書物で、第一巻は六年後までに一〇言語に訳された(Graczyk: 2004, 354)。にもかかわらず、日本では『コスモス』の翻訳はいまなお刊行されず、二〇一九年になって、ようやく幻戯書房が第一巻の刊行を告知した(二〇二二年現在、未刊)。幕末の時代に出版された書物だったため、明治以降のヨーロッパ系言語の翻訳ラッシュには早すぎ、また当時最新の自然科学の成果を取りこんだ本だったため、翻訳ラッシュの時代には逆に賞味期限切れになっていた。ヨーロッパの古典的名著は、そのほとんどが一度は日本語訳に翻訳されたことがあり、私たちは図書館の書庫なども利用して日本語で読める環境にあるのだが、『コスモス』はその例から漏れてきた。

フンボルトの思想は、旧時代の神話として日本では省みられることが少なく、再評価が進みはじめたのは、ようやく二〇世紀末からだった。彼の思想は、その同時代の科学状況の最先端を示していたが、私たちには彼が神話を生きていたことははっきり見て取れる。

四　エルンスト・ヘッケル

イギリスのチャールズ・ダーウィンは、実はフンボルトの熱烈な崇拝者だった（ウルフ：二〇一七、三一四―三三九）。彼は一八三一年一二月、二二歳のときに、イギリス海軍の測量船ビーグル号に乗って世界周航に旅立った。約五年後の一八三六年にイギリスに帰還。一八四三年から一八四八年にかけて『ビーグル号航海の動物学』初版（全五巻）を刊行した。

ダーウィンは一八三八年の閃きについて自伝で書いている。

> 私はたまたまマルサスの『人口論』を娯楽目的で読んでいた。動物や植物の習性を長年にわたって観察していたから、あらゆる場所でおこなわれている生存競争を理解する準備が整っていた。そこですぐさま、このような状況下では好ましい変異は保存され、好ましくない変異は破壊される傾向にあると思いあたった。そうして新しい種が形成されるのだ。このようにして私は、ついに研究のための理論を手に入れた。
> (Darwin: 1958, 120)

この自然選択による進化論は「存在の連鎖」の最新版、あるいは到達点と言えるものだった。宇宙全体がどうかは措くとしても、少なくとも地球上の生物たちは、より単純な生物からより複雑な生物へと、自然によって篩いわけられながら、発展してきたという、現在では広く認められた学説が、ついに提出されたのだった。

この見解に強く共鳴し、誹謗中傷に曝されていたダーウィンをオーストリアから援護したのがエルンスト・ヘッケルだった。ヘッケルもまた、フンボルトの熱烈な崇拝者だったから、ダーウィンの思想に親和性を感じるのは簡単なことだった（ウルフ：二〇一七、四二八―四五〇）。彼はダーウィンの考えに、さらに新しい理論を追加した。一八六六年に刊行した『生命体の一般形態学』には、つぎのように書かれている。

進化論だけが私たちに、発達の歴史の素晴らしい現象を理解するための鍵を与え、また個体発生は系統発生の短い反復にほかならないことを教えてくれる。これこそが進化論の計りしれない重要性で、ダーウィンが進化論の改革と因果関係の基礎固めによって得た並はずれた功労の源だ。（Haeckel: 1866, Bd. 2, 7）

ヘッケルはダーウィンの功績に帰そうとしているが、これは「ヘッケルの反復説」として知られる仮説だ。人間の卵は受精後、魚のような形態を帯び、四肢が形成されたあと哺乳類らしくなり、人間に近づいていく。これは、人間個々人は、人類がかつて歩んだ進化の過程を反復していると、ヘッケルは考えた。このもっともらしい仮説が真実か否かをめぐって交わされてきた論争は、現在でも決着していない。

ヘッケルはあらゆる生物の多様性を、進化の系統樹によって統一的に把握しようとした点で、「統一と多様性」の思想史に身を置いていた。彼は多様な生物と無生物を統一的に説明しようとする。同書からさらに引用しよう。

地球上の私たちが知っているすべての自然物は、生物であれ無生物であれ、物質のあらゆる本質的な基本特性の点で、質量と原子の構成という点で、そしてそれらの形態と機能がこれら物質の直接的かつ必要な作用の結果だという点で一致している。自然物のふたつの主要グループのあいだに存在する形態と機能の違いは、それらに侵入した元素の異なる化学的組み合わせに依存しており、それらのあいだにある物質的な違いの直接的かつ必然的な結果にすぎない。「生命」の名のもとにまとめられ、生命体の特異な形態を条件づける運動の特異な外観は、特別な（生命体の内部または外部に宿る）力（生命力、構築計画、作用理念など）の流出ではなく、たんにタンパク質体などの複雑な炭素の化合物の直接的または間接的な成果なのだ。（Haeckel: 1866, Bd. 1, 164）

ヘッケルは、生物も無生物も化学物質からできた機械で、その差異は構成物質にタンパク質などが含まれ、機能しているか否かに由来すると論じている。彼は『宇宙の謎』（一八九九年）ではさらに進んで、つぎのように述べる。

進化論の概念が宇宙を支配していること、この世界そのものが永遠なる「本質の進化」にほかならないということ。この強力な思想はこの一九世紀の落とし子だ。（Haeckel: 1899, 6）

ヘッケルは「かつての二元論の克服こそ、まちがいなく私たちの発生研究の最重要の成果だ」（Haeckel: 1899, 296）と述べ、「宇宙一元論」（Monismus des Kosmos、つまりコスモスの一元論）を謳っているから（ibid.）、ここにはフンボルトの影響を読みとることができるかもしれない。実際、『宇宙の謎』ではフンボルトの『コスモス』と『自然の光景』が言及されていて、フンボルトが「自然を高貴な仕方で享楽の対象とすること」と「世界の構造の学問的な解明」を結び合わせ、総合したことで、「人間存在を完全性のより上位の段階へと高める」ことを試みたと賞賛されている（Haeckel 1899, 396）。

だが同書の巻頭には、ゲーテの詩「パラバシス」が掲げられている。パラバシスとは、古代ギリシアの演劇で、俳優が物語を中断して自分の主張のために弁舌を振るう場面のことだ。

数年来、精神は
喜んで心を砕いた。
創造された自然がどのように生きているかを
探求し、経験するために。
それは永遠に一なるものだ。
何重にもなって示現する。
大きいものは小さく、小さいものは大きく
万有が固有の仕方で形を取る。
つねに変化し、しっかり停止する。
近くて遠くて遠くて近い。
そうして形態を変化させ、再変化させて
私は驚いてしまう。

(Goethe: 1982, 358; Haeckel 1999, 1)

フォルスターやフンボルトが探求し、ヘッケルが継承した「統一と多様性」の理念を最も体現する人物は、ヘッケルにとってゲーテだった。ここには一九世紀のドイツ人たちに生まれたゲーテに対する熱狂が見て取れる。ゲーテ時代に息づいていた、古代のギリシアやローマの神話的世界観への憧れが、神話的な要素を剥ぎとられた上で、ヘッケルに受けつがれた。だが、それもまた新しい神話ではなかっただろうか。それについて最後に述べよう。

五　おわりに

『宇宙の謎』でヘッケルは「一元論教会」の構想について言及している。それは「荘厳な自然そのもの」で、「二〇世紀には大部分の人が一元論の「自由な会合」へと宗旨替えするだろう」と予言される（Haeckel: 1899, 398）。一元論は隆盛を極めたが、その思想はダーウィニズムを核としている点で、危険な面を宿していた。ヘッケルは『宇宙の謎』で書いている。

> 自由な自然の至るところ、眼差しを無限の宇宙に向けても、宇宙の一部に向けても、至るところ厳しい「生存競争」が存在しているのだが、しかしそれとともに「真なるもの、美なるもの、善なるもの」も並んでいるのだ。
>
> （Haeckel: 1899, 398）

自然の原理を選択淘汰による「生存競争」に見る立場。その立場と不可分なことに、ヘッケルは人種主義者だった。一九一四年に第一次世界大戦が勃発したとき、ヘッケルは彼がもっとも高等な人類と見なしたドイツ人とイギリス人が争うことに反感を表明し、イギリス人が同盟を結んでいた日本人の参戦を、対ドイツ戦争のための下等人種の動員として非難した（佐藤：二〇一五、二七〇―二七三）。強烈な反ユダヤ感情は抱いていなかったが、民族至上主義だったことはまちがいなく、障害のある新生児の選別（すなわち殺害）や精神病者の安楽死に賛成する優生論者だった（同書、二七三―二八六）。このため、ヘッケルの思想からナチズムの人種に関する神話には、ひとつの道が通っている。

フォルスターは「統一と多様性」の理念を掲げつつ、人間は平等であるべきだと考え、フランス革命の熱狂的支持者に姿を変えた。同じく「統一と多様性」の理念を掲げるフンボルトもフォルスターと思考が近く、シモン・ボリバルと交流し、アメリカの植民地の解放を夢みていた（ウルフ：二〇一七、二一五―二三九）。だがヘッケルは「統一と多様性」

の理念を掲げつつ、ダーウィニズムをその芯として採用し、ナチスにエネルギーを注ぎこんだ。
キリスト教の神に対して、フォルスターは礼賛者になり、フンボルトは軽視者になり、ヘッケルは敵対者になった。彼らの時代を通じて、キリスト教の神話的世界観は切りくずされた。ヘッケルは代用物として「一元論宗教」を提唱し、ナチスは擬似宗教的な制度の導入によって、国民を動員した。レニ・リーフェンシュタール監督によるナチスのプロパガンダ映画『意志の勝利』で、ナチス・ドイツの群衆は叫ぶ。

ひとつの民族
ひとりの総統
ひとつの帝国
ドイツよ！

（リーフェンシュタール：二〇一〇）

画面には「多様性」なき「統一」の世界が出現している。
ヘッケルらが興した「一元論同盟」は、ナチスの時代に禁止された（佐藤：二〇一五、二七七）。自分たちを生みだした右翼的な思潮——いわゆる保守革命——を吸収し、あるいは切りすてながら、ナチス・ドイツは一九三三年から一九四五年まで、計一二年の歴史を展開した。「新しい神話」の創出をめざしながら、一二年にわたる歴史を起ち上げることになった。

主要参考文献

Bertaux, Pierre, “Vorwort”, *Alexander von Humboldt. Leben und Werk*. Hrsg. von Wolfgang-Hagen Hein. Weisbecker, 1985, S. 7–8.
Bratranek, Franz Thomas (Hg.), *Goethe's Briefwechsel mit den Gebrüdern von Humboldt. (1795–1832.). Im Auftrage der von Goethe'schen Familie*. F. A. Brockhaus, 1876.

Curtius, Ernst Robert, *Europäische Literatur und lateinisches Mittelalter*. 11. Auflage. Francke, 1993.
Darwin, Charles, *The Autobiography of Charles Darwin 1809–1882. With the Original Omissions Restored*. Edited and with appendix and notes by his grand-daughter Nora Barlow. Collins, 1958.
Dove, Alfred, *Die Forsters und die Humboldts. Zwei Paar bunter Lebensläufe. Zur allgemeinen deutschen Biographie beigetragen*. Duncker & Humblot, 1881.
Forster, Georg, *Reise um die Welt*. Bearbeitet von Gerhard Steiner. 2 T. Akademie, 1965.
Forster, Georg, *Kleine Schriften zu Philosophie und Zeitgeschichte*. Bearbeitet von Siegfried Scheibe. Akademie, 1974.
Goethe, Johann Wolfgang von, *Werke*. Hamburger Ausgabe in 14 Bänden. Textkritisch durchgesehen und kommentiert von Erich Trunz. Bd. 1 (Gedichte und Epen I). DTV, 1982.
Graczyk, Annette, *Das literarische Tableau zwischen Kunst und Wissenschaft*. Fink, 2004.
Haeckel, Ernst, *Allgemeine Entwickelungsgeschichte der Organismen. Kritische Grundzüge der mechanischen Wissenschaft von den Entstehenden Formen der Organismen, begründet durch die Descendenz-Theorie*. 2 Bände. Georg Reimer, 1866.
Haeckel, Ernst, *Die Welträthsel. Gemeinverständliche Studien über monistische Philosophie*. Emil Strauß, 1899.
Homer, *The Odyssey*. With an English translation by A.T. Murray. 2nd ed., repr. with corrections, revised by George E. Dimock. Harvard University Press, 1998.
Humboldt, Alexander von, *Ansichten der Natur*. Erster und Zweiter Band. Hrsg. und kommentiert von Hanno Beck in Verbindung mit Wolf-Dieter Grün et al. Wissenschaftliche Buchgesellschaft, 1987.
Humboldt, Alexander von, *Schriften zur Geographie der Pflanzen*. Hrsg. und kommentiert von Hanno Beck in Verbindung mit Wolf-Dieter Grün et al. Wissenschaftliche Buchgesellschaft, 1989.
Humboldt, Alexander von, *Kosmos. Entwurf einer physischen Weltbeschreibung*. Hrsg. und kommentiert von Hanno Beck in Verbindung mit Wolf-Dieter Grün et al. Wissenschaftliche Buchgesellschaft, 1993.
Lovejoy, Arthur O., *The Great Chain of Being. A Study of the History of an Idea. The William James Lectures Delivered at Harvard University*, 1933. Harvard University Press, 1936.
Merz, John Theodore, *A History of European Thought in the Nineteenth Century*. Vol. 1. W. Blackwood, 1896.
Ritter, Carl, „Ansprache Carl Ritter’ s bei dem Fest zu Ehren Alexander v. Humboldt's am 5, August 1844 “, *Zeitschrift für allgemeine Erdkunde* 6, 1859, S. 375–378.
Vergil, *Aeneis, Lat. / Dt.* Übers. u. hrsg. von Edith Binder u. Gerhard Binder. Reclam, 2008.
ウルフ、アンドレア『フンボルトの冒険――自然という「生命の網」の発明』（鍛原多惠子訳、ＮＨＫ出版、二〇一七年）

佐藤恵子『ヘッケルと進化の夢――一元論、エコロジー、系統樹』(工作舎、二〇一五年)
リーフェンシュタール、レニ『意志の勝利』(是空、二〇一〇年、DVD)

謝辞　本研究は、JSPS科研費JP18K00506の助成を受けている。

第13章

世界認識の拡大と「失われた大陸」
——アトランティスからレムリア、ムー大陸へ

◆庄子大亮

一　はじめに

誰もが「神話」という言葉を知っている。だが、その「神話」とは何か。この問いに、誰もが合意する唯一の正解はあるのだろうか。したり顔で小難しい定義をこねくり回す研究者をあざ笑うかのように、「神話」は学問分野の境界を侵食しつつ、一般社会においても様々なかたちで受け継がれている。逆説的だが、簡単な定義で捉えきることができない広がりこそ、人間にとっての「神話」の絶えざる重要性や影響力を示しているのだ。またそれゆえ、「神話」について問い続ける意義もある。

もちろん、「神話」を捉えることが不可能だといいたいわけではない。ひとまず本章では、辞書的な説明と一般的な捉え方とを考慮しながら、以下のような意味合いを念頭に置く。「神話」は、日常を時間的・空間的に越えたところを舞台に、神々や優れた人間たる英雄が登場し、何らかの超自然的要素を伴い、驚異的な出来事を伝えたり事物の由来や原理について説明したりする物語、および関連イメージである。ただし、こうした諸点の全てに合致することが必要条件というわけではなく、部分的にしか該当しない場合も排除はしない。そして、これらへの該当の程度は別

として、ある集団や文化のもとで長らく受け継がれてきた、もしくは受け継がれうるような物語・イメージを（ときに比喩的に）意味してもいる。また神話は、特に現代では虚構との前提で考えられる傾向があるが、古くは語り手にとって必ずしも虚構とされていない（世界観や信仰のもとに正しいと考えられたり、真偽を超越していたりする）。解釈する側においても、神話の少なくとも中核に何らかの事実があると信じたり、事実をそこに見出そうとしたりする者が、昔も今もいる。そうした事実性といったときには、明確に実在した、もしくは実在したと信じられているような人間や事物について、長らく言い伝えられる話を意識した「伝説」との表現もあるが、ここではそれも包括して「神話」とする。

そして、本章において着目したいのが、右記のような神話の捉え方に諸要素が重なると筆者が考えており、特に近世・近代に欧米で注目され、反響が現代にまで続く、「失われた大陸」の物語・イメージなのである。「失われた大陸」（Lost Continent）とは、はるか昔、高度な文明がそこに栄えていたが、今から一万年以上前に大地震や大洪水といった災害によって滅亡し、消え去ってしまったとされる陸地のことだ。この表現は筆者が考え出したわけではなく、欧米の作家や研究家たちによって用いられてきたものである。

まず、失われた大陸について三つの例を挙げて説明しておこう。最も有名なのは、大西洋にあったと伝えられるアトランティスだろう。それは、古代ギリシアの哲学者プラトンが紀元前四世紀に著作中で語っている陸地・国家である。換算すると現代から一万二〇〇〇年以上前、大西洋上にアトランティスなる陸地が存在し、快適な環境や豊かな資源、盛んな交易活動によって大国がそこに栄えていたけれども、繁栄ゆえの傲慢に対する神罰として、大地震・大洪水に襲われ、一昼夜にして海に沈んでしまったのだという。古来、様々な解釈を伴いながら語り継がれてきたが、プラトンが神話で思想を表現したり、国を担う者たちの教育に神話を活用しようと考えたりしていたことをふまえると、傲慢になり滅んでしまう国を描いた創作とするのが、学者間での通説的前提である。[1]

インド洋に存在したとされるレムリア大陸の名は、現代に近づいて十九世紀に登場した。キツネザル（レムール）と近縁種がインド洋によって互いに隔てられた地で生息していることなどから、キツネザルの分布を橋渡しするかのごとく陸地が存在したとの仮説が当時提唱された。そして英国の動物学者フィリップ・L・スクレーターが、その陸地に「レムリア」という呼び名を提言して広まったのである。あくまで仮説上の陸地を指していたが、近代西洋におけるオカルト的解釈を経て[2]、実在した地とイメージする者たちが絶えず、アトランティスや次に述べるムーと混同されることもある。

太平洋にも、大災害によって一万年以上前に海中へと姿を消したムーなる大陸・国家があったと伝えられる。太平洋中部・南部一帯に及ぶ広大な陸地だったムー大陸の名残りが、今のハワイ諸島や、タヒチ島、そしてモアイ像で有名なイースター島なのだという。その情報源は二十世紀前半に現れる。インド奥地の寺院で目にしたという古文書をもとにムー大陸の話を世に広めたのが、元英国軍人と自称していた米国の作家、ジェームズ・チャーチワードだ[3]。いずれも情報源通りの実在は示されていない一方、これらの物語・イメージは様々に語り直されつつ、影響を及ぼしてきた。本章では紙幅を鑑みて、この「神話」が特に大きな展開を見た、ヨーロッパの対外進出から二十世紀前半までに焦点をあて、「どのように、なぜ語られたのか」を論じてみることにしたい。

二 「失われた大陸」の浮上

「新大陸」への到達

周知のように、十五世紀末、イタリアのジェノヴァ出身の航海者コロンブスが、スペインの援助を受け大西洋を航海し、アメリカ大陸へと到達する。そして、「新大陸」の情報がヨーロッパにもたらされるようになって思い起こされたのが、プラトンが語り後世にも知られていたアトランティスだった。古代・中世の間は大西洋を詳しく探索することができなかったために、確認しようもなかった幻想的なアトランティスとは、実はアメリカ大陸のことではないかと考える者たちが現れるのである。

十六〜十七世紀を通じ、アメリカこそアトランティスとの解釈が広まっていく。たとえばスペインでは、歴史家フランシスコ・ロペス・デ・ゴマラが『インド諸島概史』（一五五二）のなかで、プラトンの記述と新大陸の様子が合致すると主張した。英国では、神学者・哲学者・法律家であったサー・フランシス・ベーコンが、一六一四年頃に執筆し未完のまま死後まもなく公刊（一六二七）されたユートピア物語『ニュー・アトランティス』において、アメリカがかつてアトランティスだったとする解釈を採用している。ニュー・アトランティスとは、ベンサレムと呼ばれる、文明化したキリスト教徒が住む未知の島のことだ。アトランティス＝アメリカ大陸には偉大な文明が栄えていたが、大洪水に見舞われ滅んでしまった。ベンサレムはかつてアトランティスと交流しており、その後を継いだ国なのである。

また、旧約聖書において世の成り立ちを語る部分に、アメリカ大陸先住民に関する説明がなかったので、ヨーロッパでは先住民の先祖について、渡来したエジプト人であるとか、古代の航海民族フェニキア人とか、あるいは放浪したユダヤ人だとか、諸説が入り乱れることになった（ウォーカップ：一九八八）。アトランティスの末裔というのもそうした解釈の一つである。先住民はアトランティスの子孫だが文明は退化したようだ、とする直接的な結びつけ以外に、優れた文明を誇ったアトランティス人はどこからかやってきた野蛮な者たちに駆逐され、その野蛮人の末裔が今の先住民であるといった理解も見られた。

中米ユカタン半島の密林地帯を中心に栄えた古代マヤ文明は、十九世紀にかけて西洋人による調査が進み、高度な天文学や独特な文字文化を発達させていたことが詳しく知られるようになるが、マヤ文明こそ特にアトランティスと関係を有するのではないか、という解釈も現れ、波及していった。加えて、南米ボリビアの高地にある遺跡ティワナク（十五世紀にアンデスで勢力を拡大したインカ帝国以前の遺跡）、またそれも包含した南米アンデス文明が、失われた大陸の先進文明の痕跡であるとの解釈も語られるようになる。

ところでその後、アメリカ大陸先住民については、今から一万年以上前、かつてベーリング海峡が氷におおわれユーラシア大陸とアメリカ大陸が地続きだった頃に、ユーラシア側から陸路および陸沿いの海路経由で渡って来たモンゴロイド系の人々の末裔と見るのが通説化している。

なお、アメリカ大陸は海に沈んでおらず、アトランティスの描写と根本的に矛盾するといえるし、当初からもちろん懐疑的な意見もあり、両者を同一視する説自体は自然と消えていくが、そこから派生していた、「先住民の文明はアトランティスによってもたらされた」という解釈は長らく生き残っていくことになる。

ドネリーのアトランティス論

知識人層を介して継承されていたアトランティスが、欧米において人口に膾炙し、それまでに増して人々に実在を想定させるようになった画期が、十九世紀後半に訪れる。それは、米国の政治家・作家イグネイシャス・ドネリーの著書『アトランティス——大洪水以前の世界』(Donnelly: 1882. 未訳)が刊行され、多くの読者を得たことであった。ドネリーは、アトランティスがかつて大西洋に実在し、そこから東西に文明がもたらされたとの議論を展開した。全てが新しい斬新な説というわけではなく、一八〇三年にアトランティスこそ人類文明発祥の地ではないかと主張していたフランスの博物学者ボリ・ド・サン＝ヴァンサン(『幸運の島々についての試論』)など、先行した諸説と重なる部分や連続性がある。だがドネリーの主張は、それまでの諸解釈を包含しつつ、蓄積されてきた各地の神話の情報などもふまえて展開するものであったことや、当時の科学的研究の進展ともリンクしていたことで、反響を呼んだのである。

ドネリーはアイルランド移民の息子として一八三一年に米国フィラデルフィアで生まれ、ハイスクール卒業後に当地の弁護士事務所で書記として働いたが、新天地を求めミネソタ州で不動産業を営んだ末、本格的に政治活動を始める。一八五九年にミネソタ州副知事に任命された後、下院議員に当選して三期に渡り国会議員生活を送った。しかし四期目の選挙で落選した彼は、著作執筆に多くの時間を割くようになる。かねてより知識欲が旺盛だったようで、ドネリーは読書により特に歴史についての豊かな知識を培っていたのだ。そして一八八二年に出版したのが、『アトランティス――大洪水以前の世界』である。この本はよく売れ、刊行から八年で二〇刷を超えた。ちなみにドネリーはこのあと、太古の大災害の痕跡を北欧神話のなかに探った『ラグナロク――火と砂礫の時代』、シェイクスピア＝フランシス・ベーコン説を論じた『大暗号――シェイクスピア劇におけるベーコンの暗号』も著している。一方で、新党結成に尽力するなど政治活動も継続しており、一九〇〇年には人民党の副大統領候補に指名されたが、一九〇一年の年明けに亡くなった。

では、その主張・論拠の要点を見ていこう。アトランティスが繁栄したのは、旧約聖書に伝えられるノアの大洪水以前の世界である。同じく旧約聖書に語られるエデンの園をはじめとした古代の楽園伝説は、人類が平和と幸福のもとに暮らしていた偉大なアトランティスについての記憶を反映しているのだ。また、世界各地の神話は、本来はアトランティスの王や英雄に関しての事実を語っている。このようにドネリーは解する。

一八七〇年代、英国による海底測深によって、大西洋中央海嶺の存在が明らかとなった。この海底山脈の上部がアゾレス諸島（ポルトガル領の島々）である。ドネリーによれば、海嶺はアトランティスの名残だという。また、ヨーロッパ諸言語と古代インドのサンスクリット語との共通性が近代に認められると、その源の言語を話したと想定される集団がアーリア人（「高貴な」の意）と呼ばれ、白人の祖先として想定されるようにもなっていたが（その存在含め、実証されなかった仮説である）、ドネリーによれば、アーリア人をはじめとしたいくつかの民族の原郷がアトランティスなのである。

大西洋東西の文明には様々な共通点が見られる。たとえば東のエジプトと西のマヤにおけるピラミッドの存在、東西双方での建築におけるアーチ形状や煉瓦の利用、表音文字の使用、刺青をしたり武器や食べ物を副葬したりする諸慣習、金銀への高価値付与、太陽を崇める宗教などである。ドネリーによればそれらは共通の起源たる「母文明」、アトランティスに遡るはずなのだ。

旧約聖書に伝えられるノアの大洪水をはじめ、世界中に大洪水についての神話がある。ドネリーはこれこそアトランティスを襲った大災害の記録と見なす。アトランティスは海に沈み滅亡したが、一部の者たちが船に乗って逃れた。そしてたどりついた各地でこの出来事を語り伝え、それが洪水神話として広範に伝承された、と彼は主張したのだった。

神智学におけるレムリアとアトランティス

当時の「失われた大陸」への世の関心が反映されている例として、オカルト思想にも目を向けておきたい。近代は、世界規模での諸文化の交流進展、正統とされてきた諸々の考え方や価値観への懐疑、それゆえの真理希求、科学発展に対しての宗教的な葛藤や反動、等々が絡まり合って、オカルト思想が展開した時代であったが、なかでも、神との結びつきにより神聖な叡智を得ることを謳ったのが神智学である。その中心人物は、ロシアに生まれ、遍歴の末に米国で神智学協会を創設したブラヴァツキー夫人（ヘレナ・ペトロヴナ・ブラヴァツキー）だ。彼女が深遠な教義について語ったのが、大著『シークレット・ドクトリン』（一八八八）である。その内容の中心は、夫人が実在を主張する神秘の書で、失われたセンザール語によって書かれ太古の叡智を伝える『ジャーンの書』に基づくとされる。ただし彼女の教義は、多くの宗教書やオカルト文献を参照してまとめあげられていることが従来指摘されてきた。ブラヴァツキーも著書の中で名前を挙げているように、ドネリーの書が刊行されて話題となっていた一八八〇年代のことなので、ドネリーそして当時の失われた大陸をめぐる議論の影響も受けたのだろう。『シークレット・ドクトリン』において失われた大陸がかなり重要な要素として教義に取り込まれたことにより、その後のオカルト信奉者たちにも継承されていくことになった。

ブラヴァツキー夫人によると、何百万年にも渡る世界の成り立ちと行く末は、七つの時代に分かれていて、各時代には固有の「根源人種」（Root Race）が現れる。第一の根源人種は霊的存在で、現実世界の具体的場所ではない「不滅の聖地」にいた。第二の人種は、北極から広がるヒュペルボレオス（北方に住むと古代ギリシア人によって想像された人々の名）

の大陸に定住する。この人種は、まだ人間の見た目とは違う異形の姿をしていた。次にインド洋から太平洋にかけて浮上したのがレムリア大陸で、第三の人種レムリア人が誕生する。当初、彼らは卵生で両性具有であったが、次第に性が分離し、半獣半人的・類人猿的段階を経つつ、少しずつ進化して現代人に似た姿になっていったとされる。レムリアは大変動に襲われて海に沈み、次に浮上したのがアトランティスで、進化し優れた第四人種のアトランティス人がそこに暮らした。アトランティスも大災害に見舞われ、プラトンが伝えるように最終的に姿を消すが、各地にアトランティス人が渡ったことで世界の諸文明の萌芽がもたらされたのであった。そして、次に現れた第五人種、すなわちその時点で最も進化しているとされたのが、アーリア人である（第六、七の人種はまだ現れていない）。

太平洋のムー大陸

さらに、アトランティスあるいはレムリアの太平洋版のごとく登場するのがムー大陸である。先述したムー大陸論の主唱者チャーチワードが語るところでは、自身が英陸軍兵士として、英植民地であったインドに駐留していた一八六〇年代末、とある寺院に伝わっていた粘土板文書の解読から、ムー大陸の存在を知ったという。それから長年の調査を経て、彼が一九二六年から三〇年代にかけ刊行した一連の著書（最初に出版したものの改訂版で、一九三一年刊行の『失われたムー大陸』が最も有名）によれば、ムーは太平洋上にあり、人類誕生の地で、世界の諸文明の起源である超古代文明と「ムー帝国」がそこに繁栄しており、アトランティスもムーの植民地だった。ムー大陸はアトランティスと同じように一万二〇〇〇年ほど前、大災害によって海中に没したとされる。ただし、チャーチワードは英国出身だが米国で鉄鋼業に携わっていた人物で（藤野：二〇一一）、軍歴も疑わしく、寺院に伝わったという粘土板をはじめとして具体的な証拠は全く示されてはいない。

三　神話と事実

実在は想定できるか

そもそも「失われた大陸」は実在したのだろうか。こうした物語・イメージが語られる理由に、その素朴な問いは無関係ではあるまい。ドネリーの解釈を中心に、この点について考えておきたい。まず、近代の海底調査によって確認された大西洋の海嶺は沈んだ陸地の存在を示すといえるのか、という最も具体的なところから確認しよう。二十世紀になってドネリーの時代よりも調査が進み、この海嶺は「沈んだ痕跡ではなく、逆に隆起による」と明らかになっている。一九一二年に提唱されたいわゆる大陸移動説から発展して、今は陸地・海底の変動について「プレートテクトニクス理論」が認められているが、それによれば、巨大な「プレート」に乗っている大陸塊が互いに離れていくと、その裂け目において、マントル（地球の「核」の外側の層）の深部から新たに隆起が起こる。こうして大西洋中央海嶺ができあがったのだ。また、大きな陸地が水没していく（あるいは隆起する）ことがあるのもわかっているが、それは数千万年とか数億年といった期間での話である。ドネリーの著書でも事例が参照されているように、火山活動などによって短期間に小さな陸地が出現したり消失したりすることもあるけれども、高度な文明が発展しうるような広さの陸地が長年に渡って存在し、かつ大変動によって短時間のうちに海中に没した痕跡は、海底探査の進んだ現代において、大西洋でも、世界中の海でも、確認されていない。よって、レムリアもムーも含んで、「伝えられる通りの失われた大陸」は存在しえなかったことが判明している[4]。

ドネリーに関しては続いて、東西文明の共通点を根拠とする起源論についてである。エジプトのピラミッドは周知の遺跡だろう。一方、中米のマヤ文明など、アメリカ大陸先住民によってもピラミッド状の建造物が建設されていた。十五世紀末以降に大西洋横断がなされるまでは交流がありえなかったはずのエジプトと中米において、ともに「ピラミッド」が建造されていたわけだが、造られた時代、形状や建造目的など相違も多い。まず、エジプトのピラミッド建造は紀元前二七〇〇年頃から始まる。一方、マヤのものは紀元三世紀頃から作られるようになったので、建造の時期が全く異なる。マヤ以外となると隔たりはいっそう大きい。メキシコのアステカ帝国の大都市テノチティトランのピラミッドが建造されたのは、紀元十五世紀後半のことだ。エジプトのピラミッドは四つの稜が一点に集まる形だが、中米のものは上部を平らにして神殿を設置している。これは、神がいる天に神殿を近づけようとしたゆえと思われる。マヤの場合、だいたい高さは二〇〜六〇メートルほどだが、ギザにあるクフ王のピラミッドは高さ一四〇メートルほどである。その建造目的について、ギザのピラミッドに関しては王墓とする古典的理解の他にも諸説ある。中米の建造物でも中から王の遺体が発掘されたものがあるが、上に神殿を載せていることからも、同種で共通起源に遡るものとまでは言いがたい。

そして何より、近代以前の限られた技術のために、全く交流のない地域において似たようなものが作られるのは何も不思議ではない。ピラミッドの場合でいえば、巨大な建造物を作ろうと思ったら、現代のような建築技術がないので、安定性や作りやすさの観点から自然と四角錐型になる。ピラミッドを一番わかりやすい例として挙げたが、ドネリーが遠隔地の文明間の交流を示す共通性として挙げている根拠は、他も同様に説得力に欠ける。昔の限られた技術や資源などから結果的に類似しているに過ぎないといえるもの、厳密にいうと相違点が多くある事物、太陽崇拝のようにどこでも自然と生じて類似するだろう慣習などは、文明の共通起源や、そこからの伝播を証明することにはならない。それに、各地に文明をもたらした「母文明」想定も問題をはらむ。一つの母文明が存在したとするなら、その文明はどうやって生み出されたのか。「失われた大陸の住民が生み出した」というのなら、なぜ古代エジプト人やアメリカ大陸の先住民が独力で文明を生み出し、発展させたことが認められないのか。それは偏見ではないのか。この点については、第四節であらためてふれることにする。

神話に事実を見出す

実在想定に関連する問題について補っておこう。ドネリーの頃に特に意識され、その後も今にいたるまで、神話の背後に事実ありとの見方を支持する論拠としてよく引き合いに出されるのが、有名なトロイア遺跡の発掘である。ドネリーによるアトランティス実在の主張から十年ほど前、ハインリヒ・シュリーマンが、ギリシア神話中で最も有名なエピソードであるトロイア戦争の舞台たる遺跡を発掘したという大きな出来事があったのだ。

トロイア戦争は、前八世紀、古代ギリシアの詩人ホメロスの作とされる叙事詩『イリアス』、『オデュッセイア』に描かれたことで知られ、ギリシア連合軍が小アジア（現在のトルコ）北西部沿岸の都市トロイアに遠征して十年の攻防の末に陥落させたという物語が中心になっている。古代ギリシア人は、この戦争が自分たちの遠い祖先の時代に現実に起こったことだと信じており、その年代について古代の歴史家たちは前十三世紀末頃と想定していた。しかし後世では、トロイアという都市の存在も含めて作り話と考えられるようになっていく。今のドイツに生まれたハインリヒ・シュリーマンは、幼いころよりホメロスの叙事詩に興味をもって、トロイアの発掘を誓ったという。彼は商人としてたいへんな財をなしたあと、その私財によってかつての誓いを実行しようと、一八七〇年に発掘に取りかかり、三年をかけてついにトロイアを発掘したのだった（ただし今では、彼が幼い頃よりホメロスに関心をもっていたというのは作り話ではないか、など、彼についての「神話」が批判的に検証されている）。

トロイア発掘のニュースに、当時の人々は興奮せずにいられなかった。西洋ではホメロスの叙事詩は教養としてなじみ深いものだったので、その物語の背後に事実がある、というのは衝撃的なことだったのである。その後、当時の多くの古典学者たちも、ギリシア神話の中核に何らかの歴史的事実が存在すると主張するようになる。ドネリーの書が出版されたのは、まさにこのような時代、つまり、神話と事実とを結びつける気運が席巻していたときのことである。それがアトランティスへの関心を促進しつつ、実在したのではないかと多くの人々にロマンを感じさせたのだ。アトランティスも事実を反映しているはずだと考える者たちが当時特に多かったこと、さらにいえば今もトロイアを引き合いにアトランティス実在を主張する者がいることは、理解できる。しかし、トロイアとアトランティスとではかなり事情が異なる。トロイアに関してはホメロスの叙事詩以外にも、そして神話以外にも、多くの情報と記録があった。シュリーマンの発掘以前に、遺跡の場所は土器の出土などから推測されてもいて、複数の具体的な証拠が伴っていたのである。プラトン以外に詳しい情報がなく、また確かな関連遺物なども見つかっていないアトランティスとは、状況においてむしろ相違が際立つともいえる。「アトランティスも実在するかもしれない」という時代の気運や、今でも実在を期待したい探求者の気持ちには、「神話」に関心を抱く一人として筆者も共感を覚えるが、「トロイアがあったから〇〇も存在するはず」と思ってしまうのはかなりの飛躍である。

さらに、神話に事実を見出すことについては、このような論点もある。アステカ（メキシコ）では、ケツァルコアトルという外部からやってきた神的存在が、文字や暦、諸技術をもたらしてくれたとの神話が語られていた（「白い肌をしていた」と形容され、白人種との関連性が指摘されてきたが、実際にはケツァルコアトルが白く描かれることもあるということで、白人と直結するのは曲解）。ドネリーをはじめとした実在論者は、こうした話こそ、先住民とは異なる人種がかつてやってきて文明をもたらした証拠であり、アトランティス実在が示されると見なす。だが、外部から文明をもたらす存在がやってきたとする神話は、普遍的に見られるものだ。それは、知りえないこと、よくわからないこと（この場合は文明起源）を、自らが具体的に把握できる世界の外側、ときに神聖視される遠い領域に、想像力をはたらかせて位置づけ、説明してしまうという発想・欲求である。ちなみに現代のＳＦ物語などでも、人類や文明の起源を地球外の知的存在に帰す設定・プロットがよく見られる。これにも、世界の成り立ちを語る起源神話的な性質がうかがえよう。ともあれ文明開化の言い伝えは、想像による世界説明の一環として理解できる。そしてこの「想像による世界説明」こそが、失われた大陸への関心の背景にあることは後述したい。

ただし、神話には事実が一切反映されていないと断言したいわけではない。たとえば、先にもふれた「ノアの大洪水」のような洪水神話の背景には、実際に起こった災害の記憶など、ある程度は事実が関わっていると思われる（庄子：

二〇一七)。紙幅の都合からここで詳しく論じることはかなわないが、「失われた大陸」への尽きない関心の理由の一つとして、人類が様々な大災害に遭遇し続けてきたし、これからもそうであるという「事実」がある。失われた大陸にそうした事実を直接的に見出そうとしている解釈者は多い。よって、神話をめぐっては「事実と想像とが相互に作用している」との観点が必要とも思われる。だがここで強調したいのは、事実ありきという前提で神話に向き合うのでは、誤った歴史認識につながる危険性が大いにあるうえ(何らかの目的のために論者が意図して「偽史」を構築する場合も当然ある)、むしろ神話を表層的にしか理解できないのではないか、ということである。以上をふまえ、「失われた大陸」の神話がなぜ語られたのかをあらためて考えていこう。

四　近代的な起源神話

歪んだ世界認識の反映

ヨーロッパの対外進出以降、特に十九世紀から二十世紀前半になぜ関心を呼んだかと考えると、現れ方に差違はあるけれども、これら「失われた大陸」に共通している要素がある。それは、拡大した世界を意識しつつ、自己あるいは他者を、起源まで遡って説明・理解しようという志向である。

ドネリーは、人類は自ら文明化し得る人々と、そうではない野蛮な人々とで分断されるという前提で論じていた。そこには、「非西洋人は独力で高度な文明を育むことはできない」、「そんな技術を〇〇人が自力で開発できるはずはない」という、歪んだ認識が見て取れる。そしてドネリーは、諸文明の起源をアトランティスにおきつつ、アトランティスはアーリア人の原郷でもあるとした。十九世紀といえば、西洋諸国が、科学を発達させた西洋を進歩の頂点として世界を認識すると共に、世界中に植民地を築いた時代である。アトランティスが諸文明の起源であり、かつアーリア人つまりヨーロッパ人の原郷ということになれば、ドネリーがどれほど明確に意図していたかは別として、「ヨーロッパの対外進出は世界に再び文明化をもたらしていく正当な行為である」とのレトリックになって、ヨーロッパ中心の世界認識を支え、強調することになる。ドネリーが生きた米国についていえば、ヨーロッパと比肩できる太古の人類史に米国をはじめとしたアメリカ大陸を位置づけつつ、ヨーロッパ人渡来による米国の成り立ちを帰還や再訪問として正当化することにもつながる。当時のアトランティス論は、「我々がどこから来たか」というロマンあふれる壮大な問いに答えつつ、欧米中心の人類史を構築してしまう、この時代の欧米においてこそ共鳴をもたらす神話であった。これを念頭に置きつつ、さらにレムリアやムーについても考えていこう。

神智学の人類起源神話

インド洋に想定された仮説上のレムリア大陸について、ドイツの高名な生物学者エルンスト・ヘッケルは人類誕生の地ではないかとも主張していた（一八六三）。ダーウィンの進化論も登場し、十九世紀後半は人類の成り立ちへの興味が呼び覚まされた時代でもある。一八八〇年代には、オーストリアの地質学者エドアルト・ジュースが、化石分布などに基づき、今から二億年前までの数億年間に渡って、アフリカやインドが一つの大陸としてつながっていたという説を提唱していた。インドの地域名から「ゴンドワナ」と名づけられた大陸である。人類の文明誕生よりはるかに前の話で、ムーやレムリアといった失われた大陸と異なるが、こうした説が一般にも紹介されていったときに、「インド洋、もしくはインド洋にもつながっている太平洋に、大陸が実在した」というイメージだけを印象的に受け取る向きも特に当時はあったと思われる。

このような地球科学の発展に加え、世界の民族・文化についての情報が蓄積するなか、それまで以上に広い視野で人類史や世界の成り立ちを説明するような、新しい「起源神話」が求められる気運があったのだ。ドネリーこそ典型例の一つであるし、オカルト思想においても「真実の人類史」理解が志向された。そこで、神智学のブラヴァツキー夫人はアトランティスに加えレムリアも取り込み、人類の成り立ちを語ったのである。「失われた大陸」は、知られていなかった「真実の人類史」という想像を映し出すスクリーンのごときものでもあったのだ。

さらなる神話生成

当時話題となったドネリーの著書は、各地の文明の起源に注目していたものの、太平洋の島々や、太平洋の西側・東アジア地域などは詳しく扱っていない。失われた大陸に興味を抱く者であればあるほど、これらの地域に対する想像が刺激されたであろう。太平洋を視野に入れて未知の歴史にロマンを抱く者が現れるのは、自然な流れである。

オカルト文脈において、神智学とは異なる例をここで挙げておこう。米国の歯科医（宗教研究家、金鉱業者でもあり、小説執筆や霊媒研究も行った）ジョン・バルー・ニューブローが、天使からの啓示をタイプライターで「自動筆記」したという書、『オアスペ *Oahspe*』が一八八二年に刊行された。[5] 世界創世、人類史の秘密、神々の記録、宗教の統合や戦争の根絶についての予言めいた叙述、等々を記した長大な書物である。なお「オアスペ」とは、空と地と霊の意だという。この書によると、かつて太平洋に、神の栄光のもとに繁栄した大陸「パン」が存在したが、二万四〇〇〇年前、霊的な住民たちが衰退すると、それを憂えた神によって海に沈められてしまった。パン大陸では、白人種と黒人種が生まれたが、現在のアフリカ、アジアの諸民族はその黒人種の方の子孫なのだとされる。ちなみに日本は沈んだパン大陸の名残とのことである。そして、パン大陸はいずれ太平洋上に再浮上し、そこでは全ての民族が混じり合って暮らすことになるという。太平洋のムー大陸について論じたチャーチワードもニューブローが語るパン大陸に言及しており、参考にしたと思われる。このパン大陸も、十九世紀後半から世界の説明のため「失われた大陸」への関心が浮上していた状況に位置づけられよう。

ゴンドワナ大陸についてはは先述したが、その後、一九二〇年代にヨーロッパの複数の学者たちにより、太平洋の古大陸として「パシフィス大陸」も想定された。遠く隔てられているのに、太平洋の島々はなぜ民族的・文化的共通性を有しているのか、当時は「謎」であり、その理解のためにこうした説が考え出されたのだった。これに連なるのが、一九二四年に刊行された、言語・民族学者ジョン・マクミラン・ブラウンの著書『太平洋の謎』(*The Riddle of the Pacific*)である。ブラウンはスコットランド出身だが、ニュージーランドで研究・教育に長らく携わった人物で、太平洋諸島の住民たちとその文化の共通性は、かつて太平洋上に陸地が存在したことに由来すると考えた。それが当時としてわかりやすく、蓋然性が高い説明に思えたのである。遠隔地間の植物相研究などから、すでに先行する学者によって提唱されていた仮説もふまえての主張であった。当初は大陸との前提だったが、より現実的な仮説として、いくつもの「陸橋」によって島々がつながっていたとブラウンは想定している。この書をチャーチワードが参考にしたかは不明だが、チャーチワードが利用し得た太平洋諸島の情報源として、『太平洋の謎』は当時の限られた有益な資料の一つだったはずだ。名は挙げておらずとも参照している可能性がある。チャーチワードの主張は、こうした世界理解の試みがなされる時流のなかでこそ現れた、奔放な想像の展開とでも捉えるべきではなかろうか。なお現在では、太平洋にそのような大きな陸地はなかったことが地質学的に判明しているし、太平洋諸島の住民と文化の共通性は、古くから航海技術を発展させていた住民たちの移動・交流によると理解され、謎ではなくなっていることも述べておこう。

ところで、オカルト思想を経てレムリアの位置は必ずしもインド洋に限定されず、曖昧になっていた。スコットランドの神話研究者で、ドネリーの影響を受けつつアトランティス実在を主張した代表的論者であるルイス・スペンスも、チャーチワードの論を参照したうえで、一九三二年の著書『レムリアの問題』(邦題『幻のレムリア大陸』)においてムーとレムリア大陸とを太平洋にあった陸地として同一視し論じている。「失われた大陸は一つではなかった」とのスペンスの議論展開は、太平洋まで視野に入れた考察が新たなロマンを喚起したことをうかがわせる例であろう。そして、ルイス・スペンスのレムリア論において印象深いのは、レムリア崩壊を逃れたレムリア人がアジアを通過してヨーロッパ北方へ渡り、白人の源流の一つとなったとか、レムリアには複数の人種系統があったけれども金髪人(白人)たちが支配者だったとの主張である(スペンス：一九六八)。

白人種についていては、実はチャーチワードも、ムー大陸に様々な人種がいたが差別はなかったとしつつ、中心となった人種は白人だと語っていた（チャーチワード：一九六八）。これらの言及はもちろん個人の考えの偶然の一致で片づけるべきではないだろう。白人優位・西洋中心の発想はドネリーにも見られたし、最も進化した人種がアーリア人だとしたブラヴァツキーにも通じる。西洋を進歩の頂点とした世界認識は一九三〇年代にはまだ衰えることなく、先鋭化している部分もあった。ここではもう詳しく論じることができないが、ナチス・ドイツにおいてもアーリア人の原郷をアトランティスと主張する者たちがいたことを付記しておこう[6]。

なおチャーチワードの著書『ムー大陸の子孫たち』（一九三一）によると、日本人はムー大陸の白人種の子孫であるという[7]。また、日本人は最も進歩的な民族の一つである、といった日本観も述べられている。十九世紀後半から急速な西洋化を進め、二十世紀に入ると日露戦争勝利など経て極東で台頭してきた日本に対し、ムー大陸という幻想を介して西洋的要素・起源を見出して理解しようという発想[8]に、「失われた大陸」の、時代に応じて変化し続ける、世界を説明するための神話という性質があらためて垣間見えるのである。

五　おわりに

拡大する世界を理解するための想像によって、「失われた大陸」は浮上した。そしてそこには、海洋調査や考古学の成果、世界を説明しようとする諸理論の発展もまた、刺激としてあったことも看過できない。近代や科学と、「神話」とは、対極にあると見なされるかもしれないが、それは表層的なステレオタイプで、両者にはむしろ密接に結びついているところがある。「神話」が科学理論の発展などによって時代と共に消え去ってしまうといった単純な話にはならないことも示唆されよう。現に、「失われた大陸」は巷間にロマンを喚起し続けているし、決して主流になるようなものではないとはいえ、科学の諸分野において考察対象とされ続けてもいる[9]。一方、ロマンや知的探求とまた異なるところで、「失われた大陸」には人種主義や偏向した世界認識が認められた。時代、国、民族等の精神のある部分と強く共鳴しながら想像を映し出すゆえ、神話は危険でもあるし、影響力を伴い語られ続ける。

とはいえ、紙幅の都合から本章での考察は限定的なものであった。古代から今にいたるまで受け継がれる神話としての「失われた大陸」については、別の機会にさらなる考察を展開したいと思う。

注

[1] アトランティスの継承、諸説、そしてプラトンの意図については以下参照。Vidal-Naquet: 2007. Kershaw: 2018. 庄子：二〇〇九。

[2] オカルト思想における失われた大陸については、Ramaswamy: 2004, Ch.3. Godwin: 2011.

[3] チャーチワードによる最初のムー大陸論が、Churchward: 1926. チャーチワードの一連の著作は、日本で一九六八年から大陸書房によって刊行された邦訳によって知られるようになったが（すでにそれ以前から日本で紹介されていたが、巷間に広まり現在の知名度につながるのは大陸書房の訳といえるだろう）、これはもとの五部作を四冊に再構成して訳出している。チャーチワードについては、藤野：二〇一一。志水：一九九六。および本章注8。

[4] もちろん、これだけで全否定するわけではない。本章では諸説を検証することを主眼としているわけではないので、これ以上ふみこまないが、実在について批判的に論じた以下の訳書を挙げる。ウォーカップ：一九八八。ディ・キャンプ：一九九七。フィーダー：二〇〇九、第七章。フリッツェ：二〇一二、第一章。

[5] 邦訳が近年刊行されている。J・ニューブロー著、秋山眞人・布施泰和監修、福永裕史訳『オアスペ全訳』全三巻（ヒカルランド、二〇二〇〜二〇二一年）。

[6] ナチスとオカルト思想については、横山：一九九〇、二〇二〇。

[7] チャーチワード：一九七〇、三〇〇頁以下。ただし邦訳では文章の順番の入れ替えがなされているうえ、日本人が白人種につながるという部分がわかりにくくなっている。なお、いうまでもないが、実際の日本人の起源は太平洋に存在したとされる大陸とは関係がなく、ルーツとしては東南アジアおよびユーラシア方面からの複数の移動ルートについて研究が進んでいる。

[8] 本章で扱う範囲を越えるが、日本で「ムー大陸言説」は受容され独自の展開を見ていく。それについては以下参照。藤野七穂「偽史と野望の陥没大陸」（ジャパンミックス編『歴史を変えた偽書』ジャパンミックス、一九九六年）。拙稿「『失われた大陸』言説の系譜」（小澤実編『近代日本の偽史言説』勉誠出版、二〇一七年）。藤野七穂「超古代文明と失われた大陸ブーム」（ASIOS編著『昭和・平成オカルト研究読本』サイゾー、二〇一九年）。また、こうしたテーマについて本章筆者は別の機会（著書）において詳しく論じる予定である。

［9］海洋地質学から一例を挙げると、佐野貴司『海に沈んだ大陸の謎』（講談社ブルーバックス、二〇一七年）。ただしこの書は、伝えられる通りのムーやアトランティスの実在を論じているのではなく（興味喚起のためにそうした問いも意識してはいるが）、あくまで地質学的に「かつて存在したが姿を消した大陸」が数千万年以上前にありえたかを解説した書である。

主要参考文献

［日本語文献］

R・ウォーカップ著、服部研二訳『幻想の古代文明』（中公文庫、一九八八年）

R・S・ディ・キャンプ著、小泉源太郎訳『プラトンのアトランティス』（角川春樹事務所ボーダーランド文庫、一九九七年）

志水一夫「疑惑の人ジェームズ＝チャーチワードとムー大陸伝説・伝」（ジャパンミックス編『歴史を変えた偽書』ジャパンミックス、一九九六年）

庄子大亮『アトランティス・ミステリー——プラトンは何を伝えたかったのか』（ＰＨＰ新書、二〇〇九年）

庄子大亮『大洪水が神話になるとき』（河出書房新社、二〇一七年）

L・スペンス著、浜洋訳『幻のレムリア大陸』（大陸書房、一九六八年）

J・チャーチワード著、小泉源太郎訳『失われたムー大陸』（大陸書房、一九六八年）

J・チャーチワード著、小泉源太郎訳『ムー大陸の子孫たち』（大陸書房、一九七〇年）

K・フィーダー著、福岡洋一訳『幻想の古代史』下巻（楽工社、二〇〇九年）

藤野七穂「ムー大陸は実在したか？」（ＡＳＩＯＳ編『謎解き古代文明』彩図社、二〇一一年）

R・H・フリッツェ著、尾澤和幸訳『捏造される歴史』（原書房、二〇二二年）

横山茂雄『聖別された肉体——オカルト人種論とナチズム』（白馬書房、一九九〇年。増補版、創元社、二〇二〇年）

［欧文文献］

J. Churchward. *The Lost Continent of Mu, The Motherland of Man*. W. E. Rudge, 1926.

I. Donnelly. *Atlantis: The Antediluvian World*. Harper & Brothers,1882.

J. Godwin. *Atlantis and the Cycles of Time: Prophecies, Traditions, and Occult Revelations*. Inner Traditions, 2011.

S. P. Kershaw. *The Search for Atlantis: A History of Plato's Ideal State*. Pegasus Books, 2018.

J. Macmillan Brown. *The Riddle of the Pacific*. T. Fisher Unwin, 1924.

S. Ramaswamy. *The Lost Land of Lemuria: Fabulous Geographies, Catastrophic Histories*. University of California Press, 2004.

P. Vidal-Naquet (trans. by J. Lloyd). *The Atlantis Story: A Short History of Plato's Myth*. University of Exeter Press, 2007.

第14章

マヤ神話を仕立てる
——一九世紀における新大陸文明の断片と認識論的転回

◆ホセ・ルイス・エスカロナ・ビクトリア［訳　清川祥恵／翻訳協力　鋤柄史子］

一　イントロダクション

一九世紀のあいだに、異国的《エキゾチック》なものにたいする新たな関心が世界中に広がった。ヨーロッパやアメリカの大都市では、それは収集や貯蔵、異国趣味《エキゾティシズム》の浸透といった具体的な形をとった。新たな博物館、図書館、文書館が設立され、百科全書が刊行されたが、それらは乱雑な物品や観念の倉庫であり、収集したものをグループ化したり展示したりするための明確な基準を伴わないこともあった。

この動きの背後には複雑な歴史がある。国自体の過去にまつわる風変わりな遺物《エキゾチック》が、国内の辺境地や海外の植民地領からの物品と一緒に収集された。これらへの関心から、収集家、古物愛好家、芸術家、愛書家、印刷者、編集者の団体が発展し、皆、古くて風変わりで原始的《プリミティヴ》な物品や物語を、熱心に研究したり取引したりした。中には模造、複写、複製、あるいは（密売が非常に儲かる活動となったときには）偽造に従事する者さえいた。

一九世紀の人々が異国的なものに魅了されたことは、新たな文書化の技術や博物館展示物分類学（museography）と関わっていたが、さらに強く、民俗学、神話学、碑銘研究、文献学、考古学といった学問分野の誕生とも結びついており、やがては人類学が学問領域として近代の形式をとるに至った。これらの新興領域や人材は大学だけではなく、図書館や研究室、個人の工房《アトリエ》や「驚異の部屋」〔訳注：Cabinets of Curiosities. 博物館の起源と見なされる、好事家が珍品を収集し、展示していた部屋〕においても発展していった。そこでは珍奇なものの所蔵や調査が、そして時には公開展示のための変形や配置が行なわれた。このとき同時に、今日オリエンタリズムやアメリカニズム[1]として知られているような動向や領域化がおこった。いくつかの点でこの現象全体は、世界についての新たな趣味であった[2]。

この現象は、モノと趣味における転換であって、「認識論的転回」と言い表すことができる。つまり、モノ・人・場所の時空間的秩序の枠組みと理解の基盤が、世界規模で根源から変化したのである。この変化を理解する助けとして、本章では一九世紀の中央アメリカの景観や民族、工芸、表象の知識・認識に対して生じた具体的な変化について概説する。

同世紀の半ばまでに、中央アメリカの様々な場所から掘り出された物品に新たな注目が向けられるようになった。物品のなかには数十年あるいは数百年前にヨーロッパの図書館や「驚異の部屋」に集められていたものもあったが、このとき新規の方法で解釈されて、順次、物品についての考え方や展示方法に、新たに組織化された理論的基盤を与えたのであった。中央アメリカは唐突に、非常に優れた古代アメリカ文明の所在地として見なされるようになり、突然、この文明の探求は価値があり、興奮を呼び起こす魅力的なものとなったのである。

冒険家や旅行者ないしアマチュア考古学者によって、彫刻や装飾された建物を持つ古代の都市が、次第に明るみに出た。彼らはコロンブス以前のアメリカに存在した、複雑な筆記システムを発展させたとして知られている唯一の文明を探してやってきた人々だった。岩や葉のもつれの下から徐々にあらわれた、彫刻が施された石や柱、彫像、壁、そして無数の建物に見られる特異な美への興奮が高まり、共有されていった。同じ美的価値は、ホンジュラスとユカタン半島の間のジャングル中にも見いだされ、ヨーロッパやアメリカの図書館や文書館のコレクションにおさめられたスケッチや献辞に書き留められた。つづいて、中央アメリカにおける数世紀の文化的洗練の過程を示す、それまで失われていた断片的な遺物が、世界中に散らばっているのが発見された。それはローマ、ザクセン、マドリード、パリ、グアテマラ、メリダ、メキシコシティの図書館に保管された古代の書き物（原本や写本）から、メキシコ、グアテマラ、ベリーズやホンジュラスの熱帯雨林に埋没していた荒れはてた記念碑までさまざまだった。中央アメリカの諸民族が当時使っていた言語、儀式、信仰でさえ、こうしたジャングルや古いテクストのなかに見いだされたものになんらかの形で関連していた。これらのテクストのなかには特別な注目を集めたものもあった。というのも、未知の表記体系をアルファベットへ翻訳したものが部分的に含まれているように見えたため、この新たに発見された文明の「ロゼッタ・ストーン」になる見込みがあったからである。

神話学研究における新たな領域も同様に創出された。旅行者たちからの目新しい報告だけでなく、昔の著述を初めて「読解」した研究のなかには、都市を建造し文書を著した人々の「宗教」や「儀礼生活」「神々」「魂」を解読することに焦点をあてるものが存在した。神話学は、この新たに発見された「非西洋的」アメリカ文明を探求する最初の知的目的のひとつとなった。我々がここで問うのは、なぜ神話・宗教が、世界の歴史物語に含まれる諸文明を分類する最初の数段階で、ある重要な認識論的枠組と考えられたかである。

これらの初期段階は一八一〇年ごろに始まった。ナポレオンのスペイン侵攻によって、アメリカの植民地が政治的忘却地となった頃である。探検家たちと学者たちが中央アメリカの古代文明の断片を収集し、分析し、そしてその文明がどのようなものであったのかを究明するためにつなぎ合わせているとき、中央アメリカそのものが断片化されていた。自身をつなぎ合わせ、どうありたいのかという答えを探っているさなかだったのだ。両者の奮闘は、二〇世紀にも続いていくことになった。結局はこの古代文明についての世界的な考え方は、いま同じ領土を支配している近代国家とまさしく同様に、人の手によって構築されたものだったのであり、指導者たちはその過程で神話の創作にある程度かかわったのである。

二　熱帯雨林からの像《イメージ》と言葉

一九世紀のあいだにこのような関心を集めた物品のなかには、旅行家や好奇心を持つ人々の目にすでに届いていたものもあったが、編集済の像《イメージ》や記述はアメリカやヨーロッパの大衆の間にほとんど出回っていなかった。一般の人々がチアパスの一地方、現在のパレンケ（Palenque）付近の失われた古代都市について学ぶプロセスについて考えてみよう。この失われた都市（以下、単純に「パレンケ」とする）[3]は、一七八四年にホセ・アントニオ・カルデロン（Joseph［or José］Antonio Calderón）が初めてその存在を発見し、探検した。すぐ後の一七八六年には、アントニオ・デル・リオ（Antonio del Río）が続いた（Castañeda: 1946, Río: 1822［1787］）。カルデロンの報告には、パレンケの廃墟となった建造物のスケッチが含まれていた（Calderón: 1784）。アントニオ・デル・リオの一七八六年の探検には芸術家リカルド・アルメンダリス（Ricardo Almendáriz）が参加しており、壁の彫像をいくつか描いている[4]。一七八五年には、建築家のアントニオ・ベルナスコーニ（Antonio Bernasconi）によってさらなるスケッチや彩色画が制作された。のちのギヨーム・ジョゼフ・デュペ（Guillaume Joseph Dupaix）と芸術家ホセ・ルチアーノ・カスタニェーダ（José Luciano Castañeda）による探検（一八〇七年）の記録でもスケッチが行なわれている。少し後の一八三二年から一八三三年[5]には、同じ場所をジャン＝フレデリック・ワルデック（Jean Frédéric Waldeck）が石版刷りで描いた[6]。フレデリック・キャザウッド（Frederick Catherwood）は一八三九年にジョン・スティーヴンズ（John Stephens）の探検に同行した際、パレンケだけでなく、ホンジュラスからユカタンにかけての多くの場所にある建造物のスケッチを数十枚仕上げている。彼らの二回におよぶ中央アメリカとユカタンの旅で描いた画は、大衆向けの書物——一八四一年『中央アメリカ・チアパス・ユカタンの旅の出来事』（*Incidents of Travel in Central America, Chiapas, and Yucatan*）[7]〔訳注：邦訳は児嶋桂子による『中米・チアパス・ユカタンの旅：マヤ遺跡探索行1839〜40』人文書院、二〇一〇年〕、一八四三年『ユカタンの旅の出来事』（*Incidents of Travel in Yucatan*）——に収められた。のちにテオベルト・マーラー（Teobert Maler）は、一八七七年からユカタンで没する一九一七年までにかけて、石碑群を最初に写真に記録した。彼はアルフレッド・モーズリー（Alfred Maudslay）というイギリスの考古学者と時に協力し、一八八〇年代にはチチェン・イツァ（Chichen Itza）、ホンジュラスのコパン（Copán）、グアテマラのキリグア（Quirigua）といった、近年になって初めて探索された場所についても、写真とスケッチを出版した。

一般人の熱い視線がこれらの再発見された古代の中央アメリカの都市のイラストに惹きつけられている間も、学者たちはその地域から出てきた古い文書を再発見したり再調査したりした。そうして絵文書が、ドレスデンやパリ、マドリードに保管されているのが発見されたのだった。他の文書は本来の場所、つまりメキシコからグアテマラまでの図書館で保管されていた。最初に言及した、〔西欧で〕発見された物の来歴は失望させるものではなかった。たとえば、マイケル・D・コウの洞察によれば、ドレスデン絵文書《コデックス》は、エルナン・コルテス（Hernán Cortés）がコスメル島（Cozumel）へ上陸している間、一五一九年に収集したもののひとつで、スペインにロイヤル・フィフス〔訳注：戦利品の五分の一を王に上納する税〕の一部として送られた（Coe: 2012, 89-90）。ドレスデン絵文書は一七三九年、ウィーンの個人蔵だったものがヨハン・クリスティアン・ゲッツェ（Johann Christian Goetze）というザクセンの裁判所の王立図書館の所長によって取得された。アレクサンダー・フォン・フンボルト（Alexander von Humbolt）はそのうち五ページ分を一八一〇年に『山脈の眺望』（*Vues des Cordillères*）のなかに複製している。[8] それより少し前には、フォン・ラクニッツ男爵（Baron von Racknitz）がこの絵文書の画像からインスピレーションを得て、「メキシコ趣味」と題した絵画を、一七九六年から一七九九年にかけての彼の傑出した著作である『先進国の趣味の紹介と歴史』（*Presentation and History of the Taste of the Leading Nations*）の一部として刊行していた（Turner: 2020, Racknitz: 2020）[9]。その後、一八二九年から三〇年にかけてアゴスティーノ・アーリオ（Agostino Aglio）がこの絵文書全体と多くの他のメキシコの絵文書から作った水彩の複製を、エドワード・キング（Edward King）というキングズバラの子爵が『メキシコの古代文化』（*The Antiquities of Mexico*）として上梓した（Coe: 2012, 90-91）。そして一八八〇年に、エルンスト・フェルステマン（Ernst Förstemann）が完全な天然色写真による複写を出版した。彼は、数と暦の記号についてのコメントや示唆も行なった（Coe: 2012, 111; Schellhas: 1904）[10]。

　これにたいしフランスの東洋学者レオン・ド・ロニー（León de Rosny）は、一八五九年にパリの国立図書館でほかの絵文書を発見し、一八六四年にその複写版（パリ絵文書《コデックス》）を出版した（Coe: 2012, 105）。別の発見、いわゆるマドリッド絵文書は、二つの部あるいは断片から成る文書で、ファン・デ・トロ・イ・オルトラーノ（Juan de Tro y Ortolano）というコルテスの子孫の名にちなんで、トロアーノ（Troano）やトロコルテシアーノ（Trocortesiano）と呼ばれている。デ・トロは断片のひとつを所有しており、それを一八六六年にシャルル・エティエンヌ・ブラシュール・ド・ブールブール司祭（Abbot Charles Etienne Brasseur de Bourbourg）に見せた。彼は、古い文書を回収し研究する最初の取り組みにおける重要人物であった。のちに、もうひとつの断片、コルテシアーノ（the cortesiano）として知られるものがマドリッドで発見され、ブラシュールはそれを一八六九年に出版した（Coe: 2012, 109）。

　他の文書もまた、コンキスタドールの略奪と経年劣化を逃れて残存しているのが再び見いだされた。そうした例のひとつがユカタンの年史――コウの呼び方では「半歴史的・半予言的な書、チラム・バラム」である（Coe: 2012, 80）。それはラテン文字を用いてはいるがユカタンのマヤ出身者の言語で書かれた著者不詳のもので、一九世紀に発見された。その時代にさらに発見されたふたつのテクストが神話学者にとって特に重要であると判明し、そしてゆえに本論の主旨に重要である。ひとつめは『ユカタンの事柄についての報告《レラシオン》』（*Relación de las cosas de Yucatán*）〔訳注：『ユカタン事物記』の邦題が知られている。以下、『事物記』とする〕という、一六世紀にユカタンの司教であるディエゴ・デ・ランダ（Diego de Landa）によって書かれたテクストである。ふたつめは『ポポル・ヴフ』（*Popol Vuh*）で、一八世紀初頭に、名前・身元不詳の複数のインディオによって、フランシスコ・ヒメネス（Fray Francisco Ximénez）というグアテマラのチチカステナンゴ（Chichicastenango）の聖職者の監修下で書かれた（キチェ語で書かれた未詳の原本に基づいていると推定されている）。『ポポル・ヴフ』のテクストはスペイン語と、キチェ語（K'iche' / Quiche）として知られる現地の言語で書かれている。著者たちはこれをラテン文字で書き起こしたのだった。

ランダとヒメネスは、読み書きができるインディオの助けを借りて宣教地域で活動していた。そこではインディオのエリートたちがスペイン人聖職者や宣教師たちに協力していた。ランダの『事物記』のタイトルが示唆しているように、彼が扱った地域はユカタンで、そこの住人たちはマヤ語と呼ばれる言語を話していた。彼は『事物記』を一五六六年に書いたが、[11]原本は現存していない。断片的な写本が一六六〇年ごろに作られ、一八六一年にマドリードの地理学会（the Academy of Geography）の文書館でブラシュールによって発見された。ブラシュールはファン・デ・トロイ・オルトラーノがマドリード絵文書の最初の断片を見せた聖職者と同一人物であり、さっそく一八六四年に『事物記』を出版した。『事物記』のなかの様々な種類の情報が人類学や碑銘研究、歴史分析のための非常に重要な情報源となった。それは古い数体系についての基本的な情報と暦についての情報を含んでいた。あるいは、より正確にいうならば、いろいろな時間計算システムの組み合わせを含んでいた。おそらくさらに重要なことには、日付を表記する古代文字がすべてラテン文字に音訳され、それにランダによる説明が付されていたのだが、それはさまざまなモニュメントや写本に現れる、すくなくともいくつかの象形文字を解読するための端緒となった。

ヒメネスの調査地域はグアテマラの、ケツァルテナンゴ（Quetzaltenango）とチチカステナンゴの間の高地であった。そこでは多くの人たちがキチェ語（『ポポル・ヴフ』で使われている先住民の言語）または近しい関連言語を話していた。のちにすぐに判明するとおり、『ポポル・ヴフ』は『三言語の術——カクチケル語・キチェ語・ツトゥヒル語』（*The Art of Three Languages: Cakchikel, Quiché, and Tzutuhil*）という集成から抜粋されたもので、ヒメネスとそのインディオの協力者たちが一七〇一年から一七〇三年にかけて、伝道活動の一部として準備したものである（Chinchilla: 1993）。この集成はまた、ほかの現地語——おもにはツトゥヒル語とカクチケル語——の技術（辞典）とテクストを含んでいる（Chinchilla: 1993）。それらはカール・フォン・シェルツァー（Karl von Scherzer）によって一八五四年にグアテマラで発見されるまで、すべてほとんど手つかずのままだった。

発見された文書のひとつは、（ヒメネスによれば）キチェ語のテクストを当時のスペイン語とキチェ語に翻訳したものであった。ヒメネスとインディオの筆者たちは一七〇一年から一七〇三年の間に翻訳をしたのだろう。キチェ語の原本と推定されるものは、おそらく一五五〇年ごろに書かれたが、ヒメネスの時代に失われた。それ以降は確認されていない。フォン・シェルツァーは再発見したヒメネスの翻訳の一部分をメキシコの古代文化のコレクションとして一八五七年に出版した（Scherzer: 1857）。その後、間を置かず、ブラシュールがヒメネスの原本を読んでその抜粋をフランス語で再編し、『ポポル・ヴフ』のタイトルで刊行した（一八六一年）。ブラシュールによる本作の副題「古代アメリカの聖典と神話」（*Le Livre Sacréd et les Mythes de L'Antiquité Américaine*）は、神話学にたいする一九世紀における関心の成長を反映している。『ポポル・ヴフ』はそれ以降多くの言語で出版されている（Brinton: 1881, 614; Coe: 2012, 103）。同様に、のちにヒメネスらによって作成されたほかの文書もフォン・シェルツァーの発見後に流通し、批評され、翻訳され、ついにヨーロッパとアメリカで出版されたのであった。

『事物記』と『ポポル・ヴフ』の両方は現在に至るまで翻訳され、再版されつづけている。

こうした発見が一九世紀世界に与えたインパクトは、複写の生産やスケッチ・彩色画・写真の出版に多くを負っている。我々はすでに、『事物記』および『ポポル・ヴフ』の発見と出版より前に、キングズバラ卿が一八二九年から一八三〇年にかけてドレスデン文書とその他の多くの文書を水彩で複製したものを出版していたことを確認した。キングズバラ卿（Coe: 2012, 91 によれば、「奇矯なアイルランド人」）は、彼の全財産を『メキシコの古代文化』出版のために投じた。これは、アゴスティーノ・アーリオが水彩で複製した古い文書をまとめた膨大なフォリオのシリーズで、ドレスデン絵文書の複製は『メキシコの古代文化』の最初の七葉に含まれた（Coe: 2012, 91）。

同時に、探検者と知識人はその当時メソアメリカに生きていた人々の生活と言葉にも興味を持つようになった。ギヨーム・デュペは一八三四年、ユカタン半島の人々が話す言葉とグアテマラの高地にいる人々が話す言葉の関係性を初めて示した。しかし彼の考えは、世界の言語を研究していた聖職者エルバス・イ・パンドゥーロ（Hervás y Panduro）の研究に基づくものだった。エルバス・イ・パンドゥーロの一七八四年の研究——これはローマで書かれたものだが

――の中で、「ワステカ語」、「マヤ語」、そしてチアパスやグアテマラの司教区で話されていたその他様々な言葉は、地理的な場所にしたがって名付けられた別々の言語として言及されている（Hervás y Panduro: 1784, 57-76; 1800, 289-90）。まさに、後に出版された彼の研究のスペイン語版（一八〇〇年出版）こそが、「マヤ語」についての情報を最も多くもたらす研究である。彼は「チョンタル語」は「ナワトル語」を含む他の諸言語と同様にタバスコからニカラグアにかけての地域で話されているという。また、「チョンタル語」と他の派生言語は、おそらくマヤ語もしくは「ユカタン＝マヤ語」と呼ばれる言語と連結していると示唆してもいる。これについて彼に着想を与えたのはグアテマラのカクチケル族のとあるインディオで、このインディオはローマにいる彼を訪ねていた（Hervás y Panduro: 1800, 300-04）[12]。しかし、エルバス・イ・パンドゥーロはまた、「ラカンドン語」や「マム語」のような派生言語も、母体言語である「チアパネコ語」の一部として分類した（Hervás y Panduro: 1800, 306）[13]。これらの言語のグループ間の関連性は、直感的に、デュペ、ワルデックらの頭の中にも、同じように浮かんでいた。

しかしこのときまでにオロスコ・イ・ベラ（Orozco y Berra）はすでに、北ベラクルスで話されているワステカ語も含む、これらの言語間の関係を立証していた。オロスコはそれらを**マヤ＝キチェ語族**とし、その根拠をカトリック教会とメキシコ政府当局の管理下で書かれた報告書のみならず、個人蔵の古い文書にも置いたのだった（Orozco: 1864）[14]。同時にフランシスコ・ピメンテル（Francisco Pimentel）は、メキシコのインディオの言語のマッピングを初めて試み、最初の部分的成果を一八六二年から一八六五年にかけて出版した。オロスコとピメンテルは進捗について連絡を取り合い、ほとんどまったくおなじ情報源で作業していた（Orozco: 1864; Pimentel: 1874）。この二人の知識人によれば、**マヤ＝キチェ語族**には、離れた北ベラクルスで話されている前述の言語（訳注：ワステカ語）が含まれており、この語族はユカタン半島、タバスコ、チアパスにおいて話されている言語と密接に関連していた。また、シャルル＝フィリクス＝イアサント・グイエ（Charles-Félix-Hyacinthe Gouhier, 一八三二―一九一六年）というシャランセ伯爵とカール・ヘルマン・ベーレント（Karl Hermann Berendt）がのちに注目したように、この語族にはグアテマラとベリーズで話されているいくつかの派生言語も含んでいた。オロスコとピメンテルの同時代人であるシャランセ伯爵は、同じ地域の住民についての文献学と民話の研究を行なったが、その集団を**マム＝ワステカ言語グループ**と呼んだのだった（Charencey: 1876）。彼の分析はブラシュールのテクストに拠っていた（Charencey: 1876, 132）。

熱帯雨林や文書庫が熱心に探索され、その結果見つかったものが出版され、それに興味を持った大衆が消費することによる相乗効果が続いた。当然、この古い文書を発見、研究、あるいは出版した人々は、かつてここに存在した古代文明の正体を理解したいと願っていた。ゆえに、古い定住地の遺構はより多くの証拠を探すために再訪され、発掘された。そうして新たな発見が時代時代で公表されたのだった。出版されて入手可能になった報告書に興味をかき立てられた者のなかには、ジョン・スティーヴンズとフレデリック・キャザウッドがおり、彼らはホンジュラス[15]からユカタンにかけての地域の遺跡や、時には未知の都市を訪れることもあった。その後テオベルト・マーラーが一八七七年から一九一二年に、そしてアルフレッド・モーズリーが一八八〇年から一九〇七年にこれに続いた。ユカタンではチチェン・イツァの遺跡を、当時の領事でありアマチュア考古学者であったエドワード・ハーバート・トンプソン（Edward Herbert Thompson）が一八八五年から一九二六年に探索した。

多くの機関が、この地域での長期間にわたる調査を支援した。たとえばスミソニアン研究所（一八四六年創立）やカーネギー研究所（一九〇二年につくられ、一九一八年から一九三六年にかけてシルヴェイナス・モーリー Sylvanus Morley が初代現地代表を務めた）などである。スティーヴンズとキャザウッドによる探索を除いては、当時のたいていの試みは、新しくオープンしたマサチューセッツ州ケンブリッジのピーボディ（考古・民俗学）博物館によっても支援された。サイード博物館は一八八六年に創立され、のちにハーヴァード大学と提携した。ベリーズで体系的な研究を始めたのはトマス・ウィリアム・フランシス・ガン（Thomas William Francis Gann）であった。スミソニアンは最初の発見を一九一八年に発表した。ハーヴァードに加えて、ペンシルヴァニア大学やブラウン大学（ジョン・カーター・ブラウン図書館）もこの地域での調査プログラムを展開した。[16]メキシコ、グアテマラ、その他の中米地域において、エドゥアルド・ゼーラー（Eduart

Seler）、カール・ベーレント、カール・ザッペル（Karl Sapper）、ヴァルター・レーマン（Walter Lehmann）、フランツ・テルメル（Franz Termer）などのドイツ人たちが、ドイツ語やその他の言語で、各自の発見について報告した（Beaudry & Hardy: 2000）。これらの研究者の中には、メキシコ国立博物館のような現地機関と関係している者もいた。

このように、マヤ文化の魅力は一九世紀から二〇世紀にかけて定着し、組織化されてきたのであった。その過程で様々な探検家や学者たちが、中央アメリカに生きている当時の人々についてそれぞれ言語学や他の分野から研究を行なうことで、過去の文書や遺物といった発見物を補完していった。こうした学術的系譜の交錯が、中央アメリカに住む人々にたいする関心、なかでもこの人々の神話学についての関心を大いに高めたのである。それが次の主題となる。

三　偶像から神話へ

熱心かつ期待に満ちた探検者と学者が再発見された中央アメリカの過去の断片を調査するにつれ、「マヤ」と呼ばれる文明はゆっくりと、学問的かつ大衆的に意識されるようになった。かくして、この洗練された古代アメリカの人々の痕跡を追う、忍耐強く熱烈な探求が始まったのである。

アレクサンダー・フォン・フンボルトは一八一〇年にすでに、暦に類別があるのを認め、そこに焦点を絞った見方から、発見された断片の最初の調査を行なっていた。そして後に、宇宙論《コスモロジー》ならびに創造神話、トーテミズムとアニミズムの特質、神義論、神々の名前、そして暦や時間を計るシステムが姿を現したのだった。これまでに詳述してきた「認識論的転回」は、分類上の転換として要約されうる。ブラシュールが彼の版の『ポポル・ヴフ』に選んだ副題「古代アメリカの聖典と神話」から推測されるように（Paris: 1861）、新たな分類が広まり、認められるようになったのである。この諸分類はまた、まとめて「偶像」として展示会で扱われていた彫刻（スティーヴンズとキャザウッドを見よ）[17]がいまでは「歴史」や「神話」のカテゴリーに割り当てられているような形で存続している（ブリントンを参照）。その重要な事例のひとつが、コパンで発見され、ケンブリッジのピーボディ博物館に移送された「偶像」である。「若いトウモロコシの神」と名前を変えられ、博物館に場所を移して、かつての偶像は組織の象徴《アイコン》となったのであった。[18]

ダニエル・ブリントン（Daniel Brinton）は医師で、「不労所得」を持つアマチュア考古学者であったが（Weeks: 2000, 167）、新たにマヤ＝キチェ文明と名付けられたものの神話について、その時点までに分かっていたことをまとめたおそらく最初の人物であった（一八六八年）。しかしそれを行なった唯一の人物ではなく、彼の考えは、本章ですでに言及してきたあらゆる研究者に由来するものだった。彼に主に影響を与えたのはブラシュールだが、プロイセンの医師であったベーレントの影響もまた重要である（Brinton: 1881; 1884）。ベーレントはグアテマラのコーヒー大規模農園《プランテーション》を所有することになる一族の一員であった（ヨーロッパ人たちはコーヒーの苗を中央アメリカに一九世紀半ばに持ち込んでおり、ベーレントもこのときにアメリカにやってきた）。彼はメキシコ、ベリーズ、グアテマラを旅したとき、古代文明にかんする文書を得るために文書館を訪れた。別の数カ所の文書館でも、入手可能な文書を収集したり、写しをとったりした[19]（Weeks: 2000; Smithsonian Institution: 1867, 48-49）。ベーレントは、一八六三年にブラシュールとニューヨークで一度会っている（Wolfe: 1982）。そして、出版はほとんどしなかったものの、収集した価値ある資料をブリントンに売ったのである。

ブリントンはベーレントの収集資料を保管した。そのほとんどは未出版の手稿の原本あるいは複写で編まれていた。ブラシュールの原本が数点、加えてグアテマラで発見された語彙表も含まれていた。ブリントンが自分の中央アメリカ神話解釈の根拠としていた手稿は（いくつかは複写であったが）一六世紀から一八世紀にかけて書かれたものだった。史料には、すべてカクチケル語で書かれた四つの語彙表――「名前の概説」、「カクチケル語 - スペイン語字引」、「テクパン・アテイトラン備忘録」、「トマス・コトーのカクチケル語語彙表」――が含まれる（Coto: 1651）。ブリントンはまたランダの『事物記』とモトゥルのマヤ語辞書にも言及していたが、もっとも重要な情報源は『ポポル・ヴフ』だった。

上述したように、一八六八年にブリントンが初めて、古代アメリカ文明の神話に着目した論考を出版したとき、「キチェの聖典」（すなわち『ポポル・ヴフ』[20]）に認められるはっきりとした違いには気がついていたものの、それでも彼のマヤのイメージはまだ、当時よく知られていたアステカのものと結びついていた。十年後の一八八一年の一月四日に、ブリントンはフィラデルフィアのアメリカ哲学協会で読みあげた文書では、マヤ＝キチェ神話についてより広い見方を提示した。まず「マヤ＝キチェの系統」について、「今日でさえ、約五〇万の人々がこれらの方言を使用していると見積もられている。それらはユカタン、グアテマラとその近隣地域に散らばっており、ひとつの支流は以前、ヴェラクルスの北、メキシコ湾の熱帯の低地を占めていた」（Brinton: 1881, 613）と話した。ベーレントの考えに続いて、ユカタンのマヤ語を最も純粋な言語とし、またマム語は、グアテマラとメキシコ南部において依然として話されている六〇の言語のなかで最古の派生言語だと評価した。（この数のなかに、彼は中央グアテマラの「大都市方言」――キチェ、カクチケル、ポコンチ、そしてツトゥヒル――を含めている）。ブリントンにとって象形文字は、マヤの人々が歴史と神話を記録するために使った記憶術の記号だった。ヒメネスが、『ポポル・ヴフ』として知られるようになるテクストをキリスト教の諷刺だと考えていたのとは異なり、ブリントンはそこに現地の神話についての重要な情報があるという確信をもっていた（Brinton: 1881, 614）。彼はまた、誰かはわからないがこれを書いたネイティヴのキチェ語話者は「古代の記録」を知っていると断定した（Brinton: 1881, 614）[21]。

一八六八年の本は比較神話学を扱ったもので、ブリントンはアメリカの現地民たちのなかに、ある超自然的観念――「見えない世界」を発見した。

それは、霊魂、悪霊、神、邪神、神秘、魔術として解釈されるが、イングランド人とフランス人からは、通俗的に、かつ相当馬鹿げたことに、医学として考えられている。アルゴンキン方言ではこの概念は manito や oki で、イロコイ語では oki や otkon、ダコタでは wakan、アステカでは teotl、ケチュアでは huaca、マヤでは ku だ。これらはすべて、もっとも一般的な形で「超自然」の概念を指す表現である。そしてこの「超自然（supernatural）」

という語のなかに、我々は場所の概念の移転を見てとる。そしてそれは文字通り、自然界の上（above）に存在することを意味するのであり、このように漠然とした基本的な言葉を分析することで、同じ型が発見できるように思われる。（Brinton: 1868, 46）

ブリントンが『ポポル・ヴフ』や他の出典から発見したこの「超自然」とは何なのだろうか？　ブリントンは当初から述べている――『ポポル・ヴフ』は全能の諸神の足跡をたどっており、この神々は、性的・生殖的力を授けられた原初のつがいのように、万物の根源であり原因である。彼は後の書物で語っている。「〔……〕我々はギリシア、エジプト、東洋神話との数多の類似を発見している。この神は、自身のなかに両性どちらもの力と機能を持っている」（Brinton: 1881, 616）。彼はこれらの超自然的な力の性質を調べ、「puz と言う言葉は『ポポル・ヴフ』の様々な文章で神々や司祭たちの超自然的な力を表すために使われているが、おそらくヒメネスがこれを書いた当時までに、この語は彼の教区の方言では最高の重要性を失っており、よってそれは私が議論している名前の真の由来として示されたものではなかった」（Brinton: 1851, 617）としている。祖先シュピヤコク（Xpiyacoc）とシュムカネ（Xmucane）は人間、種子、その他を、有機的生活（性生活）の力によってもたらす者である。

ブリントンはまた、アニミズムとトーテミズムの痕跡を発見しているが（Brinton: 1881, 625）、このふたつの概念は「人類学」とよばれる新生学問において、いわゆる「未開世界」[22]を論じるものであった。たとえば、vugh という音は、ブリントンによれば一種の「キツネ」（fox）を意味する音（Tlacuatzin, [Tlacuache]）[23]で、おそらく、アルゴンキンなどの北アメリカの狩猟部族にとっては馴染みのある、小さく機敏（あるいは狡猾）なものや動物への賞賛を指すものであると言及されている。しかしvughという語は同時に一日の夜明けにも関連しており、創世神話にも関連する。ブラシュールが述べているように、vugh は夜明け前の闇であるからだ。『ポポル・ヴフ』に登場する人物の別名も同様に動物を指している。たとえば、豚（イノシシ）は老人として言及され、妻と共に魔術の力を授けられている。「ゆえに我々はここに豚の神格化のほとんど唯一の例を見いだす。この有益な動物は、通常神話では軽蔑され宗教においては呪われているが、一度だけ、万神殿《パンテオン》で最高の台座を与えられるのだ」(Brinton: 1881, 620)。ブリントンはまたブラシュールの pizote(ハナグマ)という言葉の解釈にも挑んだ。ブリントンはこれを「針で刺して犠牲の血を流すこと」と訳した。

おそらく、これらや同様の野蛮な神々は、いくつかの北部部族のなかにはっきりと見られるものと同じく、トーテム崇拝の原始的な形の名残であるということを理解すべきである。マヤ語族の分流のうちには他にも、こうした特徴が多く見いだせる。カクチケルの人々は「コウモリ(zoq)の民族」と呼ばれていた。コウモリは民族の定紋であり、神の象徴でもある(*Popol Vuh*, 225, 249)。フクロウ(tueur)、蛇(chan, cumatz)、トラ(balam)、鹿(geh)、その他の動物たちは、その名前がほとんど神話に関連する傑出した一族や部族に適用されている。

(Brinton: 1881, 620)

また、ブリントンは続ける。

マヤ語にも同じ言葉、Koh が見いだされる。トロアーノの絵文書は、現存するマヤの手稿の数少ない原本のひとつなのだが、そこに描かれた人物像の多くに、これらの動物の仮面が容易に認められる。近年の研究者たちは、中央アメリカの辺鄙な教区においては、教会の行列とともに踊るインディオたちがいまだに、こうしたおぞましい獣の顔の仮面を身につけていると伝える! さらに、キチェの新生児たちは、神父《パドレ》によって洗礼を授けられる前に、現地の「呪医」によって厳粛に、獣にちなんだ名が与えられるのだ。

(Brinton: 1881, 621)

ブリントンは、Gucumatz という別の動物にたいする最良の訳は「羽根をまとった蛇」である、とする。彼は、コトーの語彙表によればguxは「心」と訳されるが、明らかに「魂」や「霊魂」の意味だと述べている。

> ゆえにこれらの名は、湖の「心」ではなく「霊魂」とか「魂」とするのがより正しいだろう。ひろく、これらの民族や、宗教的発展の初期段階にある人々が抱く「アニミズム」の教義を表しているのである。こうした名はまた、さまざまな有機物・無機物の顕現における、漠然と信じている霊魂やエネルギーの統一性の感覚を示すものなのだ。(Brinton: 1881, 623)[24]

一八六八年の著作で、ブリントンはマヤの言語には神を表す言葉kuがあると述べ、「マヤには複数の神々がおり」(Brinton: 1868, 47)、また他の伝統においてと同様に、神の概念は天や空——目に見えない、人格を欠いた主体——を指し、祈りの対象であると付け加えている(Brinton: 1868, 47; López de Cogolludo, Diego: 1688, *Historia de Yucathan* に基づく)。一八八一年には手紙で、『ポポル・ヴフ』において「神」を表す異なる表象を発見したという。ブリントンによれば、キチェ語のQabauil(コトーの語彙表におけるgabovil, Gabuylなどの語)は「神」を指す、よく使用される語である。この概念はまた、既述の通り、naual(アステカの伝統との接点)やpuz、超自然の力を含む表現において、魔術師、予言者、妖術と結びついているのと同様に、創造とも結びついている(Brinton: 1881, 620)。Xibalbaという名で識別される神話上の場所もまた存在する。

> シバルバ(Xibalba)、カクチケル語でXibalbay, マヤ語でXibalba, Xabalba あるいはXubalba(すべてモトゥル辞典の手稿のなかに見られる表現)は、マヤ語系のいたるところで、死者の霊魂の居所、あるいは冥界——地表の下で霊魂をとらえている場所で、メキシコ人たちがしばしば考えたように極北にあるわけではない——を示すのによく使われる語である。(Brinton: 1881, 636)[25]

ブリントンの一八六八年の本は、暦についての見解を含んでいた。それは一七九〇年の「太陽の石」〔訳注：古代アステカの石彫〕の再発見以降、関心の対象となっていたものである。彼はまた、暦を方位点や世界の形とも関連付けている（Brinton: 1868, 68）。象形文字と数字は暦にかんするテクストおよび天文学のテクストと、そして曜日の呼称さえ動物や『ポポル・ヴフ』の登場人物と結びついている。これについてはトラ（Balam）や鹿（Queh）などの例が挙げられる。最終的にブリントンは、『ポポル・ヴフ』と他のマヤ民族の起源をたどる資料の中に歴史物語を見いだしている。時間、空間、歴史、神義論とその起源の全容が、ブリントンによって古代の人々の遺物の中から見いだされたのである。

四　結論

ブリントンの仕事は、中央アメリカの地域に住んでいた人々の神話と宗教に対する、永くつづくことになる学問的かつ大衆的な関心の始まりにすぎなかった。超自然的な力と創造、アニミズム、トーテム崇拝、魂と霊魂、神々あるいは神性、暦、「原始の地形」（Brinton: 1868, 68）、そして歴史への彼の関心は、その当時そして以降長らくのマヤ研究の主要な論点のリストとして読むことができる。たとえば一八九五年にエドゥアルド・ゼーラーは、コパンの石柱に見られる暦の記号の分析をメキシコ・シティでのアメリカ研究学会で発表した。ゼーラーはエルンスト・フェルステマンが示したマヤの手稿――おもにドレスデン絵文書――についての注解を踏襲した。一九〇二年にゼーラーは、暦および占星術の用途を持った宗教書に言及した。彼はメキシコの象形文字と、マヤ絵文書のなかに見られる男神・女神に（特定の様式で）注目した。マヤの神々を研究していたパウル・シェルハス（Paul Schellhas）[26]は、一九〇四年にベルリン民族学博物館の協力を得て、遺跡となった諸都市が産み出したレリーフの複製を作った。彼はまた、ランダの『事物記』の利用可能な版、マヤ絵文書、その他の近年出版された文書に取り組んだ。ハーヴァード大学のアルフレッド・トザー（Alfred Tozzer）は一九〇二年から一九〇四年まで、マヤ族とラカンドン族のもとでフィールドワークを行ない、一九〇五年に「文化人類学9」と題し、マヤについてのセミナーを始めた（Philips: 1955, 74）。彼は、当時のマヤ族・ラカンドン族についての初期の民族誌のうちのひとつを出版した（Tozzer: 1907）。トザーはユカタン半島の、よりキリスト教に感化された同時代のマヤ民族に比べて、ラカンドン族はマヤの古風な儀礼を可能な限りもっとも純然たる形で執り行なうことができる者であると述べている。彼はラカンドン族の習慣と装具を、絵文書や植民地時代のテクスト、石の彫刻、彩色されたり装飾された陶器に見られる像と比較した。また、ハーヴァード大学の教授としてこの地域での考古学研究を続け、ランダの『事物記』の翻訳と研究に年月を費やした。一九四一年、彼は自身と師であった故・チャールズ・P・バウディッチ（Charles P. Bowditch）による注釈を添えた最初の翻訳を出版した。

スティーヴンズからベーレントまでの一九世紀のテクストから、この時代の人々をさまざまになやませ、夢中にさせ、楽しませたいくつかの関心事について知った。そこでは国家間の境界線の定義は不明確である。カトリシズムとほかの信仰の間でも、メキシコにおける英国政府、フランス政府、プロイセン政府、アメリカ政府、加えてグアテマラ、「もうひとつのホンジュラス」、そしてこの地の英国植民地の間の権益についても、境界ははっきりしていない。政治的集団同士の諍いについても耳にする。運材会社やコーヒー、タバコ、砂糖、果実、サイザル、エネケン〔訳注：サイザルとエネケンはいずれも繊維の原料〕の栽培会社の虐待に抗する反乱もある。景観、土地、河川や湖沼、植物相、動物相についても学ぶ。アステカやマヤといった分類、あるいは語族の類別は、時代を経るにしたがって確立されていったほど揺るぎないものではないということを知る。しかし、これらを探求した者、そして彼らの報告を読んだ知識人にとって最も興味深い論点は、古代アメリカ文明がジャングルの下に未だ横たわっているということである。一九世紀のテクストは、とりわけマヤ語が今日でも話されている場所において、その考古遺跡や植民地都市の付近に住んでいる同時代の人々にも古代文明の影響が及んでいるという証拠を探し求めたことを示すものである。その地域に住んでいる象形文字を読むことができる人々、あるいは生きている人々の語りや儀礼の実践のなかに保存された古い神話思想の遺物を探るために、探索が組まれたのだった。こうした関心は続く世代のアマチュアと専門家双方に対し、人類学のある一つの指針を与えることになったのである。

注

[1] 近年発見された中央アメリカ文明の、著名な探索者ジャン・フレデリック・ワルデックは、自身を最初の「アメリカ研究者」（Americanist）と考えていた（Coe: 2012, 86）。アメリカ研究者の最初の国際会議は一八七五年七月一八日、フランスのナンシーで、フランス・アメリカ学会（the Société Américaine in France）によって行なわれた。この学会の初めてのアメリカ大陸での開催は、第十一回アメリカ学国際会議（一八九五年にメキシコシティで開催）である。

[2] たとえばラクニッツの『先進国の趣味の紹介と歴史』（*Presentation and History of the Taste of the Leading Nations*）（一七九六年から一七九九年）を参照。ラクニッツはザクセンに住んでいた一九世紀の内装装飾業者（Racknitz: 2000）。

[3] この場所の名前は一九世紀には未定のままで、通常「パレンケ」が使用されていたものの、あくまで「パレンケに近い場所」という説明のような形であった（Río: 1922 [1787]）。自然学者であるコンスタンティン・サミュエル・ラフィネスク＝シュマルツ（Constantine Samuel Rafinesque-Schmaltz）は、一八三二年に「オトゥルム（Otulum）」を使用している（Stuart: 1989, 21; Coe: 2012, 93）。この場所は、この地域の他の場所と同様、単に「石の家」（houses of stone / casas de Piedra）のような意味で命名された（Dupaix: 1834, V; Calderón: 1784）。

[4] 三〇枚のスケッチという最もまとまった形のものは、現在は米国議会図書館にあり、オンラインで利用できる。http://lcweb2.loc.gov/cgi-bin/ampage?collId=rbc3&fileName=rbc0001_2005kislak1page.db&recNum=0（二〇二一年三月三一日閲覧）

[5] ワルデックは、アルメンダリスのスケッチが出版されたときにそれを改訂した（Coe: 2012, 92）。

[6] より詳細な分析は López: 2021 を参照。

[7] キャザウッドの数枚の図版を含む一八五九年版は下記で利用可能。https://en.wikisource.org/wiki/Incidents_of_Travel_in_Central_America,_Chiapas_and_Yucatan（二〇二一年三月三一日閲覧）

[8] 《ドレスデン王立図書館に保管されている象形文字の手稿断片》第四ページおよび五ページを見よ。（二〇二一年三月三一日閲覧）

[9] 「メキシコ趣味」と呼ばれる図版は、Turner: 2020 および下記サイトで見ることが可能（二〇二一年三月三一日閲覧）：https://www.apollo-magazine.com/joseph-friedrich-zu-racknitz-book-review/

[10] 複製は以下から参照（二〇二一年三月三一日閲覧）：https://www.wdl.org/fr/item/11621/#additional_subjects=Dresden+Codex

[11] このテクストの成立におけるインディオの役割については議論がある。テクストはスペインで書かれたが、ランダが裁判になった時に、ユカタンのフランシスコ会の修道院でとられたメモに基づいており、そこではインディオたちが異教徒への宣教を支える

ために訓練されていた。

[12]「これらの言語のあいだに類似性を見いだしたのは、ドミンゴ・トット・バラオナ（Domingo Tot Baraona）という名のカクチケル族インディオを介して、カクチケル語に関しての知識を得たことによる。トットは、グアテマラ説教者修道会管区の監督官として数年前にローマからこの市へやってきたミゲル・サラゴサ師(R. P. Miguel Zaragoza)の使用人である。十六歳になる青年であるが、類稀な明敏さと才能を発揮し、同年代のヨーロッパの若者のあいだにあっても賞賛を受けるほどで、生地の言語とスペイン語を完璧に操り、ポコマナ語もかなりできた。これらの言語を他のアメリカ語と比較したところ、わたしはこれらが、なかでも特に数を表す単語と、また少なからず文法的な技巧において、マヤ語という、ユカタンで話される言語と近しいことに気づいた〔後略〕。」(Harvés: 1800, 303-304)

[13]今日、我々は「ラカンドン語」、「ケンダル語」、「マム語」がいわゆるマヤ語の派生語で、ソケ語やチアパネク語は別の異なる二つの語族にあたると知っている。

[14]メキシコにおいて、オロスコは国立公文書館と、とりわけホセ・フェルナンド・ラミレス（José Fernando Ramírez）とホアキン・ガルシア・イカスバルセト（Joaquín García Icazbalcet）の個人的な文書に謝意を表していた。彼自身は言語のことはわからないので、彼の手法は文書の著者のみを根拠とするとしている（Orozco: 1864, IX）。

[15]当時、〔統一的な〕中央アメリカ国家を作ろうとしていた政党が、バラバラの国民国家をつくるために戦っていたほかの国内政党と争っていた。最終的に前者の政党が敗れ、ホンジュラス、グアテマラ、エルサルバドルがそれぞれ独立国家となった。

[16]たとえばシカゴのニューベリー図書館が、『ポポル・ヴフ』と呼ばれる文書の最初の写しを所持している。

[17]「偶像」は、明らかにドン・グレゴリオ（Don Gregorio）によって用いられた言葉である。グレゴリオは農園（hacienda）の所有者であり、その地は当時まだ遺跡が発見されていなかった古代都市であった。その都市を今、我々はコパンと呼んでいる。コパンという地名はおそらく近隣の集落（スティーヴンズは「六軒の粗末な掘っ立て小屋」と描写している）から取られたか、あるいはそこを横切る川、もしくは一六世紀の反乱の首長から名付けられた（Stephens & Catherwood: 1854, 53-59）。

[18]ピーボディ考古学・民族学博物館「中央アメリカの代表作」参照 https://www.peabody.harvard.edu/node/2068（二〇二一年三月三一日閲覧）。認識識論的転回のより広範な分析については、Achim: 2017を参照。

[19]ベーレントはこの文明には名前を与えておらず、今もユカタンで話されている言語に対してのみ「マヤ」という呼称を与えている(Berendt: 1867; 1884)。

[20]ブリントンは、ナチェス(Natchez)という、ミシシッピ川流域の下流に住んでいる一団に言及している。これはワステカ人(Huartecas)やマヤ人（Mayas）を生じたのと同じ人々の分派である（Brinton: 1868, 27）。のちにジョン・スウォントン（John Swanton）が、ナチェスはマスコギ語（Muskogean）と関連しているかもしれないとした。

[21]「これらの民族の文明は、さまざまな記憶術の記号を用いており、神話と歴史を記録し思い起こすために、我々のアルファベット

に接近した。これらの伝統の断片と、いくらかは完全な形のものが保存されてきた。このうちもっとも注目に値するものは、グアテマラのキチェ人たちの国民的伝説『ポポル・ヴフ』である。日付は不詳だがキチェの方言で、古代の記録に精通した現地語話者によって書かれたものだ。そのスペイン語訳は前世紀の初頭にスペイン人司祭フランシスコ・ヒメネスによって行なわれ、ウィーンで一八五七年に初めて出版された。一八六一年に著名なアメリカ研究者である故〔訳注：一八七四年没〕ブラシュール（ド・ブールブール）院長によるフランス語訳付きの原典がパリで印刷された。この原典版は八折判で一七五頁に及び、したがって考古学的金字塔であるのと同様、言語学的にも極めて重要なものなのである」（Brinton: 1881, 614）。

［22］エドワード・タイラー（Edward Tylor）は、イングランドにおける近代人類学の著名な創設者であり、フレイザーが宗教の起源は「魂」の観念にあるのとしたのと対照的に、「アニミズム」が宗教の原始的形態であることを確立した。デュルケームは「トーテミズム」のなかに宗教の初期形態を見ていた（Durkheim: 2012）。

［23］もちろん“Tlacuache”はキツネの一種ではなく、「フクロネズミ（opposum）」と呼ばれる有袋類である（Brinton: 1881, 617）〔訳注：ブリントンはTlauacheをfoxの一種、つまりopposumであるとしており、opposumを「フクロギキツネ（possum）」と混同したのかもしれない〕。

［24］「これはいま検討している部族に特有なことではない。心臓は非常に一般的に、いのちが座するところとして見なされているだけではなく、感情、知、情熱、まさに魂そのものの源泉と見なされている。ゆえに、肉体の死を耐え抜いた、個人の霊的な部分を表象するものとして、いけにえを捧げるとき、それは引き裂かれて神に供されるのだ」（Brinton: 1881, 623）。

［25］ブリントンは、シバルバはウスマシンタ川流域の古代国家で、その首都がパレンケにある、というブラシュールの解釈に疑義を呈している（Brinton: 1881, 636）。

［26］元はドイツ語で一八九七年に発行されたシェルハスのテクストは、チャールズ・バウディッチ（ピーボディ博物館と提携したマヤ学者）の監修により、一九〇四年に英語で出版された。

主要参考文献

Achim, Miruna. *From Idols to Antiquity. Forging the National Museum of Mexico*. London: University of Nebraska Press, 2017.

Almendáriz, Ricardo. “Colección de Estampas Copiadas de las Figuras . . . de Chiapas, una de las del Reyno de Guatemala en la América Septentrional, Palenque, México: 1787” . The Jay I. Kislak Collection, The Rare Book and Special Collections Division, The Library of Congress. 31 March 2021. http://lcweb2.loc.gov/cgi-bin/ampage?collId=rbc3&fileName=rbc0001_2005kislak1page.db&recNum=0

Beaudry-Corbett, Marilyn and Hellen T. Hardy (editors). *Early Scholars Visits' to Central America, Reports by Karl Sapper, Walter Lehmann and Franz Termer*. USA: Cotsen Institute of Archaeology & University of California, 2000.

Berendt, Karl H. “Report of Explorations in Central America” . *Annual Report of the Smithsonian Institution for 1867*, 420-426. 31 March 2021.

https://babel.hathitrust.org/cgi/pt?id=uc1.a0005998810&view=image&seq=1&q1=Berendt
Brasseur de Bourbourg, Charles Etienne, *Popol Vuh. Le Livre Sacré et les Mythes de l'Antiquité Américaine*. Paris: Arthus Bertrand, 1861.
Brinton, Daniel G. *The Myths of The New World: A Treatise on the Symbolism and Mythology of the Red Race of America*, New York & London: Leypoldt & Holt & Trubner & Co. London, 1868. 31 March 2021. http://www.gutenberg.org/files/19347/19347-0.txt
Brinton, Daniel G. "The Names of the Gods in the Kiche Myths, Central America." *Proceedings of the American Philosophical Society* 19, 1881: 613–647.
Brinton, Daniel G. "Memoir of Dr. C. H. Berendt" . *Proceedings of the American Antiquarian Society*, 3, 1884: 205–210.
Calderón, Joseph Antonio, "Informe (1784)" , *Las Ruinas de Palenque*, Ricardo Castañeda Paganini (Edit.). Guatemala: Tipografía nacional, 1946, 22-29.
Castañeda Paganini, Ricardo (Edit.), *Las Ruinas de Palenque*. Guatemala: Tipografía nacional, 1946.
Coe, Michael D. *Breaking the Maya Code*. USA: Thames & Hudson. Third Edition, 2012 [1992].〔マイケル・D・コウ『マヤ文字解読』武井摩利・徳江佐和子訳、創元社、二〇〇三年〕
Coto, Thomas. *Vocabulario de la lengua Cakchiquel, v, Guatimalteca [...]*, 1651. William Gates papers, MSS 279. L. Tom Perry Special Collections, Box: 36, Folder: 1. 31 March 2021. http://archives.lib.byu.edu/repositories/14/archival_objects/53726
Charencey, Hyacinthe de [Charles-Félix-Hyacinthe Gouhier], « Recherches sur le Lois phonétiques dans les idiomes de la famille Mame-Huastèque », Revue de linguistique et de philologie comparée, tome 5, 1872 : 129-167. 31 Mar, 2021. https://fr.wikisource.org/wiki/Livre:Revue_de_linguistique_et_de_philologie_compar%C3%A9e,_tome_5.djvu
Chinchilla, Rosa Helena, "Introducción" , *Arte de las tres lenguas kaqchiquel, k'iche' y tz'utujil*, by Francisco Ximénez, sf. Mcs. Chicago: The Newberry Library, & Academia de Geografía e Historia de Guatemala (Biblioteca Goathemala, volumen XXXI), 1993: IX-XXXII.
Dupaix, Guillaume; Castaneda, José Luciano (illustr.). *Antiquités mexicaines. Relation des trois Expéditions du Capitaine Dupaix, ordonnées en 1805, 1806, et 1807, pour la Recherche des Antiquités du Pays, notamment celles de Mitla et de Palenque...* Paris: Jules Didot, Printed for the Bureau des Antiquités Mexicaines, 1834.
Durkheim, Émile, *Les formes élémentaires de la vie religieuse. Le système totémique en Australie*. Paris: Les Presses universitaires de France, 1968 [1912].〔エミール・デュルケーム『宗教生活の基本形態：オーストラリアにおけるトーテム体系』山崎亮訳、ちくま学芸文庫、上下巻、二〇一四年〕
Frazer, James George. *The Golden Bough: A Study in Comparative Religion*. USA: Cambridge University Press, 2012 (1890).〔J・G・フレイザー『初版　金枝篇』吉川信訳、ちくま学芸文庫、上下巻、二〇〇三年〕
Gann, Thomas W. F. *The Maya Indians of southern Yucatan and northern British Honduras*. Washington: Smithsonian Institution, Bureau of American

Ethnology, BULLETIN 64, 1918. 31 Mar, 2021. http://www.gutenberg.org/ebooks/46973

Hervás y Panduro, Lorenzo, *Catalogo delle lingue conosciute e notizia della loro affinita e diversita. Opera del signor abbate Don Lorenzo Hervas*. Italia: Cesena, Gregorio Biasini, 1784. 31 March 2021. http://bdh-rd.bne.es/viewer.vm?id=0000046751&page=1

Hervás y Panduro, Lorenzo, *Catálogo de las lenguas de las naciones conocidas, y numeración, división, y clases de éstas según la diversidad de sus idiomas y dialectos*. Madrid: Imprenta de la Administración del Real Arbitrio de Beneficencia, 1800. 31 March 2021. http://www.cervantesvirtual.com/obra-visor/catalogo-de-las-lenguas-de-las-naciones-conocidas-y-numeracion-division-y-clases-de-estas-segun-la-diversidad-de-sus-idiomas-y-dialectos-volumen-1-lengua-y-naciones-americanas--0/html/01d25bf6-82b2-11df-acc7-002185ce6064_9.htm

Humboldt, Alexander von, *Vues des cordillères, et monumens des peuples indigènes de l'Amérique*. Paris : F. Schoell, 1810. 31 March 2021. https://gallica.bnf.fr/ark:/12148/bpt6k61301m/f1.item.texteImage

López, Omar, *Nociones sobre los primeros pobladores del sureste: la representación del "indio" en el pensamiento de exploradores, eruditos y viajeros en la provincia de Chiapa, (1784 – 1840)*. Mexico: Doctoral Thesis, Universidad Nacional Autónoma de México, 2021.

Orozco y Berra, Manuel, *Geografía de las lenguas y carta etnográfica de México: precedidas de un ensayo de clasificación de las mismas lenguas y de apuntes para las inmigraciones de las tribus*. México: J. M. Andrade y F. Escalante, 1864. 31 March 2021. http://www.cervantesvirtual.com/nd/ark:/59851/bmc9g5z0

Phillips, Philip, "Alfred Marsten Tozzer, 1877-1954" . *American Antiquity* 21, no. 1 1955: 72–80.

Pimentel, Francisco, *Cuadro descriptivo y comparativo de las lenguas indígenas de México o tratado de filología mexicana*. México, Sociedad Mexicana de Geografía y Estadística, 1874. 31 March 2021. https://archive.org/details/cuadrodescripti00estagoog/page/n13/mode/2up

Racknitz, Joseph Friedrich zu. *A Rare Treatise on Interior Decoration and Architecture: Joseph Friedrich zu Racknitz's Presentation and History of the Taste of the Leading Nations by Joseph Friedrich zu Racknitz*, (Simon Swynfen Jervis translation and edition). USA: Getty Research Institute.

Río, Antonio del, *Description of the Ruins of an Ancient City, Discovered near Palenque, in the Kingdom of Guatemala in Spanish America*. London: Henry Bertoud, 1922. 31 Mar, 2021. https://babel.hathitrust.org/cgi/pt?id=hvd.32044095049060&view=image&seq=1

Schellhas, Paul, *Representation of Deities of the Maya Manuscripts*. Papers of the Peabody Museum of American Archaeology and Ethnology, vol. IV. no. 1. Cambridge: Harvard University, 1904 [1897, first edition]. 31 March 2021. http://www.gutenberg.org/files/18013/18013-h/18013-h.htm

Scherzer, Karl von. *Las Historias del origen de los Indios de Guatemala, Traducida de las lengua Quiché al castellano para más comodidad de los ministros del S. Evangelio. Por el R. P. F. Francisco Ximenes*. Vienna: Casa de Carlos Gerold é Hijo, 1857.

Seler, Eduard, et. al. *Mexican and Central American Antiquities, Calendar Systems, and History*. USA: Smithsonian Institution. Bureau of American Ethnology, 1904. 31 Mar, 2021. https://antropowiki.alterum.info/index.php/Eduard_Seler

Seler, Eduard. *On the present state of our knowledge of the Mexican and Central American hieroglyphic writing*. Transactions of the International

Congress of Americanists USA: University of Texas, 1902. 31 March 2021. https://antropowiki.alterum.info/index.php/Eduard_Seler

Smithsonian Institution, *Annual Report of the Smithsonian Institution for 1867*. 31 March 2021. https://babel.hathitrust.org/cgi/pt?id=uc1.a0005998810&view=image&seq=1&q1=Berendt

Stephens, John L. and Fredrich Catherwood, *Incidents of Travel in Central America, Chiapas and Yucatan*. London: Arthur Hall, Virtue & Co., 1854 [1841]. 31 March 2021. https://commons.wikimedia.org/wiki/File:Incidents_of_travel_in_Central_America,_Chiapas_and_Yucatan.pdf〔ジョン・ロイド・スティーブンズ『中米・チアパス・ユカタンの旅：マヤ遺跡探索行 1839～40』児嶋桂子訳、人文書院、上下巻、二〇一〇年〕

Stuart, George E. "The Beginning of the Maya Hieroglyphic Study: Contributions of Constantine S. Rafinesque and James H McCulloch, Jr." . Washington: Research Reports on Ancient Maya Writing 29, 1989. 31 March 2021. http://www.mesoweb.com/bearc/cmr/RRAMW29.pdf

Tozzer, Alfred, *Landa's Relacion de las Cosas de Yucatan, a Translation (with 1154 Notes and Syllabus)*. Cambridge: Peabody Museum Papers, 1941.

Tozzer, Alfred, *A comparative Study of the Mayas and the Lacandones*. Report of the Fellow of American Archaeology, 1902-1905. New York: Archaeological Institute of America, 1907. 31 March 2021. https://babel.hathitrust.org/cgi/pt?id=hvd.32044042734152&view=image&seq=9

Turner, Olivia Horsfall, "World views – revisiting an 18th-century survey of global style, Review of *A Rare Treatise on Interior Decoration and Architecture: Joseph Friedrich zu Racknitz's Presentation and History of the Taste of the Leading Nations by Joseph Friedrich zu Racknitz (edited and translated by Simon Swynfen Jervis)*", Getty Research Institute. The June 2020 issue of Apollo, the 9th of July 2020. 31 March 2021. https://www.apollo-magazine.com/joseph-friedrich-zu-racknitz-book-review/

Tylor, Edward Burnett. *Primitive Culture: Researches into the Development of Mythology, Philosophy, Religion, Art, and Custom*. USA: Cambridge University Press, 2010 [1871].〔エドワード・B・タイラー『原始文化』奥山倫明ほか訳、国書刊行会、宗教学名著選第５・６巻、二〇一九年〕

Waldeck, Fréderic, *Voyage pittoresque et archeologique dans la province d'Yucatan (Amérique centrale), pendant les anneés 1834 et 1836*. Paris: Bellizard Dufour Et Co., Éditeurs, 1838. 31 March 2021. http://www.cervantesvirtual.com/obra/voyage-pittoresque-et-archeologique-dans-la-province-dyucatan-amerique-centrale-pendant-les-annees-1834-et-1836-986066/

Weeks, John M. "The Daniel Garrison Brinton Collection" . *The Penn Library Collections at 250: From Franklin to the Web*. Philadelphia: University of Pennsylvania Library, 2000, pp. 165-181. 31 March 2021. http://repository.upenn.edu/library_papers/18

Wolfe, Elizabeth F. *Contributions of Karl Hermann Berendt to Central American Anthropology*. USA: Kroeber Anthropological Society Papers, no. 61-62, 1982. 31 March 2021. https://dpg.lib.berkeley.edu/webdb/anthpubs/search?all=&journal=5&volume=61-62&frompage=2

付記

本章は、国際シンポジウム『「マヤ文明」と「日本神話」――近代知が紡ぐ地の「記憶」』（二〇一九年一一月九日開催、於・白鹿記念酒造博物館、兵庫県西宮市）での講演内容に加筆したものである。主催元である科学研究費補助金（基盤研究C）「近代以降の「神話」

概念の包括的再検討とその社会的意義の解明」の代表者・清川祥恵博士と、共催者である神戸大学国際文化学研究推進センター（Promis）のお招きへの謝意をしるす。「どうもありがとう（Domo Arigato）」。

訳者付記

スペイン語で引用されていた注12、およびメキシコとその近隣の地名、ならびにマヤに関する術語・表現は、鋤柄史子の協力を得て翻訳した。

第15章

翻訳が生んだ『ポポル・ヴフ』
——近代的解釈と日本におけるその変容

◆鋤柄 史子

一　はじめに

本論は、『ポポル・ヴフ』*Popol Vuh* がマヤ神話として編成される過程を検証し、活字と翻訳という近代技術がもたらした語りの変容について論じる。[1]『ポポル・ヴフ』の物語群は、本来口承によって語り継がれてきたと考えられている。文字として書き起こされたのがいつごろだったのか様々な説があるが、確かなのは、一八世紀初頭に修道士によって書かれた写本が現存すること、そして修道院の片隅で埃を被ったその写本が一九世紀半ばに二人の西欧知識人の手に渡り、翻訳され、活字の世界へと現れたことだ。これ以降、この物語群は『ポポル・ヴフ』と呼称され、西欧の主要言語で解釈される。世界の起こりや神々による人間の創造、双子の英雄譚や民族編成史といった内容を持ち、それらがスペイン語訳を付したマヤ系キチェ語で書き写されていたこともあいまって、物語群は十九世紀の「再発見」からマヤ神話として表象されるようになる。現在、『ポポル・ヴフ』は専門家によって植民地時代とそれ以前に関わる数少ない史料として重要視され、同時に、マヤ系先住民のあいだでは民族アイデンティティの象徴として権利主張のために引用されることも少なくない。

現存する写本は、ドミニコ会修道士フランシスコ・ヒメネスの手によって記された。ヒメネスは、十八世紀初頭グアテマラのサント・トマス・チュイラ（現チチカステナンゴ）の教区司祭を務め、ヒメネス自身の手記によれば、彼はそこでローマ・アルファベットを用いて書かれたキチェ語の原書を見つけた。その原書をもとに、「グアテマラ地方のインディオの起源の歴史がここにはじまる……」としてキチェ語のテクストを書き写し、スペイン語翻訳を添えた。テクストは『カクチケル、キチェ、ツトゥヒルの三言語の術……』*Arte de las tres lenguas cakchiquel, quiche y tzutuhil*（以下、『三言語の術』）の一部として綴じられている。[2] ヒメネスの言及する原書は紛失され、どこにあるのかわかっていない。

原本がどこにあるのか、その書き手はだれなのか、本論はこれらの起源を追求することを目的にしない。現在に至るまで、オリジナルの不在という事実が物語群の出自についてさまざまな説を呼び、内容についても多くの解釈が行われてきたことは確かだし、その所在が明らかになることは『ポポル・ヴフ』研究に携わる者にとって一つの大きな関心事だと言える。けれども他方で、この物語群はその起こりからマヤ神話『ポポル・ヴフ』だったのではない。この事実はもっと議論されていいはずだ。起源と現在を点と点で結ぶだけではなく、その線上にある編成の過程について議論する意義は大いにある。『ポポル・ヴフ』をそのまま認知するのではなく、むしろその表象に、特定の物語群が神話と呼称されるに至った背景を、西欧帝国主義におけるロマンティシズムの鏡像を、活字術の発展が引き起こした知と言葉の変形を、そして翻訳という作用によって様相を変えた物語の姿を、見出すことにも力を注ぐべきではないだろうか。それによってこそ、『ポポル・ヴフ』という物語群の抱える歴史を再考する一つの手段を提示しうるのではないか。本論の起点はこれらの問いかけにある。

この意味で基本となる情報を提示してくれるのは、グアテマラのアドリアン・レシーノス版『ポポル・ヴフ』に付された「解説」だ。そこには、ヒメネスによる「発見」からフランス語、スペイン語、ドイツ語、英語への様々な翻訳版刊行の経緯を辿った出版史とも言える系譜が綴られている。なかでも、ヒメネスの功績と、この物語群を「再発見」したシャルル・エティエンヌ・ブラシュール・ドゥ・ブールブール Carles Etienne Brasseur de Bourbourg によるフランス語訳についてはまとまった記述がある。さらに、先行する翻訳諸版の批評を踏まえた当版の試みが、ブラシュール版の「重大な欠陥」（Recinos: 1947, 87）やその他の版の不足部分を補うことであり、そのため本版には言語学的および歴史的な注釈が加えられている。レシーノス版は、メキシコ外交官補だった林屋永吉が日本語翻訳し、彼の帰国後一九六一年に刊行され、版を変えながら現在も刊行されている。

本論はこのレシーノスの考察を踏まえたうえで、語りの形式とその空間という物語の本質的な問題に議論を寄せながら『ポポル・ヴフ』編成の過程を描写する。語りが口伝えから書き物へ、そして活字の空間へと移行し、それに伴って語り手、書き手、聞き手／読み手の関係性にも変化が生じた。語り手と書き手の分離が起こり、読み手が物語と接続する地点と書き手とのあいだには大きな距離ができた。本論ではこうした語りのあり方を念頭に置くことによって、次のような問いを立ててみたい。そもそも修道士ヒメネスはなんのために(だれに向けて)この物語群を書き記したのか。ブラシュールの活字版はヒメネスの手書き写本からなにを削ぎ落とし、なにを加えたのか。レシーノス版は翻訳にどんな作用を期待したのか。次節以降、これらの主要な版を読み物として捉えたうえで相互に照らし合わせながら、語りの変容について論じていく。また、日本における解釈の一事例として『ポポル・ヴフ』の最初の日本語訳と考えられる神話学者松村武雄の『神話伝説体系　第十五巻』（一九二八）を取り上げる。特に注釈のないかぎり、英語、スペイン語資料の日本語への翻訳は筆者によるものとする。

二　写本と活字——限定された語りの空間

写本『三言語の術』の構成

『三言語の術』は、全三巻からなる文書『諸言語の宝……』*Tesoro de las Lenguas Cakchiquel, Quiché, y Tzutuhil, que son muy simbolas* の第二巻だと考えられている。構成は、文法についての記述が一頁表から九二頁裏まであり（合計一七八頁、一一から一五頁まで振り間違いがある)、続いて「現地人を十分に統治するために司祭が知るべきすべてのこと」(九四頁表から一一一頁表)、それから「インディオのカテキズム」(一一一頁裏から一一九頁裏)とある。ここで一から頁が振り直される。そして「これは、この地キチェの古い歴史の始まりだ」という一文から始まって五六頁裏まで綴られるのが、『ポポル・ヴフ』と総称されるようになる物語群だ。中央で縦に一本線が引かれて二段組に分かれており、一段目がキチェ語、二段目にはスペイン語訳が付されている。この後さらに頁が振り直され、「インディオの起源の歴史についての注釈」が一頁表から六頁裏まで続く。

一段目のキチェ語の転写に関しては、ヒメネスが言語特有の修辞的特徴を捉えた記述を残した点で専門家のあいだでも評価が高い。他方、スペイン語訳はブラシュールによって逐語的で簡略的、なおかつ意味の取り違いすらあると指摘されている(Recinos: 1947, 84)。ヒメネスがカトリック教義の枠組みの中で物語の世界観を解釈していることは事実で、その意味でブラシュールの批判するヒメネスの「偏見」を拭うことはできない。レシーノスもヒメネスのスペイン語が逐語訳であることを否定せず、忠実性を追求するあまりに訳文に無理な構文を用いていて文意がときに不可解になっていると述べる(Recinos: 1947, 83)。具体例を挙げながらレシーノスは、キチェ語の比喩的表現が訳文では損なわれてしまっている場合について指摘する。ヒメネスのスペイン語訳は概して「修辞性に欠ける」ものだと捉えられうる(Chinchilla: 1993, xxv)。

ただし、ブラシュールがこのヒメネスの逐語訳はインディオ社会の世界観や歴史についての彼の知識不足に起因するとしたのに対して、レシーノスはヒメネスにはインディオ社会やその言語について深い知識があったと反論している(Recinos: 1947, 84)。ヒメネスのスペイン語訳の逐語性はむしろ、言語研究を念頭に置いたものであり、キチェ語で表現された様々な表現技法への理解を促すための策だったのではないだろうか(Chinchilla: 1993, xxv)。

一つ明らかなのは、ヒメネスがこの物語群を書き写したのはこれが読み物として享受する(される)ことを想定していたからではないことだ。むしろ、インディオの言語を記録すること、そして教区内の同僚や弟子に言語学的知識を伝達することを目的としていたと推測できる。スペイン語訳の逐語性に加えて、文法に関わる記述が一緒に製本されていることから考えても、これらの物語群は文法と記述の参照例とみなされていたのではないか。[3] ヒメネス自身、これが言語へのアプローチとして役立てられることを念頭に書き写したことを示唆している。同時に、「異端の道にいることを知らない者」の悔い改める導きとなるよう意図されていたことも窺える（Ximénez:n.d., prologo）。

手稿から活字へ

印刷技術が発展する以前、写本はあくまで話し言葉のサブテクストに過ぎなかった。ヨーロッパで活版印刷が発明されるのは十五世紀半ばのことだが、少なくともドン・キホーテの時代（十七世紀初期）も——おそらくそれ以降しばらくのあいだも——テクストを読み上げる音読文化は広くヨーロッパ社会において健在だった（Frenk: 2005, 40-47）。手稿はつまり音の社会と共存する書き物だったと言える。では、活字文化への移行によって言葉の在り方にどんな変化が生じたのだろうか。

ヒメネスの写本の存在が世に知られるようになったのは、神父でアメリカ研究者でもあったブラシュール・ドゥ・ブールブールに因るところが大きい。ブラシュールに先して同じく研究者のオーストリア人カール・シェルツァーが『三言語の術』の物語群をスペイン語訳のまま一八五七年に印刷、出版している。ただし、前述のようにヒメネスによるこのスペイン語が簡訳で内容も省略されていたことに加えて、出版された版にもかなりの誤植があった（Recinos: 1947, 83）。これに対して、レシーノスによるとブラシュールのフランス語版には確かに誤訳が見受けられるものの「フランス語特有の優雅さと正確性をもってしてキチェの素朴で古き思想を解釈する」労苦が認められる（Recinos: 1947, 86）。

フランス語訳を検討する知見もなく、なおかつそれを目的としていない本論にとって、ブラシュールの翻訳を批評する余地はない。それよりも本題に沿ってブラシュール版で注目したいのは、その表題である。ブラシュールは自らフランス語訳し出版する版に『ポポル・ヴフ　古代アメリカの聖なる書と神話』*Popol Vuh. Le livre sacré et les mythes de l'antiquité américaine* と題した。一八六一年パリにおいて刊行されたブラシュール版は、物語群が『ポポル・ヴフ』の呼称で認知されるようになった発端である。"Popo Vu" という言葉はヒメネスの本文にあり、ブラシュールはここから引用して表題にしたと考えられるが、この言葉が一冊の出版物としてまとめられた物語群の呼称となった。

ブラシュール翻訳版刊行を皮切りに、数多くの西欧言語翻訳版が出版された。スコットランドの神話学者ルイス・スペンスの英語簡訳版は一九〇八年に刊行されている。四節に後述する松村武雄は同研究者の一九一三年の著書を参照して『ポポル・ヴフ』を解釈した。一九一三年にはドイツ語版が刊行された。以降も間を置かずに西欧言語の翻訳版が出るが、その多くがブラシュール版を踏襲する翻訳であり（Recinos: 947, 87-90）、なおかつその表題には Popol Vuh と付されている。

手書きから活字へ、その変化の過程で言葉のあり方にどんな変化が生じたのか。特筆すべきは、言葉が物質化し、なおかつ商品として流通生産の過程に組み込まれたことだ。ヴァルター・ベンヤミンの『複製技術時代の芸術作品』（1936）における議論を介せば、印刷技術のもたらした複製物の再生産と流通が文芸に対していかに大きな変化を課したかを、その一端であれ想像することができる。記述の形式と内容、そして言語そのものまでを変容し、それと同時に、複製技術の発展は書く行為と読む行為そのものの在り方も変えた。コピーは流通に乗り、その価値はある意味オリジナルの支配を脱した形で付与された（Benjamin: 1936, 43）。

手書きで文章を綴る過程では、文字はその書かれた瞬間に表れ、表記されることで意味を持つ言葉が形作られる。けれど活版の過程において文字は活字としてすでに物質化されており、その組み合わせ（形成）は言葉として意味を成すのに先行する。そして組版を通して言葉は物理的に限定された空間に留め置かれ、ある原則に従って並べられる。つまり、本来音の世界にあった言葉は活字として視覚空間の中に固定されるのだ。音読のためのあくまでサブテクストに過ぎなかった文書（手稿）は、独立した形で書き言葉としてそのフォームを整えていく。この意味で、活版印刷は記述の技術を介して言葉を視覚化するのみならず、言葉をモノ化したと言える（Ong: 1982［1987］, 190）。そして表題こそこの事実を物語る最たる例だ。「それは本というモノと化した言葉の集まりに貼られたラベルなのだ」（Ong: 1982［1987］, 200）。

ブラシュール版のもう一つの特徴は、ヒメネスの写本にはなかった章立てを加えたこと、そして注釈を多用したことにある。けれど、この特徴をより正確に、かつより詳細に持つのがレシーノス版だと言える。レシーノスは一九四七年に『ポポル・ヴフ　キチェ族の古代伝承』*Popol Vuh. Las antiguas historias del quiché* と題してスペイン語版をグアテマラで刊行する。この版はヒメネスのキチェ語からの翻訳である。翻訳にあたってレシーノスは「現代の読者にとって好ましい響きを持った」ものとすることよりもむしろ、原文のもつ文体を修辞的表現も含めて維持し、「翻訳の忠実性」に務めたと記している（Recinos: 1947, 44）。それは一つに、先行するブラシュールのフランス語版には重要な部分の省略や見逃せない相違があり、この版が「不完全」に思えたからだ。また、既刊のアントニオ・ヴィジャコルタとフラヴィオ・ロダスによるスペイン語版（1927）で用いられた、スペイン語の音に合わせてキチェ語の語句を綴る方法を見直し、ヒメネスの綴り字をそのまま採用し、同時代の他の文書との相対性を重視している。このことからもわかるように、レシーノスは、先行する諸版を参照しつつもその修正を図り、より正確な描写を示すことで文献研究に貢献しようとした。

スペイン語訳するにあたって現代的読み物としてのあり方に重きを置かなかったとレシーノスは述べているが、この版はその空間構成においてもれなく今体だと言える。ブラシュールの章分けにさらに分割を加え、レシーノスは物語群を大きな四つの部から成るものとした。大枠の物語展開に区切って言えば、第一部は、神々による大地の創造、人間創造の試行、そして英雄譚が本格的に始まる前振り（全九章）、第二部が英雄譚（全十四章）、第三部は人間創造と民族の夜明け（全十章）、そして第四部が民族の移動と離散（全十二章）となっている。目次も付されている。

章立ては、文章に形式立った秩序を与える。章立てを含めたリスト化は、ビジュアル空間に言葉を埋め込むシステムの中で、空間の有効活用を可能にする。目次、章立て、索引、注釈あるいは参照文献など、これらは言葉に番号を振り、言葉を分割する。この秩序立てられた配置は、印刷術の発展に伴って普及した。手書き文書でも索引を立てるなどの方法がとられている場合もあるが、それはごく稀だった（Ong: 1982［1987］, 197-200）。リスト化によって形式は整備され、記号化された簡約的な内容表記が行われるようになった。言い換えれば、リスト化は言葉の空間を制御するシステムとして機能した。

その結果、限定的で規律的な空間の中で必然的にもたらされたのが、言葉の質的変化だ。配置された記述は固定されたまま複製され続けることが可能になった。この技術によって次第に、記述の内容にはより注意が払われるようになり（観察）、より正確な描写が求められるようになった（正しさ）。この観察と正確性は近代科学を象徴する特徴だ。この特徴が翻訳を含めた同時期の文芸活動に無関係であるとは考えられない（Ong: 1982［1987］, 203）。

この意味においてレシーノス版で注目すべきもう一つの特徴が、膨大な量の注釈だ。本文に歴史や言語について補足を加えたり、より専門的で学術的な解釈を添えたりしてこれらを知識として読者に共有する役割を果たしている。補足を加えるという意味では、本文に先行するレシーノスによる「解説」も重要だろう。そこでは六つのテーマが設けられ、「ポポル・ヴフ」の成り立ちを詳細な情報をもとに明らかにし、この物語群の位置づけを行おうとしている。

以上、これらの事実を踏まえると、一方でレシーノスはヒメネスの「翻訳者」としての姿勢を受け継いでいたように考えうる。ヒメネスがキチェ語を逐語訳したのはキチェ語についての「入念な報告者」であろうとしたからだった（Chinchilla: 1993, xxvi）。それは、レシーノスが忠実な翻訳を心掛けたことと重なる部分がある。けれども他方で、その目的と方法は大きく異なっていた。両者ともにキチェ語文化を他者として見なしてはいたものの、レシーノスがキリスト教信仰の浸透を目的としたのに対して、ヒメネスは科学的に客観的な立場の翻訳者になろうとした。

三　口承からテクストへ——ナラティヴの変容

不動の語りと浮動する語り

ここまで活字文化において、文章構成などの形式的な枠組みに生じた変化を概観した。その変化はナラティヴには波及していないのだろうか。口承から活字へ語りの空間が移行したことは語りにどんな変容をもたらしたのか、これについて実質的に比較検証することは難しい。しかしだからと言って、語りの実践される空間を想像し、密度を持って描写することで、ナラティヴの在り方や物語とわたしたちの関係性について論ずることは無駄ではないはずだ。本節では、既存の物語論に依拠しながら、語り手の役割を焦点に、物語を取り巻く空間について論じる。

語り手とは、口承の場面で言えば、実際の声を通して聞き手に物語を伝える人物だ。記述においては、書き手が用意した物語の進行役と言える。この意味で語り手は書き手と混同されるべきでない。記述における語り手は登場人物と同様に、あくまで「紙面上の存在」だ（Barthes: 1966［1979］, 33）。その語りは物語の内での行為であり、書き手の言語表現によって語り手という存在は形成される。ゆえに記述のナラティヴは、人格的（書き手）／非人格的（語り手）な二重の行為によって成立すると言える（Barthes: 1966［1979］）。

テクスト上での語りは不動だ。不特定多数の読み手を想定した（想像の読者に向けた）語りには、緻密な描写が求められる。活字上の語り手は物語が理解されうるための情報《コード》を厳格に示していく必要がある。この意味で、横暴さを憚らずに言えば、その役割は物語の内容を知らせる「インフォーマント（情報提供者）」と捉えることができる。紙面上の活字の語りは、一語一句漏らさず、書き手の描写したありのままの物語の姿を読み手に伝える。

他方、口承で語られる物語はこの不動性とは無縁だ。むしろ、口承の語りはそれ自体が語り手の理解の範疇にあり、それによって多少なりとも形式も内容も変容しうるという浮動性を有している。ベンヤミンは、語りの芸術性とは、厳格性から解放されたなかで物語を構成しうる点にこそあると述べている（Benjamin: 1936［2009］）。この場合、語り手は情報の正確性に重きを置かない。むしろ、情報とは物語る技術と本来相入れぬ関係にあるものだ。時と場合によって、語りの様相は変わる。語り手の裁量に言葉の選択が委ねられるからだ。そして口承の空間では、「発話の時間」と「感知の時間」は少なからず重なり合う（Todorov: 1966［1979］。これらの時間性については後述する）。言い換えるならば、語り手の経験は聞き手の経験となり、聞き手の経験によって語り手は語り手となる。口から口へと経験を伝えあい、交換しあうということこそが語りの空間の源にある。

『ポポル・ヴフ』は、本来口語りされていた物語群だと考えられているものの、わたしたちが現に触れることができるのはもはや書き物となった姿だ。手稿に限って言えば、先述のように口承文化においてサブテクストの役割を果たしていたし、活字ほど洗練された体裁を擁していない。この意味で、手稿は口承の特徴を残していると考えられなくもない。実際、ヒメネスのキチェ語の写しを参照して『ポポル・ヴフ』の読解を試みたクラヴェリによれば、写本の段落分けは現代の読み物に見られるような話題に拠る区分けとは一致しないという（Craveri: 2012, 135-142）。ときに物語の展開を妨げるような段落の使い方がなされているのだ。つまり段落は、話題の移行や転換を示唆するのではなく、ナラティヴのまとまりをそれぞれに結びつけることに重きを置いていると考えうる。この意味で、クラヴェリは、先述した章立てのように物語全体を区切ってしまうことで、「内容の分散と細分化」が起こってしまうと指摘する（Craveri: 2012, 177）。それによって筋や展開などの大枠にとらわれてしまい、ナラティヴの構造的なまとまりを見出すことが難しくなっている。

さらに『ポポル・ヴフ』の語りのもう一つの特徴として、クラヴェリを含む多くの研究者のあいだで共通して指摘されるのは、語り手の声が多角的な地点から発せられているという点だ。この特徴からそれは動的で多義的なものだと考えられる（Craveri: 2012）。このことは、語りが多元的な時空間から発せられているという意味においてよりよく理解できる。例えば、物語群に含まれる英雄譚で、語りは物語の展開する時系列に沿ってはいない。英雄譚は双子の兄弟とその父と叔父の二世代にわたるものであるが、ときに時間的な跳躍が行われるのだ。象徴的な例は、子の世代にあたる双子の兄弟にまつわる物語が一つ、父・叔父の登場に先行して語られることだ。そして英雄譚自体、神による人間創造がその完成を見ないうちに始まってしまう。つまり、人間創造の試行錯誤の最中に、双子の英雄譚は語られはじめ、兄弟が月と太陽となってその終わりを迎えると、人間創造の語りが再び始められる。物語の時間は交錯し、語りには循環的な構成が見られる。

語りの空間

語りの不動性と浮動性の差異は、転じて受取手と語り手の関係性においても質的な相違をもたらす。たしかに、基本的に語りは、その形態が口承であれ記述であれ、語り手と受取手という両者の存在があってはじめて成立する。この語り手と受取手のあいだでは相互的な交換が行われる。語りが発話者から一方向的に受け手へ発信され、受け手はそれを受動的に受け入れるという構図はあまりにも安易だ。バルトの、テクスト解釈は読み手一人一人に委ねられるとする「作者の死」という言葉からも明らかなように、テクストはそれ自体が語りの場であり、それは読み手が主体となって読解される（Barthes: 1968［1979］）。また、バフチンの言葉を引用するなら、発話は概してそれ自体が言語コミュニケーションという連鎖の一つのリングなのであって、先行する連鎖から切り離されることなく、発話への応答とともに対話的な響きを生み出すことで連鎖は繋がっていく（Bajtin: 1982［1979］）。そして受取手は応答するという意味において能動的にその連鎖に参加しているのだ。受取手の存在は、口承であれ記述であれ、語りの空間が成立するための前提条件である。

しかしながら、受取手が語りに触れる時間性に関しては口承と記述双方の形態に差異がある。この意味において両形態における語りの空間は質的に異なる。口語りの聞き手は語り手のそばで空間を共有するが、テクストの読み手はひとり黙々と紙面と向き合う。活字技術は読書空間にスピードと沈黙をもたらした。読書空間において、語り手と読み手のあいだには一定の距離が置かれ、だからこそ語りに対する読み手による解釈の余地が大きくなる。ベンヤミンが「生の意味」と呼ぶ、活字の中にのみ存在する物語の生の中で、読み手はその世界との境界を超えることなく想像世界へと誘われる（Benjamin: 1936［2009］, 315-316）。

さらに重要なのは、語りの機能とは、特に紙面上においてはもはや、単に言葉を「伝達する」だけに留まらないということだ。発話の行為はそれ自体が「顕示する」機能を持ち、その意味で語りは言説的となる（Barthes: 1966［1979］）。物語の展開と出来事は、語り手を通して発せられることによって聞き手／読み手へと提示される。聞き手／読み手は、発話を感知することによってはじめて語りに触れる。他方で語り手／書き手は、発話する以前から語りを構成するための独自の時間を有する。ツヴェタン・トドロフは、この時間的差異を語り手の有する「発話の時間」と聞き手／読み手による「感知の時間」として区別する（Todorov: 1966［1979］, 177）。

四　近代日本における解釈

「翻訳の時間」

この発話と感知の時間性を認識することが本論にとって非常に重要なのは、それを踏まえることで「翻訳の時間」についてより有効な議論を展開することができるからだ。翻訳者とは、その始まりにおいて読み手として物語に触れながらも、同時に、翻訳に携わる時点から原書とは異なる言語表現とともに物語を再編する役割を担う、ある一定の責任と義務を負う行為者《エージェント》だ。たしかに、どんな読み手も主体的に解釈を行う。各々に解釈は委ねられている。他方、翻訳者の仕事は主観的な解釈にとどまらない。翻訳の実践では、物語内容を異なる言語で再構築するために語句の解体と分節化を繰り返す。この実践において、翻訳者はオリジナルとの重なりを維持するよう努めながら、同時に目標文化へ、その言語環境に属する特有の想像の読者に向けて物語を再現する。

社会学者ジョージ・スタイナーは、解釈とは、ある言葉が発せられたり書き記されたりした瞬間と場所を超えた先で言葉に生を与えるものだと言う（Steiner: 1975）。翻訳者は過去に書かれた言葉を解釈し、それらを変換しながら現在における翻訳を提示する。つまり、翻訳の行為もまた特定の時間性を有している。翻訳はおのおの、訳者の位置によって個人的文脈にも歴史的文脈にも時間的な条件を持つのだ。どんな言語行為も例外なく、口頭でも記述でも、読書も翻訳も、特定の時間性を有している。この事実は、同じ原書を参照しながらも翻訳に多様な形態が見られることを理解するための一つの大きな指針となる。ましてや、『ポポル・ヴフ』のような何世紀もの長い期間存在してきた物語は、その多様な解釈を概観すれば特有の歴史的時間を導き出すことができる。

本節では、『ポポル・ヴフ』の日本語への解釈をひとつ取り上げながら、「翻訳の時間」について考察する。参照するのは、松村武雄の『神話伝説体系　第十五巻』（一九二八、近代社）だ。[4] この松村版は、『ポポル・ヴフ』物語群を完全な形ではないもののはじめて日本に紹介したと考えられる。松村は神話学者で、民俗学的な視点を交えながらヨーロッパを主として多地域の神話を比較研究した。一九二八年刊行の本書は、西欧諸国でブラシュール版にはじまり『ポポル・ヴフ』の物語についての研究や翻訳が次々と発表されるなかで、それらを参照しながら試みられた。松村は参照資料をいくつか挙げているが、そのなかでも物語群の解釈に際して主要資料としたのはスコットランドの同じく神話学者ルイス・スペンス著『メキシコとペルーの神話』*The Myths Of Mexico And Peru*（1913）だと考えられる。ただし松村が行ったのは、資料に日本語訳を当てるといった「翻訳」とは異なる。むしろ翻案と呼べるもので、物語に様々な改変を行なっている。日本で完訳が翻訳の基本となるのは戦後のことで、それ以前は模索の時代だった。この意味で松村の解釈を時代の風潮と一蹴してしまうこともできるだろうが、その改変には興味深い点がいくつもあり、現在の『ポポル・ヴフ』解釈と比較することで神話の編成と翻訳の関係、また翻訳行為者としての日本近代神話学者の姿を考察できると考える。

次項以降、松村版について物語の構造と叙述の二つの相に観点を寄せて考察する。筆者の知識ではヒメネスのキチェ語版を参照することはできないが、参考資料としてキチェ語からの翻訳を試みた以下の諸版をあたった。レシーノス版（1947）、クラヴェリ版（Craveri: 2013）、サム・コロプ版（Sam Colop: 2008）のスペイン語訳と、クリステンソン版（Christenson: 2007）の英語訳である。頁の制約上、ここでの考察は松村版に限定するが、林屋永吉によるレシーノス版の完訳や同年代に刊行された他二つの版を比較検証することも示唆的な議論を呼ぶはずだ。[5]

物語構造における循環性の喪失

『神話伝説体系　第十五巻』は、世界各地の神話伝説を編纂した全十八巻のうち、「メキシコ（ナワトルとマヤ）、ペルー（インカ）、カド、ブラジル」の神話伝説を集めた一巻で、解説を付し、総ページは七四〇に及ぶ。そのうち約百ページをマヤの神話伝説および神々の紹介に割き、『ポポル・ヴフ』の物語群はうち六十ページほどだ。松村は、「マヤ族の文化」と題した解説で『ポポル・ヴフ』について「この書物に含まれている物語は、強く「古代」の香を放っている。純粋に土民的な筋と調子とで満ち満ちている」として、「我が國の『古事記』『日本書紀』に當」ると評している（松村：一九三四、一七五）。

先に触れた通り、『ポポル・ヴフ』は英雄譚を含む。二世代にわたる物語は、時間の跳躍を交えながら多次元的な時間性を有している。松村版でまず特徴的なのは、本来のこの時間の流れが組み直されていることだ。英雄譚の前後に限った出来事は本来、以下の順序で展開する。

①二世代目双子の兄弟、フナフプ Junajpu とイシュバランケ Xb'alanke による、ウクブ・カキシュ Wukub' Kaqix とその息子たちの成敗
②地下の世界シバルバ Xib'alb'a における、一世代目フン・フナフプ Jun Junajpu とウクブ・フナフプ Wuqub' Junajpu の挑戦と敗退
③イシュキック Xkik' の受胎とフナフプとイシュバランケの誕生

④地下の世界シバルバへの、二世代目フナフプとイシュバランケによる再挑戦と勝利
⑤フナフプとイシュバランケの太陽と月への変生

スペンス版もこの順序にならっている。他方、松村版では独自に編成しなおされ、②から始まって①は⑤の後へ送られている（②→③→④→⑤→①）。このように物語を並べ直すことによって生じる最大の変化は、出来事が時系列で起こるようになることだ。つまり一世代目の冒険から英雄譚は幕を開け、二世代目の活躍へと展開していく。多次元な時間の観点からではなく、一方向的な時間の流れに再構築されていると言える。

松村の再構築が成立するためには、ひとつ大きな問題があったはずだ。それは、④の場面で勝利を遂げたあと、⑤で月と太陽へと変生したはずの二世代目双子の兄弟が、①においてふたたび英雄として登場し、ウクブ・カキシュに対峙するという矛盾である。この矛盾は、実は、二世代の英雄の役割が交換されることによって解消されている。松村版で太陽と月に変生したのは二世代目ではなく、一世代目のフン・フナフプとウクブ・フナフプなのだ。役割が交換されることで出来事に繋がりが生まれている。

> フン・アプとエックスバランクェとは、かうして思ひのままに返報《しかえし》をすますと、冥府《よみち》の首領《かしら》たちに殺されたフンフン・アプとヴクブ・フナプとの體を暗い死の世界から運び出して、天界に持って行って、太陽と月とになした。
> （松村：一九三四、二三四）

示唆的なのは、英雄の交替が松村の仕業なのではなく、すでにスペンス版に見られることだ。ルイス・スペンスは変生の場面を、シバルバの闇の世界に落ちた一代目の冒険者たちフン・フナフプとウクブ・フナフプの魂が空へと昇り、太陽と月になった、と記している（Spence: 1913, 227）。役割の交替という変容がいつどこで生じたのかはわからない。

松村武雄『神話伝説体系　第十五巻』(1934)		
	タイトル	ページ
	マヤ族の文化	167
	マヤ族の神々	176
	マヤ族の神話傳説	210
1	萬物創造	210
1	人間創造	213
1	火の起源	214
1	太陽の出現	215
2	冥府からの挑戦	219
2	人猿の起源	224
2	雙生兒の冥府攻め	227
3	巨魔と贋醫者	236
3	ジバクナ退治	242
3	カブラカン退治	247
	卵から生まれた侏儒	253

Lewis Spence, *Myths of Mexico and Peru* (1913)		
	タイトル	ページ
	The Maya Race and Mythology	143
1	The Creation - Story	209-210
3	Vukub-Cakix, the Great Macaw	210-213
3	The Earth-Giants	213-215
3	The Undoing of Zipacna	215-216
3	The Discomfiture of Cabrakan	216-220
2	A challenge from Hades	220-221
2	The Princess Xquiq	222
2	The Birth of Hun Apu and Xbalanque	222-223
2	The Divine Children	223
2	The Magic Tools	223
2	The Second Challenge	224-225
2	The Tricksters Tricked	225-226
2	The Houses of the Ordeals	226-228
1	The Third Book	229-230
1	The Granting of Fire	230-231
1	The Kiche Babel	231
1	The Last Days of the First Men	231-232
1	Death of the First Men	232
	The legend of the Dwarf	192-194
	The Reality of Myth	228
	The Xibalbans	229
	American Migrations	233-235
	Antiquity of the "Popol Vuh"	236

表❶

けれどもこの変容があったからこそ、松村の再編が可能になったことは確かだ。物語のあるモチーフが翻訳や解釈によって変容し、その変容がさらに新たな変容を呼んだひとつの例だと言える。

松村がクロノジカルな時間性を持ち込んだのは英雄譚だけではない。物語群全体の時間性が大きく再構成されている。英雄譚は本来、神々による人間創造のさなかに組み込まれている。泥と木をそれぞれ原材料にした二度の人間創造の試みが失敗に終わり（木の人形は猿の起源となる）、とうもろこしを用いた三度目の試みが始まるが、英雄譚は最初の二度の失敗と三度目の成功のあいだにある。松村版は、このあいだから英雄譚を引き剥がし、最初の二度と三度目を連結させている。松村版をスペンス版と比較すると【表❶】のようになる。松村がスペンス版の完訳を意図していたとは考えられないし両者の文体の性質も大きく異なるため、一概に比較はできないが、構成だけを照らし合わせてみれば松村が再編のため大きく手を加えていることがわかる。

語りの近代化

スペンス版の文体は、物語群を語るというよりも読解するような説明口調で、研究書の体をとる。ページ数も『ポポル・ヴフ』の物語群を扱う箇所は全三六七ページ中二十五ページと少なく、叙述は簡略的だ。語りの筋を追いながら随時本文に説明を加えている。そして特徴的なのは、物語群について説く際に、主体Weを用いてキチェ族Kicheと比較しようとしているところで、これはいくつかの箇所に表れている。Weが指すのは、スペンスとその読み手（英語話者）だ。他にもギリシャ神話の神々タイタンTitanやダンテの『神曲』に表される世界観Dante's Hell、聖書の世界観を引き合いに出している。西欧世界はスペンスにとって神話学の基本の枠組みであり、非西欧の神話を理解するための指標だったと言える。この指標が活用されたのには、資料の不足や方法論の未成熟など要因は数あるだろうが、他方でそれは、スペンスや他の西欧の神話学者がかの時代に他者の物語を収集し、なおかつ自文化中心的思考の下に解釈を与えうる位置にいたことの表れでもある。

スペンスの文体とは一線を画すように、松村版の語り口は物語を語るそれだ。ただし必要箇所には脚注が付されて専門的な説明が加えられている。語り口は諸版と比較してみても大きく異なる。特異な仕様で出来事が連結され、それが展開の楔となっている。その特異性とは、登場人物の容姿や特徴が語り手の感覚的な言語によって表され、なおかつ登場人物もそれぞれ内に抱える感情や考えを表明していることだ。つまり、人物の声と内面性についての表現が多出し、それが出来事の進行に関わっている。語り手の役割と登場人物の声をいくつか本文から引用しながらこれらの特徴を明らかにしてみよう。ここでは一事例として英雄譚の中のウクブ・カキシュWukub' Kaqixとその息子たちとの対決（前節に記した①の出来事）を挙げる。

松村版でこのエピソードは「巨魔と贋醫者」と題され、以下のように始まる。

——昔、大洪水がまだすっかり大地から退いてしまはぬ頃に、ヴクブ・カキックス（Vukub-Cakix…Seven-times-the-colour-of-fire の義）といふ怪物が住んでゐた。體中が黄金と白銀に輝いてゐるし、歯といふ歯は盡く緑玉石から出来てゐた。（松村：一九三四、二三六）

ウクブ・カキシュは、逐語では「七（Wukub'）のコンゴウインコ（Kaqix）」となる。ウクブは総数や規模の程度を表すというより固有名詞にしばしば付されるもので、ウクブ・フナフプが同様の例と言える。ウクブ・カキシュはある神格を表していると考えられ、まだ太陽も月もなかった世界において、翼を持ち宝石が体中で輝きを放っているゆえ、自分こそは太陽であり月だと思い込んだ者だ。

興味深いのは、引用文にあるように松村版の語り手はこのウクブ・カキシュを「怪物」として紹介している点だ。タイトルにある「巨魔」もウクブ・カキシュを指す。スペンス版には「七倍の火の色 Seventimes-the-colour-of-fire——大コンゴウインコのキチェ語名 the Kiche name for the great macaw」とあり、「歴史の始まる前の時代における太陽と月の神」と紹介されている（Spence: 1913, 210-211）。両版を比較してわかるのは、一つに、スペンス版には「怪物」や「巨魔」と表現するような語はないこと（別箇所でタイタンのようだと喩えられている）、そしてもう一つは、逆に松村版ではこの人物の最大の特徴であるコンゴウインコの神格性に関する明確な表現がないことだ。「怪物」や「巨魔」はより抽象性の高い表現だ。よってその形象は読み手の想像力に大きく委ねられることになる。

ウクブ・カキシュは体から放たれる光を自賛する。スペンスはその姿を「尊大 orgulous」で「気位の高い full of pride」と描写している。他の諸版でも共通してウクブ・カキシュの自尊心についての表現はある。他方、松村版ではこれに加えて、攻撃性の高さについての描写が目立つ。松村版でウクブ・カキシュは「今に見ろ、神々なんど厄介な奴等は、片っ端から叩き潰してやる」と叫んだり（松村：一九三四、二三六）、育てていたナンセの実を双子の英雄にすっかり食われてしまって怒り狂って大声を出したりする（松村：一九三四二三七）。

ウクブ・カキシュと双子の英雄がはじめて合い見えるこのナンセの木の場面だが、本来、双子はナンセの実を食べるのではなく、ウクブ・カキシュがこの実を食料にしているのを知っていたので木を待ち伏せの場所にするのだ。ウクブ・カキシュがやってきて木に登り始めるとフナフプが吹筒を放ち、矢が顎に当たったウクブ・カキシュは木から落ちる。そこで双子がウクブ・カキシュに近寄り捕まえようとしたところ、ウクブ・カキシュはフナフプの腕をもぎ取り、それを持って家へと戻る。この場面が松村版では、まず双子の英雄が実を食べてしまい、それにウクブ・カキシュが腹を立てることから物語が展開していく。ウクブ・カキシュの怒鳴りを聞いたことでフナフプは矢を相手に向ける。そして「火のやうに怒り出した怪物」は相手の腕をもぎ取る。そして「傷の痛さに呻きながら」家に戻る（松村：一九三四、二三七―二三八）。

つまり、松村版では、ウクブ・カキシュも含めた登場人物の台詞が多用され、それに加えてその心情が語り手によって表現されている。そしてこれらの内面描写が出来事の因果に関わっている。ウクブ・カキシュはフナフプの腕を奪って家に持ち帰った後も、妻のチマルマット Chimalmat に不平と泣き言をもらす。英雄の双子はウクブ・カキシュから腕を取り返しに行く算段のために話し合う。これらの描写はスペンス版にも他の諸版にもない。ただ本来、出来事は淡々と展開していくはずなのだ。スペンスの簡略的な文章の隙間を埋めるように、松村版は心情を描いた。この意味で、松村版の語りには近代小説的な要素が認められる。小説が物語と大きく対照的なのは、内面の心情や心理的作用が描写されて出来事の展開に関わったり、果ては語りの主要な素材になったりする点だ[6]。したがって松村版にわたしたちは、口承を源にすると考えられる物語群が当時の神話学者の解釈によって近代的技法の備わる語りに変容した様子を捉えることができる。

五　おわりに

最後に、表題『ポポル・ヴフ』*Popol Vuh* について追記しておきたい。Vuh のVは、ヒメネスの時代においてWの音を表すために用いられたものであった。その表記がブラシュールによってそのまま踏襲され、音韻自体が変化して「ヴー」もしくは「ヴフ」と呼ばれるようになった。現代の専門家のあいだではこれを見直し、『ポポル・ウフ』*Popol Wuj* と改める動きもある。グアテマラの言語学者かつ作家でキチェ語話者のサム・コロプや、同じくグアテマラの言語学者アドリアン・チャベスは各々の版にこの表記を採用している。

本論があえて『ポポル・ヴフ』*Popol Vuh* と記したのは、近代におけるその編成過程を再考するという本論の目的を強調するためである。ドミニコ会士ヒメネスの書き写した物語群が『ポポル・ヴフ』*PoPol Vuh* と呼称され、神話として解釈され、一冊の本へとまとめられるに至った歴史的文脈を考慮するとき、わたしたちの知る物語の姿は"V"という文字で表記された *PoPol Vuh* でしかない。ヒメネス以前の物語のあり方をわたしたちは想像することしかできないのだ。そして、（Wの）音が（Vの）文字にその位置を奪われるという事実も、この物語群の辿った歴史を表しているように思う。

表題のみならず現代の解釈では、文体にも変化が見られる。レシーノス版を含めて多くは散文体であるが、近年刊行された先のサム・コロプ版（2008）やクラヴェリ版（2013）はキチェ語の音の連なりを重要視し、韻文のスペイン語訳を付している。『ポポル・ヴフ』*PoPol Vuh* は今も変容し続けているのだ。

注

[1] 本論は、修士論文"Formación y transformación en la narrativa del *Popol Vuh*: las publicaciones y las prácticas de traducción al japonés, 1928-1971"(Universidad autónoma de Chiapas, 2019) の一部を基に加筆修正したものである。

[2] ヒメネスは、この物語群の翻訳を二つの異なる文書に記している。二度目はより簡約的な翻訳で、後年に記した『サン・ヴィセンテ・デ・チアパとグアテマラ地方の歴史』*Historia de la provincia de San Vicente de Chiapa y Guatemala* に収められている。ヒメネスの手稿は残っておらず、ファン・ガヴァレテ Juan Gavarrete による写しが現存するのみだ（Recinos：1947, 83-84）。

[3] ただし、製本がヒメネスの手によるものとは断定できない(Chinchilla：1993, ix)。大抵の手書き文書や初期の活字文書には、「incipit」（文章の始まりを表すラテン語の文言）か、あるいはテクストの始まりの一節が表紙にタイトルとして記されている（Ong：1982

[1987], 200)。『三言語の術』でも他の項目にはこうした文言付きの表紙がある。他方、「これは、この地キチェの古い歴史の始まりだ」の一言から続く文書には表紙がない。

［4］本論では一九三四年の誠文堂刊行版を参照した。

［5］拙論 "Formación y transformación en la narrativa del *Popol Vuh*; las publicaciones y las prácticas de traducción al japonés, 1928-1971" を参照のこと。

［6］オングによれば、心理や心情の描写は活字の発展した世界における発明である。記述と読書がより静かでプライベートな空間になったことによって、内面の複雑性や心理作用が表現されるようになった。ミステリーというジャンルが発展したのもここに起因するところがある（Ong ： 1982［1987］, 233-39)。

主要参考文献

Bajtín, Mijaíl (Tatiana Bubnova trans.). *Estética de la creación verbal*. Siglo veintiuno editores, 1982 (1979).

Bartes, Roland. "Introduction à l' analyse structurale des récits" . *Communications*. 1966, N 8, pp. 1-27.（花輪光訳　「物語の構造分析序説」『物語の構造分析』、みすず書房、一九七九年、一—五四頁）

——. "La mort de l' auteur" . *Manteia*. 1968, V, pp. 12-17.（花輪光訳　「作者の死」『物語の構造分析』、みすず書房、一九七九年、七九—九〇頁）

Benjamin, Walter. *Das Kunstwerk im Zeitalter seiner technischen Reproduzierbarkeit*. 1935-1936.（浅井健二郎編訳、「複製技術時代の芸術作品」『ベンヤミン・コレクション1　近代の意味』、筑摩書房、一九九五年、五八三—六四二頁）

——. *Der Erzähler, Betrachtungen zum Werk Nikolai Lesskows*. 1936.（浅井健二郎編訳「物語作者」『ベンヤミン・コレクション2　エッセイの思想』、筑摩書房、一九九六年、二八三—三三四頁）

Chinchilla, Rosa Helena. "Introducción" . Francisco Ximénez. n.d.. *Arte de las tres lenguas kaqchiquel, k'iche' y tz'utujil. [Mcs Newberry Library, Chicago Illinois]*. Academia de Geografía e Historia de Guatemala (Biblioteca Goathemala, volumen XXXI), 1993, ix-xxxii.

Christenson, Allen J trans.. *Popol Vuh Sacred Book of the Quiché Maya People*. Norman: University of Oklahoma Press, 2007.

Craveri, Michela. *El lenguaje del mito*. UNAM, 2012.

—— trans. *Popol Vuh. Herramientas para una lectura crítica del texto k'iche'*. UNAM, 2013.

Frenk, Margit. *Entre la voz y el silencio. La lectura en tiempos de Cervantes*. 2005, FCE.

松村武雄編『神話伝説大系 第十五巻』（誠文堂、一九三四年）

Ong, Walter. *Orality and Literacy*. Routledge, 1982. (Angélica Scherp trans.. *Oralidad y escritura. Tecnología de la palabra*. FCE, 2016.)

Recinos, Adrián trans. *Popol Vuh. Las antiguas historias del quiché*. 1947[2016], FCE.

Sam Colop, Luis Enrique trans. *Popol Wuj*, Cholsamaj, 2008.

Spence, Lewis. *The Myths Of Mexico And Peru*. Thomas Y. Crowell Company, 1913.

—— trans. *The Popol Vuh. The Mythic and Heroic Sages of the Kiches of Central America*. The Book Tree, 1908.

Steiner, George. *After Babel. Aspects of Language and Translation*. Oxford University Press, 1975.

Todorov, Tzvetan. “Les catégories du récit littéraire” . *Communications*. 1966, N 8, pp. 125-151. (Beatriz Dorriots, trans.. “La categorías del relato literario” Berthes, Roland, Greimas, A. J., Bremond, Claude, Gritti, Jules, Christian Metz, Todrov, Tzvetan, Genette, Gérard. *Análisis estructural del relato*, Editorial tiempo contemporáneo. Editorial Tiempo Contemporáneo, 1979, pp. 155-192.)

Ximénez, Francisco. *Empiezan las historias del origen de los indíos de esta provincia de gvatemala. n.d.*. (Retrieved August 30, 2021, Ohio State University: https://library.osu.edu/projects/popolwuj.)

第16章

夜を生きるパンサーの子ら
――映画『ブラックパンサー』における「神話」と「黒人の生《ブラック・ライヴズ》」

◆清川 祥恵

けれどぼくは、光をうばわれたように黒い。――ウィリアム・ブレイク[1]

一　序

二〇〇八年三月、のちにアメリカ合衆国史上初の「黒人」大統領となるバラク・オバマは、憲法前文中の表現「より完璧な団結（a more perfect union）」を掲げて、人種《レイス》の分断解消を訴える演説を行なった。つねに「充分に黒人（black enough）」ではないという視線にさらされてきた彼は、[2]このとき自分の結婚相手が「アメリカ黒人（black American）」で「奴隷と奴隷主の血を引いて」いることを、自身の来歴とあわせて「私たちがふたりの愛しい娘たちに引き継ぐ系譜（inheritance）」[3]として示すことで、奴隷の時代からつづく格差や苦しみの知識を共有することを宣言した。これによりオバマは、「アメリカ黒人」の内部の分断に架橋し、[4]奴隷主と奴隷の宥和の証といえる配偶者とともに、過去の記憶を子の世代に引き継いでゆく、新たな「黒人」の象徴を打ちたてたように思われた。

しかしそれから一〇年も経たないうちに、代わってドナルド・トランプが大統領の座に就き、このように複数の来し方が調和した存在へと一歩前進した「黒人」像が、再び単色に塗り込められてしまう危機が訪れる。[5]かつて二〇世紀初頭にW・E・B・デュボイスが提唱した「アメリカ人であり、ニグロである」という「二重意識（doubleconsciousness)」[6]でさえ、時代がくだる毎に複雑化する「黒人性《ブラックネス》」を精確に言い表すことができなくなっているのに、[7]依然として付与されつづける、構築的概念としての「黒人」のレッテルが、現実の「黒人たちの生《ブラック・ライヴズ》」と齟齬を生んでいるのは明らかであった。

そうした中で二〇一八年に公開され、瞬く間に記録的な興行収入を達成したのが、初めての「黒人」スーパーヒーロー映画、[8]ライアン・クーグラー監督の『ブラックパンサー』(*Black Panther*)である。オバマからブラックパンサーへ――大統領とスーパーヒーローを並べて語ることは、二〇〇一年九月一一日の同時多発テロ事件を契機とし、決して牽強付会な試みではなくなっている。[9]本章では、この映画におけるヒーロー像を通して、今日「ブラック・ライヴズ・マター(Black Lives Matter)」[10]という運動の激浪として表面化しているアイデンティティの葛藤を浮き彫りにするとともに、マーベル映画がエンターテインメントとして強い影響力を持つがゆえに、そこで語られる「神話」がいかなる社会やヴィジョンを提示/反映しているのかを考えてみたい。

ここで言う「神話」とは、単に神を語る物語ではなく、そのなかで文化や歴史、自然現象を伝承しうる物語――〈ミュトス〉のことである。[11]なお、「黒人」、「黒人性《ブラックネス》」という概念自体にかんしては膨大な研究の蓄積があり、それを起点とした議論にも無限と言っても良い拡がりがあるが、本章ではあくまで作品中に見られる言説としての「黒人性」の実相と、それが今後果たす役割の解明を主題とし、「神話《ミュトス》」の語りの可能性を探ることに専心する。これ以降、煩雑さを避けるため、「黒人」、「黒人性」、「神話」はカギ括弧を外して表記するが、右のような含意で用いていることを了解されたい。

二　ブラックパンサーの誕生

キャラクターとしてのブラックパンサーの初登場は約半世紀前、コミック誌『ファンタスティック・フォー』五二号（一九六六年七月、図❶）へのゲスト参加であった。コミック版の描写について詳述はしないが、映画版との比較のために概要を確認しておくと、後にメインキャラクターとして連載が始まったときも「ターザンもの」を扱う『ジャングル・アクション』の第五号（一九七三年七月、図❷）への掲載であったことから、当初は舞台としてのアフリカの「未開」性が読者の共通認識として想定され、ある種の「高貴な野蛮人（noble savage）」表象として描かれていたことが推察できる。[12] ただし、この初登場時からすでに、ブラックパンサー率いるワカンダ国自体は高度なテクノロジーを有し、黒人が長らくプリミティヴな存在として白人の劣位に置かれていた従来の構図を反転するように、白人の悪役クロウ（映画版にも登場する）が、敗走シーンで類人猿に似た表情で描かれているのが興味深い（図❸）。

　創造のきっかけ自体は、それまで白人のみだったヒーローに黒人を加えようというポリティカル・コレクトネスの動きという見方もあるが、[13] ブラックパンサーの生みの親であるジャック・カービィとスタン・リー（ともに白人）は、初登場のエピソード掲載後に送られてきた好意的な読者投稿への返信として、「肌の色や信じている神、生まれた場所じゃなく、その人の資質や性格で、同じ人間（fellow human beings）を判断しようっていうのが、学ぶべき最大の教訓」

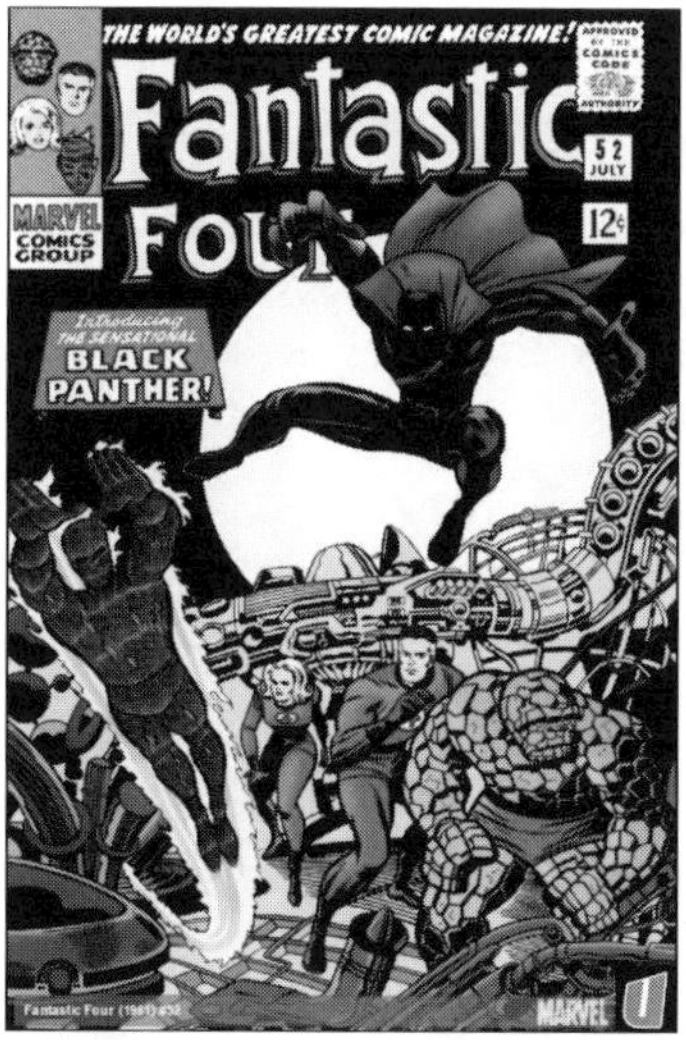

図❶『ファンタスティック・フォー』第52号。光源を背にしたシルエットがブラックパンサー。

図❷『ジャングル・アクション』第5号。

図❸『ファンタスティック・フォー』第53号、11頁の一コマ。

と答えており（『ファンタスティック・フォー』五六号、一九六六年一一月）、仮に建前に過ぎないとしても、こうした言論空間がコミックブックという媒体において醸成されていること自体が、ひとつの成果と見ることができるだろう。

また、「ブラックパンサー」というと、ブラック・パワー運動の一環としてボビィ・シールらによって創設された同名の黒人解放組織があるものの、そちらの結成の方がわずかに遅く、直接的な影響関係はない[14]。ただ、それぞれがパンサーをシンボルに選んだことには、ある程度共通の志向が認められる。シールはこの動物について、強さと孤高さ、窮地での爆発力を有していることを特徴と見なしている（Jefferson in Morrow and Kirby: 2004, 215）。コミックのヒーローは、透明になることができる相手との戦闘時、視覚に頼らずともパンサー由来の優れた聴覚・嗅覚で対応できる特色が描かれている。両者とも、単にパワーの強大さだけでなく、不撓不屈さを象徴することを意識したものといえる[15]。

一九六〇年代は、こうした公民権運動やエンパワーメントの動きと並行して、アフリカ諸国の独立が相次ぐ激動の時代であり、「アフリカ」とは何かという問いが大きく意識された時代でもあった。コミックのブラックパンサーも汎アフリカ主義あるいはアフリカ中心主義[16]を反映している（Leogrande in Darowski ed.: 2020）。映画版ではこうした六〇年代のアフリカ像や黒人性の表現がどう変化しているのか、三つの神話に焦点を当て、次節以降見てゆくこととする。

三　「起源」の神話――「アフリカ」の表象

斉一に語る共通の記憶を持たないなか、黒人として生きる、あるいは生きざるを得ない人々は、どのような神話を語り継ぐのだろうか。映画『ブラックパンサー』は、父《ババ》[17]と呼ばれる人物が「故郷の物語」を「息子」に伝え、それに合わせて黒い砂が伝承内容を象ってゆく映像から始まる。[18]この「起源神話」の内容は以下のようなものである。

はるか昔、宇宙で最も強い物質であるヴィブラニウム（vibranium）の隕石がアフリカ大陸に衝突し、その土地の植生を変化させた。人間の時代が来て、五つの部族がそこに定住し、同地は「ワカンダ」（Wakanda）と呼ばれるようになった。ワカンダの諸部族は、つねに戦いに明け暮れていたが、あるときパンサーの女神バスト（Bast）からあるシャーマンの戦士（a warrior shaman）がヴィジョンを受け取り、戦士は「ハート型ハーブ」という、超人的な力・スピード・直感を与える植物にたどり着いた。そしてこの戦士は王となり、最初の「ブラックパンサー」、ワカンダの守護者となった。

部族社会などの要素は、アフリカ史の説明の中でよく耳にするものである。[19]「バスト」は古代エジプト神話の主要神であり、[20]この神話体系とそれに基づく文明は先に触れた汎アフリカ主義やアフリカ中心主義において大きな役割を果たしている。たとえば一九五四年に発表されたジョージ・ジェイムズの論考『盗まれた遺産』（*Stolen Legacy*）は、西洋でギリシア・ローマ神話が国家・文明の起源として絶対視されていることに対抗しようと、エジプト人こそがむしろ古代ギリシアの哲学を生んだとの主張を展開し、「アフロフューチャリズム（Afrofuturism）」[21]を表現した初期の人物として近年再注目されているサン・ラー――古代エジプト神話のモティーフを巧みに組み合わせて「アフリカ」を再想像した表現者――に影響を与えている（Zamalin: 2019, 96-109）。逆に、ヨーロッパと地理的に近い古代エジプト文明は「黒い」文明なのかという議論も交わされてきており（Moses: 1998, 4）、必ずしも十全にエジプト文明にアフリカを代表させせることができるとは言いがたい。

本作品の描写に限って見てみれば、伝統的にバストは太陽神ラーの娘として紹介される存在であるのに、ブラックパンサーの登場シーンで最も特徴的に描かれるのはその「夜行性」であり、太陽信仰のシンボルとはむしろ対極的である。バストの神としての属性はあまり大きな意味を持っておらず、むしろ、この夜行性のモティーフこそ、映画全編を通じて重要な役割を帯びている。終盤の重要な戦いでも、まだ明るい時間帯に行なわれるにもかかわらず、パンサーの力を持つふたりは坑内へと場所をうつし、闇の中での一対一の決闘で決着をつけるなど、太陽神の系譜に連なりつつも、一貫して暗闇のなかで戦う存在としての使命を背負っている。起源神話の語りの背後で、現在のアフリカ像は、古代文明のそれとは異なるイメージで示されているのである。

実は、先述した冒頭の「故郷の物語」のシークェンスでも、隕石衝突前と、今日に至るまでの物語が語られた後の二度にわたり、引きの画面で地球の姿が映し出されるタイミングがあるが、いずれもカメラが捉えている面の大半には日光が当たっておらず、アフリカは「夜」である。また、わずかに日光が当たる場面でも、一般的な衛星写真の色彩とは異なり、大地は暗い色で表現されている。これは西欧諸国にとっての「暗黒大陸（Dark Continent）アフリカ[22]」を思い起こさせるが、単にワカンダという超先進的国家を秘匿する未知なる大陸を演出するために提示されているといってよいのだろうか。ここで一旦、闇の中で戦うブラックパンサーへの「変身」が持つ意味に注目することで、この「夜」の表象について考える手がかりとしたい。

四　「変身」の神話——祖先との合流？

パンサーへの変身にさいしては、ハーブを口にし、砂に埋められ、夢幻の中で祖先との対話をすることこそが重要な儀礼行為となっている。本作でこの儀礼の場面が描かれるパンサーはふたりである。

ふたりのパンサー

主人公ティチャラ（T'Challa）は、父——先代王でブラックパンサーでもあったティチャカ（T'Chaka）——の死後、部族間の決闘に勝利し、晴れてブラックパンサーとなる。まずは父の仇であるユリシーズ・クロウという白人武器商人と対峙することになるが、この男は中盤、エリック・キルモンガー（Erik Killmonger）なるアフリカ系アメリカ人に殺害されてしまう。「キルモンガー」は姓ではなく別名（殺人 kill ＋商人 monger）で、クロウとエリックは、ともに死の商人のイメージを紡ぎ出している。[23] このエリックこそ、祖国を裏切り結果的にティチャカによって誅されたウンジョブ（N'Jobu、先代王の弟）の遺児で、ティチャラに対する恨みを募らせていたのであった。映画では、クロウはプロットの半ばで退場し、ストーリーは以後、エリックが王座を簒奪し、それを取り戻そうとするティチャラとの戦いに収斂してゆく。

エリックは、ンジャダカ（N'Jadaka）という出生名を持つワカンダ人でありながら、故郷から隔絶され、「ブラック・ディアスポラ（black diaspora）」[24] の苦しみの渦中にある人物である。エリックが自らの「正体」をワカンダの王族・部族長たちに明かす場面では、彼はヴィブラニウムを使った軍隊で世界を征服し、「二〇億の離散した黒人を解放する」と宣言しており、現在、アメリカでアイデンティティのゆらぎに苦しむ黒人たちを——手段は暴力的だが——積極的に救済しようとする。歴とした王家の血筋であり、玉座を奪うにあたってはティチャラとの決闘の儀式に勝利するという正当な手順を踏むにもかかわらず、多くが彼に対して懐疑的であり、現実のアメリカ黒人とアフリカの複雑な関係性が示唆されている。

ただし、このエリックは、コミック版ではクロウの魔の手を逃れてニューヨークのハーレムにたどり着いたという設定だったが（Feldman: 2018）、映画ではアメリカでの故郷といえる町がオークランドに変更されている。またクロウとの関係も主従めいた関係ではなく、相互の利益のための協働関係である。その意味では、実はこのふたりのパンサーの対照は、アフリカ人たるティチャラと旧来的なアフリカ系アメリカ人たるエリック、という構図にとどまらず、もはや奴隷ではないにもかかわらず依然として祖先と分断されている黒人、という現代的問題を同時に描こうとしている意図を読み取ることができる。[25]

祖先界での対話

ハーブは、服用者を「祖先界（the Ancestral Plane）」に導き、祖先と対話させる。ティチャラの祖先界は、広大な草原——いわゆる「アフリカ」の象徴的風景としてのサバンナで、空には極光が輝いている。ティチャラはのちにもう一度この場所を訪れることになるが、初回の時点から傍らの木の枝に数頭の黒豹が憩っており、その一頭が父の姿を取って対話が始まることから、過去の複数の祖先たちとの強い結びつきが表現されている。服用者のパンサーへの「変身」は、このように祖先と「合流」することなのである。

ところが、エリックの対話は、オークランドにある狭小なアパートの一室で発生する。ここで命を落とした父ウンジョブが彼を迎えるとき、その背後には、窓から射し込む紫色の光が見える。しかしこの光は、父子のふたりを捉えたショットにおいては、大半がエリックの頭部によって遮られてしまう（図❹）。また、窓には縦型のブラインドが取り付けられており、あたかも格子のように二人を閉じ込めている。垣間見える限りでは時間は夜で、父子は祖先とのつながりからぽつねんと隔絶された状態である。父子の間で、力に付随する責務についての対等な「対話」は行なわれず、「もっとも美しい風景であるワカンダの夕暮れを息子に見せたい」という父の願いがただわびしく残されるのみである。現実にもどったエリックは、祖先界への鍵となるハーブをすべて焼き尽くしてしまう。

図❹ ハーブを介した父子の再会。エリック（左）の頭部で外の光が遮られている。

両者の対比は、ティチャラの二度目の儀式でさらに強調される（図❺）。このとき、一

図❺　ティチャラの二回目の祖先界訪問。複数の祖先と、黒豹の姿も見える。

度目の時点では黒豹の姿のままであった祖先たちも人の姿をとる。ティチャラは、自身の父ティチャカがエリックの父ウンジョブを殺してしまったことを諫め、先人の志を受け継ぎ、同時に過去の過ちを正していく。翻ってエリックは、以後も誤った方法で力を行使してしまうという意味で、父の過ちを反復することになる。

五　「故郷」の神話――夢想のジレンマ

まがりなりにも王族の血筋であるはずのエリックは、ワカンダの土を踏んでなお、故郷とのつながりを想像することができず、自分のあとにつづく系譜すら拒んでハーブを焼滅せしめた。こうした故郷との隔絶と、それをめぐる苦悩は、黒人文学、とりわけ第一次世界大戦後のハーレム・ルネサンス文学においてはきわめて一般的なものである。たとえばカウンティ・カレン（Countee Cullen）は一九二五年の詩「ヘリテージ（Heritage）」[26]の冒頭で、麗しい自然と高潔な人々の様子を想像し、アフリカを称える。

私にとってアフリカとは何か（What is Africa to me）。それは銅色の太陽や緋色の海、
ジャングルの星、ジャングルの小道、
壮健な、日焼けした男たち、あるいは威厳をまとった黒い
女たち――私はその獅子たちから生まれたのだ。
いつ、エデンの鳥たちは歌ったのか？
三世紀もの間 閉め出されてきた――

父祖が愛した光景である、
スパイスの草叢、シナモンの木立から。
私にとってアフリカとは何か？
〔後略〕

(Johnson: 1922, 221)

エデンやスパイスへの言及は、聖書の記述（たとえば雅歌四章一四節）とアフリカの姿を重ね合わせるもので、故郷の姿に対して期待をともなっている。しかしながら、一行目こそ疑問符なしの「私にとってのアフリカ」として牧歌的に歌われた楽園への懐疑は、詩人にとって拭いきれないものである。引用部分の末尾は中盤でもう一度リフレインされ、この楽園は決して、「これが私にとってのアフリカだ（This is Africa to me）」と確信を持って宣言されることはない。詩人は自分の「アフリカ」を求めつづけるのだが、最後にはエデンは消え失せて、日夜ただ、みずからの熱をさますことだけしかできない無力感だけが残される。同じ詩の「アフリカ？　人がめくる本さ――／物憂げに、眠りが訪れるまで。（Africa? A book one thumbs / Listlessly, till slumber comes.）」という表現（Johnson, 222）は、記録のなかのアフリカを具体化できないもどかしさをありありと感じさせる。

シェリル・A・ウォールは、この詩につづけて、ラングストン・ヒューズ（Langston Hughes）の「アフロ・アメリカンの断篇（Afro-American Fragment）」（一九三〇年）を引いて、この詩の語り手が想像力の限界を自覚していることを指摘している（Wall: 2016）。ヒューズがカレンより踏み込んでいるのは、記憶が「歴史書が作り出したもの（those that history books create）」あるいは「血の中に押しとどめられ／血の中から悲しい詞で、聞き知らぬ、ニグロのものではない言葉で歌われる歌（songs beat back in blood― / Beat out of blood with words sad-sung / In strange un-Nigro tongue―）」以外には現存しないと歌っている点である。本来神話は、自らのアイデンティティを補強するための語りであるものにもかかわらず、黒人はそこにきざまれた記憶を、自らの言葉で、自らのものとして取りもどすことができない。[27]

公民権運動を経て一九七〇年、ダドリー・ランダル（Dudley Randall）の「祖先（Ancestors）」は、それでもなんとか未来に向けて、物語ではなく記憶を承接しようとするが、やはりその虚構性への疑義が詩人と過去を隔てている。

なぜ我らの祖先は
王公ばかりなのか？
平民ではないのか？
昔の国は民主主義であったのか――
そこではすべての人が王だった？
それとも奴隷捕獲人は貴族だけを攫ったのか。
農夫や
人夫
掃除夫
ゴミ収集人
皿洗い
コック
使用人は
あとに残して？
私自身の先祖は
（調査で明らかになったのだが）
豚飼いで

豚の面倒を見ていた――
王家の豚舎で。
そして泥の中で眠った
飼い豚にまじって。
だがわたしは彼を誇りに思う――
過ぎ去った栄光の
幻の中に夢想した
あらゆる王公を誇るように

(Randall: 2009, 184)

ここで列挙される奴隷捕獲人が無視した人々のリストは、子孫たちが喪った多様な生とその記憶のリストである。[28]子孫たちは祖先を知らず、その生を自らの関わりとのなかで想像することができないからである。「調査(research)」だけが、彼の祖先の正体を知る手がかりとなる。黒人たちが紡ぎつづける「アフリカとは何か」という連禱《れんとう》は、どこに向かうのか。物語のなかにすら残らなかった人々をどのように記憶し、継承するのか。これらのアポリアに対し、ティチャラとエリックの対比を通して映画はひとつの解を提示する。

六　二一世紀の神話における黒人性《ブラックネス》

先に見たように、本作では生粋のアフリカ人であるティチャラと、ブラック・ディアスポラのなかでアイデンティティを引き裂かれたアフリカ系アメリカ人であるエリックの、故郷および祖先との関わりが対照的に描かれていた。これを、後者にたいする救いのなさ、植民地主義の暗部の再生産としてみることはひとつの重要な指摘ではある。しかしながら、本作に対して前向きな価値を見いだそうとするような評論も複数見受けられる。娯楽作品ではあっても、あらたな黒人性を提示する神話《ミュトス》としての本作品の意義について、これらを通していまいちど確認してみたい。

『タイム』誌の評論は「黒人の生についての映画を作ることは、それが重要であることを示すことでもある（Making movies about black lives is part of showing that they matter、以下傍線は引用者による）」と、ブラック・ライヴズ・マターを示唆する表現を用いて評価し、オバマ以後の、白人による排外主義運動にたいする抵抗手段のように感じられるとも述べている（Smith: 2018）。映画の結末でティチャラが、ワカンダが今まで秘匿していた知識や資源を外の世界と共有することを発表し、「賢者は橋を架け、愚者は壁を築く」と国際連合で演説するシーンは、まさにドナルド・トランプに対する露骨な皮肉にほかならない。

『ニューヨーク・タイムズ』紙の特集は、本作は、過去に偶発的に黒人俳優が活躍したヒーローものとは異なり、特に意図的に黒人性が満ちたものであると区別してみせた（Wallace: 2018）。『タイム』誌と同じく、ただ黒人であることが意味のすべてであった時代から、黒人のなかの多相性を描くことができる時代への渡河を期待するものだ。長年にわたり、黒人はメディアにおいて副次的な存在として描かれてきた。[29] しかし、オバマの登場によって、シンボルであると同時にリアルな存在として黒人性が「表舞台」に登壇した。本作は、再び『タイム』誌の評を引くならば、「人種とアイデンティティをめぐる複雑なテーマをはぐらかすのではなく、今日の黒人の生（modern-day black life）に影響する問題に真っ向から取り組んでいる」のである。

アフリカ系アメリカ人と祖先との断絶、つまり「過去」の継承不可能性についてはどうだろうか。アメリカの福音主義メディア『クリスティアニティ・トゥデイ』誌は、「キルモンガーは、観客から見て彼が犯罪者なのか、社会の過去の罪の必然の結果なのかわからないままの、きわめて興味深い敵役である。彼の暴力の計画は妨げられるが、提起した問題は消え去らずに残っている。アフリカの人々になされたことのレガシー（legacy）にどのように取り組めば良いのか？」と問いかける（McCaulley: 2018）。本映画はエリック・キルモンガーの死で終わるため、社会が「過去の罪」

と向き合っていないように見えるという指摘は正鵠を射たものだ。しかし果たして、犯罪者か過去の社会の罪の結果なのかという二項対立は、そもそも問いとして妥当なものなのだろうか。ティチャラが死闘の後にエリックを治療して命を救うことを提案したとき、エリックはワカンダの夕暮れを前にそれを拒絶し、船から飛び込んだ祖先とともに埋葬してくれるよう頼む。一見、「贖罪」のためであっても、奴隷のように鎖につながれるくらいなら死を選ぶ、というように、かつての祖先たちの悲劇を知ったうえで、誇り高い死を選択しているとも見えるのだが、エリックには「キルモンガー」として、ここでの死という選択を避けられない理由がある。ユリシーズ・クロウと同様に「死の商人」となった時点で、エリックは他者の犠牲を前提とする、かつての奴隷主（主に白人）や奴隷捕獲人——搾取側の性格を与えられてしまった。つまり、トートロジカルではあるが、キルモンガーは犯罪者であり、ンジャダカは過去のアフリカ人たちの悲劇の結果であるという、多様な相の表現こそが、二一世紀の黒人性《ブラックネス》の実相を語る、この映画の重立つ意義として浮かび上がってくるのである。

七　結論

ここまで論じてきたように、本作におけるアフリカ系アメリカ人とその祖先たちの関わりは、基本的にはハーレム・ルネサンス以来の黒人文学の流れを踏襲したものであった。そして、失われた過去に、「神話」を通して接触することを試みつつ、必ずしもそれがうまく行かないジレンマが、ブラックパンサーに変身するプロセスの対比によって効果的に示されている。最終的に、ふたりのパンサーたちはワカンダの夕暮れという光景——祖先の記憶であり、また循環する「いま」、日常の一場面でもある——を共有することで、結び合わされるのである。

ふたりが最後に共有するのはなぜ、夜明けではなく夕暮れの光景なのだろうか。本論序盤で述べたように、ブラックパンサーは、闇の中で戦うヒーローである。再びハーレム・ルネサンス期の詩をひけば、クロード・マッケイ（Claude

McKay）は、かつて「ああ、夜明けよ！　忌まわしい夜明けよ！　休ませてくれ！（O dawn! O dreaded dawn! O let me rest!）」と歌った（Johnson: 1922, 172）。この、奴隷たちにとって、朝は苦役のはじまりであり、夜のみが休息たりえたのではないかという視点は、ウィリアム・ブレイクの詩（図❻）においてのように、長きに亘って光を奪われた存在として表象され、肌の色を喪失の証であるかのように扱われてきた黒人の立場を我々に再考させる。[30] 黒人は、白人の対概念として、「闇」と「光」であれ、「黒檀《エボニー》」と「象牙《アイヴォリー》」であれ、あらゆる表現を駆使して引き比べられてきた。しかしこうした、白人を前提としなければならないという表象の蓄積こそが、黒人のあり方を影に囚われたものにしてきたのである。パンサーは、光を奪われたから夜に生きるのではない。絶望ではなく「日常」のひとときとしての夜という黒い生（black lives）を生き抜く、闇の中で混ざり合う多様な強靭さの象徴として、いまここに現前したのである。

注

［1］英国の詩人ウィリアム・ブレイク（William Blake）による一七八九年の『無垢の歌（*Song of Innocence*）』所収、「小さな黒人少年（The Little Black Boy）」（Blake: 2002, 49-50）。以下、断りのない限り引用の日本語訳は拙訳。

図❻　ウィリアム・ブレイクによる挿画入の彩色本『無垢と経験の歌（*Songs of Innocence and of Experience*）』より、「小さな黒人少年」（1825年頃、ニューヨーク・メトロポリタン美術館所蔵）。

［2］父は奴隷の子孫ではないケニアからの「黒人」留学生、母は「白人」で、生育環境も典型的な黒人社会ではない（Younge: 2008）。

［3］『ワシントンポスト』紙の全文書き起こしによる（CQ Transcripts Wire: 2008）。

［4］「オバマの「黒さ」に疑問を抱く人々が重要視しているのは、〔中略〕歴史性であり、あるいは「共有された民族的経験」（Rodriguez）であり、また別の文脈におけるアリソン・ホッブスの表現を借りれば、「記憶」なのである。」（福井：二〇一八、三二一頁）

［5］トランプの「人種」問題への無神経さを物語る事例

の詳細は、Block and Haynes: 2020 を参照。

［6］Du Bois: 1986, 364.

［7］オバマが黒人かどうかを論議の的にすることの限界を見いだし、「ポスト—黒人性（post-blackness）」の時代の到来を訴える向きがある（Touré and Dyson: 2011）。

［8］ハル・ベリーが『Xメン』（二〇〇〇年）でスーパーヒーローチームの一員を演じた例はある。

［9］当初二〇〇一年晩秋封切予定であったサム・ライミ監督の『スパイダーマン』（*Spider-Man*）は、九月一一日の同時多発テロ事件の発生により、予告編にも含まれていたツインタワーでのシーンの削除を余儀なくされた（Carter and Lyman: 2001）。爾来の急激な愛国的求心力の高まりを受け、ポスト九・一一のヒーロー映画は総じて、クリストファー・ノーラン監督版のバットマン三部作（二〇〇五、二〇〇八、二〇一二）に代表されるように、悪の打倒が必ずしも万事解決に至らないというヒーローの苦悩に向き合うものになっていった（遠藤：二〇一八）。

［10］この標語には、「黒人の生命も大切」のほか、さまざまな和訳のバリエーションがあるが、警官に殺害されたジョージ・フロイド氏の最期の言葉が「息ができない（I can't breathe）」であったと報じられているように、黒人であれば相手が丸腰であっても文字通り「息の根」をとめてよい、とされてきた不平等性こそを問題化するためのものである。構造的背景については酒井隆史、翻訳をめぐる諸問題については押野素子の論考に詳しい（いずれも『現代思想二〇二〇年一〇月臨時増刊号　特集＝ブラック・ライヴズ・マター』収録）。

［11］『オックスフォード英語辞典（*OED*）』は「概して、社会の初期の歴史や、宗教信仰・儀式、自然現象にかんする説明・原因論・正当化を具体化し、提供するものである伝統的な物語（traditional story）」とし、「Myth は学者によっては厳密に、アレゴリーやレジェンドと区別されるが、しばしばこれらと入れ替え可能なものとして使われる」と注記している。

［12］一九一〇年代末から六〇年代半ばまでの間に三九本の映画が制作された「ターザンもの」の流行とのつながりについては Webb in Darowski ed.: 2020. 同論考では、人間と獣のハイブリッドというモティーフについても、中世に遡る伝統として言及がある。なお、中世の動物寓話では、豹《パンサー》は満腹になると三日間眠り、また非常に甘やかな息を吐き、その声をきけばあらゆるところから他の動物が集まってきて付き従う。よって、イエス・キリストを指すものとされる（Bodleian Library and Barber: 1999, 30-31）。本作においては、自国民を従える王としての資質はこれに重なるものがある。

［13］遠藤：二〇一八、四八頁。

［14］同組織の結成は一九六六年一〇月。これを受け、一九七二年二月発行の『ファンタスティック・フォー』一一九号（下絵作家はジャック・カービィからジョン・ビューセマに交代）において、一度「ブラックレパード（Black Leopard）」への改名が試みられているが、結局はその考えは放棄された。この号では「アフリカ大陸の中で白人至上主義が残っている国」の空港での入国手続きカウンターが「ヨーロッパ人（Europeans）」、「有色人種（Coloreds）」に分かれていることに主人公一行が皮肉を投げかけており、当時の情勢

の直接的な反映がみえる。

［15］また、ブラックパンサー党をシールと共に創設したヒューイ・P・ニュートンは、この動物が専守防衛であることを特徴として挙げており、オカカ・ドコトゥムは映画版でワカンダも高度な兵器を侵略に使っていないという点で共通していると指摘している（Dokotum: 2020, 251-53）。

［16］一九一〇年代に、ブッカー・T・ワシントンの影響を受けたマーカス・ガーヴィが、奴隷制と植民地主義によって分断された黒人たちの連帯と誇りの表明を強く主張した例などが代表的なものである。

［17］baba は東アフリカやインド英語の表現で「父（father）」（"baba, n2." *Oxford Advanced Learner's Dictionary* 第一〇版）。なおここでの語り手は、明示されていないがエリックの父ウンジョブである。

［18］このシーンは試写後の追加シーンであることが明かされており（Mithaiwala: 2018）、フィクションの物語の説得性に「神話」の語りが有効に機能している証左といえる。劇中で神話を視覚効果を用いて表現する工夫は近年一般的で、ギリシア・ローマ神話の神々をモティーフとして利用している二〇一七年のＤＣコミックス映画『ワンダーウーマン』でも、ミケランジェロ風の絵画が動く絵本の読み聞かせを通して「神話」が語られる。

［19］実際、ワカンダとウガンダの類似を指摘する研究がある（Dokotum: 2020）。

［20］マーベルの公式サイトでの紹介も、「エジプトの九柱の神」の子どものひとり（https://www.marvel.com/characters/panther-god）。バステトの名でも知られる。

［21］マーク・デーリが一九九四年に提唱した概念で、イタシャ・L・ウォーマックが二〇一三年に改めて次のように整理している。「アフロフューチャリズムは、想像力、技術、未来、解放の交差点」であり、「文学や視覚芸術、音楽、あるいは草の根の組織活動を通じて、アフロフューチャリストは文化と今日と未来の黒人性の観念（notions of blackness for today and future）を再定義」し、「ＳＦ、歴史フィクション、思弁的なフィクション、ファンタシー、アフリカ中心主義、非西洋的信仰と魔術リアリズム、といった諸要素を組み合わせるものである」（Womack: 2013, 9）。

［22］ハリウッド映画における暗黒大陸イメージの変遷についての研究は Dokotum: 2020 を参照。同著では、このシーンにはふれていないものの、『ブラックパンサー』がアフリカの文化的多様性をきちんと描いているなどの功績を認めている（247-254）。

［23］「ユリシーズ（Ulysses）」はオデュッセウスのラテン語表記の英語読みで、苦難に満ちた帰還の長旅の主人公を容易に想起させる。コミック版では、祖先は一九世紀に南アフリカを建国した人物という設定。祖先の代からつづく仇敵関係がティチャラおよびエリックとの間に存在する（https://www.marvel.com/characters/klaw/in-comics）。

［24］ポール・ギルロイは一九九三年、近代におけるアフリカ、アメリカ、ヨーロッパ間の三角関係が、「ブラック・アトランティック（黒い大西洋）」世界を形成し、そのなかでの移動と離散《ディアスポラ》が黒人のアイデンティティや文化、政治に影響を及ぼしたと論じて、黒人研究に大きなインパクトを与えた。その図式化には異見もあるが（Zeleza: 2005）、「ディアスポラ」を軸とする黒人性の脱構築は今

日も必ずといって良いほど参照される重要な論点である。

［25］マーベルの公式サイトによる紹介（https://www.marvel.com/characters/erik-killmonger/on-screen）によれば、映画版でのエリックはマサチューセッツ工科大学大学院修了の「知的な」存在として描かれており、黒人が無知蒙昧であることを強いられた時代の、単なる白人による黒人差別が原因というロジックは完全に放棄されている。オークランドは、既述したブラックパンサー党の結成地でもあり、二〇〇九年に二二歳の黒人青年が白人警官に射殺された地でもある（Wallace: 2018）。

［26］本章でもそれぞれ個別の文脈で見られる legacy, heritage, inheritance は近しい意味内容の語であり、ディアスポラにあって人々がつよく希求する、「世代間の伝統・伝承（tradition）」を指す（"heritage." *Oxford Advanced Learner's Dictionary* 第一〇版）。

［27］実際に生まれた地ではない「故郷」を想像することは、黒人以外の移民やユダヤ人などのディアスポラにも当然生じうるのだが、巽孝之が、一九世紀中葉にアメリカ黒人が「白人的なキリスト教を黒人的な視点で本質的に読み替える作業」を行なっていたと指摘しているように（二〇一九、二四二頁）、「無知であること」を求められてきた黒人は長らく、自らが拠って立つ文化的・思想的伝統を文字で書かれた「神話」によって共有することができずにいた。なおアフリカ文化の伝統を継ぐものとして文字文化ではなくラグタイムやジャズ、ダンスなどの表象芸術が存在感を示し、文学（literature）よりもむしろ口承文芸（oral literature, orature / auriture = "auri" 聴覚 + literature 文芸）が重要とされることについては、無論、別角度の視点として考慮する必要がある。近年では、文学を口承文芸が進化したものと捉える向きを批判し、テクノロジー（たとえばインターネット）の発展によって口承文芸も充分に可視化され、発信力を有するものになっているとして、テクノロジーと口承文芸の交差地点《インターセクション》を「テクノーリチュア（techauriture）」と名付けて言説化する動きも現れている（Kaschula and Mostert: 2011）。

［28］この職業の列挙は、黒人が「人間であること」の証明を強いられることを批判したフレデリック・ダグラスの一八五二年の演説「奴隷にとって七月四日とは何か？」の一節を思い起こさせる（キング・マルコムX・モリスン他：二〇〇八、七〇頁）。

［29］ごく近年になるまでは一握りの黒人俳優だけが映画に主演することができた。近年は、こうした配役獲得機会の格差についてラミ・マレックやメナ・マスードらのエジプト系俳優が相次いで告白しており、「人種」やエスニシティをめぐる表象の問題は黒人以外でも注目を集める話題である。

［30］自由民であったのに欺かれて奴隷に身を落とした黒人男性の半生を描いた二〇一三年の映画『一二年間の奴隷 *12 Years a Slave*（原題）』は『それでも夜は明ける』という邦題で公開された。夜を絶望と結びつけ、そこからの脱出を払暁に喩えることは一般的ではあるが、これまで「ブラック・イズ・ビューティフル」のように表象概念の政治的価値転換がしばしば主張されてきたことに鑑みれば、一面的な見方であると言わざるをえない。

主要参考文献

荒このみ『アフリカン・アメリカンの文学――「私には夢がある」考』（平凡社、二〇〇〇年）

植朗子・南郷晃子・清川祥恵編『「神話」を近現代に問う』（勉誠出版、二〇一八年）
上杉忍『アメリカ黒人の歴史――奴隷貿易からオバマ大統領まで』（中公新書、二〇一三年）
遠藤徹『バットマンの死――ポスト9・11のアメリカ社会とスーパーヒーロー』（新評論、二〇一八年）
川島正樹編『アメリカニズムと「人種」』（名古屋大学出版会、二〇〇五年）
キング・マルコムX・モリスン他『アメリカの黒人演説集』荒このみ編訳（岩波文庫、二〇〇八年）
巽孝之『ニュー・アメリカニズム――米文学史の物語学』増補決定版（青土社、二〇一九年）
朴珣英「理想化されたアフリカ：映画『ブラックパンサー』に見るアフロフューチャリズムとステレオタイプ」（『金城学院大学論集 人文科学編』一六巻二号、二〇二〇年）七一―八一頁
福井崇史『外見の修辞学――一九世紀末アメリカ文学と人の「見た目」を巡る諸言説』（春風社、二〇一八年）
ラトナー＝ローゼンハーゲン、ジェニファー『アメリカを作った思想――五〇〇年の歴史』入江哲朗訳（ちくま学芸文庫、二〇二一年）
『現代思想』二〇二〇年一〇月臨時増刊号　総特集＝ブラック・ライヴズ・マター』、第四八巻第一三号（青土社、二〇二〇年九月）
Ackah, William B. *Pan-Africanism: Exploring the Contradictions: Politics, Identity and Development in Africa and the African Diaspora*, Taylor & Francis, 1999.
Blake, William. *Collected Poems*. Ed. W. B. Yeats. Taylor, 2002.
Block, Ray, and Christina S. Haynes. "Exploring the Oral Histories of African Americans Who Support Donald Trump." *President Trump's First Term*. Ed. Robert X. Browning. Purdue UP, 2020. 67-98.
Bodleian Library, and R. Barber. *Bestiary: Being an English Version of the Bodleian Library*. Boydell Press, 1999.
CQ Transcripts Wire. "Sen. Barack Obama Addresses Race at the Constitution Center in Philadelphia." *Washington Post*, Mar 18, 2008. <http://www.washingtonpost.com/wp-dyn/content/article/2008/03/18/AR2008031801081.html>.
Carter, Bill, and Rick Lyman. "AFTER THE ATTACKS: THE MEDIA; A Rush to Adjust Entertainment in the Light of some Real Events." *New York Times*, Sep 13, 2001. <https://www.nytimes.com/2001/09/13/us/after-attacks-media-rush-adjust-entertainment-light-some-real-events.html>.
Darowski, Joseph J., ed. *The Ages of the Black Panther: Essays on the King of Wakanda in Comic Books*. McFarland, 2020.
Dokotum, Opio. *Hollywood and Africa : Recycling the 'Dark Continent' Myth From 1908-2020*, NISC (Pty) Limited, 2020.
Du Bois, W. E. B. *Writings*. Ed. Nathan Huggins. Viking Press, 1986.
Feldman, Stieffi. "The Villains of Black Panther." *Marvel.com*, Feb 15, 2018. <https://www.marvel.com/articles/comics/the-villains-of-black-panther>.
Gray, Richard J., II, and Betty Kaklamanidou eds. *The 21st Century Superhero: Essays on Gender, Genre and Globalization in Film*. McFarland, 2011.
Johnson, James Weldon. *The Book of American Negro Poetry: Chosen and Edited with an Essay on the Negro's Creative Genius*. Harcourt, 1922.

Kaschula, Russell, and Andre Mostert. *From Oral Literature to Technauriture: What's in a Name?* World Oral Literature Project, 2011.
Magee, Jeffrey. "Ragtime and Early Jazz." *The Cambridge History of American Music*. Ed. David Nicholls. Cambridge UP, 1998. 388-417.
McCaulley, Esau. "What 'Black Panther' Means for Christians." *Christianity Today*, Feb 20, 2018. < https://www.christianitytoday.com/ct/2018/february-web-only/black-panther-black-church-mission-christians.html>
Mithaiwala, Mansoor. "Black Panther's Opening Scene Was Added After Test Screenings." *Screen Rant*, Feb 21, 2018. <https://screenrant.com/black-panther-opening-scene/>.
Morrow, J., and J. Kirby. *Collected Jack Kirby Collector Volume 1*. TwoMorrows, 2004.
Moses, Wilson Jeremiah. *Afrotopia: The Roots of African American Popular History*. Cambridge UP, 1998.
"myth, n.1." *OED Online*, Oxford UP, July 2021, www.oed.com/viewdictionaryentry/Entry/124670. Accessed 26 July 2021.
Orr, Tamra B. *The Harlem Renaissance*. Greenhaven, 2018.
Randall, Dudley. *Roses and Revolutions*: *The Selected Writings of Dudley Randall*. Wayne State UP, 2009.
Rodriguez, Gregory. "Is Obama the new 'black' ?" *Los Angeles Times*, Dec 17, 2006. <https://www.latimes.com/news/la-op-rodriguez17dec17-column.html>.
Sarr, Felwine, and Max Henninger. *Afrotopia*. Ed. Erste Auflage. Matthes & Seitz, 2019.
Smith, Jamil. "The Revolutionary Power of Black Panther." *Time*, Feb 8, 2018. < https://time.com/black-panther/>
Tassi, Paul. "Five Things You Probably Missed In 'Black Panther' ." *Forbes*, Feb 19, 2018. <https://www.forbes.com/sites/insertcoin/2018/02/19/five-things-you-probably-missed-in-black-panther/>.
Touré, and Michael Eric Dyson. *Who's Afraid of Post-Blackness?*. Atria Books, 2012.
Wall, Cheryl A. *The Harlem Renaissance: A very Short Introduction*. Oxford UP, 2016.
Wallace, Carvell. "Why 'Black Panther' is a Defining Moment for Black America." *New York Times*, Feb 12, 2018. < https://www.nytimes.com/2018/02/12/magazine/why-black-panther-is-a-defining-moment-for-black-america.html>
Womack, Ytasha L. *Afrofuturism: The World of Black Sci-Fi and Fantasy Culture*. Lawrence Hill Books, 2013.
Yonge, Gary. "Is Barack Obama 'black enough' ?" *Guardian*, Mar 1, 2007. <http://www.theguardian.com/world/2007/mar/01/usa.uselections2008>.
Zamalin, Alex. *Black Utopia: The History of an Idea from Black Nationalism to Afrofuturism*. Columbia UP, 2019.
Zeleza, Paul T. "Rewriting the African Diaspora: Beyond the Black Atlantic." *African Affairs* (London), vol. 104, no. 414, 2005, 35-68.
Black Panther. Dir. Ryan Coogler. Perf. Chadwick Boseman, Michael B. Jordan, and Lupita Nyong' o. Blu-ray. Walt Disney Japan, 2018.

付記

本研究は JSPS 科研費 JP18K00506, JP21K01322 の助成を受けたものである。

マーベルコミックスは Marvel.com 提供のサブスクリプションサービス *Marvel Unlimited* を利用し、ウェブサイトについてはすべて二〇二一年九月五日に閲覧した。

あとがき

本書は神戸神話・神話学研究会（https://shin3ken.wordpress.com/）の企画の一つであり、大きくは二つの契機から成っている。

二〇一八年四月、本書と同じ植朗子、南郷晃子、清川祥恵を編者として勉誠出版より『「神話」を近現代に問う』（アジア遊学二一七）を刊行した。「神話」を近代、そして現代におけるものとして読み直すという試みであった。この書における「神話」論は、特定の神話テキストのみに深く向き合うことを目的とするものではない。また「神話」が語られる原初を問うものでもない。時代のダイナミズムの中で、踏み潰され、形を変えて再生する、そのような「我々の物語」として、近代、そして現代の「神話」を問うという試みであった。『「神話」を近現代に問う』の執筆者の多くは、本書にも参加してくれている。

このときの執筆メンバーを中心に、神戸神話・神話学研究会、略して「神神神（Shin Shin Shin）」という研究グループが二〇一八年八月五日に組織された。今清川さんの作ってくれたウェブサイトをみると神神神の結成は確かに二〇一八年八月五日と書いているのだが、なぜその日なのだろう。なにか契機があったのだろうか。たった四年前のことなのに思い出せない。この四年の間は神神神にも個人的にもとても多くの出来事があった。

二〇一九年の神神神の一大イベントが、十一月九日に白鹿記念酒造博物館記念館で行われた国際シンポジウム「『マヤ文明』と『日本神話』――近代知が紡ぐ地の『記憶』」（文部科学省科学研究費補助金（基盤研究C）「近代以降の「神話」概念の包括的再検討とその社会的意義の解明」主催／神戸大学国際文化学研究推進センター共催）であった。スピーカーにメキシコ社会人類学高等研究院のホセ・ルイス・エスカロナ・ビクトリア氏と國學院大學の平藤喜久子氏、コメンテーターに鋤柄史子チアパス自治大学先住民研究所研究員（当時）を迎えて開催された。本書成立のもう一つの契機が、このシンポジウムである。

そもそもホセ・ルイス・エスカロナ・ビクトリア氏との出会いは、このシンポジウムから一年を遡る二〇一八年十一月三〇日に開かれたワークショップにある。JSPS拠点形成事業「日欧亜のコミュニティの再生を目指す移住・多文化・福祉政策の研究拠点形成」の一環として、神戸大学国際文化学研究推進センター（現・国際文化学研究推進インスティテュート）とチアパス自治大学（メキシコ）先住民文化研究所との共催イベント、IEI-Kobe International Workshop for Next Generation: Migration, Memory, Diversityがメキシコ・チアパス州で開かれた。同イベントに、神戸大学からは、小笠原博毅教授、栢木清吾研究員、そして清川祥恵、南郷晃子が登壇した。メキシコ側の参加者のうちにいたのが、当時チアパス自治大学に留学中であった鋤柄史子氏の指導教員ホセ・ルイス・エスカロナ・ビクトリア教授であった。先方の温かい歓迎を受け、参加者みながすっかりメキシコに魅入られてしまう素晴らしいイベントとなった。南郷はこのワークショップをきっかけに後日、神戸大学の男女共同参画室の「国際共同若手研究者養成プログラム」による派遣研究者として、翌二〇一九年一月末から四月の初めまで、チアパス自治大学で約二ヶ月の間過ごすことになった。

偶然の重なりにより過ごすことになったチアパス州は先住民文化の色濃く残る地域であった。過ごしたのはわずかな時間であったが、そこでは否応なしに、植民地主義の容赦ない暴力の痕跡を目にすることになった。そして、同時に目にしたのは、先住民文化の内に「西洋」が取り込まれていく様であった。それは非常にしたたかでポジティブなもののように見えたし、また黒いキリスト像は独自の美しさを放つものであった。しかしそのように「見る」私はどのような私であったのか。「シンクレティズム」なるものが、しばしば世界の暴力性とともにあるものであるということを思いながら、あらためて植民地主義の吹き荒れた近代、そして土地の収奪後における現代――「ポストコロニアル」という言葉で言い表されようか――の「神話」を読んでみたいと考えさせられた。

また「国際共同若手研究者養成プログラム」におけるメキシコでの私の受け入れ先となってくれたグラシア・インベルトン・デネケ教授との「異人」(Stranger)をめぐる対話や、彼女が連れて行ってくれた先で見た景観もまた根底にあったように思う。詳細は割愛するが、「異人」が派遣の研究テーマの一部になっていたのである。二〇一九年は、文化を収奪され収奪されたものを奪い返しそこで抱え込んだ異物ごと「我々」の物語に変えていくということについて、考えるでもなく考えており、神神神での活動と溶け合っていった。

帰国から半年後開かれたのが件の白鹿記念酒造博物館でのシンポジウムである。「マヤ文明」と「日本神話」という一見遠くにあるものをつなぎ合わせる企画は、メキシコにおける鋤柄史子氏との対話が影響している。三島由紀夫が「メキシコの古事記」として紹介した『ポポル・ヴフ』は近代の翻訳行為の中で「神話」になったのだという鋤柄さんの、また鋤柄さんから聞く、彼女の師ホセ・ルイス・エスカロナ・ビクトリア氏の話は、日本の神々を思い起こさせた。西洋近代知として輸入された「ミュトス」の翻訳語「神話」の登場で「日本神話」の一部となった神々である。

そして開かれたシンポジウムでは、ホセ・ルイス・エスカロナ・ビクトリア氏による「マヤ神話を仕立てる――一九世紀における新大陸文明の断片」、平藤喜久子氏による「植民地主義と日本神話」という二つの講演と、鋤柄史子氏のコメント――「整備」されていくものしての「神話」――が、清川さんの司会により見事に響き合い、これらが「地の物語」と学術知との葛藤を問う本書の企画につながっていくのである。

その後、二〇二〇年九月十日に、平藤喜久子編『ファシズムと聖なるもの／古代的なるもの』(九州大学出版会)のオンライン合評会での解説を、同書の執筆者のお一人である慶應義塾大学名誉教授の鈴木正崇氏にご依頼をしたところ、思わぬご快諾を得た。同書は神神神の問題意識と重なる点が多く、神神神にとって重要な一冊であったため、お願いをしたのであった。このときは横道誠氏が評者を引き受けて下った。鈴木氏の話のあまりの面白さに編者三名衝撃を受け、さらに勢いで本書にもご寄稿を依頼し、本書の執筆者陣に力強いメンバーが加わることになった。

さて『「神話」を近現代に問う』において、わたしたちが重視したのは「ネイションン」の枠組みに囚われないということであった。「ネイション」という枠を崩し、超える「我々」の物語としての「神話」の可能性、物語の力を読み込むことを目指した。本書においてもその姿勢を読み取っていただける部分があるのではないか。けれども出版後、それがともすると「神話」の怖さを軽んじることになりはしないか、という葛藤も、徐々に起こってきたのであった。というのは、それまで特に縁がなかった「神話研究者」として見られ、言葉をかけられるということを、編者三名がそれぞれ経験するようになったのである。そこには、無邪気な、そして恐ろしく感じるような「神話」への信頼が含まれることがあった。そしてときにその価値観を共有する「仲間」としての言葉返しを期待される。神話の可能性とともに暴力性にもさらに自覚的でなくてはいけなくなっている……。そのようなある日の会話から、ヴァルター・ベンヤミンを読んでみようということになった。

二〇二〇年一月十九日、読書会「ベンヤミンの神話・歴史概念の再検討」を開き、二〇二一年二月二〇日には宇和川雄関西学院大学准教授にお願いし、ご講演「ベンヤミンの神話論」を賜ることが叶った。『「神話」を近現代に問う』以上に、本書が「声なき者たちの声」を拾い上げながら「神話」について論じようとたどたどしくも努めたことが、少しでも伝われば、それはベンヤミンの神話と暴力について、非常に明快な講演を行なってくれた宇和川雄氏、またあまりに手探りだった最初の読書会に手助けに来てくれて多くのヒントを与えてくれた神戸大学国際文化学研究科の仲間であったベンヤミン研究者・岡本泰氏のおかげである。

しかし、このように振り返ると、あらためて「わちゃわちゃ」ぶりに我ながら呆れる思いがする。本書にご寄稿いただいた執筆者みなさまには、編者三名が言い出すあれやこれやに戸惑わせてしまうことも多かったことと思う。あらためて、国際シンポジウムをやり切り、二冊目まで漕ぎ着けたのは、私たちをバックアップしてくれた神神神フェロウズ（などと言ってみる）の本書寄稿者の力添えがいかに大きいかを痛感する。なかなか全員揃っての研究会はできていないが、その時々の対話やフェロウズのふとした言葉、それからもちろん、ご研究の数々が本書の枠組みを作り上げたことは言うまでもない。

また本書を含む神神神の活動は神戸大学国際文化学研究推進インスティテュートにおける活動に多くを負っている。本書の出版に際しては、斎藤英喜氏、横道誠氏、そして藤巻和宏氏に多大なご尽力をいただいた。またこの気難しい本の出版を引き受けてくださった文学通信編集長・岡田圭介氏、すぐに面倒なことを言い出す三人組に粘り強く付き合ってくださった同社編集者の渡辺哲史氏にも、心より感謝を申し上げます。

三月十九日現在、私はしばらく外に出ていない。しかし春風が吹き始めたのがわかる。ロシアのウクライナへの侵攻開始から早くも一ヶ月近くになろうとしている。新型コロナウィルス感染症は一向に鎮まる気配をみせない。このような春も、このような春であるからこそ「神話」は拡大し、変容し語り直されその物語が誰かを救い、他の誰かを殺しているだろう。

二〇二二年の神話〈ミュトス〉とは何だったのか、物語の喜びと希望とともに問うことができる、せめてそのような世界が近い未来にあらんことを。

南郷晃子

執筆者一覧

【編者】

清川 祥恵（きよかわ・さちえ）
南郷 晃子（なんごう・こうこ）
植 朗子（うえ・あきこ）

→奥付参照。

【執筆者】（※執筆順）

野谷 啓二（のたに・けいじ）
神戸大学名誉教授。専門は英文学、キリスト教文学。著訳書にマイケル・アレクサンダー『イギリス近代の中世主義』（白水社、二〇二〇年）、『オックスフォード運動と英文学』（開文社、二〇一八年）、『イギリスのカトリック文芸復興』（南窓社、二〇〇六年）。

上月 翔太（こうづき・しょうた）
愛媛大学教育・学生支援機構特任助教。専門は文芸学、高等教育論。著訳書に『大学教育と学生支援』（分担執筆、玉川大学出版部、二〇二一年）、『西洋古代の地震』（共訳、京都大学学術出版会、二〇二一年）など。

田口 武史（たぐち・たけふみ）
福岡大学人文学部教授。専門はドイツ文化、教育史、民衆文学。著書に「願わくは、この試みが広く世に認められんことを――18～19世紀転換期ドイツにおけるフォルク概念と北欧・アジア神話研究」（植朗子・南郷晃子・清川祥恵編『「神話」を近現代に問う』勉誠出版、二〇一八年）、「J・H・カンペの旅行記――啓蒙教育家はVolkをどう描いたか」（田口武史編『旅と啓蒙――近代黎明期のドイツ文学における旅の表象とその変遷――』日本独文学会、二〇一六年）、『R・Z・ベッカーの民衆啓蒙運動　近代的フォルク像の源流』鳥影社・ロゴス企画、二〇一四年）。

里中　俊介（さとなか・しゅんすけ）
大阪大学文学研究科教務補佐員。専門は西洋古典学、文芸学。論文に「プラトン『饗宴』導入部における語りの構成」（『フィロカリア』第三八号、待兼山芸術学会、二〇一八年）、「プラトン『国家』におけるムーシケー論」（『待兼山論叢』第四四号、大阪大学文学会、二〇一〇年）。

山下　久夫（やました・ひさお）
金沢学院大学名誉教授。専門は日本思想史（国学）。著書・論文に「宣長『古事記伝』における神武天皇論の位相—東征論を中心に—」（『國語と國文学』第九十八巻第三号、二〇二一年）、「宣長・篤胤の神代像の意味—近世後期の神話創造として—」（日本宗教史6　吉田一彦・佐藤文子編『日本宗教史研究の軌跡』、吉川弘文館、二〇二〇年）、山下久夫・斎藤英喜編『日本書紀一三〇〇年史を問う』（思文閣出版・二〇二〇年）。

斎藤　英喜（さいとう・ひでき）
佛教大学歴史学部教授。専門は神話・伝承学、宗教思想史。著書に『読み替えられた日本書紀』（角川選書、二〇二〇年）、『折口信夫神性を拡張する復活の喜び』（ミネルヴァ書房、二〇一九年）、『増補　いざなぎ流　祭文と儀礼』（法藏館文庫、二〇一九年）。

藤巻　和宏（ふじまき・かずひろ）
近畿大学文芸学部教授。専門は日本古典文学、思想史、学問史。著書に『聖なる珠の物語—空海・聖地・如意宝珠—』（平凡社、二〇一七年）、編著書に井田太郎・藤巻和宏編『近代学問の起源と編成』（勉誠出版、二〇一四年）、藤巻和宏編『聖地と聖人の東西—起源はいかに語られるか—』（勉誠出版、二〇一一年）。

鈴木　正崇（すずき・まさたか）
慶應義塾大学名誉教授、日本山岳修験学会会長。専門は宗教人類学。著書に『女人禁制の人類学——相撲・穢れ・ジェンダー』（法藏館、二〇二一年）、「日本型ファシズムと学問の系譜——宇野圓空とその時代」（平藤喜久子編『ファシズムと聖なるもの／古代的なるもの』北海道大学出版会、二〇二〇年）、『山岳信仰——日本文化の根底を探る』（中央公論新社、二〇一五年）。

平藤　喜久子（ひらふじ・きくこ）
國學院大學神道文化学部教授。専門は神話学・宗教学。著書に『神話でたどる日本の神々』（ちくまプリマー新書、二〇二一年）、『ファシズムと聖なるもの／古代的なるもの』（編著、北海道大学出版会、二〇二〇年）、『世界の神様解剖図鑑』（エクスナレッジ、二〇二〇年）。

横道 誠（よこみち・まこと）
京都府立大学文学部准教授。専門は文学、当事者研究。著書に『みんな水の中――「発達障害」自助グループの文学研究者はどんな世界に棲んでいるか』（医学書院、二〇二一年）、『唯が行く！――当事者研究とオープンダイアローグ奮闘記』（金剛出版、二〇二二年）、「宇宙の木と9つの世界――北欧神話」、『はじまりが見える世界の神話』（植朗子編、阿部海太絵、創元社、二〇一八年）、「神話と学問史――グリム兄弟とボルテ／ポリーフカのメルヒェン注釈」（植朗子・南郷晃子・清川祥恵編『「神話」を近現代に問う』勉誠出版、二〇一八年）。

庄子 大亮（しょうじ・だいすけ）
関西大学・佛教大学等非常勤講師。専門は西洋古代神話の意味と影響。著書に『世界の見方が変わるギリシア・ローマ神話』（河出書房新社、二〇二二年）、『大洪水が神話になるとき』（河出書房新社、二〇一七年）、『アトランティス・ミステリー――プラトンは何を語りたかったのか』（ＰＨＰ新書、二〇〇九年）。

ホセ・ルイス・エスカロナ・ビクトリア（José Luis Escalona Victoria）
メキシコ社会人類学高等研究院教授。専門は権力の人類学。著書に "Political Epistemology and the Making of the Contemporary World", in 『記録のマテリアリズム：移動／移民とモノをめぐる日墨研究者による対話 Materialism of archive: a dialogue on movement / migration and things between Japanese and Mexican researchers』（小笠原博毅・鋤柄史子編、神戸大学出版会、二〇二一年）. "Los retornos del Estado. Preguntas sobre la fuerza de una idea". Estudios Sociológicos 39 (115), 2020: 237-260. https://doi.org/10.24201/es.2021v39n115.2091. "Alois Richard Nykl in Mexico", in Alois Richard Nykl, *Present-Day Mexico*, Dagmar Winklerova and Markéta Krizova (Editors), Czech Republic: National Museum Press, 2019: 44-51.

鋤柄 史子（すきから・ふみこ）
バルセロナ大学社会人類学研究科博士後期課程。専門は翻訳研究。著書・業績に『記録のマテリアリズム：移動／移民とモノをめぐる日墨研究者による対話 Materialism of archive: a dialogue on movement/migration and things between Japanese and Mexican researchers』（小笠原博毅共編、神戸大学出版会、二〇二一年）、"Vibración del pasado perdido. Discursos acerca de la otredad maya en el Japón de la posguerra・EntreDiversidades, 7-1(14), 210-240, 2020.「不安定であることの可能性　書評：『はじまりが見える世界の神話』植朗子編、阿部海太絵（創元社、二〇一八年）」（『神戸大学国際文化学研究推進センター研究報告書』、二〇一八年、四七―五一）。

編者

清川 祥恵（きよかわ・さちえ）

佛教大学文学部講師、神戸大学国際文化学研究推進インスティテュート連携フェロー。
専門は英文学、ユートピアニズム。著書・論文に“Darkly Gleaming Sunken Treasure: Reclaiming Chocolate's “Mythical” Role through Joanne Harris's *Chocolat*”, *Memoirs of the Osaka Institute of Technology* 65(2), 9-16, Jan 2021.、「英雄からスーパーヒーローへ――十九世紀以降の英米における「神話」利用」（植朗子・南郷晃子・清川祥恵編『「神話」を近現代に問う』勉誠出版、二〇一八年）。

南郷 晃子（なんごう・こうこ）

桃山学院大学国際教養学部准教授、神戸大学国際文化学研究推進インスティテュート連携フェロー。専門は近世説話。著書に「松山城――蒲生家の断絶と残された景色」（二本松康宏・中根千絵編『城郭の怪異』三弥井書店、二〇二一年）、「奇談と武家家伝――雷になった松江藩家老について」（東アジア恠異学会編『怪異学講義』勉誠出版、二〇二一年）。

植 朗子（うえ・あきこ）

神戸大学国際文化学研究推進インスティテュート協力研究員。
専門は伝承文学、ドイツ文学、ドイツ民俗学、神話学。著書・論文に『はじまりが見える世界の神話』（植朗子編、阿部海太絵、創元社、二〇一八年）、『鬼滅夜話　キャラクター論で読み解く『鬼滅の刃』』（扶桑社、二〇二一年）、「子どもの神話における穀物霊と家霊」（説話伝承学会『説話伝承学』、二〇一八年）。

人はなぜ神話〈ミュトス〉を語るのか

――拡大する世界と〈地〉の物語

2022（令和 4）年 8 月 31 日　第 1 版第 1 刷発行

ISBN978-4-909658-85-2　C0014

発行所　株式会社 **文学通信**

〒 114-0001　東京都北区東十条 1-18-1 東十条ビル 1-101

電話 03-5939-9027　Fax 03-5939-9094

メール info@bungaku-report.com ウェブ https://bungaku-report.com

発行人　岡田圭介

印刷・製本　モリモト印刷

ご意見・ご感想はこちらからも送れます。上記のQRコードを読み取ってください。